国家社会科学基金重点项目

资源节约型环境友好型
农业产业体系研究

周曙东　葛继红　黄瑞华
张宗毅　朱思柱　司晓磊　著

中国财政经济出版社

图书在版编目（CIP）数据

资源节约型环境友好型农业产业体系研究／周曙东等著．—北京：中国财政经济出版社，2015.10

ISBN 978-7-5095-6399-1

Ⅰ．①资⋯　Ⅱ．①周⋯　Ⅲ．①农业产业-研究-中国　Ⅳ．①F320.1

中国版本图书馆 CIP 数据核字（2015）第 232837 号

责任编辑：吕小军　马　真　　　责任校对：刘　靖
封面设计：星梵星尚　　　　　　版式设计：兰　波

中国财政经济出版社出版

URL：http：//www.cfeph.cn
E-mail：cfeph@cfeph.cn
（版权所有　翻印必究）

社址：北京市海淀区阜成路甲28号　邮政编码：100142
发行处电话：88190406　财经书店电话：64033436
北京财经印刷厂印刷　各地新华书店经销
787×1092毫米　16开　24.5 印张　436 000字
2015年11月第1版　2015年11月北京第1次印刷
定价：48.00元
ISBN 978-7-5095-6399-1/F·5155
（图书出现印装问题，本社负责调换）
本社质量投诉电话：010-88190744
打击盗版举报热线：010-88190492、QQ：634579818

序

改革开放 30 多年来，我国经济保持了长期高速增长的势头，但这也增加了对自然资源的消耗和对生态环境的压力。资源耗竭、环境污染、生态破坏等等不可持续发展问题在发展中国家越来越突出，我曾在 2002 年出版了一本专著《可持续发展经济学》，研究了经济增长方式和可持续发展战略。农业作为国民经济的基础产业和战略产业，其生产方式的最大特点是自然再生产与经济再生产的有机统一，严重依赖自然资源和生态环境，同时，农业又会对自然资源和生态环境产生巨大影响。目前我国农业生产仍然没有摆脱"高投入、高消耗、高污染、低效益"的粗放式发展模式，它带来农业增产的同时也带来了一系列的资源环境问题。2015 年中央一号文件《关于加大改革创新力度加快农业现代化建设的若干意见》明确提出我国农业资源短缺、开发过度、污染加重，如何在资源环境硬约束下保障农产品有效供给和质量安全、提升农业可持续发展能力，是当前必须应对的一个重大挑战。

周曙东教授承担的国家社科基金重点项目"形成资源节约型、环境友好型农业产业体系研究"，从资源节约与环境友好两个角度来探讨农业可持续发展中存在的问题，进而探索如何建立符合"两型"理念的现代农业产业体系。该研究的特色主要体现在以下几个方面：（1）阐述了资源节约型环境友好型农业产业体系的基本内涵；从理论上提出了资源节约型、环境友好型农业产业体系的基本构架。（2）尝试引入生态环境因素后对 EKC 曲线进行重新界定，利用治理因素对 EKC 曲线"倒 U 型"形状进行解释；对化肥施用所造成的农业面源污染以及农业面源污染物总排放量进行估算；运用 Probit 模型分析了农户配方肥技术选择行为；构建提高化肥使用效率的资源节约型农业产业体系。（3）研究种植户机械化技术采纳行为的特点、影响因素；对种植户机械化技术采纳行为进行实证分析；构建劳动力资源节约型农机研发体系，农机制造体系，农机推广体系和农机社会化服务体系。（4）构建农药利用效率方程、农药使用量方程、农药生产率方程；运用调研数据进行估计，判断农户是否存在过量施药行为，并定量分析过量施药行为的影响因素；构建环境友好型农药生产、流通、使用体系。（5）基于 HACCP 原理研究养猪场环境管理存在的问题，并从养殖场的微观角度来研究影响养殖场选择沼气技术的因素；构建环境友好型的生猪养殖产业体系。

  周曙东教授在江苏省社科规划办的"成果要报"上发表了"促进生猪养殖业安全发展的对策建议"，提出在全省范围内制定畜禽养殖区划，建立与完善药品和添加剂的管理制度。建议开展 HACCP 认证试点，加强过程管理以促进养殖企业主动控制药物残留。该篇"成果要报"得到江苏省副省长的批示。该研究项目已通过鉴定结项，并被国家社科规划办评为优秀。

  周曙东教授现将该成果整理成专著，由中国财政经济出版社出版。看到我们南京的高校教师能够为现代农业可持续发展战略的制定和政府部门政策调控提供理论根据，我感到高兴，欣然作序。

洪银兴
2015 年 10 月于南京大学

前言

中国人多地少、耕地后备资源严重不足，随着工业化、城市化的推进，耕地资源还将进一步减少。另一方面，随着社会的发展、人民生活水平的提高，城乡居民对农产品的数量及质量的要求不断提高，于是农业不得不在提高单产上下功夫。石化农业的生产方式通过高投入来获得高产出也确实起到了一定的作用，然而农民忽视了石化农业对生态环境的胁迫，其负面作用也日益显现出来。例如过度施用化肥，导致土壤有机质含量下降，造成农业面源污染；大量施用杀虫剂、杀菌剂，破坏了土壤中的有益生物群落；大量施用除草剂，对后茬农作物的生长带来不利影响；一些养殖场在畜禽养殖中存在不按规定用药，导致药物残留的问题，饲料添加剂的使用不规范，抗生素、激素、重金属含量超标；还有一些养殖场规划不合理，粪便不经处理排放入河，导致水体富营养化。上述问题阻碍了农业的可持续发展。

2007年第十届全国人民代表大会第五次会议《政府工作报告》提出："要在全社会大力提倡节约、环保、文明的生产方式和消费模式，让节约资源、保护环境成为每个企业、村庄、单位和每个社会成员的自觉行为，努力建设资源节约型和环境友好型社会。"十八届三中全会关于全面深化改革若干重大问题的决定明确指出要"紧紧围绕建设美丽中国，深化生态文明体制改革，加快建立生态文明制度，健全国土空间开发、资源节约利用、生态环境保护的体制机制，推动形成人与自然和谐发展现代化建设新格局"。

中国共产党第十七届三中全会提出，到2020年全国农村改革发展的基本目标之一是："资源节约型、环境友好型农业生产体系基本形成。"这为资源节约型、环境友好型农业的发展指明了发展方向。2015年"中央一号"文件指出要"做强农业，必须尽快从主要追求产量和依赖资源消耗的粗放经营转到数量质量效益并重、注重提高竞争力、注重农业科技创新、注重可持续的集约发展上来，走产出高效、产品安全、资源节约、环境友好的现代农业发展道路"。

作者主持承担的国家社科基金重点项目"形成资源节约型、环境友好型农业产业体系研究",已通过鉴定结项,并被国家社科规划办评为优秀。该项目的研究目标是分析农业生产中主要资源浪费和环境污染问题,构建资源节约型、环境友好型农业产业体系。项目研究组先后赴北京、天津、上海、江苏、浙江、河南、山东、安徽、辽宁、吉林、黑龙江、河北、山西、陕西、新疆、湖南、湖北、广东、广西、福建、云南、甘肃等省市自治区进行实地调研,收集了大量第一手资料数据。通过理论分析、案例分析、基于问卷调查的定量模型分析,得出一些独特的结论,在此基础上构建了资源节约型与环境友好型农业产业体系的框架,提出资源节约型、环境友好型农业的发展模式。在本书的编辑出版过程中,葛继红负责全书的总纂,我的研究生王艳、陈文婷、陈方皓承担了许多具体工作,在此表示感谢!

由于研究经费有限,本研究仅选择基于化肥使用的资源节约型农业产业体系、基于农业机械使用的劳动力资源节约型农业产业体系、基于农药使用的环境友好型农业产业体系、基于生猪养殖的环境友好型农业产业体系作为典型研究领域。书中存在不足之处在所难免,希望广大读者批评指正,共同探讨我国在资源节约型、环境友好型农业产业体系的推进过程中存在的问题、机制、模式与发展途径,以推动农业的可持续发展。

周曙东于南京农业大学
2015 年 9 月

目 录

1. 导 言 … 1

1.1 研究背景与研究目标 … 1
1.1.1 研究背景 … 1
1.1.2 研究目标 … 3
1.2 研究假说与研究内容 … 5
1.2.1 研究假说 … 5
1.2.2 研究内容 … 6
1.3 研究方法、数据来源与技术路线 … 9
1.3.1 研究方法 … 9
1.3.2 数据来源 … 10
1.3.3 技术路线 … 12
1.4 研究可能的创新 … 16

2. 理论基础与文献综述 … 18

2.1 相关概念界定 … 18
2.1.1 农业面源污染及其特征 … 18
2.1.2 太湖蓝藻事件 … 20
2.1.3 测土配方施肥技术及其步骤 … 20
2.1.4 沼气技术 … 21
2.1.5 发酵床养猪技术 … 22
2.1.6 饲料添加剂 … 23
2.2 理论基础 … 23
2.2.1 外部性理论 … 23

2.2.2　环境库兹涅茨曲线理论　　　　　　　　　　　24
　　　2.2.3　污染治理理论　　　　　　　　　　　　　　25
　　　2.2.4　农户行为理论　　　　　　　　　　　　　　26
　　　2.2.5　可持续发展理论　　　　　　　　　　　　　28
　　　2.2.6　循环经济理论　　　　　　　　　　　　　　30
　　　2.2.7　生态经济理论　　　　　　　　　　　　　　32
　　　2.2.8　环境友好型社会理论　　　　　　　　　　　32
　　　2.2.9　道德风险理论　　　　　　　　　　　　　　33
　　　2.2.10　劳动消费均衡理论　　　　　　　　　　　34
　　　2.2.11　利润最大化理论　　　　　　　　　　　　36
　　　2.2.12　HACCP理论　　　　　　　　　　　　　　37
　2.3　文献综述　　　　　　　　　　　　　　　　　　　38
　　　2.3.1　关于农业面源污染及其治理的文献综述　　38
　　　2.3.2　关于经济增长与环境关系的文献综述　　　44
　　　2.3.3　关于环境库兹涅茨曲线的文献综述　　　　46
　　　2.3.4　关于农户行为与污染关系的文献综述　　　49
　　　2.3.5　农户对农业机械化技术采纳行为研究　　　51
　　　2.3.6　关于农药技术的文献综述　　　　　　　　53
　　　2.3.7　关于农药使用社会、经济方面的研究　　　55
　　　2.3.8　关于畜禽养殖污染研究的文献综述　　　　58
　　　2.3.9　关于农户技术采用的文献综述　　　　　　64
　　　2.3.10　关于HACCP应用的文献综述　　　　　　64

3. 资源节约型环境友好型农业产业体系的基本内涵　　66

　3.1　农业发展方式的转变　　　　　　　　　　　　　　67
　　　3.1.1　传统的农业发展方式　　　　　　　　　　67
　　　3.1.2　石化农业的发展方式　　　　　　　　　　67
　　　3.1.3　可持续农业的发展方式　　　　　　　　　67
　3.2　现代农业产业体系　　　　　　　　　　　　　　　68
　　　3.2.1　现代农业产业体系　　　　　　　　　　　68
　　　3.2.2　现代农业产业技术体系　　　　　　　　　69
　3.3　资源节约型、环境友好型农业产业体系　　　　　　70

3.3.1 资源节约型农业 … 70
3.3.2 环境友好型农业 … 70
3.3.3 资源节约型、环境友好型农业生产体系 … 71
3.4 资源节约型环境友好型农业产业体系的国际经验 … 72
3.4.1 美国 … 72
3.4.2 以色列 … 74
3.4.3 日本 … 75
3.5 小结 … 77

4. 基于化肥使用的资源节约型农业产业体系 … 78

4.1 我国化肥使用现状 … 78
4.2 化肥造成的农业面源污染 … 79
4.2.1 江苏省化肥使用现状 … 79
4.2.2 江苏省农业面源污染核算 … 82
4.2.3 江苏省农业面源污染变化分析 … 92
4.2.4 小结 … 94
4.3 EKC分析框架下农业面源污染与治理分析 … 95
4.3.1 江苏省农业面源污染的环境库兹涅茨曲线验证 … 96
4.3.2 生态环境因素与环境库兹涅茨曲线类型 … 98
4.3.3 环境库兹涅茨曲线分析框架下的治理必要性 … 100
4.3.4 小结 … 104
4.4 治理对江苏省农业面源污染影响的实证分析 … 105
4.4.1 江苏省农业面源污染治理政策 … 105
4.4.2 江苏省农业面源污染治理实证分析 … 112
4.4.3 小结 … 120
4.5 治理政策下的农户响应分析 … 121
4.5.1 配方肥技术推广政策对农户施肥量的影响 … 122
4.5.2 农户配方施肥技术采用行为分析 … 128
4.5.3 小结 … 140
4.6 江苏省农业面源污染治理实践 … 142
4.6.1 压力—状态—响应分析 … 143
4.6.2 治理成效分析 … 147

4.6.3　小结　　　　　　　　　　　　　　　　　　　　　147
　4.7　构建提高化肥使用效率的资源节约型农业产业体系　　148
　　4.7.1　资源节约型的化肥生产体系　　　　　　　　　　148
　　4.7.2　资源节约型的化肥流通体系　　　　　　　　　　149
　　4.7.3　资源节约型的化肥科技推广体系　　　　　　　　149

5. 基于农业机械使用的劳动力资源节约型农业产业体系　　151

　5.1　农业劳动力转移和中国农业机械使用发展现状　　　151
　　5.1.1　城镇化、工业化背景下的劳动力转移　　　　　　151
　　5.1.2　中国农业机械使用现状　　　　　　　　　　　　152
　　5.1.3　中国农业机械面临的机遇及存在的问题　　　　　154
　5.2　中国农业机械的调研分析：以花生为例　　　　　　156
　　5.2.1　花生农业机械化的现状　　　　　　　　　　　　157
　　5.2.2　数据来源以及调查问卷的设计　　　　　　　　　160
　5.3　中国花生种植户机械化技术采纳行为实证分析　　　160
　　5.3.1　制约花生机械化收获的因素分析　　　　　　　　160
　　5.3.2　模型的选择及变量的说明　　　　　　　　　　　164
　　5.3.3　样本的描述性统计　　　　　　　　　　　　　　166
　　5.3.4　计量模型及实证结果　　　　　　　　　　　　　167
　　5.3.5　小结　　　　　　　　　　　　　　　　　　　　171
　5.4　构建资源节约型、环境友好型农机服务体系　　　　172
　　5.4.1　资源节约型、环境友好型农机研发体系　　　　　172
　　5.4.2　资源节约型、环境友好型农机制造体系　　　　　173
　　5.4.3　资源节约型、环境友好型农机推广体系　　　　　174
　　5.4.4　资源节约型、环境友好型农机社会化服务体系　　175

6. 基于农药使用的环境友好型农业产业体系　　177

　6.1　中国农作物病虫害的发生与防治　　　　　　　　　177
　　6.1.1　农作物病虫害的发生　　　　　　　　　　　　　177
　　6.1.2　病虫害防治组织模式　　　　　　　　　　　　　179
　　6.1.3　病虫害防治技术模式　　　　　　　　　　　　　181
　　6.1.4　病虫害防治施药装备　　　　　　　　　　　　　183

6.1.5	农药的使用	184
6.1.6	小结	186
6.2	中国农药管理法规与组织体系	187
6.2.1	相关法律、规章制度及政策	187
6.2.2	中国农药管理组织体系	190
6.2.3	小结	196
6.3	微观调研设计与数据描述	196
6.3.1	调研内容	196
6.3.2	调研选点	197
6.3.3	实际样本分布	197
6.3.4	数据初步描述	198
6.3.5	小结	207
6.4	农户低效率施药行为研究	207
6.4.1	低效率施药行为评价指标体系	207
6.4.2	指标计算结果	209
6.4.3	施药效率经济社会影响模型构建与因素选择	211
6.4.4	施药效率影响因素模型估计与分析	213
6.4.5	小结	215
6.5	农户使用农药的生产率研究	216
6.5.1	施药基本情况分析	216
6.5.2	投入产出情况分析	224
6.5.3	农药生产率实证模型	226
6.5.4	小结	234
6.6	农户的不安全用药行为研究	235
6.6.1	不安全施药行为评价指标体系	235
6.6.2	指标计算结果	237
6.6.3	不安全施药行为经济社会影响模型构建与因素选择	240
6.6.4	不安全施药行为影响因素定量模型分析	240
6.6.5	小结	242
6.7	农户的非环境友好施药行为研究	243
6.7.1	非环境友好施药行为评价	243
6.7.2	指标计算结果	245
6.7.3	非环境友好经济社会影响模型构建与因素选择	247

6.7.4	非环境友好施药行为影响因素定量模型分析	248
6.7.5	小结	249
6.8	病虫害规模化防治组织模式分析	250
6.8.1	社会化服务防治模式	251
6.8.2	合作社自有土地防治模式	253
6.8.3	大农场统一防治模式	255
6.8.4	统防统治模式的归纳	258
6.9	构建资源节约、环境友好型农药生产、流通、使用体系	259
6.9.1	资源节约、环境友好型农药生产体系	261
6.9.2	资源节约、环境友好型农药流通体系	262
6.9.3	资源节约、环境友好型农药使用体系	263
6.9.4	资源节约、环境友好型农药管理体系	265

7. 基于生猪养殖的环境友好型农业产业体系　　267

7.1	江苏省生猪养殖现状与存在问题分析	267
7.1.1	江苏省生猪养殖业发展现状	267
7.1.2	江苏省生猪养殖存在问题	268
7.1.3	江苏省猪粪尿污染分析	271
7.1.4	生猪养殖对环境的污染	273
7.1.5	生猪养殖污染的原因分析	275
7.2	养猪场环境管理的调研分析	277
7.2.1	数据来源以及调查问卷的设计	277
7.2.2	养猪场的环境管理情况分析	278
7.3	养猪场采用沼气技术的实证分析	282
7.3.1	研究假设	283
7.3.2	模型的选择及变量的说明	285
7.3.3	样本的描述性统计	286
7.3.4	计量结果及分析	291
7.3.5	小结	293
7.4	基于 HACCP 理念的生猪养殖危害分析与关键点控制	293
7.4.1	生猪养殖过程中的危害分析	293
7.4.2	关键控制点及控制措施	295

目　录

  7.5 构建环境友好型生猪养殖产业体系 304
    7.5.1 生猪养殖经营者的教育培训体系 304
    7.5.2 投入品管理体系 305
    7.5.3 疾病控制与预防体系 305
    7.5.4 污染物控制体系 306
    7.5.5 猪场 HACCP 管理体系 306

8. 研究结论与政策建议 309

  8.1 主要研究结论 309
    8.1.1 提高化肥使用效率的资源节约型农业产业体系的研究结论 309
    8.1.2 提高机械使用效率的劳动资源节约型农业产业体系的研究结论 312
    8.1.3 环境友好型农药生产、流通、使用体系的研究结论 313
    8.1.4 环境友好型生猪养殖产业体系的研究结论 317
  8.2 促进资源节约型和环境友好型农业产业体系的政策建议 319
    8.2.1 提高化肥使用效率的资源节约型农业产业体系的对策建议 319
    8.2.2 提高农机使用效率的劳动力资源节约型农业产业体系的对策建议 321
    8.2.3 促进环境友好型农药生产、流通、使用体系的对策建议 322
    8.2.4 促进环境友好型生猪养殖产业体系的对策建议 324

附　录 328

  附录1 测土配方施肥项目农户访谈问卷 328
  附录2 农户化肥使用行为调查问卷 336
  附录3 农户农药使用行为调查问卷 339
  附录4 生猪养殖行为调查问卷 346
  附录5 国家社科基金重点项目结项证书 353

参考文献 354

1.

导　言

党的十七届三中全会明确提出要加快转变农业生产方式，到 2020 年要基本形成"资源节约型、环境友好型"农业生产体系。2015 年中央 1 号文件《关于加大改革创新力度加快农业现代化建设的若干意见》明确提出我国农业资源短缺，开发过度、污染加重，如何在资源环境硬约束下保障农产品有效供给和质量安全、提升农业可持续发展能力，是当前必须应对的一个重大挑战。农业作为国民经济的基础产业和战略产业，其生产方式的最大特点是自然再生产与经济再生产的有机统一，严重依赖自然资源和生态环境，同时，反过来又对自然资源和生态环境产生巨大影响。目前我国农业生产仍然没有摆脱"高投入、高消耗、高污染、低效益"的粗放式发展模式，它带来农业增产的同时也带来了一系列的资源环境问题。

1.1 研究背景与研究目标

1.1.1　研究背景

（1）化肥使用浪费与环境污染

化肥使用不当或施用化肥后气候发生变化会给环境带来影响。我国是个化肥消费大国，2014年化肥使用量约5996万吨，目前我国化肥年使用量平均每公顷土地已经超过400公斤，远远超出发达国家225公斤/公顷的安全上限。在我国的广大地区氮肥被广泛使用，但不少地区出现了氮磷钾的不平衡，其结果是大量的化肥施用却不能带来相应的产量提高，且大量施用化肥会造成土质的下降，如土壤板结、土壤酸化、硝酸盐累积等。化肥利用率低加剧环境污染，目前施用的氮肥都是可溶性的，通过淋溶和径流可以进入水体，从而会破坏河流的生态环境系统，当河水中营养成分太多就会形成河水的富营养化，使水中藻类迅速生长繁殖，水中微生物增多消耗大量的溶解氧，导致水体丧失应有功能，使鱼类死亡。水色变绿、变黑，严重时会发出臭味；我国不少地区的河流湖泊已出现总氮、总磷超标和富营养化的严重问题，太湖水污染已经给我们敲响了警钟。农业面源污染的治理工作已经迫在眉睫。

(2) 劳动力流失与农业机械化使用

近年来，随着城镇化和工业化的迅速推进，我国农业劳动力向非农产业大规模转移。截至2010年，全国从事非农就业6个月以上的农民工达到2.42亿人，其中，外出务工的农民工数量达到1.53亿人。伴随着农业劳动力大规模的转移，农业生产受到严重影响，一方面农业劳动力继续务农的机会成本增加，导致农业生产用工成本迅速上升；另一方面农村劳动力年龄结构发生显著变化，以中青年为主的劳动力流动使得农村人口老龄化问题愈发突出。在农业生产同时面临劳动力结构性短缺和季节性短缺的背景下，由谁来种地已成为影响整个国民经济发展的重大问题，而通过实现较高水平的农业机械化、节约农业劳动力资源成为农业可持续发展的关键。

(3) 农药残留污染

化学农药以其见效快、防治谱广、性质稳定、便于贮运等优点，在防治农作物病虫草害等方面发挥着巨大作用。但大量使用农药也带来了环境污染，导致了农药残留等不良后果。性质稳定的农药残留期长且不易降解，剧毒、高残留农药会损害人类健康。农药进入人体主要有三种方式：皮肤接触、呼吸和食用。农药会随排灌水进入河流从而污染水源。我国生产的许多粮食、水果、蔬菜或多或少会有农药残留，长期食用农药残留超标的农副产品，虽然不会导致急性中毒，但可能引起慢性中毒，导致疾病的发生，威胁广大消费者的身体健康。现阶段农民都是自己买药自己打药。一方面农民不能有效地把握住打药的最佳时机，形成打药多而效果差；另一方面农民会购买高毒高残留的农药，他们觉得这种农药价格便宜治虫效果又好。由于是一家一户的小生产，农民各自决定什么时候打药、打什么药，即使是农产品收购企业也感到无法实施有效的监管。发达国家以农药残留限量为技术壁垒，限制我国农副产品出口。农产品质量安全已成为监管的一个

1. 导 言

棘手问题，因此构建安全使用农药的环境友好型农业产业体系迫在眉睫。

（4）禽畜养殖污染

家畜集约化生产也带来了环境问题，家畜场排放的大量粪尿及污水会造成水体污染。家畜粪尿日产量为：肉牛平均每头每日10—30公斤；乳牛40—60公斤，肥猪每头每日1—5公斤。我国畜禽粪尿年排放量约20亿吨，它们大部分被排放到河流湖泊中，造成水质混浊，甚至水质恶化不适于人畜饮用，同时有机物分解产生营养素，使水生生物大量繁殖，消耗水中氧，威胁贝类、藻类的生存，造成鱼类死亡。用这种富营养化的水灌溉，则会使农作物徒长、倒伏、晚熟或不熟。目前我国农村中的家畜养殖场对粪尿及污水的管理不规范，大部分不经处理或经简单处理便排入河流或湖泊，严重影响了农村的生态环境。因此推动家畜养殖场的环境治理，建立环境友好型家畜养殖产业体系势在必行。

养殖户在家畜养殖过程中往往会使用饲料添加剂，这些添加剂中会包含激素和兽药，如瘦肉精、三聚氰胺、抗生素等，它们会对人体健康形成威胁。在饲料添加剂和兽药方面，潜在的问题比已经发现的问题要多得多，迫切需要对其进行规范化管理。

综上所述，一方面，我国的农业属于资源约束型农业，自然资源总量大，但人均拥有量小，资源不足是我国农业发展的严重制约因素。在化肥过度投入和农村劳动力大量流失的背景下，如何建立资源节约型农业生产体系任务迫在眉睫。另一方面，由于多年来过分注重经济发展和作物单产提高，忽视了我国农业生产对生态环境的胁迫，导致我国化肥农药投入量过大、畜禽粪便养分流失严重，区域水体富营养化程度不断加重，生态安全问题不断凸现。在此背景下，如何建立环境友好型农业生产体系任务也是紧迫的。

本书拟选择有代表性的"化肥使用浪费与环境污染、劳动力流失与农业机械化使用、农药残留污染以及禽畜养殖污染"为主要研究对象，重点分析农业生产中资源浪费和环境污染问题及如何构建资源节约型、环境友好型农业产业体系。本书研究成果将有利于促进我国提高化肥、机械的使用效率，减少农药残留，促进家畜健康养殖，有效节约农业资源与减少农业面源污染，有利于构建资源节约型、环境友好型农业产业体系，因而具有一定的应用价值和学术价值。

1.1.2 研究目标

本项目总研究目标是在阐述资源节约型环境友好型农业产业体系的基本内涵基础上，在资源节约型农业方面选择基于化肥使用的资源节约型农业产业体系、基于农业机械使用的劳动力资源节约型农业产业体系作为两个典型，在环境友好型农业方面选择基于农药使用的环境友好型农业产业体系、基于生猪养殖的环境友好型农业产业体系作为两个典型，探讨如何构建资源节约型、环境友好型农业产业体系。

本项目将总目标分解成四个子目标：①构建基于提高化肥使用效率的资源节约型农业产业体系；②构建基于提高农业机械使用效率的劳动力资源节约型农业产业体系；③构建基于农药使用的环境友好型农药生产、流通、使用体系；④构建基于资源节约、环境友好型生猪养殖产业体系。各子目标内容如下：

子目标一：构建提高化肥使用效率的资源节约型农业产业体系

在农业面源污染给江苏省可持续发展带来负面影响的背景下，以"压力—状态—响应"为分析框架，厘清包括化肥污染在内的农业面源污染、政府治理以及农户施肥行为三者之间关系。

具体目标是：①以江苏省为例，对化肥施用所造成的农业面源污染以及农业面源污染物总排放量进行估算。②对农业面源污染与经济增长进行环境库兹涅茨假说（EKC）验证，尝试引入生态环境因素后对 EKC 曲线进行重新界定，利用治理因素对 EKC 曲线"倒 U 型"形状进行解释。③从经济学视角，实证分析农业面源污染治理政策对农业面源污染的影响。④以配方肥技术推广政策为例，分析治理政策下农户环境友好型技术采用行为对氮肥施用量的影响；以配方肥技术推广政策为例，分析农户环境友好型技术采用行为的影响因素。⑤构建提高化肥使用效率的资源节约型农业产业体系。

子目标二：构建基于提高农业机械使用效率的劳动力资源节约型农业产业体系

在城镇化、工业化的大背景下，农业劳动力资源不断转移和减少，本部分从劳动力转移、农业机械使用两者之间互相替代的关系出发，分析如何构建基于提高农业机械使用效率的劳动力资源节约型农业产业体系。以机械化采用程度尚处于较低水平的花生为例，分别从宏观与微观视角，从农机研发、制造、推广和社会化服务等环节探讨如何构建基于提高农业机械使用效率的劳动力资源节约型的农业产业体系。

具体目标是：①从宏观层面分析我国农业劳动力转移和农业机械发展现状，当前农业机械化存在的机遇及面临的主要问题；②以花生为例，从微观层面实证分析花生种植户机械化技术采纳行为，探索影响农户农机采纳的因素；③中国农户花生生产农机利用程度的实证分析；④探索如何构建资源节约型、环境友好型农机服务体系。

子目标三：构建资源节约、环境友好型农药生产、流通、使用体系

从微观角度深入探讨影响农户各种施药行为的影响因素，从社会、经济的角度寻找影响农药使用效率、效果及不安全用药和非环境友好用药的微观机理，为政府制定相关政策提供理论依据。针对"三E问题"（effectiveness，efficiency，environment），将农户行为分为低效率施药行为、不安全施药行为（影响施药者本人健康的施药行为）、非环境友好施药行为（影响施药区域生态环境的施药行为），第一种行为是针对施药效果效率的，后两种行为是针对环境问题。

具体目标是：①量化评价农户农药利用效率、不安全施药行为、非环境友好施药行为，并分析其社会经济影响因素及机制；②构建农药利用效率方程、农药使用量方程、农药生产率方程，运用调研数据进行估计，判断农户是否存在过量施药行为，并定量分析过量施药行为的影响因素；③分析农户在不同类别作物上所采取的施药行为差异。④归纳出高效、安全、环境友好施药微观个体或组织的社会经济特征，提出高效、安全、环境友好施药的组织模式，特别是归纳总结病虫害规模化防治的典型组织模式。⑤构建资源节约、环境友好型农药生产、流通、使用体系。

子目标四：构建基于环境友好型生猪养殖产业体系

从长远的角度看，引导中国养殖业发展潮流的不是一家一户几头猪的小规模养殖，而是规模化的畜禽养殖场，它们将成为畜禽养殖最重要的供应者。因此本项目选择规模化畜禽养殖场作为研究对象，重点探讨在规模化的养殖场如何构建环境友好型生猪养殖产业体系。

具体目标是：①以江苏省为例，对江苏省养殖业现状进行分析。②对生猪养殖场环境管理的现状进行分析，找出存在的问题。③由于沼气技术是养猪场治理环境污染的现有的主要技术，在合理处理猪粪污染降低环境污染方面起着重要作用，本项目对养猪场采用沼气技术的行为进行研究，分析其采用沼气技术的各个影响因素。④基于HACCP理念进行生猪养殖危害分析与关键点控制分析。⑤构建环境友好型生猪养殖产业体系。

1.2 研究假说与研究内容

1.2.1 研究假说

假说1：以江苏省为例，假设农业面源污染总量与经济增长之间呈现环境库兹涅茨曲线（EKC）所描述的"倒U型"形状。

假说2：农业面源污染治理政策对江苏省农业面源污染有负向影响。

假说3：配方肥技术对农户氮肥施用量有负向影响。

假说4：在技术采用受益前提下，农户的配方肥技术采用行为受农户科学施肥能力、市场环境、特别是治理环境等因素的影响，并且不同因素的影响大小存在差异。

假说5：农户的农机采用行为与产地地形环节及收费标准有直接的关系。

假说6：目前实证研究与利润最大化理论之间的背离，主要是由于实证模型的缺陷，已有的农药生产研究模型都忽略了农药的漂移、蒸发等导致的农药使用效率问题，由于不同的农户个体有不同的农药使用效率，其生产力的个体差异导致不同农户的农药边际净收益判断标准存在差异，以往模型关于所有农户共享相同生产函数这一重要前提是不成立的，因而导致实证结果和已有理论出现背离。

假说7：农户在施药行为上对待不同类别的作物有一定的差异。

假说8：高毒农药的滥用，除了跟农户这一农药最终使用主体有关，还跟农药登记、生产、流通环节的法律法规不健全和监管不到位有关。

假说9：病虫害规模化防治的防治成本、效果要低于分散防治。

1.2.2 研究内容

1.2.2.1 构建提高化肥使用效率的资源节约型农业产业体系

①农业面源污染现状分析。内容主要包括江苏省农业面源污染途径分析、江苏省农业面源污染排放量估算以及江苏省农业面源污染贡献来源分析与变化分解分析等。

②EKC模型分析框架下的农业面源污染与治理分析。内容主要包括江苏省农业面源污染与经济增长之间的环境库兹涅茨曲线（EKC）验证；在EKC模型引入生态环境指标后，重新界定江苏省农业面源污染EKC曲线类型；尝试利用治理因素对EKC形状予以解释。

③治理政策对江苏省农业面源污染影响分析。内容主要包括首先将江苏省农业面源污染治理政策分成两类，其次实证分析治理政策因素对江苏省农业面源污染影响。

④以配方肥技术推广政策为例的治理政策下农户响应行为分析。内容主要包括实证分析配方肥技术对农户氮肥施用行为影响以及农户的配方肥技术采用

行为。

⑤以无锡市为例的江苏省农业面源污染治理实践分析。该部分内容仍然遵循"压力—状态—响应"分析框架，依次对无锡市农业面源污染压力、环境质量下降的状态以及治理实践进行总结和评价。

⑥构建提高化肥使用效率的资源节约型农业产业体系。

1.2.2.2 构建基于农业机械使用的资源节约、环境友好型农业产业体系

①在城镇化、工业化的大背景下分析农业劳动力向第二、第三产业大规模转移及农机使用的现状、机遇和问题。

②以花生为例，利用行为选择模型，从家庭主要农业决策者特征、家庭经营特征、社会服务和政策支持、环境和地理特征以及农户所在地的区域等方面分析农户在各环节的机械化采用行为及影响因素。

③基于国家花生产业技术体系对全国各主要花生产区花生种植农户的抽样调查数据，构建 Logit 模型实证分析了花生种植户机械化耕作、播种和收获技术采纳行为的影响因素。

④从农业机械的研发、制造、推广及社会化服务等环节思考构建资源节约型、环境友好型农机服务体系。

1.2.2.3 构建资源节约、环境友好型农药生产、流通、使用体系

(1) 农作物病虫害的发生与防治

本部分主要探讨我国农作物病虫害的发生与防治的宏观现状，包括病虫害的发生，病虫害防治的组织与技术模式、病虫害防治装备、病虫害防治强度与趋势、农药使用总量与趋势等。病虫害的发生与防治宏观现状，对于解释微观样本的地区差异、微观经营组织的发展趋势和微观主体面临的各种问题，都具有十分重要的作用。本部分的研究结果可为后面的微观研究提供相关的背景知识。

(2) 我国农药管理法规与组织体系

本部分主要讨论我国现有农药管理的法规与组织体系现状，分析由于农药登记、生产、流通、使用等过程中法规缺失、监管体系制度安排不合理等导致的非资源节约和环境友好施药行为，并提出完善法规和监管体系、机制的具体措施。

(3) 农户农药使用效率研究

本研究结合自然科学对农药使用效率的研究，从病虫害的判断、农药种类的选择、药械及其配件的选择、施药时机的选择等方面运用李克特（Likert）量表对影响农药利用率的农户施药行为和认知进行评价，并计算每个农户农药使用效

率的定量评价数值。

找到影响农户农药使用效率的全部社会经济变量，如农户年龄、性别、受教育程度、培训经历、社会身份、家庭资源禀赋、家庭收入结构、与当地农技人员接触频率等，然后运用多元线性模型分析外生或内生的各层次社会、经济变量对农户农药使用效率的影响方向、程度和机理。

（4）农户使用农药的生产率研究

本部分通过构建和拟合农药的生产率模型，研究农药的净边际收益是否存在小于 0 即过量施药的现象。黄季焜（2001）做过类似的研究，他直接将农药的使用量代入模型，没有考虑到农药的飘移和沉积问题而导致的农药使用效率问题，由于没有用相对准确的农药有效使用量带入模型，因此对农药的边际产出判断就会偏小，从而影响模型精度（黄季焜的农药生产率回归模型中模型拟合度仅在 0.5 左右）。

考虑化肥、机械、劳动力、土地面积等控制变量，构建农药生产率模型，采用的模型为风险控制产量方程（Damage Control Production Function）。将实证数据带入进行拟合求解相关参数，并进一步分析农药的净边际收益，从个体利润最大化的角度判断农户是否存在过量施药行为。

（5）农户的不安全用药行为、非环境友好施药行为研究

本研究结合自然科学对农药安全使用的研究，从农药种类选择（高毒或低毒）、农药安全管理（如农药的放置离食品和水源距离、农药容器的处置等）、防护措施（如手套、口罩、面罩、眼罩、防护服等使用频率）、施药技术的选择（如在高秸秆作物中是倒退施药还是前进施药、逆风施药还是顺风施药）等方面运用李克特（Likert）量表对影响安全用药的农户施药行为和认知进行评价，并计算每个农户不安全用药的定量评价数值。

从农药对害虫的抗药性影响（如是否对同一种作物反复使用同一种农药）、对非靶标生物的影响（如是否在意农药飘移到邻居的作物上）、对地下水或其他水源的影响（如是否将剩余农药直接倾倒在地表、是否直接在附近河流中清洗药械等）等方面运用李克特（Likert）量表对影响环境友好型施药的农户施药行为和认知进行评价，并计算每个农户非环境友好施药的定量评价数值。

找到影响农户不安全用药行为、非环境友好施药行为的全部社会经济变量，如农户年龄、性别、受教育程度、培训经历、社会身份、家庭资源禀赋、农作物商品化率、家庭收入结构、与当地农技人员接触频率等。运用多元线性模型分析外生或内生的各层次社会、经济变量对农户不安全用药行为和非环境友好施药行为的影响方向、程度和机理。

(6) 病虫害规模化防治组织模式分析

在总结归纳现有病虫害规模化防治的主要模式基础上，对其中的典型病虫害规模化防治模式进行比较分析，归纳不同模式之间在成立背景、组织框架与运行机制、装备、绩效等方面的差异，并与农户分散防治模式进行比较，最后总结不同模式之间的演化规律。

(7) 构建资源节约、环境友好型农药生产、流通、使用体系

结合前面研究成果和我国农药生产、流通、使用、管理现状，基于农户经济决策理论、可持续发展理论、循环经济理论、道德风险理论等，构建资源节约、环境友好型农药生产、流通、使用体系。

1.2.2.4 构建基于环境友好型生猪养殖产业体系

①结合对江苏省养猪场的实地调研，对江苏省生猪养殖现状以及养猪场在环境管理方面存在问题进行分析。

②运用 HACCP 原理对生猪养殖过程中可能造成环境污染的危害进行分析，确定养殖过程中能够控制环境污染的关键控制点，提出相应的控制措施，并在此基础上构建环境友好型生猪养殖产业体系。

③对养猪场采用沼气技术的行为进行实证分析。

1.3 研究方法、数据来源与技术路线

1.3.1 研究方法

在研究方法上，本书采用资料信息收集与统计分析相结合的方法，定性分析和定量分析相结合的方法以及案例分析法对江苏省农业面源污染治理进行深入分析。其中分析方法主要运用如下：

(1) 资料信息收集与统计分析相结合的方法

在对微观层面农户的氮肥施用行为、配方肥技术采用行为、农药使用行为以及沼气技术采用行为进行研究时，主要利用资料信息收集方法获得农户第一手资料；在对宏观层面的江苏省农业面源污染量进行估算、环境库兹涅茨曲线验证以

及治理作用的实证分析时，主要利用统计年鉴数据进行分析。

（2）案例分析法

以无锡市作为典型案例，对江苏省农业面源污染治理实践及治理成效进行分析。

（3）定性分析与定量分析相结合的方法

宏观层面，对江苏省农业面源污染量运用单元调查法进行估算，运用分解分析法对污染变化的驱动因素进行分析，运用多元回归模型对 EKC 假说进行验证、实证分析治理政策对江苏省农业面源污染总量影响。微观层面，运用多元回归模型实证分析配方肥技术推广政策对农户施氮行为的影响，运用 Probit 模型和 Tobit 模型实证分析农户的配方肥技术采用行为。采用二元 Logit 回归模型对花生种植户的机械化采用行为进行计量分析。利用李克特（Likert）量表对农户的施药效率、农户的不安全用药行为和非环境友好用药行为定量评价。利用多元回归对农户的施药效率影响因素、农药生产率、农户过量施药行为影响因素以及农户的不安全用药行为、非环境友好施药行为进行研究。利用 Probit 模型对养殖户的沼气技术采用行为进行研究。

1.3.2 数据来源

数据来源主要分为以下几个部分：

①历年《江苏统计年鉴》、历年《中国农村统计年鉴》、历年《中国统计年鉴》以及《新中国五十年统计资料汇编》。

②实地调研数据。实地调研数据根据调研目的不同以及调研组织人员不同可分成两组。

第一，对农户施肥行为进行研究的调研数据来自于项目组组织在校学生于 2010 年寒假所进行的入户调研。搜集到问卷 238 份，剔除因逻辑错误或数据缺失等原因调查问卷 14 份，有效问卷 224 份。该数据主要用于第 6 章中的农户氮肥施用行为研究。

第二，对农户的配方肥技术采用行为进行研究的调研数据来自江苏省土肥站于 2009 年 8 月中、下旬组织的江苏省测土配方施肥效果的调查。在全省 80 个实施配方肥技术推广项目的县中按照随机抽样的原则，分别在 2005 年、2006 年、2007 年和 2008 年新增项目县中各抽取 2 个项目县为调查点，合计抽取海安、江都、溧阳、扬中、滨海、常熟、姜堰、铜山共 8 个县（市）。在每个调查县（市）中随机抽取 3 个乡镇进行访谈，在每个调查乡镇抽取 2 个村进行访谈，每个村依据户主花名册随机等间距抽取8个农户进行问卷调查。共完成农户调研问卷384份，剔除因逻辑错误或数据缺失等原因调查问卷8份，有效问卷376份。该数据主要用于第6章中的农户测土配方技术采用行为研究。

第三，花生种植户机械化技术采纳行为研究的相关数据主要来自2012年国家花生产业体系对全国各主要花生产区花生种植农户的抽样调查。为了全面掌握花生种植户机械化技术采纳情况，调查范围不仅覆盖了各省（区、市）花生试验站的示范县，还兼顾了试验站范围以外的花生种植户。由于我国南方丘陵山区花生生产的机械化技术（尤其是收获环节的机械化）尚处于起步的初期阶段。因此，本书主要以花生机械化技术推广应用前景较好的长江流域及长江以北的花生产区为研究样本，样本选取吉林省、辽宁省、河北省、山西省、陕西省、新疆自治区、湖北省、河南省、山东省、安徽省和江苏省共11个花生主要产区，有效样本量为474份。

第四，对农户施药行为进行研究的调研数据主要来自项目组组织大学生在山东、江苏、湖北这三个省进行的调研。具体选择小麦、水稻、油菜、黄瓜、柑橘、苹果等6种代表性作物，分别代表粮食作物、油料作物、蔬菜、水果，而山东是小麦、蔬菜和苹果主产省份、江苏是水稻和油菜主产省份、湖北是油菜和柑橘主产省份，发放问卷1000份，实际收回问卷846份，有效问卷804份。

第五，对养猪场及沼气技术采用行为进行研究的调研数据主要来自项目组相关人员于2009年7月至8月在江苏省南通市、徐州市、无锡市进行调查，调查问卷主要包含了三个部分的内容。第一部分是养殖场经营业主的基本情况，包括经营业主的年龄、文化程度以及所学专业。第二部分是养殖场的基本情况，包括养殖规模、养殖历史、养殖场所处地理位置情况、专业技术人员的数量等。第三部分是粪污处理情况，包括养殖业主对养猪给环境带来的污染的认识程度、养殖场对粪便及污水的处理方式、清粪方式、营养调控措施的采用情况、对沼气技术的了解程度、政府的补贴情况、对采用沼气技术后环境变化的预期以及生产有机肥、使用发酵床养猪技术的情况。第四部分是投入品管理的现状，包括养殖过程中饲料及饲料添加剂的使用情况、兽药的使用情况等。本次调查共发放问卷160份，收回有效问卷91份。在有效样本中，有33家养猪场采用了沼气技术，有3家采用了发酵床养猪技术，剩下的55家没有采用上述两种技术的任一种。沼气技术是养猪场治理环境污染的现有的主要技术，因为发酵床养猪法是一种新型的污染物零排放养猪法，养殖过程中不用清粪，比较特殊，近几年才刚刚兴起，采用此技术的养猪场比较少。

1.3.3 技术路线

1.3.3.1 项目总体研究框架（见图1-1）

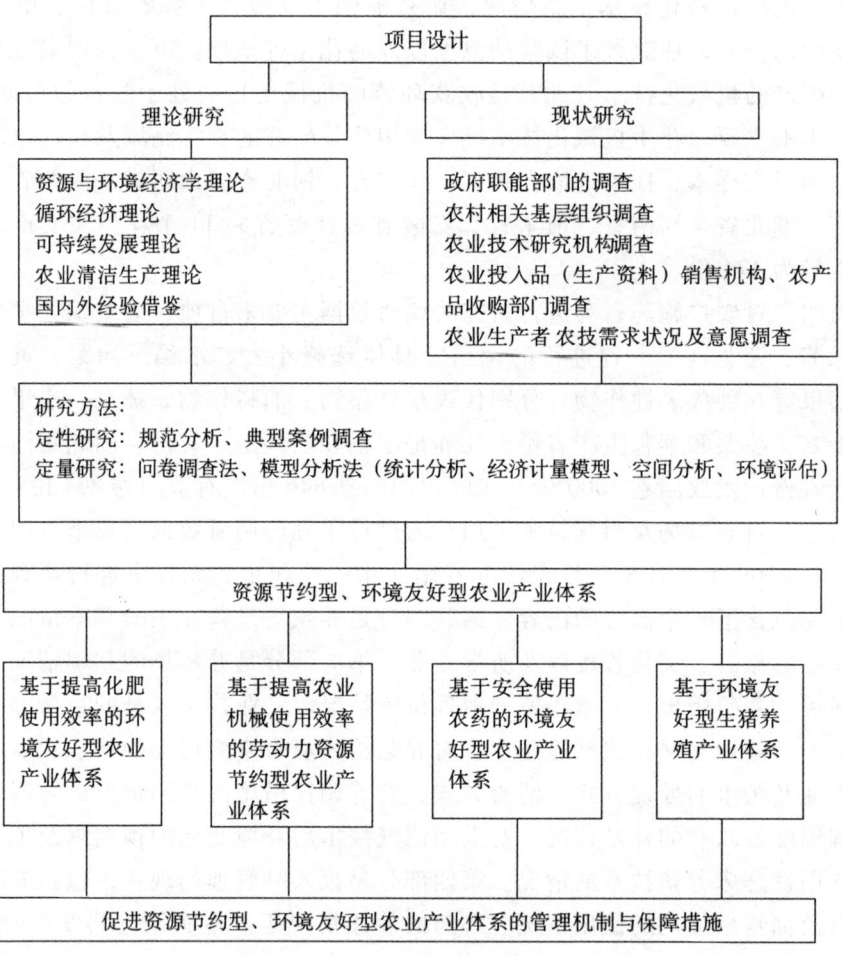

图1-1 项目总体研究框架

1. 导　言

1.3.3.2　构建提高化肥使用效率的资源节约型农业产业体系的技术路线图（见图1-2）

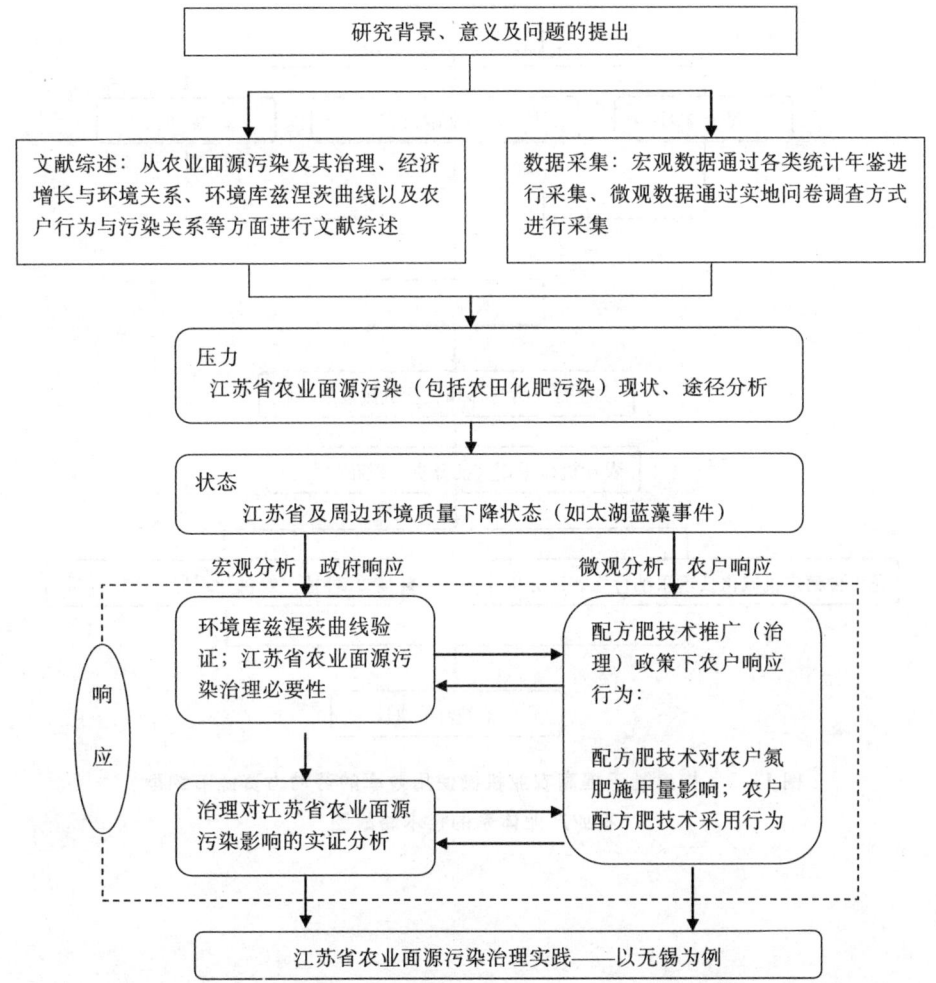

图1-2　构建提高化肥使用效率的资源节约型农业产业体系部分的研究设计路线图

1.3.3.3 构建基于提高农业机械使用效率的劳动力资源节约型农业产业体系的技术路线图（见图1-3）

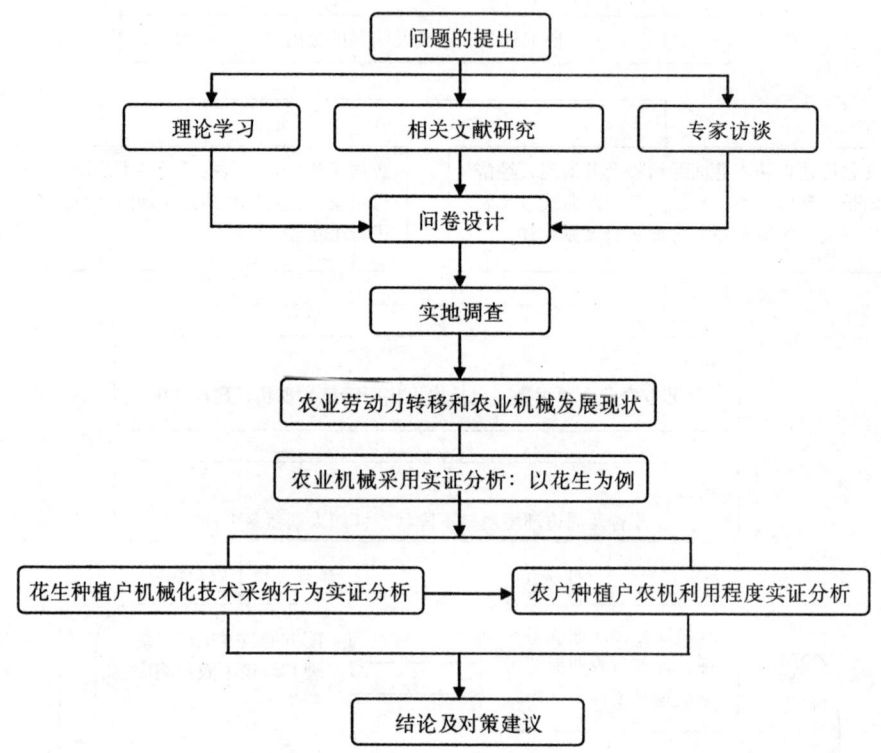

图1-3 构建基于提高农业机械使用效率的劳动力资源节约型农业产业体系的技术路线图

1. 导　言

1.3.3.4 构建资源节约、环境友好型农药生产、流通、使用体系的技术路线图（见图 1-4）

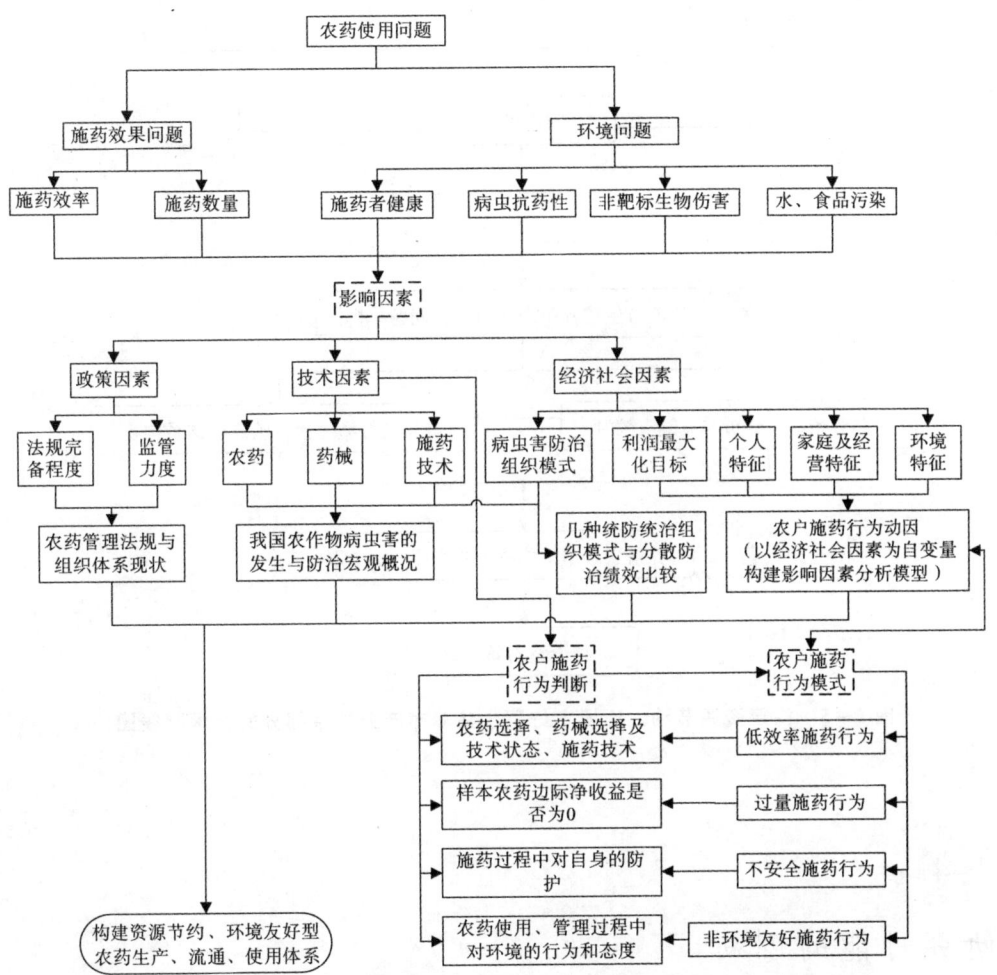

图 1-4　构建资源节约、环境友好型农药生产、流通、使用体系部分技术路线

1.3.3.5 构建资源节约、环境友好型生猪养殖产业体系的技术路线图（见图 1-5）

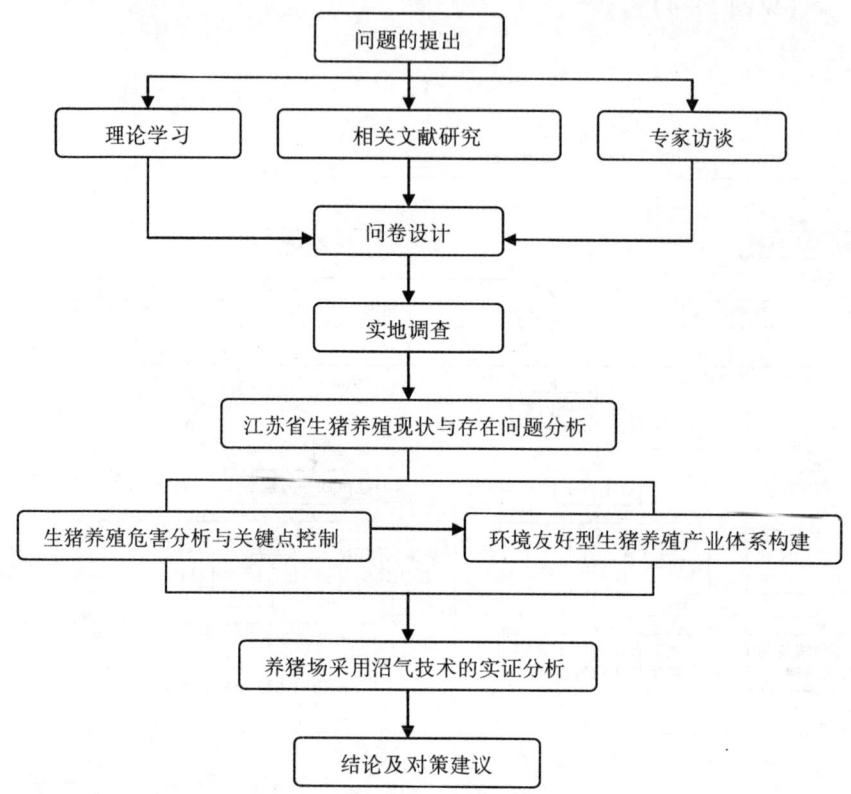

图 1-5 构建资源节约、环境友好型生猪养殖产业体系部分的技术路线图

1.4 研究可能的创新

①从经济学视角对农业面源污染治理政策——配方肥技术推广政策进行研究，具有一定的创新性。首先，将该政策作为重要治理政策之一，研究该治理政策对江苏省农业面源污染物排放总量的影响；其次，分析该治理政策下农户的响应行为以及响应效果。已有关于配方肥技术的研究主要集中在自然科学领域，社会经济领域的相关研究很少。

1. 导　言

②对农业面源污染的环境库兹涅茨曲线（EKC）进行了拓展讨论，包括在模型中加入生态环境因素以及结合治理实践尝试对 EKC "倒 U 型"进行解释。第一，在环境库兹涅茨曲线中加入生态环境因素后得到江苏省农业面源污染环境库兹涅茨曲线已与环境安全警戒线相交，不属于理想型的 EKC 曲线类型；第二，通过事实分析得出 2005 年起全面实施的配方肥技术推广政策可能是农业化肥污染环境库兹涅茨曲线 "倒 U 型"存在的重要原因。

③证明了配方肥销售环境中存在市场失灵并对农户配方肥技术采用行为有显著的负向影响。在配方肥技术采用行为模型中，加入配方肥销售环境影响因素，结果表明配方肥销售中基层化肥店数量对技术采用率和采用强度均有显著负向效果；其主要原因在于大多数村级化肥店不是农技推广部门指定的配方肥销售点，化肥店出于自身利益考虑会增加 "促销"力度游说农户购买本店的非配方肥，从而对农户配方施肥技术采用产生负面影响。

④将农药的使用问题分解成效率问题、效果问题、环境与健康问题，首先寻找技术角度的影响因素，再从经济社会角度定量分析影响农户各种施药行为的影响因素，有别于现有研究仅仅侧重于某一方面或定性分析。

⑤第一次将农药的使用效率变量引进农药的生产率模型，是对以往农药生产率理论模型的修正和改进，一定程度上解释了以往实证研究结果与 "利润最大化理论"背离的问题。

⑥选择生猪为特定的产业，基于 HACCP 原理研究养猪场环境管理存在的问题，并从养殖场的微观角度来研究影响养殖场选择沼气技术的因素，提出构建环境友好型的生猪养殖产业体系。

2. 理论基础与文献综述

本章着重梳理与本研究相关的理论，相关概念的界定，进行文献的回顾，为后面的理论及实证研究打好基础。

2.1 相关概念界定

2.1.1 农业面源污染及其特征

(1) 农业面源污染的界定

面源污染（Diffused Pollution）和点源污染（Point Source Pollution）是水体污染的两大主要来源，两者类型不同，控制对策和技术完全不同。根据欧美专家和美国环保局官方发布的定义，点源污染最简洁的界定是指污水的排放点通过排污管网直接进入水体。这种污染形式具有排污点集中、排污途径明确等特征。遵循这一界定，无论是生产、生活中的污染只要是通过污水管网直接进入水体的均属于点源污染，通常有工业废水、城市生活污水、污水处理厂与固体废弃物处理场的出水以及流域其他固定排放源。

面源污染又可称之为非点源污染（Non-point Source Pollution），是相对于点

2. 理论基础与文献综述

源污染而言的。按照美国联邦水污染控制法所作的界定，凡是向环境排放污染物是不连续的分散过程，而又不能用一般常规处理方法获得改善的排放源，即称为非点源污染或者散在污染。美国《清洁水法修正案》（1979）定义面源污染为"污染物以广域的、分散的、微量的形式进入地表及地下水体"。

农业面源污染则主要是指来自于农业生产与农村生活活动中所形成的面源污染，是最为重要且分布最为广泛的面源污染。来自农业的污染除了农业面源污染之外，还有农业点源污染。本研究研究重点是农业面源污染，并特指以降雨为载体并在降雨冲击和淋溶作用下，通过地表径流和地下渗漏过程将污染物质携入受纳水体而引起的水质污染（董克虞，1998）。没有考虑进入水体以外的污染，如无特明说明，书中所提农业面源污染即指农业面源污染物进入水体的排放量。

由于氮、磷元素是造成水体富营养化的主要限制因子（张维理等，2004；章明奎，2005），因此，本研究主要关注农业面源污染中的总氮（TN）和总磷（TP）两种污染指标。

（2）农业面源污染的特点

第一，分散性和隐蔽性。与点源污染的集中性相反，面源污染具有分散性和隐蔽性的特征，它随流域内土地利用状况、地形地貌、水文特征、气候、天气等的不同而具有空间异质性和时间上的不均匀性。

第二，随机性和不确定。农业面源污染具有随机性和不确定性的特点，识别面源污染进入污染系统中的随机性和不确定性的研究是相当重要的。如农作物生产中过量施用的化肥进入水体的量与自然条件有关，包括降雨大小、密度、温度、湿度、土地类型等。

第三，不易监测性和空间异质性。面源污染的不易监测性是指一旦面源污染产生，很难监测到单个污染者的排放量，其原因在于面源污染往往会涉及多个污染者，在给定的区域内他们的排放是相互交叉的，加之不同的地理、气象、水文条件对污染物的迁移转化影响很大，因此很难具体监测到单个污染者。但从理论上讲，农业面源污染并非不能识别，只是识别成本和监测成本高，近年来，运用 RS（遥感）、GIS（地理信息系统）可以对农业面源污染进行模型化描述和模拟，为其监控、预测和检验提供有力的数据支持。

空间异质性是指同样的行为在不同的位置会有不同的污染结果，以施肥为例，由于土壤原有氮、磷元素丰缺度不同，因此相同的施肥量也可能会导致不同的氮、磷排放结果。有效的环境管理必须认识到这些差异，并结合空间异质性特点制定农业面源污染治理政策，当然，这一点给环境管理提出了巨大的挑战。

总体而言，农业面源污染具有发生时间的随机性，发生方式的间歇性，机理过程的复杂性，排放途径及排放量的不确定性，污染负荷时空变异性和监测、模拟与控制困难性等特点。

2.1.2 太湖蓝藻事件

2007年4月底，太湖梅梁湖蓝藻水华大规模集中爆发，比往年提前了近1个月。根据太湖流域管理局对小湾里水厂、锡东水厂、贡湖水厂水源地的监测，5月6日梅梁湖小湾里水厂水源地叶绿素a含量达到每升259微克，位于贡湖湾和梅梁湖交界的贡湖水厂水源地达到每升139微克，贡湖湾锡东水厂水源地达到每升53微克，叶绿素a在太湖西北部湖湾全部超过每升40微克的蓝藻爆发临界值。到5月中旬，梅梁湖等湖湾的蓝藻进一步聚集，分布范围扩大，程度加重。5月28日，据无锡市报告，贡湖水厂水源恶臭、水质发黑，导致无锡市自来水恶臭，引发了供水危机。通过应急措施，6月1日自来水厂出水基本达标，6月6日全面恢复正常供水。此次因太湖蓝藻大爆发和引发的大规模"湖泛"，造成的无锡供水危机，影响无锡市区70%、200多万市民的饮用水，造成的直接损失和间接损失难以估量。

2007年太湖危机事件的重要原因之一就是农业面源污染，而总氮和总磷是导致太湖水体富营养化的主要制约因子。正因为如此，本研究将总氮和总磷作为农业面源污染的主要研究对象。在农业面源污染估算时，也主要估算氮、磷污染量两个指标。

2.1.3 测土配方施肥技术及其步骤

（1）技术介绍

测土配方施肥技术（简称配方肥技术，Formula Fertilization Technology by Soil Testing）是联合国推行的一项环境友好型技术，该技术有助于缓解因化肥过量施用而形成的农业面源污染。它以土壤测试和肥料田间试验为基础，根据作物需肥规律、土壤供肥性能和肥料效应，在合理施用有机肥料的基础上，提出氮、磷、钾及中、微量元素等肥料的施用数量、施肥时期和施用方法。通俗地讲，就是在农业科技人员指导下科学施用配方肥。测土配方施肥技术的核心是调节和解决作物需肥与土壤供肥之间的矛盾。通过有针对性地补充作物所需的营养元素，作物缺什么元素就补充什么元素，需要多少补多少，实现各种养分平衡供应，满足作物的需要；达到提高肥料利用率和减少施肥量，并达到提高作物产量，改善农产品品质，节省劳力，节支增收的目的。

（2）实施步骤

测土配方施肥技术包括"测土、配方、配肥、供应、施肥指导"五个核心环节：测土环节，通过开展土壤氮、磷、钾及中、微量元素养分测试，了解土壤供肥能力状况；配方环节，通过总结田间试验、土壤养分数据等，划分不同区域施肥分区，同时根据气候、地貌、土壤、耕作制度等相似性和差异性，结合专家经验，提出不同作物的施肥配方并进行校正试验；配肥环节和供应环节，主要采用工厂化加工形式配肥，并采用市场化运作、网络化经营方向农户供应（销售）配方肥；施肥指导环节，通过示范推广、广泛宣传等方式提高农民科学施肥意识和测土配方施肥技术有用率。按农业面源污染治理政策分类方法，测土配方施肥技术推广政策属于自愿计划型政策。

2.1.4 沼气技术

（1）技术介绍

沼气发酵技术是我国养殖专业户防治畜禽污染的主要技术，在粪污处理模式中发挥着重要作用。从原理上讲，沼气发酵是有机物质（碳水化合物、脂肪、蛋白质）如畜禽粪便、杂草、秸秆、工业有机废水等在一定温度、湿度、酸碱度、碳氮比和厌氧条件下，经过沼气菌种发酵（消化），生成沼气、沼液和沼渣的过程。应用这种发酵工艺，能实现对畜禽粪污的无害化处理。

从畜禽粪便进入沼气池到产出沼气经历了"液化—产酸—产甲烷"三个阶段。在液化阶段，一些微生物的胞外酶对有机物质进行体外酶解，把固体有机物转变为可溶于水的物质，如将碳水化合物分解成单糖，蛋白质分解成多肽和氨基酸，脂肪分解为甘油脂肪酸；在产酸阶段，各种可溶性物质在微生物胞内酶作用下继续分解转化为低分子物质，主要产生物是乙酸；在产甲烷阶段，由于产甲烷细菌的作用，将前两阶段所产生的合成甲烷基质转变为甲烷。这三个阶段保持连续、动态平衡，构成了畜禽粪污转变为沼气的全过程。

（2）沼气技术的污染防治作用

无论沼气工程规模大小，通过建设以厌氧发酵为主要环节的沼气工程（池），均能有效地处理畜禽粪污，达到防治畜禽养殖污染的目的。沼气技术的污染防治作用来自于两个方面：一是本身的厌氧发酵过程能对污染物质进行无害化处理；二是沼气、沼渣和沼液的资源化利用避免了一些非环保生产行为对环境的污染。

沼气厌氧发酵过程有很好的环境影响。一方面，厌氧发酵可以杀灭病原体和虫卵，有效控制经由粪便传播的疾病。另一方面，沼气工程厌氧发酵技术能够有效降低粪便污水的 COD、BOD、NH_3-N、P 等有机质，解决粪便污水对水体的污染。

沼气发酵生成物的资源化利用有很好的环境价值。首先，沼气是一种优质的气体燃料，可以供农户烧火做饭、取暖，使农户节省薪柴和煤炭的使用，这对防治农村大气污染、保护森林资源、减少温室气体排放有一定的作用。其次，沼液和沼渣中含有丰富的氮、磷、钾以及各种微量元素，是一种优质的有机肥料。长期施用沼液（渣），可促进土壤团粒结构的形成，使土壤疏松，增加土壤保水增肥能力，避免施用化肥对土壤造成的污染。最后，发酵残留物是一种很好的生物农药，能有效地防治农作物病虫害，并且不会像化学农药那样在环境中残留，进而能避免化学农药的环境污染。

2.1.5 发酵床养猪技术

(1) 技术介绍

目前，国内有"生态养猪"、"零排放养猪"、"自然养猪"等多种提法，这些提法均从侧面对发酵床养猪进行了诠释。发酵床养猪（Bio-fermentation pig）是一种遵循健康养殖原则的新型生态环保型养猪技术。该技术根据微生物理论和生物发酵理论，采用高温发酵微生物与锯木屑、谷壳或秸秆等，混合发酵后作为有机物垫料，称为发酵床。猪饲养在发酵床上，其排出的粪尿经垫料中微生物及时降解、消化，猪舍无粪尿污水外排，无传统养猪的猪尿臭气，实现零排放清洁生产，从源头上达到生态环保养猪的目的。发酵床养猪技术在日本和韩国已经研究应用了 30 多年，推广面达 60%，技术成熟；我国于 1996 年引进该技术。

(2) 发酵床养猪技术的污染防治作用

发酵床养猪的优点可概括为：五省（省水、省工、省料、省药、省电），四提（提高猪肉品质、提高生猪抵抗力、提前出栏、提高饲料转换率），三无（无臭味、无粪尿渗漏、无环境污染），两增（增加经济效益，增加生态效益），一少（即减少猪肉药物残留）。

发酵床养猪技术的污染防治作用显著。发酵床养猪技术，通过发酵床有机垫料的物理吸收和有益微生物对猪粪尿排泄物的降解、消化作用，猪舍无粪尿污水排出，无须对猪舍进行冲洗，降低养殖过程中的污染物的产生。同时，发酵床养猪利用物理、化学、生物方法能大大降低猪舍内氨气、硫化氢、粪臭素等有毒有害气体的浓度，直接从源头进行污染控制，减少对环境的污染，实现环保养殖。

2.1.6 饲料添加剂

（1）饲料添加剂

饲料添加剂是添加在饲料中的一种可食性物质，以调节动物消化道微生态平衡、促进动物生长、提高饲料转化率、增强动物免疫功能和动物体能、降低饲养成本及改善饲料产品的品质为目的，旨在提高动物的营养水平及补充足够的营养。美国饲料管理人员协会与 NRC 将其定义为："某种特殊需要一般以微量使用而添加到基本饲料混合物内或部分饲料内的一种制剂或几种制剂的混合物，须小心地处理和混合。"饲料添加剂是动物配合饲料的核心，是决定其使用效果和质量的最活跃、最重要的因素。在动物常规饲料中添加各种制剂，是当前国内外采用的能提高动物生产性能及饲料利用率、显著增加养殖经济效益的最简便、最有效的方法和途径。

（2）饲料添加剂对环境的影响

改革开放以来，我国的畜牧业取得了长足发展，目前我国已成为名副其实的畜牧大国。但是，畜牧业在我国仍然是低效产业，人们为了提高动物生产水平和饲料转化效率，在饲养过程中大量添加了肉骨粉、油脂等动物性饲料及抗生素、高铜、砷制剂等饲料添加剂。而在这些饲料添加剂中，经过消化吸收后仍有大部分残留在排泄物中被排泄出体外，这些有毒有害物质不仅形成对水体、土壤的污染，而且还通过食物链进入人体，从而对人类健康造成潜在的威胁。

2.2 理论基础

2.2.1 外部性理论

外部性（Externality）是农业面源污染产生的原因。农户按照净收益最大化原则进行行为选择，于是农户按私人边际成本与私人边际收益相等的点所对应的产量来按排生产 Q_1，并产生农业面源污染排放量为 P_1。考虑到包含污染成本在内的社会边际成本与社会边际收益相等的点所对应的产量为 Q^*，并产生农业面源污染排放量为 P^*。Q^* 与 P^* 分别为最优产量和最优污染量（并不是零污染）。Q_1 大于 Q^* 的差额为超额的低效率产出，P_1 大于 P^* 的差额为过度农业面源污染量。社会边际成本与私人边际成本的差值为边际环境成本，如图 2-1 中 ACQ_1O 所围部分为治理环境污染的成本。

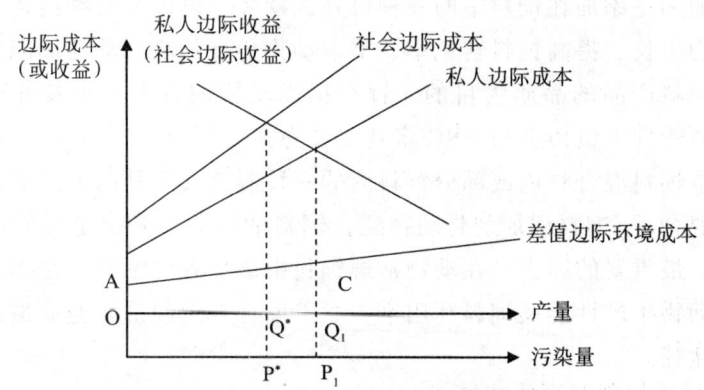

图 2-1 农户行为与农业面源污染形成模型

2.2.2 环境库兹涅茨曲线理论

（1）理论基本内容

环境库兹涅茨曲线描述现象如下：一国（地区）环境污染情形与该国（地区）经济发展水平呈"倒 U 型"关系，即经济发展水平较低时，环境污染较轻，随着经济发展水平提高，环境污染逐渐恶化，到达一定顶峰（拐点）后，环境污染又伴随着经济发展水平提高而逐渐好转。

（2）本书的理论借鉴

本书的理论借鉴是利用该假说对江苏省农业面源污染量与经济增长的关系进行验证，验证的模型设计为：

$$N = \beta_0 + \beta_1 Pergdp + \beta_2 Pergdp^2 + \varepsilon \tag{2-1}$$

$$P = \beta_0 + \beta_1 Pergdp + \beta_2 Pergdp^2 + \eta \tag{2-2}$$

其中，N 和 P 分别表示江苏省 t 年农业面源污染总氮排放量和总磷排放量；Pergdp 表示江苏省 t 年人均 GDP 值，相对于总量 GDP，人均 GDP 更能反映经济发展水平变化对环境污染的真实影响；β_0、β_1 与 β_2 分别为模型系数；ε 和 η 分别随机误差项。模型估计结果存在以下几种情况：

2. 理论基础与文献综述

①当 $\beta_1 \neq 0$，$\beta_2 = 0$ 时，经济增长与环境污染之间为线性关系；

②当 $\beta_1 < 0$，$\beta_2 > 0$ 时，经济增长与环境污染之间为"倒 U 型"关系，且此时拐点为 $\text{Pergdp}^* = -\dfrac{\beta_1}{2\beta_2}$；

③当 $\beta_1 > 0$，$\beta_2 < 0$ 时，经济增长与环境污染之间为"U 型"关系。

2.2.3 污染治理理论

农业面源污染治理是一个优化问题，纯粹物理角度的环境治理最优目标是解决全部污染问题，即产生污染可被环境净化为零；但经济视角污染治理的最优化并不意味着解决全部污染。仍以农户施肥为例，最优污染水平可用图 2-2 来描述。

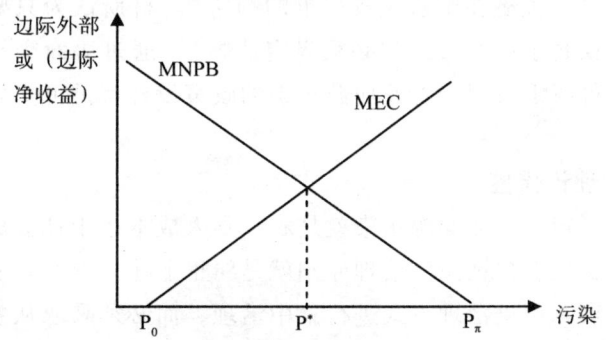

图 2-2 农业面源污染治理与最优污染水平

图 2-2 中，MNPB 为预期的边际私人净收益（Marginal net private benefits），是改变一个单位经济活动水平所追加的净收益。由于边际收益递减原则，预期的边际私人净收益是一条向右下方倾斜的直线。农户预期私人净收益最大化时达到污染水平是 P_π，也是政府无管制下的理论污染水平。

MEC 为边际外部成本（Marginal external cost），即农户农业生产活动产生的私人成本外部化部分（非农户自身承担的成本）。MEC 与横轴始交于 P_0 点，该点为污染阈值，当污染水平小于该点时，污染可以通过环境自我净化功能将其消耗贻尽；但当污染大于该点时，则产生对环境（水体）的污染，并带来了外部性社会成本。当污染水平超过 P_0 时，由于边际成本递增原则，而向右上方倾斜。P_0 点表示零污染水平。

两直线相交于 P^* 点，是 MEC 与 MNPB 两直线相交点所决定的污染水平。该点意味着边际外部成本与边际私人净收益相等,是经济视角的最优点(而不是零污染水平 P_0 点)。因此,从经济角度来讲,农业面源污染治理是将污染程度控制在一个合理量上,而不是将农业面源污染治理清零。

治理的经济手段:用于治理农业面源污染的经济激励型政策主要分成基于庇古税的税费政策和基本科斯定理的交易许可证政策两方面:

第一,基于庇古税的税费政策。庇古税是福利经济学家庇古提出的控制负外部性问题的一种经济手段,其实质是社会外部成本私人化。通过对污染者进行收税或者采取补贴,从而改变农户投入组合,最终达到缓解农业面源污染目的。

第二,基于科斯定理的交易许可证政策。科斯在1966年《社会成本问题》中表达了科斯定理的基本含义。针对庇古税主张对污染者进行征税,科斯提出还可以换一个角度来思考这个问题:污染具有相互性,当A产生污染影响到B时,避免对B的损害就会使A受到损害,因此要解决的真正问题"是允许A损害B,还是允许B损害A,关键在于避免较严重的损害"。科斯认为只要市场的交易费用为零,无论产权属于何方(产权必须界定清晰),通过协商交易的途径可以达到同样的效果。科斯手段用于农业面源污染的政策设计就是可交易许可证(排污权交易)。

(3) 本书的理论借鉴

由理论部分可知,农业面源污染就是农户私人成本小于社会成本而产生的负外部性而导致的,从农户视角的治理原则就是纠正上述外部性。实践中,农业面源污染难以采取点源污染治理方式进行集中治理,而必须采取从农户源头进行治理方式;上述农业面源污染的形成与治理理论为治理实践提供了必要的理论基础和治理原则。

2.2.4 农户行为理论

(1) 关于农户行为理论研究

农户是农民组织生产的基本单元,农民与国家、社会以及市场进行联系都是以户为单元进行的。农户是指生活在农村的,主要依靠家庭劳动力从事农业生产的,并且家庭拥有剩余所有控制权的、经济生活和家庭关系紧密结合的多功能的社会组织单位(卜范达、韩喜平,2003)。由于不同学派学者对"农户行为"的"理性"理解与标准不同,导致对农户行为理论发展至今,至少有如下几种学派:

第一,理性小农学派。该学派的代表人物是舒尔茨(Schultz,1964),在《改造传统农业》一书中,舒尔茨认为农户以追求利润最大化为行为准则,小农如同资本主义企业家一样，都是理性经济人。S. 波普金（Pobkin）在其《理性的小农》中也提出类似的观点，认为农户是理性的个人或家庭福利的最大化者，两个学者的理论可概括成"舒尔茨—波普金命题"。同时舒尔茨认为发展中国家农户贫困的根源不是纳克斯所谓的"贫困恶性循环"而是"糟糕的政策"，正是"糟糕的政策"使得农业成为工业的牺牲品，农业被榨干。史清华（1999）利用这一观点恰当地解释了中国农村改革前后农业增长和农户收入的提高。

第二，生存小农学派，该学派的代表人物是恰亚诺夫。在《农民经济组织》（1925，中译本1996）中，恰亚诺夫认为农户的理性行为表现在满足自家消费和劳动辛苦程度之间的平衡，而不是利润和成本之间的平衡。农户追求的是风险最小化而不是利润最大化。这一理论可以较好地解释欠发达国家农户经济组织可以持续发展的事实。Scott（1976）也通过案例进一步证实了上述观点，并明确提出著名的"道义经济"命题：小农经济坚守的是"安全第一"而不是"收益第一"。该学派又被称为组织与生产学派（翁贞林，2008）。

第三，历史学派。该学派代表人物是黄宗智（美籍华人），在其代表作《华北的小农经济与社会变迁》和《长江三角洲小农家庭与乡村发展》中认为，由于缺乏就业机会（导致劳动机会成本为零），以及耕地不足的生存压力（投入大量劳动力），农户往往没有边际报酬意识并在边际报酬很低的情况下继续投入劳动，从而产生"总产出在以单位工作日边际报酬递减为代价的条件下扩展"的"过密化"现象。

第四，有限理性学派。由于人类行为并不满足标准经济学的三个基本要求：无限理性、无限控制力以及无限自私自利，人只是有限理性的。因此西蒙（Simon，1997、2001）提出人类对外界信息作出的反映受对理性因素和非理性因素的同时影响，人的行为理性是有限而非完全理性，决策标准是寻求令人满意的决策而非最优决策。

第五，其他学派，包括制度理性假说与社会化小农假说。在上述的经典理论的基础上，郑凤田（2000）提出了小农经济的制度理性假说，该假说认为农民的"有限理性"具有异质性，在完全自给自足的情况下，小农行为符合"生存小农学派"行为；在完全商品经济的情况下，小农行为符合"理性小农学派"行为；在介于两者之间的情况下（在半自给自足的制度下），小农既为家庭生产也为社会生产，农民理性具有双重性。徐勇、邓大才（2006）提出了由于社会化程度不同，小农由原先（社会化程度低时）追求生存、效用最大化到现在（社会化程度高时）追求货币最大化。

（2）本书的理论借鉴

农户的生产、消费和劳动力供给不仅受到自身约束的影响，还将受到社会经济环境以及政策环境的影响。因此，农户的行为及其影响因素均可放在统一的经济模型中，根据最大化或者最小化原则来进行行为选择。本书的理论借鉴就在于考察农户的化肥施用行为和农户测土配方技术选择行为时，可以利用农户净收益最大化行为的理论假设，构建农户施肥行为决策如下：

假设农户以净收益最大化为行为准则，农户生产稻谷为例，农户 i 可以自由地决定施用肥料，其行为准则受到"理性经济人"制约，即施肥的目的是为了达到期望净收益最大化，可用公式表达为：

$$\text{MaxEU}(\pi(\text{Fer})) = \text{MaxEU}[p_0 y_i \alpha_i - p_i \text{Fer}_i(y_i, \text{per}_i, \text{fam}_i, \text{cap}_i, \text{pol}_i, \text{oth}_i) s_i - b_{iv}(y_i) - b_{if}] \quad (2-3)$$

上式中：y_i 是农户 i 的稻谷总产量；p_0 是稻谷的市场价格；α_i 是稻谷商品率；p_i 是氮肥的市场价格；Fer_i 是农户 i 单位稻田面积氮肥施用量；per_i 是农户的个人特征；fam_i 是农户的家庭特征；cap_i 是农户科学施肥能力；pol_i 是政府采取的治理政策；oth_i 是指影响农户施肥强度的其他因素，农户单位面积氮肥施用量受到目标产量、农户个人特征、农户家庭特征、农户科学施肥能力以及包括政府治理政策在内各种外界环境因素的影响；s_i 为稻谷播种面积；b_{iv} 是稻谷生产中除氮肥以外的其他可变成本；b_{if} 是稻谷生产中固定成本。

农户的测土配方技术采用行为的决策如下：要使农户采用某项农业技术，就要使农户实现采用该技术的净收益最大化。进一步地，如果将采用农业技术的过程看成新旧技术应用效果对比的过程，则新技术得到采用的条件是采用该技术的净收益不会低于采用传统技术的净收益。在技术可以获利前提下，促使更多的农户选择该技术就是最终目的。

$$\text{EU}(\pi(\text{Fer}_{tec=1})) - \text{EU}(\pi(\text{Fer}_{tec=0})) \geq 0 \quad (2-4)$$

上式中 $\text{EU}(\pi(\text{Fer}_{tec=1}))$ 和 $\text{EU}(\pi(\text{Fer}_{tec=0}))$ 计算类似于公式 2-4，其中 $\text{Fer}_{tec=1}$ 是指使用配方肥，$\text{Fer}_{tec=0}$ 是指使用普通肥。

2.2.5 可持续发展理论

(1) 可持续发展的定义

可持续发展最有影响力的定义是 1987 年联合国世界环境与发展委员会的报告《我们共同的未来》中的描述："既满足当代人的需要，又不对后代人满足其需要的能力构成危害的发展。"它的内容不仅仅局限于经济增长，还广泛涉及实现人类福利，满足人类需求，它将经济增长、环境保护和社会正义结合起来，使它们和谐共存。这一定义被各国政府、学者广泛接受。我国学者在此定义的基础

2. 理论基础与文献综述

上作了补充：可持续发展既不是单纯的经济发展或社会发展，也不是单纯的生态持续，而是以人为中心的自然与经济复合系统的可持续。所以可持续发展是人类能动地调控自然—经济—社会复合系统，在不超越资源与环境承载能力的条件下，促进经济的发展、保持资源的永续利用和提高生活的质量，既满足当代人的需要，又不损害后代人满足其需要的能力。

（2）可持续发展的理论内涵

发展为主题。可持续发展以发展为核心，就是通过发展来不断满足当代人及其后代人对于物质、能量、信息、文化的需求。可持续发展鼓励经济增长，但同时更注重改善经济增长的质量。

规范两个关系。一是要规范人与自然之间的关系：人与自然的相互适应和协同是人类文明发展的必要条件。人类的发展主要依赖于可再生能源的永续利用，自然资源的永续利用是经济社会可持续发展的物质基础。人类要发展，必须保护自然资源和生态环境。所以要规范人类的生产和消费方式不能超越资源与环境的承载力。二是要规范人与人之间的关系。人与人之间平等互助、自律和互律的在当代人和后代人之间公平的占用和使用资源，是人类文明得以延续的充分条件。所以要规范当代人之间、当代人与后代人之间对于资源的使用和占有以及发展成果的分配，消除贫困和社会不公。

可持续发展要遵循三个原则。一是持续性原则，即人类的经济和社会活动不能超越自然资源与经济的承载能力。人类的经济社会活动必须在不破坏环境的前提下进行。这就要求我们要慎重地对待环境与资源问题，以永续利用资源和创造并维护良好的生态环境为目标，以保护自然为基础，与资源和环境的承载能力相协调。二是公平性原则。强调发展的社会公平性，包括代内公平和代际公平。代内公平就是说在当代人中，要使发展满足全体人民的需要，而不是只满足部分人的需要，要使每个社会成员都享受到发展带来的实惠。代际公平就是当代人与后代人在生存和发展权利上的公平性，当代人的发展不能损害和牺牲后代人的利益，要让后代人也享有自然资源和健康的生态环境的使用权。三是共同性原则。可持续发展是宏观性、全局性和战略性问题，是一个国家或地区甚至全球性的问题。要强调发展的统筹，对于一个国家来说，包括地区之间、部门之间、城乡之间的统筹，对于一个地区，在发展上要顾全大局，以全局的可持续发展为前提，要加强合作，不能以邻为壑。

可持续发展理论（Sustainable Development Theory）是一种关于经济、社会、环境协调可持续发展的理论，其基本内涵是同时追求经济繁荣、环境质量、社会公平这三个不同发展目标并在三者之间达成一致（Hasna, A. M., 2007）。对于可持续发展的定义，引用得最多的是联合国（1987）的定义"可持续发展即满足当代人的需要，又不对后代人满足其自身需求的能力构成危害的发展"。可持续发展主要关心自然环境对人类社会经济活动的承载能力。经济、社会、环境之间的关系见图 2-3（Adams, W. M., 2006）。

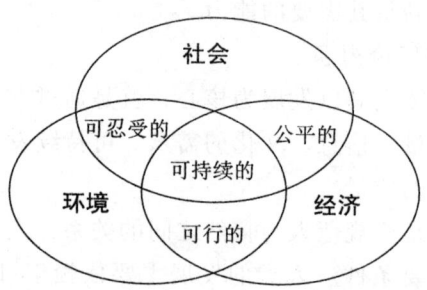

图 2-3　可持续发展的三个组成部分

关于环境和经济之间平衡发展的研究，发展出了环境与生态经济学，从环境资源的稀缺性、利用效率、产权管理、排污许可等角度研究环境污染、生态失调的经济损失估价，以及生态补偿的制度、组织。

关于经济与社会之间平衡发展的研究，发展出了发展经济学，重点关注经济发展的效率与社会发展的公平之间的关系，以及经济与社会发展可持续最优模式和路径。

关于环境与社会之间平衡发展的研究，发展出了社会生态学，重点研究人类社会与其生存环境相互关系和作用规律，以及人口与资源、环境协调发展的路径。《增长的极限（The Limits to Growth）》（Donella H. Meadows, Dennis L. Meadows, Jorgen Randers et, 1972）是其中最著名的研究成果，该书系统地分析了传统的经济社会发展模式所导致的人口激增、资源短缺、环境污染和生态破坏等问题，指出人类社会的发展受到资源和环境的限制，无节制地发展只会导致无尽的恶性循环。

2.2.6　循环经济理论

（1）循环经济的内涵

"循环经济"一词，最先是美国经济学家 Kenneth E. Boulding 在 20 世纪 60 年代提出生态经济时谈到的。他在分析地球经济的发展时，受到当时发射的宇宙飞船的启发。他认为，宇宙飞船是一个与世隔绝、孤立的系统，依靠不断消耗自身资源而存在，它最终将因为资源耗尽而毁灭。唯一使之延长寿命的方法就是实现宇宙飞船的内部资源循环，例如将呼出的二氧化碳分解为氧气再利用，分解排泄中还存在营养成分的物质再利用，尽可能少地排出废物。当然，宇宙飞船最终还会因为资源耗尽而毁灭。类似的，整个地球经济系统就像一艘宇宙飞船，尽管与宇宙飞船相比，地球的资源系统要大得多，地球寿命也长得多，但是只有采取对资源循环利用的发展方式，即循环经济的发展方式，才能延长地球的寿命（张静，2007）。

循环经济是物质闭环流动型经济的简称，是把清洁生产、资源综合利用和生态设计等融为一体的生态经济，是对传统资源掠夺型和环境末端治理型发展模式的反思，是运用生态学规律而不是机械论规律指导人类社会的经济活动，以实现资源使用的减量化、产品的反复使用和废弃物的资源化为目的，在环境方面实现污染的低排放甚至零排放。

循环经济与传统经济不同：传统经济是一种由"资源—产品—废物排放"所构成的单向线形开放式经济过程，其特征是高开采、低利用、高排放。在这种经济中，人类高强度地开发资源，在生产和消费过程中又把污染和大量废弃物排放到环境中去，造成人类生存环境的日趋恶化。

循环经济倡导的是与环境和谐发展，是一种由"资源—产品—再生资源"构成的反馈式经济流程，其特征是低开采、高利用、低排放，要求遵循生态学原理，合理利用自然资源和环境容量，在物质不断循环利用的基础上发展经济，使整个经济系统实现最优生产、最适消费、最少废弃，从而从根本上消解长期以来环境保护与经济发展之间的尖锐矛盾。

（2）循环经济的原则

减量化原则（Reduce）。该原则针对的是输入端，要求用较少的资源投入来达到既定的生产目的或消费目的，即在经济活动的源头就注重节约资源和减少污染。

再利用原则（Reuse）。该原则是过程性原则，要求物品尽可能被多次使用（不是一次性消费），尽可能延长产品的资源利用时间，提高资源利用率，通过再使用，避免资源过早地转化为废弃物，使之安全地再参加到新的经济循环中。

再循环原则（Recycle）。该原则针对的是输出端，要求出来的废弃物通过回收利用重新变成资源，再一次进入经济活动的输入端，以减少废弃物的最终处理量。

循环经济理论（recycling economy theory）是以资源高效利用和循环利用为核心，以3R即资源减量化（Reduce）、再使用（Reuse）、再循环（Recycle）为原则，以低消耗、低排放、高效率为基本特征，以生态产业链为发展载体，以清洁生产为重要手段，从而实现资源的最优利用、经济与生态的可持续平衡发展。

减量化是指用较少的原料和能源，特别是无害于环境的资源投入来达到既定的生产或消费目的；再使用是要求延长产品或服务的使用寿命，通过反复利用达到资源节约的目的；再循环是要求生产出来的产品在完成其使用功能后不能再直接利用时，通过加工处理，使其变为可再生资源，重新进入生产领域（李兆前、齐建国，2004）。

2.2.7 生态经济理论

（1）生态经济的内涵

20世纪60年代中期，美国经济学家Kenneth E. Boulding第一次提出生态经济学这一概念，为生态经济的研究奠定了理论框架。

生态经济是指在生态系统承载能力范围内，运用生态经济学原理和系统工程方法改变生产和消费方式，挖掘一切可以利用的资源潜力，发展一些经济发达、生态高效的产业，建设体制合理、社会和谐的文化和生态健康、景观适宜的环境，实现经济发展与环境保护、物质文明与精神文明、自然生态与人类生态的高度统一和可持续发展。

（2）生态经济的特征

时间性。指资源利用在时间维上的持续性，在人类社会再生产的漫长过程中，后代人对自然资源应该拥有同等或更美好的享用权和生存权，当代人不应该牺牲后代人的利益换取自己的舒适，应该主动采取"财富转移"的政策，为后代人留下宽松的生存空间，让他们同当代人一样拥有均等的发展机会。

空间性。指资源利用在空间维上的持续性。区域的资源开发利用和区域发展不应损害其他区域满足其需求的能力，并要求区域间农业资源环境共享和共建。

效率性。指资源利用在效率维上的高效性，即"低耗、高效"的资源利用方式。它以技术进步为支撑，通过优化资源配置，最大限度地降低单位产出的资源消耗量和环境代价，来不断提高资源的产出效率和社会经济的支撑能力，确保经济持续增长的资源基础和环境条件。

2.2.8 环境友好型社会理论

1992年联合国里约环境发展大会通过的《21世纪议程》中，200多处提及包含环境友好含义的"无害环境的"(Environmentally Sound)概念,并正式提出了"环境友好的"(Environmentally Friendly)理念。随后,环境友好技术、环境友好产品得到大力提倡和开发。20世纪90年代中后期,国际社会又提出实行环境友好土地利用和环境友好流域管理,建设环境友好城市,发展环境友好农业、环境友好建筑业等。2002年召开的世界可持续发展首脑会议所通过的"约翰内斯堡实施计划"多次提及环境友好材料、产品与服务等概念。2004年,日本政府在其《环境保护白皮书》中提出,要建立环境友好型社会。

在经济持续高速增长,环境压力不断增大的背景下,中共十六届五中全会明确提出了"建设资源节约型、环境友好型社会",并首次把建设资源节约型和环境友好型社会确定为国民经济与社会发展中长期规划的一项战略任务。清华大学陈吉宁教授认为,环境友好型社会是一种人与自然和谐共生的社会形态,其核心内涵是人类的生产和消费活动与自然生态系统协调可持续发展。

环境友好型社会的核心目标是将生产和消费活动规制在生态承载力、环境容量限度之内,通过生态环境要素的质态变化形成对生产和消费活动进入有效调控的关键性反馈机制,特别是通过分析代谢废物流的产生和排放机理与途径,对生产和消费全过程进行有效监控,并采取多种措施降低污染产生量、实现污染无害化,最终降低社会经济系统对生态环境系统的不利影响。

2.2.9 道德风险理论

道德风险(Moral hazard)是指参加契约的双方都是追求利益最大化的理性人,当一方比另一方掌握更多信息时,就可能会发生为了追求自己利益最大化而损害另一方的行为(Mas‐Colell A., Whinston M., Green J., 1995)。从管理角度,一般以下几种情况很容易发生道德风险问题:①当管理者的地位牢固不可轻易动摇;②当管理者受到系统内部更高级管理者的庇护;③当管理者的收入或地位与其工作业绩无关;④当管理者很容易将失败归咎于下级;⑤当权责不清晰(wikipedia)。

道德风险理论的启示在于:①由于权利垄断、信息不对称、监管不力、权责不清晰等原因,农药主管部门的官员极易发生道德风险,从而产生腐败行为;②由于监管不力,违规成本低,农药生产厂家相对其他主体对自己生产的农药具有更多的信息,极易发生道德风险问题从而制造劣质农药、假药或被禁高毒农药;③由于农药经销商相对农户具有更多信息,经销商知道哪些是假药哪些不是,哪些药防治效果好、哪些药防治效果差,因此极易产生道德风险问题,从而产生销售假药、捆绑销售农药等行为；④农户相对于消费者来说，掌握更多关于自己所生产农产品的信息，因此可能引发道德风险，施用高毒农药。因此，本书在设计资源节约、环境友好型农药生产、流通、使用体系时，应充分考虑道德风险问题。

2.2.10 劳动消费均衡理论

(1) 理论基本内容

Alexander Chayanov（1925，中译本1996）提出：在劳动力密集其他产业就业机会较少的情况下，对于集企业家与雇佣工人于一身的家庭劳动农场，劳动者对劳动能力的开发受到家庭消费需求的推动，当消费需求出现增长，农民劳动自我开发的程度亦随之加深。另一方面，农民劳动能力的消费又受到劳动本身辛苦程度的制约。在一段时间内，一个人的劳动量越大，他所付出的最后一单位劳动（边际劳动）的辛苦就越大。而这一边际劳动所获价值的主观评价将取决于其对经营农场的家庭的边际效用的大小。随着农场经营者所获价值总量的增长，边际效用会下降，那么劳动收入增长到一定水平，就会达到边际劳动消耗的辛苦等于劳动所获价值总量的边际效用的主观评价的平衡点。

这一观点可以用图2-4来更清晰地表述。图中横轴为家庭劳动农场经营者一年所得价值总量。曲线AB所示为获得沿横轴所标边际收入而付出的辛苦程度，或者叫劳动供给曲线，随着获得收入的增加，劳动者的辛苦程度也不断增加。曲线CD所示为经营农场的家庭所获收入的边际效用的大小，或者叫收入需求曲线，随着收入的增加，每一单位收入的主观评价将逐渐降低。

从图2-4中可以看出，曲线AB和曲线CD最终会相交与X点从而达到平衡，在这一点的左边，家庭劳动农场经营者每付出一单位辛苦劳动所带来的效用减少，要小于所带来的家庭效用增加，因此会继续增加劳动量直至达到X点；在这一点的右边，家庭劳动农场经营者每减少一单位劳动所带来的效用增加，要大于所带来的家庭效用减少，因此会减少劳动量直至达到X点。因此，一个家庭劳动农场的经济活动量由该家庭的消费和劳动力对劳动负效用的主观感受所决定，当这两者发生变化，经济活动行为、总量也随之发生变化。如家庭供养人口增加则导致家庭消费曲线CD向右上方移动，同样劳动生产率的增加也会导致劳动供给曲线的右下移动，从而达到新的更高的产出均衡点。

2. 理论基础与文献综述

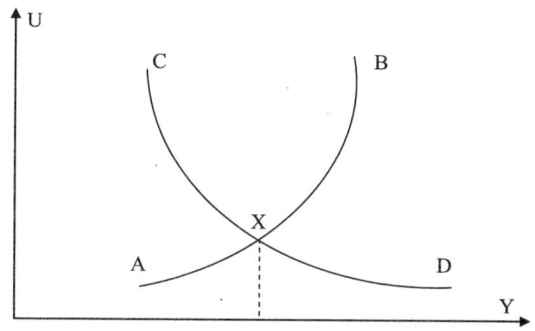

图 2-4 家庭农场劳动消费均衡示意图

根据这一基本理论，Alexander Chayanov 分析了小农经济下，劳动力的边际收益可能低于市场雇工价格，甚至出现边际收益为零的情况，这在资本主义农场中是绝对不会出现的情形。同时，他分析了随着家庭生命周期中家庭结构的变化，导致了家庭消费需求的变化，进而导致产出均衡点即农场经营规模的变化这一情况。指出农村中广泛存在的农场规模多样性并非源于市场经济所导致的农户分化，而是由于家庭结构变化所导致，并用俄罗斯、西欧的统计数据进行了实证。

根据劳动消费均衡理论，Alexander Chayanov 认为，小农经济条件下的家庭农场，由于家庭劳动力是不可解雇的，因此生产要素的配备是围绕家庭劳动力为核心进行配备的，然而其他生产要素（如土地）并不能够按需要获得，就会出现各种生产要素的组合不是技术上和经济上最优组合的情况。

要解决小农经济下家庭劳动农场生产要素的优化配置问题，以及免除市场对小农的剥削，家庭劳动农场必须走纵向一体化的合作之路，而纵向一体化的合作首先是从某一个环节开始的。比如，大多数情况从销售一体化的农业原料初步加工方向发展（土豆收获、奶制品业、罐头加工等方面的合作社），一旦对某一个环节取得了控制，农业合作社就以一种新的、更高层次的形式实现对农业生产的集中与组织。他迫使小生产者依据合作组织的生产或销售与加工政策来制定本农场的生产组织计划、改进技术、采用先进的耕作与畜牧方法，以此确保获得完全符合要求的产品，使其适于统一生产、精细分类、加工、包装和制作，从而能够符合世界市场的要求。一旦在上述活动中获得了成功，合作社就将不可避免地更深地卷入农民农场的生产活动。

Alexander Chayanov 的劳动消费均衡理论 20 世纪 20～30 年代在德国、日本，60～70 年代在欧美，80 年代在苏联，90 年代在中国等发展中国家，受到了广泛的关注，并得到了不断的完善发展（Mellor J. W., 1963; Sen A. k., 1966; Nakajima，1969；Kuroda Y．，Yotopoulos P．，1978；Barnum H. N.、Squire L.，1979；Singh、Strauss，1986）。

(2) 本书的理论借鉴

以上研究的一些假设条件（如不存在自由流动的劳动力市场）随着我国市场经济的深入已经逐渐不适用，但是其理论和观点却给我们启示：即农户行为研究中要考虑家庭结构（农业劳动力占全部家庭劳动力比例、男劳动力占农业劳动力比例等），同时，我国农药的"3E"问题的解决最终要诉求于提高农民的组织化程度，走合作之路。

2.2.11 利润最大化理论

(1) 理论基本内容

Theodore W. Schultz（1964）是"利润最大化理论"的代表，他认为传统农业中的农户也是理性的，在一个竞争的市场机制中，传统小农户就是在特定的资源和技术条件下的"资本主义企业"，他们在农业经营中，"生产要素配置效率低下的情况比较少见"，其经营目标是追求利润最大化，其经营行为是"贫困但有效率的"。Schultz 认为，传统农业是一个经济概念，所以不能根据其他非经济特征进行分析，而要从经济本身入手分析。他认为"传统农业应该被作为一种特殊类型的经济均衡状态"，这种均衡状态的关键条件在于："（1）技术状况保持不变；（2）持有和获得收入来源的偏好和动机状况保持不变；（3）这两种状况保持不变的时间足以使获得作为收入来源的农业要素的边际偏好和动机同作为一种对持久收入流动投资的这些来源的边际生产力及同接近于零的纯储蓄达到一种均衡状态。"

据此条件，Schultz 对小农劳动力边际产出可能为零的观点进行了批驳。他假定，如果存在农业劳动力边际产出为零的情况，那也即意味着存在农业劳动力过剩，一个传统农业社会在减少农业劳动力的情况下，并不会影响农业产出，如果影响了产出，则小农劳动力边际产出为零的观点就是错误的。他研究了印度在 1918~1919 年爆发的传染病对印度农业的影响情况，数据表明传染病导致的农业劳动力减少会导致农业产出成比例地相应减少，这证明了部分农业劳动力边际产出为零的观点是错误的。因此，他认为，传统农业中生产要素的配置是合理的，也不存在隐蔽事业。

但是，既然要素配制是合理的，为什么传统农业停滞、落后？Schultz 认为根源在于传统农业中对原有生产要素增加投资的收益率低，对储蓄和投资缺乏足够的刺激。在传统农业中，由于生产要素和技术状况不变，所以持久收入流来源的供给是不变的，即持久收入流的供给是一条垂直直线。另一方面，传统农业中农民持有和获得收入流的偏好和动机是不变的，所以对持久收入流来源的需求也不变，即持久收入流的需求曲线是一条水平线。这样持久收入流的均衡价格就长期在高水平上固定不变，导致传统农业中资本的收益率低下。这种情况下，就不可能增加储蓄和投资来打破长期停滞的均衡状态。因此，改造传统农业的出路就在于引入先进的、新的生产要素。

对于如何改造传统农业，Schultz 认为关键在于农业劳动力本身的素质提高，"把人力资本作为农业经济增长的主要源泉"、"一个受传统农业束缚的人，无论土地多么肥沃，也不能生产出许多食物。节约和勤劳工作并不足以克服这种类型的落后。为了生产丰富的农产品，要求农民获得并具有使用有关土壤、植物、动物和机械的科学知识的技能和知识。"

对于如何让农户采纳新技术和新知识，Schultz 认为"需要采用向农民提供刺激和奖励的办法。使得这种改造成为可能的知识是一种资本的形式，这种资本需要投资——不仅对体现了部分知识的物质投入品投资，而且重要的是向农民投资"。

Lipton M. （1968）在利润最大化模型中引入了风险变量，认为农户的生产行为不仅考虑要素边际收益，还要考虑规避风险，因此可能会表现出一些看似不合理的行为。

2.2.12 HACCP 理论

HACCP 即是"Hazard Analysis and Critical Control Point"缩写形式，意思是危害分析和关键控制点，是一种食品安全质量控制体系，为了保证食品的安全性，它对整个食品的生产过程中可能出现的影响食品质量的危害进行分析，并采取有效的控制措施最大限度地降低危害以确保食品的安全。

HACCP 这个概念最先是由美国的 Pillsbury 公司在 20 世纪 60 年代提出的，因为当时，Pillsbury 公司与其他的合作伙伴对航天食品的研发明确要求保证食品的安全性，注重食品在生产过程中的质量控制。接下来的时间里，HACCP 逐渐被广泛应用到各个国家的食品业中，我国在 20 世纪 80 年代中期也引入了 HACCP 理念，并随着外国对我国出口产品尤其是出口食品的安全性要求，逐渐在一些出口食品加工企业引进了 HACCP 体系。

HACCP 体系由七个基本原理组成，也可以看作是建立 HACCP 体系的七个步骤。

第一个原理是危害分析，是找出食品加工过程中可能存在的危害，这些危害会破坏最终的产品质量，然后分析各危害的破坏程度，最终确定各项措施以最大限度减少或消除危害。

第二个原理是确定关键控制点，是针对所找出的任何破坏程度大的危害，即显著性的危害，要确立一个以上的关键控制点，并结合关键控制点运用相应的措施最大限度地减少或消除危害。

第三个原理是确定关键限值，是为了最大限度地减少或消除危害，而在关键控制点设置的控制危害的一个界限。

第四个原理是建立监控程序，是指对各关键控制点进行观测，并把获得的观测数据与关键限值进行比较分析，及时监控各关键控制点。

第五个原理是纠偏行动，是指如果监控所获得的数据偏离了关键限值，就得找出原因，就需要采取必要的措施来纠正偏离。

第六个原理是验证程序，是为了证明在实施HACCP的生产过程中，采取的各项措施能有效地控制可能出现的危害，把危害尽可能降到最低。

第七个原理是记录保存程序，是指贯穿在食品加工过程中的各项记录。

2.3 文 献 综 述

2.3.1 关于农业面源污染及其治理的文献综述

2.3.1.1 关于农业面源污染形成的影响因素

影响农业面源污染的形成因素有很多，除了受到土地利用方式（郑一，2002）、农田耕作、农事活动和田间水肥管理特征（王珂，1996；陈利顶，2000）、地形地貌、土壤植被特征（关君蔚，1996；韦红波，2002）、气候水文特征（傅涛，2002）等一系列自然环境因素的影响之外，还受到一系列经济社会因素的影响。

第一，农村经济规模。在一地区产业结构、技术条件不变的情况，该地区的农业经济规模水平越大，意味着消费更多的资源和产生更多的污染（Meconnell，1997；Barbier，1997；谢红彬等 2001）。

第二，农业结构。农业结构调整是农业经济增长的强劲引擎，前者对后者贡献率达到 41.2%（钟甫宁，2000）。农业结构调整对农业面源污染影响，主要体现在：伴随着农业结构的调整是各种不同要素投入的调整、农业用地的调整，以及农业产出调整，进而导致农业面源污染（结果）的调整。调整的副效应是改变了原有农业面源污染的污染途径、发生机制与污染结果。以氮元素排放为例，种植业是以有机氮肥作为要素投入并排放，畜禽、水产养殖是以饲料（鱼饵）等添加物作为要素投入并排放，两类投入要素的投入方式、投入量以及排放规律不同；种植业的土地利用方式以耕地（包括水田）为主，畜禽、水产养殖业的土地利用方式以旱地、牧地、渔业用地为主，不同土地利用方式下生态系统的承载阈值不同；除了生产主产品以外，种植业会产生农田废弃物，畜禽水产养殖业会产生固体废弃物，不同废弃物的发生比例、发生量也有所不同（许刚，2002；邢光熹 2001）。

第三，种植业结构。种植业结构的调整对农业面源污染的影响。在种植业内部，传统的粮、棉、油生产向菜、果、花生产转化。在包括江苏太湖在内的全国经济发达的流域地区，菜果花农田面积平均增长了 4.4 倍（张维理等，2004）。菜果花作物的经济效益高，化肥、有机肥和农药使用量也普遍超高，根据我们对 31 个省 20 余种作物的调查显示，菜果花农田上单季作物氮肥折纯用量平均达到 569~2000Kg/ha，为一般大田作物的数倍甚至数十倍，菜果花作物氮吸收总量不超过 400 Kg/ha，氮肥平均利用率仅为 10% 左右，远低于大田作物的氮肥平均利用率（35%）。菜果花农田由于集约化种植频繁使用各种速溶化肥，使得土壤富含各种水溶性氮、磷，一旦遇到降雨就会引发大量的农田氮、磷排放。另外，大部分蔬菜作物的根系分布较浅，蔬菜对化肥的依赖程度比其他作物高（尤其是季节蔬菜的生产），蔬菜种植户为了追求高产且品相好的蔬菜以达到更高的经济较益，就会在种植过程中进行频繁的水肥投入（Gutezeit，2001；Geetha et al.，2001），导致污染进一步加重。

第四，农业技术进步。农业技术进步包含着两个方面：一是反映农业生产过程中运用"硬技术"即实体化的技术；二是反映农业生产过程中运用"软技术"即技术结构的合理化和劳动力质量的提高（吴方卫，1996）。农业技术进步改变农业生产方式（如各种新式栽培技术），产生新的生产资料进行要素替代（如化肥代替有机肥）、产生新的管理方式（如规模生产管理方式）以及采用环境友好型技术（如测土配方技术等）。技术，特别是减污技术对环境存在积极影响作用

(Bruyn, 1997; Hilton, 1998; Viguier, 1999), 虽然某些技术存在污染环境的负效应, 但从总体和长期来看, 技术进步有利于环境发展 (Grossman & Krueger, 1995)。技术进步通过硬技术直接给环境质量带来好处, 通过软技术优化经济增长方式和产业结构间接给环境质量带来好转。

虽然总体而言技术对环境质量存在积极效应, 但一部分技术对环境确实产生负效应也不可忽视。如化肥替代有机肥技术, 就是以化肥过度利用造成难以估量的环境污染为严重代价。速水佑次郎 (2003) 等学者在肯定化肥等高科技产品给农业增长带来的前所未有"绿色革命"的同时, 也对这些高科技产品给环境带来的压力提出了批判。

第五, 农村人口。Grossman & Krueger (1995) 首先指出了人口规模对环境质量、污染排放的影响。当一个地区人口规模越大, 就意味着该地区与环境污染相关的生产、消费活动也相应越多, 一般认为人口对环境质量存在负效应, 对环境污染排放存在正效应。除了农村人口规模, 农村人们生活方式对农业面源污染排放也起着至关重要的影响。近年来, 农村人口产生的生活污水、生活垃圾、人粪便等废物数量与日俱增, 但处理方式没有相应改变, 导致大量的废物随意堆放、随意排放, 给环境带来巨大压力 (谢红彬等, 2001)。

第六, 治理因素。投入以及所产生的环境友好性生产行为可以带来污染的减少 (Torras & Boyce, 1998; Kwon, 2005; Friedl, 2004)。Dinda (2004) 与 Magnami (2001) 强调完善的环境治理政策和较高的环境治理效率可以改善环境, 因为有效的环境治理政策使得污染物排放量的收入弹性小得多 (Panayotou, 1997), Sun (1999) 和 Roca et al. (2001) 甚至认为环境治理政策是导致环境污染与经济增长"倒 U 型"关系的根本原因。秦佩瑛 (1998) 也认为治理能力不足和管理体制不合理是水质污染严重的最为重要的原因。

2.3.1.2 关于农业面源污染治理必要性

我国各大湖泊以及主要河流水域基本都面临着水体的氮、磷富营养化威胁, 而农业面源污染正是水质富营养化的主要原因 (张维理, 2004)。以 2005 年为例, 巢湖、滇池、太湖流域的总氮和总磷负荷来自农业面源污染的总氮和总磷分别占 60%~70% 和 50%~60%, 北京密云水库、天津于桥水库、云南洱海等水域, 农业面源污染比重均超过其他污染 (李远等, 2005)。由于上述水域是饮用水的重要来源, 水质下降形成水质性缺水不仅影响生活和生产用水, 还易引发疫病的大流行。2007 年 6 月无锡市太湖 "太湖蓝藻事件", 就造成无锡市区 70%、200 多万市民的饮用水供应困难, 直接损失和间接损失难以估量。因此, 我国已将水资源保护作为一项基本国策,并逐步采取相关治理政策以削减农业面源污染。

2.3.1.3 关于农业面源污染的治理目标

(1) 效率目标

农业面源污染排放具有随机性、广域性、分散性等特点,按照目前的技术水平监测成本巨大。政策制定者若要实现广域的效率目标必将受制于繁重的信息负担。因此,农业面源污染治理政策的效率目标首先界定在某一特定地点(Site-specific)。按照 Ribaudo et al.(1999)对效率目标界定,某一地点某项农业面源污染治理政策实施后,其所引致的农业生产、生活或采用的技术至少须满足三个条件,该项政策才算达到效率目标。这三个条件是:首先,对每一个地点及其对应的投入来说,从该地点的投入中得到的边际净私人收益等于社会外部成本的期望值。其次,只有一个地点的收益大于它所导致的外部损害的期望值时,这个地点才可以投入。最后,技术是否可以被一个地点所采用,取决于该技术在该地点对期望社会净收益的增量是否大于或等于它对期望损害的增量。

(2) 次优目标

由于农业面源污染排放的信息获得成本巨大而导致信息缺失,再加上执行、管理等其他交易成本,导致经济损失、环境污染损失以及减污成本之间的精确关系往往难以确定(Shortle et al.,1998),因此农业面源污染外部性问题的最优解方程及约束条件往往难以建立,而更具有现实意义的是获得次优目标,如以最低成本来实现环境目标(Ribaudo et al.,1999),即以相对较低的成本制订和实施政策,并达到一个比较合理的次优目标。

2.3.1.4 关于农业面源污染的源头治理

发达国家对农业面源污染治理主要采用源头控制对策(张维理,2004)。源头是指农业面源污染的产生源头——农户行为。通过制定强制性政策或者通过政府奖惩措施激励农民自愿采用环境友好型生产、生活行为从而达到减污作用。农业面源污染的源头治理对策是由农业面源污染本身特点所决定的,由于农业面源污染物是以广域的、分散的、微量的形式进入地表及地下水体的(《美国清洁水法修正案》,1979),因此对其无法采用末端集中治理形式。

各国也在积极探索源头治理方法。以美国为例,采用农田最佳养分管理(Best Nutrient Management Practice,BNMP)政策,就是在全流域范围内,对农户农田轮作类型、施肥量、施肥时期、施肥品种、施肥方式进行规定,实施源头行为控制策略。同样，以欧洲畜禽养殖为例，主要通过制定畜禽农田最低配置、化粪池容量、化粪池密封性等对农户的养殖行为进行源头控制。

但是，由于农业面源污染的不可监测性，源头治理措施的实施和监管仍然是农业面源污染治理的难点（朱兆良等，2006）。

2.3.1.5 关于农业面源污染的治理工具及分类

一般将农业面源污染的源头治理工具分成命令控制型工具、经济激励型工具以及自愿计划型工具三种基本形式。

第一，命令控制型工具（Command and Control Instrument，CAC）。该类工具是最传统的、也是目前仍占统治地位的政策工具，它的控制基础是利用法律、法规或自上而下的行政命令发布标准或执行条例，对违规者进行必要的严厉惩罚。该类工具的最大优点是政策执行的"可监督性"和效果的"确定性"（Rousseau，2005），Opschoor and Pearce（1991）认为正是这一优点保证其在复杂的环境管理过程中能按计划发挥效果。经济合作与发展组织（1991）也认同上述观点并认为其他政策，诸如经济激励等，只是作为该方法的补充；所有国家包括以市场为导向的美国，都主要采用标准（"命令—控制"）管理手段进行环境治理。

该工具还包括标准的制定。标准利用规章制度来要求生产者实现既定的环境目标或者采用有益于社会环境的管理方法。标准还可细分为设计标准和执行标准，设计标准被广泛用于农业非点源污染的控制上，包括：化肥的用途、用量，在耕地上使用最佳管理实践，河岸缓冲带的建设标准等（Ribaudo，1999）；执行标准则强调结果的标准化且更具操作上的灵活性，因为生产者可以选择减少产量、增加减污投资或消减单位产出排污量来应对强制的排放标准（Sterner，2003）。

第二，经济激励式工具（Incentive based，IB）政策，又称为市场化工具（Market-Based Instruments，MBIs）政策或者经济手段。同标准等命令控制型政策相比，经济激励型政策具有较强的灵活性，但意味着设计时对信息更多掌握以及执行时更多的监督成本（Davies and Mazurek，1998；Freeman，1990），因此经济激励政策最初实施时并不一帆风顺。经济激励工具的两种基本形式是：税（费）、可交易许可证。

首先，税和费，即对排放污染者进行征税或费，其理论基础是庇古税。如对施用有机肥采取补贴会鼓励农户多施有机肥；又如对化肥增税会导致农户减少化肥施用量（Shumway，1995）。Hayami et al.（1985）研究表明针对投入的经济激励政策较其他经济政策而言，政策效果往往更具持久性，因为农户会持续减少价格高的投入并增加便宜的投入。对农业面源污染进行调节，除了可以针对投入进行经济激励以外，还可以针对产出进行激励。一个有效的方式就是对农业面源污染浓度（结果）采取管制措施。Segerson（1988）最初提出面源税与补贴税相结合的措施，认为在非常严格的条件下面源税能够成为一个纳什均衡有效解。当面源污染浓度低于目标浓度时，就会向污染个体者征税，而当面源污染浓度超过目标浓度时则收取面源税。随后 Cabe，Herriges（1992）和 Xepapadeas（1991、1992）做了进一步研究，并认为面源问题可以看作是一种道德风险。原因在于，一方面由于对投入选择的监测成本高昂，且生产投入、污染排放以及面源浓度关系很难确定；另一方面，污染个体在社会环境公共利益上所做的努力也存在着相当大的不确定性。因此，农业面源污染可以被看成是一个道德风险的问题，农业面源污染治理绩效要取决于在多大程度上可以减少环境"搭便车"行为。

其次，可交易许可证（Tradable permits），其理论基础是庇古税。可交易许可证是指在管制部门也制定总排污量上限的前提下，向排污者发放（出售）排污许可证，该许可证在市场上可以自由买卖。排污者买卖交易许可证的驱动因素是因为减污成本和许可证购买成本不同，若前者高于后者则倾向于购买许可证，若前者低于后者则倾向于出售许可证。经济激励政策成本较低而在农业面源污染治理方面具有一定的优势和潜力，但该政策仍然难以替代标准等命令控制式工具。在治理实践中前者往往是后者的一个补充形式。

最典型的可交易许可证案例就是美国环保总局所鼓励的点源——面源污染交易计划（Randall and Taylor，2000）。在该政策设计中，农户如果实施最佳管理实践[①]可以获得许可证，而这些许可证可以出售给点源污染者。一般而言，在点源—面源污染交易计划中，买方总是点源污染者，而卖方总是面源污染者，其最优交易比率取决于执行点源污染和面源污染的污染削减的相应成本以及与非点源负荷相关的不确定性（Malik et al.，1993）。通过该计划可以保证在一定范围内进行总污染负荷的控制。

当然实施点源——面源污染交易计划的关键在于面源污染的污染削减负荷量的取得，实践中有两种变通的方法来代替测量污染削减负荷量。一种是通过技术的方法（technology - based approach），如通过观测农户最佳管理实践的采用情况；另一种是通过集体表现的方法（collective performance - based approach），通过观察非点源污染控制的总体水平[②]。

---

① 美国实施的一种污染控制技术。
② 仅需要测量污染负荷一次，而不是很多次；在交易中，是一群面源污染生产者与一个点源污染生产者进行交易。

支海宇（2007）还设计了一套方案用于面源与面源交易，即根据地区的污染容纳能力，设计总污染量并换算成总化肥使用量（以化肥施用为例），然后以交易许可证的形式发放给每个农户，农户只能凭许可证购买化肥，化肥需求量超过许可证规定数量的农户可以通过购买许可证来获得化肥购买权。不过，如何科学测定每个农户的化肥合理需求量是该方案的难点所在。

第三，自愿计划型工具又称自愿方法（Voluntary Approaches，VA）。它指的是能够吸引农户自愿采取环境友好型生产（生活）行为或参与改善水质的其他自愿性项目的一种工具。该政策是被称之为建立在"胡萝卜"基础之上的政策工具（Segerson and Wu，2003）。目前美国和欧盟在农业面源污染治理实践中普遍采用该方法。但该工具的政策效果不是很稳定。

第四，其他政策。教育是告知农户如何使用科学技术以减少农业面源污染。但是教育的成功与否不取决于技术在多大程度上减少了污染，而是取决于农业生产者在采用该技术后是否能取得净收益的提高。因此教育设施的前提是该技术必须存在经济效益。教育还有一个显著的功效就是：一项被证明是经济可行且又能减少面源污染的技术推广过程中，同不采用教育相比，教育显然能够加速该技术的采用速度和采用强度。教育方式是治理面源污染的一项重要辅助工具。

责任或称作为义务。排污者有向受害人给予补偿的义务，政府没有必要告诉排污者应该怎么做，但排污者要对自己事后恶果负责。排污者承担责任前提是恶果能被有效地监测且受害者必须诉讼胜出，因此具有一定操作难度；但是从理论上"责任"仍能给排污者在考虑排污与否时提供事前激励。农业面源污染的特点决定了"责任"工具在使用时并不太胜任让排污者及时承担责任（Ribaudo，1999）。

研发。研发主要针对技术而言，它是减少农业面源污染政策中的一个重要组成部分，主要原因在于它可以提供实现环境目标的更直接有效的方法。但是，环境的公共产品属性决定不能指望农业生产者会进行技术研发，而只能有赖于公共政府投入进行技术研发。研发可以通过扩大备选的生产方式来达到减污目的。但是和"教育"工具一样，"研发"也只能是其他面源污染治理政策的一个有益补充。

2.3.2 关于经济增长与环境关系的文献综述

2.3.2.1 关于理论研究

采用经济学视角对环境进行研究，是近年来环境学和经济学研究领域的热点

2. 理论基础与文献综述

问题。关于经济增长与环境协调发展的理论研究主要基于两大部分，第一部分是悲观主义与乐观主义之争；第二部分是经济与环境协调发展条件的研究。

首先，关于经济增长和环境关系的悲观主义与乐观主义之争，悲观主义者认为由于环境质量不断下降，经济增长存在极限。1972年罗马俱乐部一些经济学家发表《增长的极限》提出"应实现零增长"以避免环境遭受破坏。于是，经济增长与环境污染矛盾冲突不可缓和并导致经济增长存在极限的悲观言论引发了对经济与环境协调关系的持续研究。Mishan（1967）认为经济增长产生污染造成环境下降，使福利变为负效应。根据热力学第一、二定律，环境的绝对稀缺性随经济增长会逐渐突显（Georgescu – Rogen，1971；Daly，1977），当经济活动规模及产生污染超过环境承载能力时，生态系统将崩溃，也就限制了人类的经济增长（Sieber，1982；Opschoor，1992、1994、1995）。同时，考虑环境恶化后的经济增长虽然使人们收入提高，但人们福利并不会随之提高，从此意义上来说，经济增长存在极限（Myrdal，1974；Hueting，1980；Pearce，1990）。

乐观主义者则通过引入一些其他因素认为经济增长和环境可以协调发展，经济增长不存在极限。Cole（1973）在 Meadows 模型中引入新资源勘探、资源循环利用因素，得到只要资源增长的速度小于人口与消费的增长速度，经济系统不会崩溃；Nordhaus（1973）在 Meadows 模型中引入技术进步及替代因素，得到经济系统不仅不会崩溃，而且还会加快经济增长速度。Ayres（1997）认为经济活动虽然可以使一些物质和能量耗散，但他们并没能消失而转化为其他资源，如果技术进步将这些转化后的资源重新利用，经济系统也不会存在极限。Simon（1977、1981）则认为资源在物质意义上稀缺并不是指经济意义上的稀缺，虽然资源物质存量有限，但其价格上升后，人们会利用各种技术找到其他替代资源。此外，由于产业结构、技术进步（Lecomber，1975）以及环境治理（Arrow，1995；Hefner，1996；Spangenberg, et al，2002）等因素存在，可以使得资源投入量及环境污染的增长速度小于等于经济增长速度，环境与经济存在协调发展可能。

其次，是经济与环境协调发展条件的研究。20世纪70年代以后，主流经济学家主要借助于考虑环境因素的新古典增长模型和内生增长模型来探讨经济增长和环境协调发展的条件。80年代以前主要是运用新古典增长模型，代表人物有 Dsgupta et al（1974、1979），他的研究认为如果可再生资源（如劳动、资本等）的生产要素与不可再生资源的替代弹性大于1，两者可协调发展；Stiglitz（1974）考虑了人口增长因素，且假设技术进步率不变及资源边际产量不变时，则当资本与资源间替代弹性大于1时，技术进步可以抵消资源稀缺性并带来经济的持续增长。80年代以后主要是运用内生经济增长模型，如 Bovenberg et al（1995）在

Romet（1986）模型基础上将环境引入生产函数、Gradus et al（1993）和 Stokey（1998）将环境引入 AK 模型，以及 Aghion et al（1998）将环境污染和不可再生资源引入新熊彼特模型中探讨经济增长和环境之间的关系，且均强调技术进步的重要性。国内研究则主要有王海建（1999）、何一农等（2004）、彭水军（2006）以及陈祖海（2006），研究方法基本与国外研究方法类似，处于跟踪国外研究阶段。

2.3.2.2 关于实证研究

经济增长与环境关系的实证研究基本上是围绕环境库兹涅茨曲线假说而进行的（游德才，2008），关于环境库兹涅茨曲线的文献综述详见 2.3.3 部分。

2.3.3 关于环境库兹涅茨曲线的文献综述

环境库兹涅茨曲线（the Environmental Kuznets Curve，简称 EKC 曲线）研究始于 Grossman、Krueger（1991）通过实证发现环境污染指标与经济增长呈现"倒 U 型"关系，环境库兹涅茨曲线描述现象如下：一国（地区）环境污染情形与该国（地区）经济发展水平呈"倒 U 型"关系，即经济发展水平较低时，环境污染较轻，随着经济发展水平提高，环境污染逐渐恶化，到达一定顶峰（拐点）后，环境污染又伴随着经济发展水平提高而逐渐好转。

2.3.3.1 关于环境库兹涅茨曲线的实证研究

Grossman and Krueger（1991）利用 42 个国家的面板数据分析，发现经济增长与环境污染从长期来说呈现倒 U 型，该成果于 1993 年发表问世（见表 2-1）。Shafik et al.（1992）研究证实了大气和水环境质量同国民收入的关系呈现"倒 U 型"关系。

表 2-1　　　　　环境库兹涅茨曲线实证研究总结

作者	环境指标	样本数	取样年份	拐点
Grossman 和 Krueger（1991）	SO_2、SPM 和微细尘浓度	32	1977、1982、1988	4772~5965（SO_2 和微细烟尘），SPM 较低（1990 年美元价）
Shafik 和 Bandyopadhyay（1992）	SPM 和 SO_2 浓度、水质	149	1972~1988	3670（SO_2）、3280（SPM）（1985 年美元价）

续表

作　者	环境指标	样本数	取样年份	拐　点
Selden 和 Song（1994）	SPM、SO_2、NO_x 和 CO 排放量	30	1973~1984	12275（SPM）、7114（CO）（1990 年美元价）
List 和 Gallet（1999）	SO_2 和 NO_x 人均排放量	美国 48 个州	1929~1994	20138（SO_2）、10778（NO_x）（1987 年美元价）
范金等（2002）	SO_2、NO_x、SPM 浓度、人均 DUST	中国 81 个城市	1995~1998	21000942（SO_2）、SPM（5367610）、人均 DUST（405.11）（1985 年美元不变价）
彭立颖等（2008）	烟尘排放、工业废水排放、COD、SO_2	上海市	1981~2005	693（烟尘）、5676（工业废水）、5698（COD）、11305（SO_2）（1990 年不变价）
张红凤（2009）	烟尘排放、工业固体废物排放、COD、SO_2	山东省	1986~2005	5863（烟尘）、NA（固体废物排放水）、2997（COD）、1078 和 22808（SO_2）（1986 年人民币不变价）
张晖等（2009）	过剩氮	江苏省	1990~2007	12639（1990 年人民币不变价）
梁流涛（2009）	总氮、总磷	全国 31 省	1990~2006	55238（氮）（2006 年人民币不变价）、36129（磷）（2006 年人民变以价）

资料来源：经作者在彭立颖（2008）文献基础上改编而得。其中 SPM 为总悬浮颗粒物，DUST 为降尘量。

Pananyotou（1993）在其呈送国际劳工组织的研究报告中首次使用库兹涅茨曲线名称，并提出了环境库兹涅茨曲线（the Environmental Kuznets Curve，EKC）的概念。接着，Seledn 和 Song（1994）运用 Forster 新古典主义环境增长模型对环境污染和经济增长之间的动态关系进行研究，证明两者确实存在"倒 U 型"关系。随后又有大量的研究用以验证环境与经济之间是否存在 EKC 曲线关系（表 2-1）。

环境库兹涅茨曲线自提出以来，多被用于工业污染研究（周静、杨桂山等，2007）。而运用于农业面源污染领域则较少，仅有张晖、胡浩（2009）对江苏省过剩氮和人均收入关系进行了环境库兹涅茨曲线验证，以及梁流涛（2009）对全国农业面源污染负荷和全国人均收入关系进行了环境库兹涅茨曲线验证，并且上述两个文献均证明农业面源污染与人均收入呈"倒 U 型"关系。就 EKC 拐点而言，张晖研究表明江苏省尚未到达拐点，而梁流涛研究表明一些较为发达地区，如上海市、北京市等已过拐点。

2.3.3.2 关于环境库兹涅茨曲线的解释

在此基础上，Grossman 和 Krueger（1995）以及 Bruyn（1997）、Viguier（1999）、Hamilton（2002）等人又开始着眼于引起环境变化的经济影响因素分析，并得出经济增长主要是通过规模效应、结构效应、技术效应等因素影响环境及其变化。

环境治理政策的重要性。Dinda（2004）与 Magnami（2001）强调完善的环境治理政策和较高的环境治理效率可以改善环境，因为有效的环境治理政策使得污染物排放量的收入弹性小得多（Panayotou，1997），Sun（1999）和 Roca et al.（2001）甚至认为环境治理政策是导致环境污染与经济增长"倒 U 型"关系的根本原因。Torras - Boyce（1998）则强调环境治理政策虽不能改变 EKC 的形状，但可以使其更为扁平。张学刚（2010）认为环境污染与经济增长发展之间的正向同步增长关系是本质，"倒 U 型"是环境规制结果（治理）而不是内生机制。

除此之外，环境质量的收入弹性因素和国际贸易因素也用于解释"倒 U 型"存在原因。Dinda（2004）认为环境质量需求的收入弹性变化是 EKC 关系形成的原因之一，随着经济发展的提高，环境质量需求的收入弹性会变大一直到大于 1，人们愿意放弃经济利益来改善环境质量。Taskin et al.（2001）、Rikdan et al.（2001）以及 Roca et al.（2001）则认为国际贸易在 EKC 形状中发挥重要作用，一方面进口国家通过进口污染工业产品来减少本国污染；另一方面由于环境友好型技术的进口而带来环境的改善。

2.3.3.3 关于 EKC 模型使用数据

关于 EKC 验证所用数据，有截面数据、时序数据以及面板数据三种类型，其中不乏采用某一年的截面数据（Cross - sectional data），且随着数据可得性的增强，利用多个国家或地区一段时间内的面板数据（Panel data）进行 EKC 的实证研究也逐步增多，一个值得关注的问题是不同国家或者一个国家的不同地区经济发展形势、规模、结构与技术水平等均存在较大差异，因此大量利用截面数据和面板数据的研究结论可能存在偏差。Roberts 和 Grimes（1997）利用世界银行和 ORNL 多年面板数据，分析了不同收入国家 CO_2 排放强度与人均 GDP 关系，发现两者之间存在显著的"倒 U 型"关系。进一步，将研究对象国家按低、中、高收入分组后发现，只有少数富裕国家由于能源效率提高才真正跃过了拐点，而不是像先前笼统研究而得出很多国家跃过拐点的结论（Roberts et al, 1997）。因此，选取一定区域利用较长时间的时间序列数据分析经济增长与环境污染关系，分析结果的代表性和可靠性较强（彭立颖等，2008）。

2.3.3.4 关于EKC模型的局限性

EKC模型的局限性首先表现在EKC的"倒U型"是否一定能够被验证。刘海英等（2009）认为EKC曲线具有特定的适应性，环境污染的路径并不是确定不变的，这种不确定来自于经济的投入和产出结构、污染治理投入和环境政策等因素的综合作用。确实，环境污染与经济增长之间不一定都存在"倒U型"关系，还存在着其他关系形式，主要形式有"同步关系型"、"U型关系"和"N型关系型"。

"同步关系型"：该关系是指EKC的验证结果是，经济增长和环境污染之间没有转折点，两者之间是同步上升的，得到该结果的可能原因是经济发展不能解决环境问题，而只能依靠技术改造和治理政策来削减污染（Roca et al., 2001；Kwon，2005）。

"N型关系型"：已有文献中发现环境污染与经济增长呈现"N型"关系的研究不在少数：Shafik（1994）、Bruyn（1997）、Friedl（2004）、沈满洪等（2000）、陈华文等（2004）、马树才等（2006）均通过研究获得某些污染指标与经济增长没有呈现"倒U型"，而是呈现"N型"。该形状可以由"重组假说"来解释，主要是因为经济的过快发展和治理政策的软弱导致"N型"存在。当然，EKC的形状有时候还会受到计量方法、指标选择、研究对象以及数据来源的影响。

EKC模型局限性还表现在EKC模型本身受到了很多挑战。EKC模型没有考虑环境本身对污染的限制（蒋萍、余厚强，2010）。钟茂初（2005）认为EKC模型只是描述可能现象而不是普遍规律，生态环境随着经济发展而好转也只可能是局部的现象、而不可能是整体现象，同时达到经济增长和环境维护之间的双赢很难。赵文君等（2004）通过对环境库兹涅茨曲线提出的背景及我国现实发展条件的分析，认为中国作为发展中国家，不能也没有条件走"先发展、后治理"的发展模型，而应该走"成本内部化"的循环经济发展模式。

2.3.4 关于农户行为与污染关系的文献综述

农户行为会形成农业面源污染，主要原因在于农户的行为是"理性"的、农户在对待环保的态度上是机会主义者以及农户是风险的规避者（韩喜平，2000），由于污染外部性，污染成本没有被私人化地纳入到农户的行为决策中，因此，农户的一些生产生活行为会产生农业面源污染。曹国等（2007）研究指出，可以通过提高农民的环保意识、加强土壤肥料的监测管理、增施有机肥、采用配方施肥技术、施用硝化抑制剂、改进施肥方法，选用适宜的耕作方法、优化栽培技术、运用新型肥料减少肥料用量等综合防治措施减少化肥污染造成的农业面源污染。刘东栋（2004）通过对华北高产区农民的环境保护意识研究得出农民对农业面源污染的环保意识不足，也对农业面源污染形成产生一定影响。

从农户微观视角对农业面源污染研究的文献主要集中在两类。

一类是通过设计农业面源污染治理政策，分析农户可能的反应行为以及由此而产生的面源污染减少量。代表性研究有韩洪云（2010）等利用陕西省眉县189户农户的实地调查数据，采用选择模型法，分析了农户对于技术支持、价格补贴和尾水标准三项环境政策的可能反应和接受意愿，结果显示：相对于价格补贴与尾水标准，农户更愿意接受技术支持政策；张蔚文等（2006）利用浙江平湖市的一个典型农民小组，采用线性规划法，分析了农户在各种政策下净收入变化以及面源污染可能减少量，结果显示，按照对农户净收入影响的优劣排序，则依次是补贴、投入税、技术推广以及禁令，而按照对氮排放影响效果进行优劣排序，则依次是补贴、禁令、技术推广与投入税。

另一类则通过研究农户的生产、生活行为及其影响因素，根据各影响因素作用方向及大小提出能够减少农业面源污染的政策建议。代表性研究有何浩然（2006）、马骥（2007）以及张利国（2008）分别以样本区域为对象研究了农户施肥行为及其影响因素，所涉影响因素主要包括农户特征、农户家庭及经营特征、是否接受过技术培训和是否使用有机肥等几方面。何浩然等（2006）通过采用统计分析和构建计量经济模型的方法分析农户的施肥行为后认为，非农就业比率、农业技术培训、农民是否购买过低质化肥等因素均对农户施肥水平产生一定影响。农户家庭劳动力非农就业比率和农业技术培训对化肥的施用量有显著正的影响。他们指出通过调整农业技术培训和推广的方向，规范化肥市场的环境，用环境立法和经济手段等措施可以有效控制化肥施用水平。张利国（2008）以江西省189户水稻种植农户为研究对象，研究表明不同垂直协作方式下农户施肥行为不同，这些垂直协作方式形式如销售合同、生产合同、合作社以及垂直一体化等均有助于农户减少化肥施用量。

农户对环境友好型技术的采用有助于从源头减少农业面源污染。有关农户的环境友好型技术采用行为的研究主要有：Arellanes and Lee（2003）对洪都拉斯北部农户采用 Labranza Minima 技术的研究；Moreno and Sunding（2003）对美国加利福尼亚州中心流域灌溉技术选择的研究；Payne *et al.*（2003）对玉米食根虫 Bt 种子技术采用情况的研究；黄季焜（1994）对水稻杂交技术采用情况的分析；方松海、孔智祥（2005）对保护地生产技术采纳的影响分析以及喻永红（2009）等对水稻 IPM 技术采用情况的研究等。

综上，本部分主要从农业面源污染治理、经济增长与环境关系、环境库兹涅茨曲线以及农户行为四个方面对已有文献进行综述。通过上述文献梳理可以发现，第一，在 EKC 模型中加入生态环境因素的研究基本停留在理论阶段，在实证中引入环境限制条件的文献还不多见；而一旦在 EKC 模型中加入生态环境因素，EKC 曲线性质就会发生改变。第二，农户的环境友好型技术采用行为研究已经大量存在，但是关于农户测土配方技术采用行为的研究基本没有；同时，将配方肥技术推广政策作为一个农业面源污染治理政策，从经济学、社会学视角对其进行研究的文献已较少。已有关于配方施肥技术的研究主要集中在自然科学领域，如确定配方肥施用参数（王金荣等，2009；王林学等，2009；胡胜通等，2009）、利用 GIS 建立配方肥决策系统（梁红霞等，2005；夏波，2007）等，经济社会学领域有代表性研究仅有张成玉（2009）等通过建立粮食作物的单产函数，得到农作物节本增收的有关数据。

2.3.5 农户对农业机械化技术采纳行为研究

对于当前我国农户非农就业背景下农业机械化发展的研究已有较多的文献基础。根据诱致性技术创新理论，在资源配置市场化条件下，农户生产经营的决策依据主要是产品市场和要素市场的相对价格信号（速水佑次郎和弗农·拉坦，2000）。当农业劳动力表现出季节性、结构性短缺问题（杜学振，2009；张宗毅，2011），导致农业劳动力成本上升时，农户会选择节约劳动的生产技术方式。区别与美国大农场经营模式的农业现代化方式，我国以家庭承包为基础的小规模土地经营模式也被实践证明可以实现农业机械化（曹阳等，2010）。农户农机利用的渠道除了自有农机作业外，很大一部分来源于购买农机服务（钟甫宁等，2008），农业机械的可租赁性使得小规模经营农户的机械作业成为可能（刘凤芹，2006）。因此，尽管受限于目前狭小的耕地规模，在农村劳动力向非农产业转移的情况下，农户对用机械替代手工劳动并保障农业生产的倾向性意愿仍然较为强烈（侯方安，2008）。同时，从全国层面的统计分析可以观察到的事实是，我国主要粮食作物的劳动总投入和单位面积劳动投入都迅速下降，农业机械投入大幅度增加（王美艳，2011）。

关于农户对农机的需求意愿及投资意愿的研究方面，吴浩等（2011）和张成宝等（2012）分别通过对江汉平原和洞庭湖平原的调研以及对鄱阳湖生态经济区的调研，对区域内农户农机需求和投入意愿的影响因素进行了实证研究。而农户私人对农机的投资意愿方面的研究普遍认为，农户对农机投资主要受到农户个人及家庭特征因素、生产经营规模、专业化程度、收入水平等因素的影响（林万龙等，2007；张晓泉等，2012），同时，农业机械购置补贴的政策因素对不同类型农户的农机购置行为也有显著影响（曹光乔等，2010；苏晓宁，2012）。

非农就业对农户农机利用的影响研究方面，王波等（2012）用时间序列数据实证检验了工资性收入对农户采用农业机械的决策具有显著的正向效应。该结论同时也得到了农户微观实证结果的佐证，曹阳（2010）通过全国17省（区、市）的调研数据发现，农户的非农收入对其农业机械服务支出有显著的正向影响。纪月清（2010）从农户采用农机决策行为的微观层面上，利用调研的截面数据实证检验了非农就业与农户农机需求总量具有正相关关系，而非农就业对农户小型农机持有决策具有负向效应。

针对具体作物品种农户农机利用的研究，廖西元等（2006）从经济因素等对稻农采用机械化生产技术的影响因素进行分析，发现高于40元/工的工价可激励农户采用机械化生产技术。此外，由于农户家庭农业生产决策是在家庭劳动力调配、各作物品种农机水平之间权衡的结果，作物间农业机械化水平差异还会影响到农户种植结构的调整决策。例如，张宗毅（2011）通过对油菜农户生产和机械需求意愿的分析结果发现，由于油菜的机械化水平较低制约了农户扩大油菜种植规模的意愿，且油菜的种植空间受到机械化水平较高的竞争作物的挤占。

当然，已有相关研究关注我国花生机械化发展的现状，并从制度、政策层面和技术层面剖析了花生等经济作物机械化发展相对滞后的原因（易中懿等，2011）。以上文献为本书开展花生农户农机利用的实证分析提供了思路和启发，我国花生生产同样既面临着目前农户家庭小规模经营的问题，也面临着非农就业背景下农业劳动力短缺的双重考验。因此，在借鉴上述研究的基础上，我们将利用农户调研数据，从微观层面实证分析在当前农户非农就业背景下，我国花生种植户花生生产农业机械化技术采纳的影响因素，尤其是用工需求矛盾最为突出的收获环节的机械化技术的采纳行为的分析。

2.3.6 关于农药技术的文献综述

2.3.6.1 农药使用效果影响因素

目前,国内外众多文献从害虫化学防治的毒理学、害虫的体壁结构与药剂的通透、害虫的行为特性、害虫的耐药性、植物类型与水在植物表面行为趋势、杀虫剂在植物上的沉降规律、气候条件对杀虫剂药效的影响等各种技术角度进行了深入研究,主要研究成果可以概述如下:

(1) 害虫靶标特性影响农药使用效果

杀虫剂进入虫体的方式有3条途径(张宗炳,1987):由口器进入,通过消化道,如胃毒剂、内吸剂;由体壁或表皮进入,如触杀剂;由气门经气管进入,包括液体触杀剂、油剂和气体熏蒸剂。不同的杀虫剂由于物理性质的不同导致其进入虫体的方式不同(Wilkinson C. F., 1976)。同时,不同的害虫的表皮构造、消化道构造的不同导致同一种杀虫剂对不同害虫的通透性不一样。而不同的害虫有其自身独特的行为特性,而这些独特的行为特性直接影响到杀虫药效(Wilkinson C. F., 1976)。多种害虫对特定农药产生了耐药性加大了防治难度(沈晋良,1995;李秀峰等,2001)。

(2) 作物靶标特性影响农药使用效果

由于植物表面的结构不同导致不同植物叶面承载雨水能力不同,表面湿润效果不同,表面活性剂的运用能增加植物表面滞留药液的能力,提高植株上药剂沉积量,进而提高杀虫剂防治效果(顾中言,2006)。对于双子叶植物,大容量喷雾法难以使药液在植株上均匀分布,从而影响对危害植物冠层内部的害虫的药效(吉荣龙、崔必波,1998)。

(3) 气候条件影响农药使用效果

气候条件如降雨、风力、高温、雾露等也将影响农药使用效果,因此喷洒农药时应选择合适的天气(顾中言,2006)。

总而言之,农药应用是一门涉及范围很广的综合科学,在农药使用过程中必须根据施药目标物的特点选用相应的适用剂型和制剂,并与施药手段和药械的类型相结合,药剂的分散状态和分散度、施药液量、施药器械的类型和性能、药液的湿润性和黏附性、药液在植株上表面持久能力、害虫运动行为特性、气候等种种因素都会影响施药效果(屠豫钦,2006)。

2.3.6.2 农药使用效率影响因素

农药的有效性最终取决于如何让所使用的农药有效地沉积到所要保护的目标上（傅泽田、祁力钧、王秀，2002）。近年来，围绕如何提高农药在靶标上的沉积量，人们做了不少工作。Himel（1969）提出了"生物最佳粒径"理论（BODS），认为不同粒径雾滴在不同生物靶体上沉积量不同，两者存在一个最佳关系。20 世纪 70 年代开发成功的静电喷雾法以及后来研究开发的间歇喷雾法、回收式喷雾法和风力辅助喷雾法等，都是提高农药使用效率的技术发展。屠豫钦等（1984）发现了植物叶片在雾滴沉积过程中的"叶尖优势"现象。这就提醒人们，要提高农药的利用效率，必须把农药雾滴行为和生物特性结合起来进行研究。影响雾滴在靶体上沉积的因子很多，雾滴粒径则是很重要的因子。因此，喷雾机具的雾化性能与杀虫效果最为密切（Yan F. G.、Liang GJ，2001），农药的使用效果很大程度取决于药械的技术状态，缺乏良好保养与维修的药械经常由于喷嘴或其他零件的磨损而导致施药效果、效率低下（Gert van der Meijden，1998）。

2.3.6.3 农药对环境与健康危害

国内外对于农药对环境和健康危害性的研究主要从环境毒理学和生态毒理学这两个领域展开的，重点研究了农药对人体、对环境的危害性和风险。

环境毒理学对农药危害性的研究主要侧重于以下三方面（Tabor，W.，薛京伦，1992；薛峰、薛念涛，2000；郭新彪，2007）：①研究环境中残留农药与肌体相互作用的一般规律，包括环境中残留农药接触肌体后的吸收、分布、代谢转化、排泄等过程和毒作用机理，探求其对肌体健康损害的早期反应指标，预测其对健康的潜在危害，以便及早防治。②研究环境中残留农药对肌体影响的作用条件及其影响因素，除主要通过动物实验外，还应结合现场调查，以观察环境毒物在环境中的浓度、分布、变迁、侵入方式、接触时间以及其他作用条件对肌体反应的影响。③研究环境中残留农药及其转化产物的毒性和评定方法，主要包括各种毒性试验，以测定其急性、蓄积性、亚急性、亚慢性、慢性毒性和"三致性"，以及多种有毒物质共存时的联合毒性。从剂量反应关系中得出对肌体作用的相对安全界限（最大无作用水平），为制定环境卫生标准提供依据。对于有毒物质对人体的风险评价，兴起于 20 世纪 70 年代几个工业发达国家，尤以美国在这方面的研究独领风骚。

生态毒理学对农药危害性和风险的研究主要包括以下几方面（殷浩文，

2003；周启星、王美娥，2006）：①环境中残留农药环境过程研究；②环境中残留农药对活体生物毒性研究；③环境中残留农药对于种群水平可能导致个体数量、基因率或生态系统功能变化研究；④环境中残留农药对个体水平生物化学、分子、物理结构和功能危害，以及由此可能导致的群落及至生态系统结构和功能破坏研究；⑤生物标记物测试方法及其在环境风险评价中的应用研究；⑥依据毒性测试数据和化学转化规划，评估环境中残留农药对整个环境（人体生态系统）可能产生的危害和风险；⑦环境风险评价方法研究。

2.3.7 关于农药使用社会、经济方面的研究

尽管现有文献从技术的角度对农药的使用效果、效率、环境影响等方面进行了深入研究，但是许多国家的农药使用并没有反映最新的技术成就，高毒农药和落后的药械仍然在大量被使用（Friedrich, T., 1996）。同时普遍存在滥用高毒农药、过量施药、使用"跑、冒、滴、漏"的施药机械、对施药机械操作不当并缺少维修保养、在配制药剂和施药过程中缺乏安全防护措施等行为（Yassin, M. M. et al., 2002; Salameh, P. R. et al., 2004; Ibitayo O. O., 2006; 虞轶俊等，2007）。

这些行为影响了农药使用效果、效率，并导致了经济损失、环境问题和施药者人身安全。Rola 和 Pingali（1993）的研究表明，菲律宾和印度尼西亚的水稻种植用药成本已经高于农药所带来的经济收益。同时，发展中国家的农户并不在意对环境的污染，甚至对自身用药安全也认识不足，WHO 统计资料表明，全世界每年有 50 万人农药急性中毒，而 Knirsch 和 Friedrich 的研究则表明全世界每年农药急性中毒的人数高达 2500 万人（Gert van der Meijden, 1998）。中国 1997 至 2003 年全国共报告农药中毒 108372 例，其中生产性中毒占总中毒例数的 25.39%（陈曙旸等，2005）。这表明，虽然技术研究上取得了巨大成就，但是这些技术成果并没有被大范围应用，大部分国家的农民在农药选择、药械的选择和保养、农药使用量的选择、自身防护等方面都没有按照科学的方法进行。

那么，是什么社会经济原因导致农户选择高毒农药、技术状态较差的手动植保施药器械、过量和滥用农药、施药过程中缺乏自身防护这些行为呢？国内外的文献也作了一些初步的探讨。

2.3.7.1 影响农户施药行为的经济因素

关于药械或农药的使用与否，理论界普遍认为只有使用农药或药械带来的产

量和收益增加大于使用成本时，农户才会采用农药或药械。如 Perkins、John H. (1982) 从"利润最大化理论"的角度对农户是否采用机械化植保施药机械的行为进行了分析，认为使用机械化的植保施药器械，必须在劳动力成本比较高的情况下采用才能符合经济性原则。19 世纪末美国的统计资料表明，农场面积在 80 英亩以下，苹果的年产量小于 20000 箱（1 箱约相当于 35L）的种植园，采取机械化施药是不经济的。但纯粹从农户利润最大化的角度进行分析，无法解释农户过量施药或不安全施药的情形。

对于农药生产率的研究，经济学家们开始都把农药作为一种普通的生产要素引入到传统的生产函数中去（Headley, 1965），即假定农药跟氮肥等其他要素一样，都可以提高作物产量。Headley 利用 Cobb Douglas（CD）生产函数，估算了美国从 1955~1963 年间农药使用的边际生产率。该方法没有意识到农药仅是控制损害的因素之一，并且只有存在虫害时才能发挥作用。结果往往高估农药的生产率，既没有考虑虫害的发生程度，也没有考虑其他损害控制因素（如农艺行为和自然控制因素等）。

有些经济学家意识到这一弱点，指出该方法高估了农药的生产率，他们将损失控制函数（Damage Control Function）跟传统的 CD 生产函数结合起来，估计农药的边际生产率（Lichtenberg、Zilberman, 1986）。后来许多经济学家将这一方法用于实证研究，例如 Babcock 等（1992）曾经利用对北卡罗莱纳州的苹果生产者调查的数据，采用考虑了损失控制的 CD 生产函数进行分析，结果认为忽视自然的损失控制因素的确会高估采用农药的边际生产率，这些自然的损失控制因素包括害虫天敌等自然因素，而自然的损失控制因素与农业生态关系密切。国内一些经济学家利用该方法分析了农药对水稻生产和转基因抗虫棉对于中国棉花生产的影响（Huang et al., 2001; Huang et al., 2002），结果表明利用损失控制生产函数估计农药的边际生产率比利用 CD 生产函数估计的结果更合理，但 Huang et al (2002) 的研究结论却认为江浙一带农民存在过量施药行为，这与利润最大化目标相抵触。

Zilberman、David（1988）从社会福利的角度对农民施药行为进行了规范分析，他认为农民的施药行为由于对环境产生负的外部效应，在没有相应法规限制的情况下，农民的施药量就会大于全社会最佳施药量。同时，由于农药专利得不到保护或失效，使得一些便宜的高毒农药被大量使用。而一些国家（如中国）对农药生产进行补贴加剧了滥用农药的情况。再加上在缺乏监管状态下，便宜的劣质施药设备被广泛使用，导致农药在环境中残留的可能性增加。他认为，农民施药的负外部性包括农药对环境的污染、农药对食品的污染，以及长期使用某种农药导致害虫的抗药性增加。

Alexandratos（1995）认为，农民过量使用农药有两个原因：第一，农民是风险厌恶者。第二，农民和农技人员通常在农药对粮食产量贡献的认识上偏高。这两个原因导致农民过量使用农药，使得农药边际净收益为零甚至为负数。同时，许多国家由于提供农药补贴而鼓励了农民的过量施药行为。

Carl Pray *et al.*（2001）通过对农户种植转基因棉行为的研究发现，使用转基因棉的农户农药使用量大大减少，表明农户的生产行为是基于理性考虑的，农药和转基因之间存在技术替代效果。

但仅从经济学角度的研究无助于解释：不正确施药对施药者自身的健康风险不存在外部性，为何仍然有那么多人不正确施药并将自己置于安全风险之中。

2.3.7.2 影响农户施药行为的社会因素

除了经济因素会对农户行为有影响以外，农户的社会特征对农户行为也有较大的影响。理论界认为，农户的社会特征如年龄、性别、受教育程度、培训经历、社会身份等都显著影响到农户对生产措施和技术选择行为（William Dale Berry、Stanley Feldman，1985；Saha A.、Love A. H.、Schwart R.，1994；苏岳静、胡瑞法、黄季焜，2004；Ibitayo O. O.，2006）。

Koh D.、Jeyaratnam、J.（1996）认为，要缓解发展中国家农药危害问题，首先要了解农户对于农药的知识、态度和行为。他们认为，农户由于对农药的正确使用方法和毒性缺乏相应的常识，导致他们在农药使用过程中忽视了对自身的安全措施。Karisson，S（2004）认为发展中国家绝大部分农户由于没有接受过教育而不能理解并按照农药说明书正确施药，从而容易导致中毒。Zhang, H.、Lu, Y.（2007）对北京官厅水库地区的农户调查表明，农户缺乏农药使用的相关知识，农药的选择上基本是靠熟人或农药经销商推荐，施药过程中缺乏安全意识。

Gert van der Meijden（1998）对西非地区农户的调研表明，由于农户在防护衣服、面罩、手套等投入上只能带来长期的健康收益而不是短期的经济收益，而农户对农药健康损害认识不足，再加上农户收入较低，又没有法律强制的情况下，就没有农户愿意对这些看不见短期经济效益的农药防护设备进行投入。来自尼日利亚的报告表明，那里的农民不管使用何种农药（哪怕是高毒农药）都没有任何防护措施。一些农户甚至表示穿戴防护设施太滑稽。

针对影响农户施药行为的系列经济社会问题，一些学者认为政策法规（如对农药生产企业的监管制度、对农药零售商的监管制度、对施药者的准入制度、对在用机具的定期质量检查制度等）与执行力度、政府的农技推广机构、对农药零售商的培训等对于农户正确、科学施药具有重要作用（Friedrich，T.，2001）。

2.3.8　关于畜禽养殖污染研究的文献综述

2.3.8.1　国外对畜禽养殖污染的研究

自 20 世纪 50 年代开始，许多发达国家开始发展大规模的畜禽养殖，许多集约化的畜禽养殖场纷纷在城镇以及郊区建设起来。畜禽养殖场每天会产生大量的粪污，且利用率低，给环境带来了很大的污染。许多发达国家开始采取各项措施以最大限度地降低规模化畜禽养殖对环境造成的污染，多数国家比较重视发展种养一体化的模式，也就是将种田与畜禽养殖结合起来，把农田作为畜禽粪便消纳的重要场所，实现种植业与畜禽养殖业的共同健康发展，除此之外还通过立法的方式监督管理畜禽养殖行为，以降低大规模的畜禽养殖带来的环境污染。

许多国家已充分认识到畜禽养殖对环境造成的污染的严重性，早在 20 世纪 60 年代，日本就曾经把畜禽养殖污染描述为"畜产公害"，此后，《恶臭防止法》、《废弃物处理与消除法》和《防止水污染法》等法律就是为了有效治理并防止畜禽养殖污染而制定的，这些法律具有详细的规定以便更好地管理畜禽养殖污染，比如日本对大型养殖场的审批有严格的规定，而且规定在城镇周边的养猪场，其规模不得大于 50 头，此外养殖场需要建设相关的设施来防止养殖带来的污染；新加坡政府对养猪场污水的处理效果要求非常高，为了达到政府要求的污水处理效果，养猪场通常需要投入大量的成本来进行粪污的处理；美国则在法律中重视管理畜禽养殖场的建设，法律规定大于限制规模的养殖场一定得通过政府有关许可才能建场，而且美国的养猪场大多数是小型农牧结合的农场，每年的规模仅仅为 200~500 头；挪威为了防治畜禽养殖污染，从 20 世纪 70 年代开始发布了相关法律法规以规范养殖行为，其中规定严禁把畜禽粪便排放在被雪盖住以及被冻住的农田上，严禁向河水中排放畜禽养殖污水；英国几乎没有受到畜禽养殖污染的威胁，其将畜禽养殖业和种植业紧密结合起来，把畜禽养殖业产生的粪污进行无害化、资源化处理成为肥料，用于种植业生产，这样不仅防止了粪污污染，而且还增加了土壤肥力，促进了种植业的发展。

Griffin 和 Bromley（1983）指出农业的面源污染是一个外部性问题，农场本身是不会在意因农业生产而产生的环境污染问题的，所以对于管制者来说，可以对污染的排放量以及生产的产品征税。Shortle 和 Dunn（1986）的研究则表明对面源污染的精确测量往往在合理的成本范围之外，管理者难以确定每一个面源污染个体该对污染负责以及该负担多大程度的责任。在 Griffin 和 Bromley（1983）的研究基础上，他们认为可以对农场操作的投入进行征税，对农场投入的数量进行限定，对产生的污染物进行征税，以限制污染物产生的数量。但他们的研究并没有把农场对征税作出的反应考虑进去。

Segerson（1988）提出可以建立一种污染物收费制度，这种制度是根据一个地区的某种污染物浓度设计的，先设定某种污染物的浓度，对于高于此标准的地区要进行惩罚，对于低于此标准的地区要进行奖励，而且该地区的污染排放总量决定了每一个污染个体该承担的责任，不是每个个体自身的污染排放量，因为每个个体的污染排放量难以被有效确定。

Ma. Angeles O. Catelo（2001）的研究认为，对于家庭和社区层面上的沼气技术采用行为，政府应该提供技术支持以及财政支持，此研究还运用成本效益分析方法，把粪便污水的沼气处理技术和有机肥生产技术进行比较分析，认为沼气技术更具有经济效益上的优势。

Nguyen Quoc Chinh（2005）通过对越南河内乳牛养殖污染情况进行分析，认为在已有的可选的各种污染治理技术中，从经济角度和环境角度出发，沼气技术是最有效的污染控制技术。然而，沼气技术的推广存在一定困难。

2.3.8.2 国内对畜禽养殖污染的研究

为了保护环境，防治污染，从20世纪80年代起，我国先后颁布了《水污染防治法》、《环境保护法》、《中华人民共和国固体废弃物污染环境防治法》、《大气污染防治法》，为治理畜禽粪便污染提供了法律依据，但这些法律都不是专门针对畜禽养殖污染防治的。2001年5月国家环保总局发布了《畜禽养殖污染防治管理办法》；2001年12月19日国家环境保护总局发布了《畜禽养殖业污染防治技术规范》，该规范于2002年4月1日开始实施；同年2001年12月28日国家环境保护总局又发布了《畜禽养殖业污染物排放标准》，该标准于2003年1月1日开始实施；它们为畜禽污染的治理提供了更详细的法律依据和标准。

(1) 关于畜禽养殖业污染的现状

王少平等（2001）通过利用地理信息系统（GIS）对上海市畜禽养殖业中的污染负荷的空间分布规律进行了研究。研究表明：1997年，所有集约化畜禽养殖一年产生的畜禽粪尿量为301.2万吨，集约化生猪养殖场不仅数量非常多，远远高于其他类型的养殖场数量，而且产生的粪尿量也是最多，猪粪尿量占所有畜禽粪尿总量的比例几乎接近60%，奶牛养殖场产生的粪尿量为其次，所占比例为35.6%，生猪养殖场和奶牛养殖场是主要的污染来源。闵行的粪尿污染负荷、各种污染物指标的负荷均为各区县最高,不同圈层中的畜禽污染种类不同:近郊区域生猪养殖场的污染贡献率最高,中郊区域的污染种类主要是生猪和奶牛养殖场带来的污染,远郊区域的污染则主要来源于奶牛养殖。

徐谦等(2002)通过对北京的规模化畜禽养殖场污染物排泄量进行调查测算,得出结果:北京市规模化养殖场一年的畜禽粪尿产生量达到304.42万吨,一年的污水产生量达到765万吨,其中,畜禽粪尿中各种污染物含量:COD约为93434吨、NH_3-N约为8759吨、T-N约为18460吨、T-P约为7030吨。养殖污水中各种污染物含量:COD约为107395吨、NH_3-N约为28348吨、T-N约为38684吨、T-P约为6090吨。调查表明,养殖场的污水大都超标排放,即使拥有相应的粪尿及污水处理设施,但一般都存在废水处理量非常少、处理技术水平低、管理水平不高、晾粪方法简单的问题,并根据问题提出了相应的防治对策。

彭里和王定勇(2004)把已有的相关研究与重庆市畜禽养殖业的实际调查情况相结合,确立各种畜禽粪便的估算参数以及年产生总量的估算方法。根据2001年重庆市畜禽养殖业的相关数据,计算出全市畜禽粪尿的产生总量以及粪尿中主要污染物质含量:2001年重庆市畜禽粪尿产生总量为7421万吨,粪尿中氮含量为42.5万吨、磷含量为21.48万吨、钾含量为44.98万吨、有机质含量为806万吨。

张绪美等(2007)根据2004年江苏省畜禽养殖数量,确定各类畜禽粪便日排泄系数和粪便产生总量的计算方法,估算畜禽粪便污染物排泄量,然后计算出江苏省各市畜禽粪便农田负荷量,衡量各市的畜禽粪便污染程度,得出以下结论:江苏省一年产生的畜禽粪便总量大约为6825万吨;畜禽粪便农田年负荷量的均值是$14.9t/hm^2$,全省有五个市的负荷量大于均值,污染预警值的均值是0.33,其中有三个市的预警值大于0.4,是稍有污染的地区;由于多数污染比较严重的地区距离水体较近,所以对全省的水体有污染威胁。

王方浩(2006)等通过选取合理的畜禽排泄系数,并采用2003年我国畜禽养殖数量,估算了我国主要的畜禽粪便产生总量,并通过计算耕地畜禽粪便和氮、磷养分负荷量,对畜禽粪便产生的环境效应进行了评价。结果表明:我国2003年畜禽粪便产生总量达到31.90亿吨,为同年工业固体废弃物产生量的3.2倍,是环境污染的主要来源;有7个省区出现畜禽粪便耕地负荷量大于$30t/hm^2$警戒值的情况;有4个省区出现畜禽粪便氮的耕地负荷量大于$150kg/hm^2$还田限值的情况;有8个省区出现磷的耕地负荷量大于$35kg/hm^2$环境污染风险值的情况。

2. 理论基础与文献综述

廖新俤等（2001）通过对一些养猪场的实际调查及访谈发现，某些药物添加剂没有严格按照规定使用，往往被超量使用，而这些添加剂被猪本身吸收的比较少，大部分随排泄物排出体外而污染了环境，最终还会由于富集作用随物质循环而直接危害猪以及人类的身体健康；同时被猪本身已经吸收的药物会一直残留在猪肉中，从而对人体产生毒害作用。而且药物残留在粪便中也会破坏堆肥的效果。

张响英等（2004）指出，虽然饲料添加剂在畜禽养殖业的发展中起到了重要作用，促进了养殖业的发展，但同时其对环境的污染方面也不容忽视。铜添加剂的过量使用会严重污染土壤；由于各种生物对砷的富集作用，加上砷的广泛利用，使其对环境造成污染的威胁越来越大，会反复污染土壤、水体，对畜禽和人类的健康也造成威胁；抗生素添加剂的过量使用使大量抗生素随粪便排放到环境中，污染环境，最终会直接严重危害人们的身体健康。

马骅等（2005）对已有的关于兽药对环境的影响做了总结，指出兽药随动物的代谢物进入环境后，会严重污染土壤和水体，对一些陆生的植物、动物、土壤微生物的生长造成严重危害，也会毒害水中的一些生物，如浮游动物、藻类、鱼类等，严重影响它们的正常生长。

王思珍等（2009）分析了各种饲料添加剂对畜禽生长的促进作用，同时也分析了某些添加剂对环境的污染作用。抗生素类添加剂、重金属添加剂（砷、铜、铁等）的不合理使用使它们随畜禽粪尿的排出而污染了土壤，接着会污染农田里的农作物，最后则通过食物进入动物和人体内，不利于动物的成长，危害人的身体健康，引发各种慢性及急性病。同时这些添加剂在各种肉制品中的残留会直接在人体中累积，产生慢性或者急性的毒性作用。

（2）关于畜禽养殖业污染的治理

刘培芳等（2002）分析了长江三角洲地区的畜禽养殖污染情况，从已有的法律法规、政策规定以及畜禽养殖场分布的角度出发，详细分析了畜禽养殖给环境带来严重污染的原因并提出要采用配套的畜禽粪便的综合处理利用设施，加快畜禽养殖污染的立法进程，制定专门的畜禽污染防治法，达到畜禽粪污污染的综合治理。

周元军（2003）分析了生猪散养方式与规模化养猪的不同，认为规模化养猪会产生大量的污染物，对环境造成严重污染，既不利于人类的健康也制约着养猪业的健康发展，并且把国外猪粪尿处理利用的现状与我国畜禽粪便处理利用的现状进行比较，为了达到保护环境的目的，发展生态农业，提出要运用沼气综合工程技术对污染物进行综合处理的治理对策，从而促进养殖业和种植业的共同发展，保护环境。

朱东亚等（2004）分析了畜禽业发展的过程特点，认为畜禽业规模化、集中化的发展使畜禽粪便产生量大且集中，加上化肥的普遍使用，畜禽粪便得不到很好的利用，处理难度大，对环境造成了严重的污染，不利于人们的健康以及畜禽业的健康发展，提出治理规模化畜禽养殖污染不应该只从畜禽粪便产生的角度进行末端治理，而要针对可能产生污染的各个环节进行综合的治理，如在污染的源头采取加快研制环保型饲料、改变清粪工艺等措施尽量控制污染的产生，采取各种粪污的资源化技术把污染物变成可以还田利用的肥料，采取农牧结合的方式，使畜禽粪便被合理的利用，促进农业、畜牧业的共同发展。

朱立安（2005）分析了畜禽养殖污染的特点以及污染危害，并提出了从合理设计规划、实现最优管理以及生态工程技术三个角度出发来解决畜禽养殖污染的问题，具体措施包括：要科学、合理的对养殖场选址等进行规划，要抛弃末端治理污染的方法，寻求有效的畜禽养殖的清洁生产模式，建立植被缓冲带以及水塘系统、发展生态农业等。

苏杨（2006）通过分析我国集约化养殖场的污染特征，指出我国集约化畜禽养殖场的污染给环境造成严重的威胁，甚至大于工业污染的威胁程度，提出对养殖场的污染治理应该借鉴治理工业污染时的经验，要加强监管，相应的提高排污的成本，努力引导养殖场投资采用沼气等综合利用技术对污染物进行合理处理，并要在税收、贷款等方面采取一系列优惠措施，达到减少沼气技术成本和增加沼气销售利润的目的，鼓励养殖场采用沼气综合利用技术，最后建议大中型集约化畜禽养殖场把养殖业和种植业的发展结合起来，实现共同发展。

高定等（2006）通过计算我国畜禽粪便的产生情况，认为畜禽粪便对环境造成了严重污染，甚至影响了人们的生活和健康，并把我国各省区农田受畜禽粪便污染的风险等级划成四级：上海市的农田受畜禽粪便污染的风险等级最高；污染处于第二级的省份是河南省、山东省以及天津市；第三级是北京市、河北省、江苏省、安徽省以及湖南省；相比较而言，剩余22个省份的农田受污染的风险相对较小；指出真正解决畜禽污染的重要途径就是要发展农牧一体化的生态农业，要避免养殖业与种植业脱节，把畜禽粪便进行资源化处理，使之变成种植业的宝贵资源，要促进畜禽粪便资源化技术的开发和推广，认为堆肥技术是适合我国实际国情的经济实用的一种资源化技术。

甘露等（2006）分析了当前我国畜禽养殖污染的特点，认为我国畜禽污染已经非常严重，对一些城市已经造成了巨大的环境威胁，影响了人们的生活和健康，通过总结国外一些国家在畜禽污染治理方面的经验，提出要坚持减量化、资源化、廉价化的原则，采用合理的技术，建立一个清洁生产技术体系，减少畜禽养殖污染，努力达到畜禽养殖业的无污染物排出，把污染物变成可以利用的资源，实现资源的循环再利用；此外，还要注重采取一系列的宏观性管理措施，通过调整已有的一些农村政策、增加政府在畜禽污染治理方面的补贴、继续研究和开发实用性的污染物处理技术等一系列措施来解决畜禽养殖污染问题。

梅付春等（2007）通过计算河南省畜禽养殖产生的污染物总量，认为畜禽养殖污染已经是全省的重要面源污染，污染治理非常必要，但是在解决畜禽养殖污染方面，现有的法律规范和技术手段存在不足，适用性不强。认为在畜禽养殖业发展的新形势下，可通过对饲料加工企业实施补贴，鼓励其生产利用率高的饲料，以减少污染物的排放；也要对养殖场进行补贴，鼓励其使用高品质环保饲料，鼓励其采用各种污染物的无害化、资源化技术，对污染物进行合理利用，实现环境利益和经济利益的双赢；还可以投资建立专门的污染治理企业来解决畜禽养殖污染这一外部不经济性问题。

陶新等（2007）指出中国规模化养猪造成了严重的环境污染，继续推行末端治理模式已不能有效地解决环境问题，要根据循环经济的三原则对环境污染问题进行全程控制，在源头采取营养调控措施，在末端对污染物进行资源化处理，发展循环养猪业以实现污染物的低排放甚至零排放。

赵青等（2004）首先分析了畜禽养殖中的饲料添加剂在进入生态环境后给环境带来的各种危害，包括直接危害和间接危害，提出为了控制饲料添加剂的污染，可以使用一些新型的饲料添加剂，如有机微量元素、中药添加剂、酶制剂等，还可以通过法规明令禁止使用某些会造成环境污染的添加剂。

侯影（2006）分析了畜禽养殖中兽药和饲料添加剂的不合理使用给环境造成的污染以及给人体带来的各种伤害，指出要在养殖过程中严格监控兽药和饲料添加剂的使用，规范、科学、合理地使用各种兽药和添加剂，防止其污染环境，危害人类健康。

（3）小结

通过以上综述可以看出，我国现有的对畜禽养殖污染方面的研究一方面是通过各类畜禽粪便日排泄系数，估算出某地区畜禽粪便产生量，并在此基础上计算畜禽粪便的农田负荷量，来分析此地区畜禽养殖污染的情况；另一方面是先大体上分析某地区畜禽养殖污染的情况，再提出治理畜禽污染的一些技术性措施，有些研究也提出了一些管理上的措施。还有一些研究是专门分析兽药和添加剂在畜禽养殖中不适当使用给环境造成的危害以及对人类健康的危害。但选择生猪为特定的产业，基于HACCP原理构建环境友好型生猪养殖产业体系，并从养殖场的微观角度来研究养殖场治理污染技术的选择行为比较少。

2.3.9 关于农户技术采用的文献综述

马康贫等（1998）通过对江苏省部分地区农户的问卷调查情况进行分析，得出结论：政府的宣传推广对农户采用新技术有最重要的作用，是技术传播的首要方式；对采用新技术的风险预期、技术推广服务体系的建设、农户的受教育程度都对技术的采用有重要影响。宋军等（1998）认为农民对技术的采用受一些因素的影响：如农民本身的受教育程度、性别和年龄、拥有的耕地面积、农民的收入，由于各自的收入水平和具备的资源条件不同，所以农民具有不一样的技术选择的行为。

高启杰（2000）通过研究得出：农民的技术采用行为主要受农民自身特征和外部环境两个方面的影响，自身特征主要是农民性别、年龄、文化程度、本身的经营以及交流沟通能力等特征；外部环境因素主要是政策法律、提供的信贷条件、技术的供给和后续服务情况等因素。吕丽玲（2000）认为受一些因素的影响农民通常会盲目地采用新技术，如农户自身的接受能力、风险承受能力以及经济实力，政府对技术选择的干预与引导，获得的市场信息不全面。

蒙秀锋等（2005）通过对农户、种子经营单位以及种子站的实际调查研究，分析了农户采用农作物新品种的影响因素，认为农户的文化水平、收入水平、农作物新品种的特点和价格、已选用新品种的农户的影响、农技推广部门的宣传和指导、自身种植习惯、政府相关政策等因素会影响农户对农作物新品种的采用。

2.3.10 关于 HACCP 应用的文献综述

潘黔生等（2003）对 HACCP 原理在水产养殖业中控制食品安全的应用进行了分析，并确定了水产养殖中的四个关键控制点，为在水产养殖业中引入 HACCP 体系提供一些参考。熊敏（2003）指出注重食品的安全性不能忽视餐饮行业中的食品安全隐患，由于餐饮业与一般的食品加工行业的不同，与食品加工行业中的应用相比，在餐饮业运用 HACCP 体系就有更多的灵活性，主要以烹饪过程为研究对象，建立了餐饮业的 HACCP 管理体系，并根据该行业的特点，提出了应用该体系的一些基本要求。

赵玉华（2004）在分析了 HACCP 的原理及发展历史后得到启示，将 HACCP 原理运用到证券公司的风险管理当中，主要以营业部开户流程为研究对象，对可能出现的操作风险提出一些控制措施,建立起一套适用于证券公司的风险管理体系。

傅仲等(2006)选取了六家生产规模较大的饲料企业,对在饲料生产企业引入 HACCP 进行分析研究,并总结出了一套适用于饲料生产企业的 HACCP 体系,并验证了体系的实施效果,证明了饲料生产企业引入 HACCP 体系的有效性。

王钢(2008)针对当前兽药和饲料添加剂使用不当而污染生态环境,危害人类健康的情况,提出可以运用 HACCP 原理,要重点监控兽药和饲料添加剂的合理使用,分析可能出现药物残留的原因,找出可能出现问题的关键环节,并采取相应的处理措施,尽量把污染降到最低,保证产品的安全。

3.

资源节约型环境友好型农业产业体系的基本内涵

党的十七届三中全会提出，到2020年全国农村改革发展的基本目标之一是资源节约型、环境友好型农业生产体系基本形成，农村人居和生态环境明显改善，可持续发展能力不断增强。然而学术界对于资源节约型、环境友好型农业生产体系的研究还处在起步阶段，需要构建一个资源节约型、环境友好型农业生产体系的研究框架。因此本部分主要内容是阐述资源节约型、环境友好型农业产业体系的基本内涵。

以资源节约型、环境友好型农业产业体系的基本内涵为起点，本书后续内容将选择四个典型来阐述如何构建资源节约型、环境友好型农业产业体系。其中，在资源节约型农业方面选择基于化肥使用的资源节约型农业产业体系、基于农业机械使用的劳动力资源节约型农业产业体系作为两个典型，在环境友好型农业方面选择基于农药使用的环境友好型农业产业体系、基于生猪养殖的环境友好型农业产业体系作为两个典型。

3.1 农业发展方式的转变

3.1.1 传统的农业发展方式

传统农业是在自然经济条件下。采用人力、畜力、手工工具、铁器等为主的手工劳动方式，靠世代积累下来的传统经验发展，以自给自足的自然经济居主导地位的农业。是采用历史上沿袭下来的耕作方法和农业技术的农业。传统农业具有低能耗、低污染等特征，在当今时代依然发挥重要作用。

传统农业的特点是精耕细作，农业部门结构较单一，生产规模较小，经营管理和生产技术仍较落后，抗御自然灾害能力差，农业生态系统功效低，商品经济较薄弱，基本上没有形成生产地域分工。传统农业从奴隶社会起，经封建社会一直到资本主义社会初期，甚至现在仍广泛存在于世界上许多经济不发达国家。

3.1.2 石化农业的发展方式

所谓石化农业，就是指依靠化肥、农药、机械化等投入来提高生产效率的方式，这也是我国大部分地区正在走的农业发展道路。弊病在于，对自然资源与环境的破坏，首先是土地，过量的使用化肥，使土地肥力日益衰退，农地沙碱化，农药的使用，更使得生态链的破坏，食品安全颇受影响。

3.1.3 可持续农业的发展方式

可持续农业（Sustainable Agriculture）是在总结有机农业、生物农业、石油农业、生态农业等替代农业模式，在农业生产中贯彻可持续思想的基础上产生的。强调农业发展必须合理地利用自然资源，保护和改善生态环境，并在此基础上不断提高农业的生产水平和农民的收入水平，降低农村贫困比例，以使农业和农村经济得到持续、稳定、全面的发展。

3.2 现代农业产业体系

3.2.1 现代农业产业体系

现代农业是与传统农业相对应的一种农业形态，是以要素配置市场化、生产手段科技化、经营管理一体化、资源产出高效化、生态环境持续化为主要标志的，能够满足人类食物需要的发达农业。广义的现代农业产业体系包括以谷物、果菜、畜产品的生产、加工、销售为主的农业食品产业体系；以棉花、麻类等纤维制品的生产、加工、销售为主的农业纤维产业体；以农业园艺、农村景点为主进行观赏、旅游、休闲和教育的农业文化产业体系；以林业、水土保持、资源环境保护为主的农业生态产业体系；以先进的种苗、生物工程、科学技术、试验示范手段支持的农业科技产业体系；以化肥、农药、农用机械为主的农业装备产业体系；以农业数据和图像处理、计算机网络、农业决策支持和信息实时处理为主的农业信息产业体系；以土地、水资源等为资本运营的农业资源产业体系等。这些产业体系都是以农业为基础，但又不局限于原来传统的农业，而是用现代的生产要素将其延伸、改造，与国民经济的其他部门相衔接，使农业这个基础不仅是人们的衣食之源，是现代科技及新兴产业的发祥地，更是这些产业体系的组织结构和运行机制的基石；而且也是社会、文化、生态的重要屏障。

从纵向来看，现代农业产业体系是由多部门组织的综合体，是农业生产、加工、销售、服务等诸多方面相互作用、相互衔接、相互支撑的，能实现农业产前、产中和产后协调发展的有机整体。构建现代农业产业体系建设内容不仅包括高新技术在农业中的应用，还包括市场机制的建立、农业产业组织的创新、农业生态环境保护等内容。

从横向来看，现代农业产业体系是集食物保障、原料供给、资源开发、生态保护、经济发展、文化传承、市场服务等产业于一体的综合系统，是多层次、复合型的产业体系。其构成有：

一是农产品产业体系。包括粮食、棉花、油料、畜牧、水产、蔬菜、水果等各个产业，以确保国家粮食安全和主要农产品供给。

二是多功能产业体系。包括生态保护、休闲观光、文化传承、生物能源等密切相关的循环农业、特色产业、生物能源产业、乡村旅游业和农村二、三产业等，以充分发挥农业多种功能，增进经济社会效益。

三是现代农业支撑产业体系。包括农业科技、社会化服务、农产品加工、市场流通、信息咨询等为农服务的相关产业，以提升农业现代化水平，提高农业抗风险能力、国际竞争能力、可持续发展能力。①

3.2.2 现代农业产业技术体系

现代农业产业技术体系按照优势农产品区域布局规划，依托具有创新优势的现有中央和地方科研力量和科技资源，围绕产业发展需求，以农产品为单元，以产业为主线，建设从产地到餐桌、从生产到消费、从研发到市场各环节紧密衔接、环环相扣、服务国家目标的现代农业产业技术体系，提升农业科技创新能力，增强我国农业竞争力。

现代农业产业技术体系主要按照优势农产品区域布局规划，依托具有创新优势的中央和地方科研资源，针对每一个大宗农产品设立一个国家产业技术研发中心（由若干功能研究室组成），并在主产区建立若干个国家产业技术综合试验站。目前涉及的农产品类别有：

第一，粮油作物，包括水稻、玉米、小麦、大豆、大麦（青稞）、高粱、谷子（糜子）、燕麦（荞麦）、食用豆、马铃薯、甘薯、木薯、油菜、花生、芝麻、向日葵以及胡麻。

第二，经济作物，包括棉花、麻类、甘蔗、甜菜、蚕桑、茶叶、食用菌、大宗蔬菜、西（甜）瓜、柑橘、苹果、梨、葡萄、桃、香蕉、荔枝（龙眼）以及天然橡胶。

第三，畜牧水产，包括牧草、生猪、奶牛、肉牛（牦牛）、肉羊、绒毛用羊、蛋鸡、肉鸡、水禽、兔、蜂、大宗淡水鱼、虾、贝类、罗非鱼以及鲆鲽类。

现代农业产业体系围绕产业发展需求，进行共性技术和关键技术研究、集成和示范；收集、分析农产品的产业及其技术发展动态与信息，为政府决策提供咨询，向社会提供信息服务，为用户开展技术示范和技术服务，为产业发展提供全面系统的技术支撑；推进产学研结合，提升农业区域创新能力，增强我国农业竞争力。在管理机制上，通过设立管理咨询委员会、执行专家组和监督评估委员会等，确保决

---

① http://baike.baidu.com/view/3020221.htm?fr=aladdin#1.

策、执行和监督三个层面权责明晰、相互制约、相互协作。调整和完善优势农产品区域布局规划，明确以产业需求为导向的建设现代农业产业技术体系的基本思路。[①]

3.3 资源节约型、环境友好型农业产业体系

在广大农村，石化农业生产技术模式已经造成了非常严重的资源破坏和环境污染问题，只有推行资源节约型、环境友好型农业生产体系，才能够使农业在资源节约和环境友好中实现可持续发展。本书中资源节约型、环境友好型农业生产体系又可以简称为"两型农业"。

3.3.1 资源节约型农业

资源节约型农业的内涵是在农业生产、流通、消费等领域，通过采取法律、经济和行政等综合性措施，努力提高农业资源利用效率，以较少的资源消耗获得较大的经济和社会效益，从而保障经济、社会的可持续发展。

资源节约型农业包含两方面的含义，一是"节省"，杜绝浪费；二是"集约"，以求高效。通过提高区域资源利用率和单位资源人口承载力、发展"两低、两高"农业，即资源低消费、生产低成本，农业高产出、经济高效益。在农业生产领域，资源节约型农业是以提高资源利用效率为核心，资源节约型农业就是节约农业生产投入物为重点的农业生产方式。

3.3.2 环境友好型农业

环境友好型农业的内涵是一种以环境承载力为限度，遵循自然规律的、人与自然和谐的农业发展模式，遵循的是"农业资源—绿色农产品—再生资源"的反馈式流程，其特征是低资源能源消耗、高经济效益、低污染排放和低生态破坏。它包括减量使用农药、化肥和地膜，改进种植养殖技术，发展农业生态工程、健康养殖

---

① 农业部、财政部关于印发《现代农业产业技术体系建设实施方案（试行）》的通知（2008年）。

工程、废弃物循环再利用工程，实现农业生产无害化和农业废弃物的资源化。

3.3.3 资源节约型、环境友好型农业生产体系

建立资源节约型、环境友好型农业生产体系，就是围绕转变农业发展方式，以提高资源利用效率和生态环境保护为核心，以节地、节水、节肥、节药、节种、节能、资源综合循环利用和农业生态环境建设保护为重点，推广应用节约型的耕作、播种、施肥、施药、灌溉与旱作农业、集约生态养殖、秸秆综合利用等技术，减少农业面源污染、减少农业废弃物生成，注重水土保持和保护环境等环保型技术，大力培养农民和农业企业的资源节约和环境保护观念，大力发展循环农业、生态农业、集约农业等有利于节约资源和保护环境的农业形态，促进农业实现可持续发展。

我国是一个农业大国，人地矛盾突出，农业是一个高度依赖自然资源与生态环境的产业，同时，一些农业生产活动又对资源环境产生很大影响和胁迫，具有较大的负外部性。发展"两型农业"就是要最大限度地节约农业生产要素，最大限度地减弱农业生产的外部性副效应，加快农业生产方式转变。发展"两型农业"是根据我国基本国情和农业发展阶段性新特征践行农业科学发展观的具体实践，从根本上把我国农业生产长期存在的以资源大量消耗、环境污染为特征的粗放式发展模式，转变为依靠科技含量高、资源消耗低、环境污染少、人力资源优势得到充分发挥的可持续农业发展模式，尽量减少生产要素的浪费，尽量减少负外部性效应。

发展"两型农业"的主要目标是大力发展优质、高产、高效、生态、安全的现代农业。"两型农业"就是要改变传统农业片面追求以"高产"为目标的农业，而代之以"优质、高产、高效、生态、安全"为目标。现代农业不仅肩负生产"优质、高产"的农产品，保证粮食安全和农产品供给的基本功能；同时还将担负提高劳动生产率、土地利用率和农产品商品率，发展"高效"农业功能；以及提供"生态、安全"的优美环境、生态景观、文化休闲、人文教育等生态文明建设新功能。农业要满足日益多元的功能需求，就必须按照优质、高产、高效、生态和安全的目标来发展现代农业，统筹农产品生产数量与质量，农业生产与资源承载力与环境容量之间的关系，满足人们日益增长的物质文化对农业多方面功能的需要。

发展"两型农业"的主要内容是节约资源和保护环境。"两型农业"核心问题就是要解决目前我国农业发展与资源环境之间的尖锐矛盾，以节地、节水、节肥、节药、节种、节能、资源综合循环利用和农业生态环境建设保护为重点，克

服资源与环境两大瓶颈约束。通过提高资源利用效率来降低资源投入强度，减少进入农业生产系统的物质流和能量流，实现生产投入减量化、清洁化和循环化，改变传统农业对生态环境掠夺式开发和生产，减少资源浪费和环境破坏。

发展"两型农业"的主要动力是技术创新和政策创新。"两型农业"是一种新的技术范式革命，其核心就是建立有利于"两型农业"发展的技术创新和政策创新动力机制。通过政策创新驱动，形成有利于大力推广资源节约型技术和环境友好型技术。建设"两型农业"关键要大力推广以节地、节水、节种、节肥、节药、节电、节柴、节油、节粮、减人等"九节一减"的节约型技术；大力推广应用减少农业面源污染和农业废弃物生成、注重水土保持和生态建设等环境友好型技术。依靠科技进步和政策激励来增强节约资源、保护环境的可持续发展能力，形成有利于"两型农业"发展的长效动力机制。

发展"两型农业"就实质是发展生态农业。生态农业就是以生态学理论为依据，在某一定的区域内，因地制宜的规划、组织和进行农业生产。生态农业以保持和改善系统内的生态动平衡为总体规划的主导思想，合理地安排物质在系统内部的循环利用和多次重复利用，以尽可能少的输入，以求得尽可能多的输出，从而获得生产发展、生态环境保护、能源再生利用、经济效益四者统一的综合性效果。生态农业具有符合两型社会发展要求的特点，即降低能量消耗、改善环境质量、改善农产品质量、保护自然资源、提高经济效益。两型社会定义于农村，就是要以农村节能减排为核心，结合生产发展、生活宽裕、乡风文明、村容整洁、管理民主的新农村发展要求，构建社会主义和谐农村。强调低能耗、低排放，大力推广太阳能、风能、沼气等干净能源，充分开发农村绿色、环保、节能的产业。使农村生态环境更加优美、空气质量更高，人们能够切实感受到一种绿色化、人性化的人与自然融洽的氛围。

3.4 资源节约型环境友好型农业产业体系的国际经验

3.4.1 美国

美国是世界上农业生产技术水平最高、劳动生产效率最高、农产品出口量最

3. 资源节约型环境友好型农业产业体系的基本内涵

大的国家之一,农业也是美国在国际市场上最具竞争力的产业之一。但是,美国现代农业发展之路也不是一帆风顺的,二次世界大战之后美国依靠"高投入、高产出、高污染"的"石油农业",投入大量的化肥和农药,创造了农业增产的奇迹,但也带来环境污染、土壤侵蚀、生物多样性减少、自然灾害频繁等一系列生态问题,痛定思痛,美国社会开始反思农业的出路。

1962年《寂静的春天》一书的出版激起了美国甚至是全世界反省自我、促进环境保护事业发展,书中描述人类可能将面临一个没有鸟、蜜蜂和蝴蝶的世界。作者是美国海洋生物学家蕾切尔·卡逊。正是这本不寻常的书,在世界范围内引起人们对野生动物的关注,唤起了人们的环境意识,这本书同时引发了公众对环境问题的注意,促使环境保护问题提到了各国政府面前,各种环境保护组织纷纷成立,从而促使联合国于1972年6月12日在斯德哥尔摩召开了"人类环境大会",并由各国签署了"人类环境宣言",开始了全球环境保护事业。

美国可持续农业发展的措施有:

第一,重视可持续农业的理论研究。美国在可持续农业理论研究上所取得的一系列成就,为美国农业实践指明了方向。

1981年美国农业科学家布朗在其《Building a Sustainable Society》一书中,系统阐述了"可持续发展观",这是农业可持续思想的最早萌芽;1984年美国科学家道格拉斯出版了《Agricultural Sustainability in Changing World Order》,明确提出了"可持续农业"概念;1985年,美国国会通过了一项"农业生产率法",并授权美国农业部制订一项"替代农业"发展规划。美国在探索持续农业理论与实践过程中,先后提出"低投入持续农业"和"高效持续农业"的观点。20世纪80年代以来,在美国出现了许多涉及低化学品投入、资源和能源保护、资源有效利用等农作方法和技术方面的专门术语,如生态农业、再生农业、自然农业、有机农业等。经过多年的研讨和实践,多数学者认为,用"持续农业"来概括上述农业形态更为确切。

第二,加强技术创新和管理创新。美国在发展可持续农业过程中,非常重视技术创新和管理创新。主要表现在:一是对土壤进行科学化管理,包括土壤养分管理、土壤生物群管理、土壤侵蚀管理;实行"保护性耕作方法",利用农作物秸秆、根茎叶等剩余物覆盖地表,或将秸秆粉碎后还田;在坡地上修建保持水土的水平梯田;开展保护性耕作,注重培养地力,实行免耕耕作制度,全国免耕面积占总耕作面积1/3;大规模治理盐碱地,改善土壤物理性能,科学选择适合土壤种植的作物品种;发展旱作农业。二是严格控制化肥、农药使用量,如加利福尼亚州对农作物杀虫剂限制很严格,尽量减少化学药剂,鼓励使用有机肥料、生物农药，保证食品安全，遏制生态环境恶化；促进家畜粪尿等农家有机肥料及豆科植物等绿肥的利用；提高农药、兽药、鱼药等产品的质量和安全性能，减少农产品中有害物质的残留和污染。三是将农业发展与生态保护结合起来，探索总结生态农业建设中具有特色的生态农业模式；加大污染治理和保护措施，加快退耕还林、还草、还牧步伐，积极调整优化农业产业结构。四是重视生物技术和作物育种技术的开发。五是改革现行的农业种植、养殖体系中不利于农地、水等资源保护的部分。六是采用病虫害综合防治方式；采用种植业和畜牧业相结合的复合经营模式。七是创新持续农作制度，这是一种基于生态原则，依赖于低能源、低化学制品投入，获得持续的农业生产力和环境改善的制度，是农作制度上的一种变革。主要包括复种技术、保持性耕作、种植业和畜牧业综合管理。八是政府与农场相结合的节水举措。节水技术的普遍利用是美国西部农业最重要的举措之一。美国西部是干旱地区，雨水少，这里的旱作农业十分发达。加利福尼亚州降雨多在北部，为了解决中部水资源短缺问题，修建848公里长的引水工程，将北部的科罗拉多河水引进中部，满足中部地区农田灌溉需要。其主要运行机制是政府投资修建主渠道，家庭农场自己投资将水引进农田，充分发挥政府和家庭农场双方的积极作用。

第三，创建高效持续农业生产体系。美国在实施持续农业实践中，创建了"高效持续农业生产体系（HESA）"，该体系创建措施很多，而且全国各地的具体做法不尽相同。大致有以下几个方面：节约利用资源；有效保护环境；广泛使用良种；合理"栽培投入"；慎重施用化肥；综合生物防治；科学管理决策；健全服务体系。

此外，美国首先建立了HACCP体系（Hazard Analysis Critical Control Point），即危害分析的临界控制点，用以监管食品安全。该体系主要是对食品中微生物、化学和物理危害进行安全控制。该体系在20世纪60年代由美国Pillsbury公司H. Bauman博士等与宇航局和美国陆军Natick研究所共同开发的，主要用于航天食品。1971年在美国第一次国家食品保护会议上提出了HACCP原理，立即被食品药物管理局（FDA）接受，并推广到其他的食品安全监管中。

3.4.2 以色列

以色列是全世界自然资源最匮乏的国家之一，主要是水和耕地资源极其短缺。然而以色列却是世界上农业最发达的国家之一，其在中东沙漠上创造的农业奇迹已经成了全世界资源节约型农业的典范。联合国粮农组织及其他国际农业机构纷纷向世界许多国家推荐其先进的发展经验。以色列的农业模式，对于人均水资源和耕地资源同样短缺的我国现代化农业建设而言，具有重要的借鉴意义。以色列可持续农业发展的措施有：

第一，调整农业种植结构。根据农业资源稀缺程度，以色列着手调整农业种植结构，扬长避短。首先，减少对土地资源和水资源要求较高的粮食作物的种植，改种和增种对土地和水资源要求低，但技术含量较高、经济效益较高的经济作物，尤其是集中力量发展适合本国水土及气候条件及国际市场需求的高质量、高附加值的水果、棉花、番茄、柑橘、花卉等农产品；其次，小麦等谷物的生产逐渐集中到西北部地中海沿岸的旱作农业区，而高耗水的养殖业产品和饲料主要依赖进口，充分发挥土地资源和水资源的最大经济效益。

第二，开源节流，节约用水。农业是最耗水的产业，而以色列是最缺水的国家，所以以色列要发展农业，首先就要解决农业用水问题。以色列建国以来，农业产量增长了12倍，但每公顷土地的耗水量却仍保持原有的水平，其原因主要在于以色列发展了世界上独一无二的高效节水农业技术体系。包括开发先进灌溉技术节约用水、通过加循环用水来提高水资源的利用效率以及兴修水利、开辟水源。

第三，重视生物技术，培育作物新品种。以色列重视结合当地自然条件培育农畜产品新品种，注重农作物的杂交与基因改良，特别是良种培育与温室大棚相结合的现代农业生产模式成效显著。目前以色列已培育出适宜于内格夫沙漠地区咸水生产的小麦、洋葱、西瓜和番茄，以及用海水灌溉的灌木丛，并培育出以这些灌木丛为主要饲料的羊等等。

第四，重视制度和法律法规建设。以色列建国以后，为全面规划利用水资源，制定了《水法》；为严格计量，强制水表的普及和使用，制定了《水计量法》；为控制地下水资源的利用和保护地下水资源，制定了《水井控制法》；为强制工业企业废水达标排放，制定了《经营许可法》。以色列《水法》规定，水资源为公共财产，并对用水权、用水额度、水费征收、水质控制等都做了详细规定，并由专门机构进行管理。

3.4.3 日本

日本是亚洲东部、太平洋西北部的一个岛国，由北海道、本州、四国、九州4个大岛和3900多个小岛组成。国土面积37.77万 km^2，人口1.26亿（2013年），密度达每平方公里336人。日本的国土资源贫乏，山地约占全国面积的

75%，平原仅占 25%，耕地面积 516 万 hm^2，人均耕地面积 $0.04hm^2$，是典型的人多地少的国家。面对日益严重的土壤和水质污染，日本于 20 世纪 70 年代开始发展生态农业，重点是治理由于化肥、农药而造成的农业面源污染，80 年代提出农业"绿色资源的维护与培养"目标，1992 年在《新的食品、农业、农村政策的方向》中正式提出将"环境保全型农业"作为农业政策新目标。环境保全型农业，就是指灵活运用农业本身所具有的物质循环机能，通过精耕细作和科学使用化肥、农药等措施来减轻生态环境负荷的一种可持续农业形态。主要措施有：

第一，减少化肥和农药的施用，开发低害农药。在保证产量、品质不下降的前提下，日本政府通过确定环境容量和环境标准，大力倡导轮作、改造土壤、降低土壤消耗等方式，合理减少化肥和农药的使用量。为生产高质米和培植无农药和少农药作物，日本农药的使用从 1985 年开始下降，1997 年日本肥料使用量降低到 151 万吨。为防止农药对食物、水质及环境的污染，日本积极研究开发低毒农药。1971 年开始禁止销售滴滴涕，1971 年又禁止销售六氯化苯，对高毒和残留率高的农药实行严格的注册管理制。

第二，实行土地改良，治理土壤污染。为治理土壤污染，日本政府采取了一系列措施。首先，实施土地改良，主要是对被污染的土地采取排土、添土、水源转换等措施来治理。其次，降低投入，如化肥、机械、农药等投入来保护土壤，防止土地盐碱化，逐步提高地力。再次，20 世纪 70 年代以来，建立了较为完善的专门性土壤污染防治法体系。1970 年《农业用地土壤污染防治法》颁布后，日本政府大力实施以清洁土壤为主要目的土壤修复工程。截至 1997 年，土壤修复面积达到全部受污染土地面积的 76%。

第三，开展有机农业运动。随着循环经济理念的提出与实践，日本又开始建设以有机资源循环为目标的地区有机农业。如日本茨城县筑波地区自 1998 年开始，就将当地超级市场等处的有机废弃物制成堆肥，从而推动了当地有机农业的发展，并将当地生产的野菜在地区内流通、推销、形成"地产地销"的地区内资源循环系统。

第四，重视农业环保技术的研究。日本重视研究和推广治理农业环境污染的技术。近年来，日本循环农家肥中心还通过利用现代技术将畜禽粪便、稻壳和发酵菌类混合在一起，并配上除臭装置，用制成的农家肥取代化肥。目前，日本农业已开始进入信息化技术阶段，将计算机技术、核技术、激光技术和卫星导航等先进技术运用于施肥、除草、收割等农业生产中。

3.5 小　结

建立资源节约型、环境友好型农业生产体系，就是围绕转变农业发展方式，以提高资源利用效率和生态环境保护为核心，以节地、节水、节肥、节药、节种、节能、资源综合循环利用和农业生态环境建设保护为重点，推广应用节约型的耕作、播种、施肥、施药、灌溉与旱作农业、集约生态养殖、秸秆综合利用等技术，推广应用减少农业面源污染、减少农业废弃物生成，注重水土保持和保护环境等环保型技术，大力培养农民和农业企业的资源节约和环境保护观念，大力发展循环农业、生态农业、集约农业等有利于节约资源和保护环境的农业形态，促进农业实现可持续发展。

通过上述对美国可持续农业、以色列资源节约型现代农业和日本环保型现代农业的分析，可以得到一些启示：从总的情况来看，尽管美国、以色列、日本等西方发达国家农业资源禀赋与农业基础不同，甚至差别巨大，但在农业现代化过程中取得的成功经验具有一定借鉴意义。这些经验可以归纳为：第一，发展现代"两型农业"须具备一定经济条件，经济发展水平较高，能从财力上支持农业的发展。第二，资源节约型和环境友好型技术已经成为世界各国农业可持续发展的战略核心。

从第4章起，本研究将以本部分为基础，在资源节约型农业方面选择基于化肥使用的资源节约型农业产业体系、基于农业机械使用的劳动力资源节约型农业产业体系作为两个典型，在环境友好型农业方面选择基于农药使用的环境友好型农业产业体系、基于生猪养殖的环境友好型农业产业体系作为两个典型，对如何构建资源节约型、环境友好型农业产业体系展开分析。

4. 基于化肥使用的资源节约型农业产业体系

我国是世界上第一大化肥生产国和消费国，化肥使用过量不仅造成严重农业面源污染、江河湖泊富营养化、近海赤潮频发，而且造成农民收益下降。每年进入长江、黄河的氮素中，分别有92%和88%来自于农业，我国近一半的湖泊处于严重的富营养化状态，造成难以治理的面源污染。如何提高化肥的使用效率，降低化肥的使用量，推进资源节约型农业已经成为一个亟待解决的难题。

4.1 我国化肥使用现状

我国是个化肥消费大国，1999年化肥使用量达4124万吨，2001年达4254万吨，2002年达4339万吨，2005年约4700万吨，2014年约5996万吨。目前我国化肥年使用量平均每公顷土地已经超过400公斤，远远超出发达国家225千克/公顷的安全上限。虽然化肥使用量增加很快，但农业产量并没有明显增长。1995~2014年，我国化肥用量由3595万吨（纯养分，下同）增加到5995.9万吨，增加了66.8%；粮食产量由46500万吨增加到60702.6万吨，增加了30.5%。其中，1995~2004年，化肥用量增加了22.5%，而粮食产量仅增加了

1.0%。出现这一现象的原因是多方面的,除政策因素外,不合理的施肥无疑是重要的原因。化肥使用的利用率只有40%左右,其余约60%的化肥便通过各种途径,如径流、淋溶、反硝化、吸附和侵蚀等进入环境。施肥不平衡包括地区间不平衡、作物间不平衡和养分间不平衡3个方面。地区间施肥不平衡,是指东部地区,特别是东部经济发达地区施肥量过高。作物间施肥不平衡,是指对经济价值高的作物过量施肥。养分间不平衡,是指普遍重视施用氮、磷化肥,轻视钾肥施用,忽视中微量元素施用。化肥的过量使用造成严重的农业面源污染问题。

本章将以江苏省为例,分别就化肥过量使用以及其造成的面源污染进行分析。选择江苏省的原因在于2007年江苏省发生了震惊全国的"太湖蓝藻事件",该事件说明了江苏省面源污染的严重性和危害性。

2007年5月,江苏省无锡市爆发了"太湖蓝藻事件",造成无锡供水危机,并影响无锡市区70%、200多万市民的饮用水供应,直接损失和间接损失难以估量。从逻辑上很难将水资源极其丰富的江南水乡与"供水危机"联系在一起,此次供水危机被定性成"水质性缺水",即因水体富营养化、水质达不到饮用水标准而造成的缺水。总氮和总磷是导致太湖水体富营养化的主要制约因子(张维理等,2004;章明奎,2005)。与此同时,2008年国家出台的《太湖流域水环境综合治理总体方案》[①] 表明太湖总氮67.5%、总磷51.3%来自于农业面源污染,该组数据表明:农业面源污染(特别是氮磷污染)已成为太湖水质污染的重要原因。

4.2 化肥造成的农业面源污染

4.2.1 江苏省化肥使用现状

农田化肥是农业面源污染的重要途径之一。化肥作为农作物的"养分",在提高农作物产量同时也给环境带来污染,氮、磷等营养元素排放构成了农业面源

[①] 按照国务院的要求,由国家发展和改革委员会牵头,会同环保、水利等有关部门及环太湖江苏、浙江、上海两省一市政府启动并完成了《太湖流域水环境综合治理总体方案》的编制工作。该方案于2008年获得国务院正式批复。

污染的最重要部分。化肥污染主要表现在：农田施用的化肥随农田排水和地表径流进入水体，除此之外通过污染大气最后随降雨间接污染水体。氮肥在当季作物收获时的去向及对环境的影响见表4-1，其中7%的氮直接进入地表水或地下水，还有部分氮进入大气后形成酸雨后污染水体。

江苏省化肥施用存在不合理问题，首先表现在绝对量上：2008年江苏省化肥施用总量位列全国第3，仅次于河南、山东两省，达到340.8万吨。当然更有说服力的数据是化肥施用强度，这里用单位播种面积所施化肥量来表示化肥施用强度（后同）。计算结果显示，2008年江苏省化肥施用强度位列全国第5，仅次于天津市、海南省、福建省、广东省，达到453.7 $kg \cdot hm^{-2}$（公斤/公顷），远高于全国平均335.3 $kg \cdot hm^{-2}$的水平，而江苏环太湖的一些县市，化肥施用量达到500 $kg \cdot hm^{-2}$以上（甚至部分地区达到667.5 $kg \cdot hm^{-2}$以上），是国家为防止化肥污染而制定的标准（225 $kg \cdot hm^{-2}$）的2倍多。以江苏省水稻、小麦种植施氮肥为例，氮肥适宜用量分别是225~270 $kg \cdot hm^{-2}$和180~225 $kg \cdot hm^{-2}$，而实际种植中江苏省水稻、小麦施氮量均远超过适宜适用量。

近35年江苏省化肥施用总量及施用强度见图4-1。由图可知，化肥施用总量2001年以前一直呈上升趋势，2001年以后出现小幅下降，并在2003年降至334.67万吨，2003年以后又呈上升趋势；直到2006年开始又出现小幅度下降，2009年和2010年有短暂的波动后化肥用量呈下降趋势；化肥施用强度则在2002年和2006年分别有小幅下降，2006年以后均呈下降趋势。综上，近10年江苏省化肥施用总量及施用强度虽然有过小范围波动，但总体呈现上升趋势。不过，在2006年至2009年以来各年度化肥施用总量和施用强度均呈现逐年下降的迹象，说明江苏省近年来化肥施用正向合理化方向迈进。

表4-1　我国农田化肥氮在当季作物收获时的去向及其对环境的影响

氮的去向	比例	环境的影响
径流	5%	地表水富营养化，赤湖
淋洗	2%	地下水硝酸盐富集
表观硝化—反硝化	34%（其中1.1%为N_2O-N）	形成酸雨，破坏臭氧层，温室气体，气候变暖
氨挥发	11%（旱地占9%，稻田占18%）	大气污染，酸雨
作物回收	35%	
其他	13%	该部分去向尚未有科学定论

资料来源：朱兆良等，2006。

4. 基于化肥使用的资源节约型农业产业体系

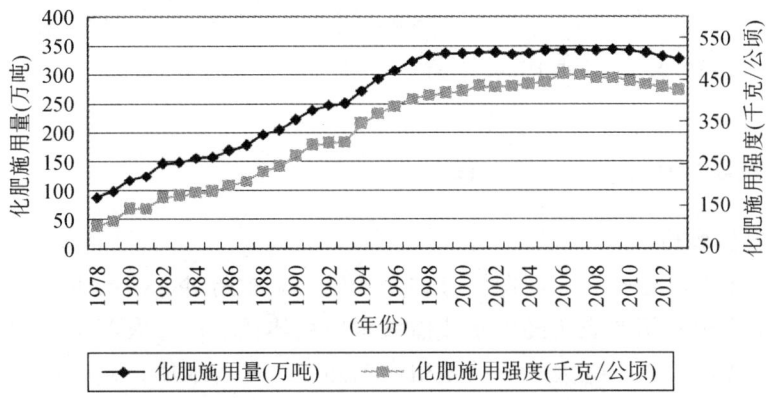

图 4-1　江苏省历年化肥施用量与施用强度情况

资料来源：作者根据历年《江苏统计年鉴》、《中国农村统计年鉴》数据计算而得。

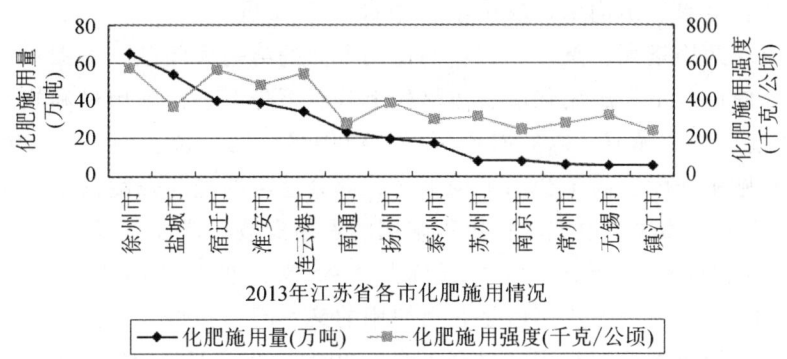

图 4-2　2013 年江苏省各市化肥施用量和施用强度情况

资料来源：作者根据历年《江苏统计年鉴》、《中国农村统计年鉴》数据计算而得。

图 4-2 反映的是 2013 年江苏省 13 市化肥施用量和化肥施用强度。化肥施用总量位列前 4 名的分别是徐州市、盐城市、宿迁市和淮安市。化肥施用强度位列前 4 名的分别是徐州市、宿迁市、连云港市以及淮安市。以上信息均说明除了苏南（如太湖流域）存在广为人知的化肥高投入以外，江苏其他市（特别是苏北诸市）化肥施用总量和施用强度其实较苏南、苏中等地更高。

江苏省化肥施用存在不合理问题，还表现在肥料营养元素配比不合理上：氮、磷等单一肥料施用偏多，因地制宜的复合肥或富含其他微量元素的肥料施用偏少。根据"木桶理论（Buckets effect）"，农作物生长受限于植物所缺少最严重的"短边"营养元素。农民在实际耕作中往往过分追加氮肥以提高产量，忽视有针对性地补充"短边"元素，结果导致一方面农作物生产速度得不到更大程度提高，另一方面导致氮肥施用过量。

4.2.2 江苏省农业面源污染核算

4.2.2.1 除化肥外的其他污染途径

(1) 农田农药

农田所施农药也是农业面源污染的途径之一。农药对水污染主要表现在如下几方面：①农田施用的农药随雨水或灌溉水向水体迁移；②农药生产加工企业的废弃物向水体的排放；③大气中的残留农药随降水进入水体；④施药工具和器械残留农药的清洗进入水体。农药在灌水、降水等雨淋作用下污染水体，不同水体遭受污染的程度依次由小到大分别是：海水、深层地下水、河流水、浅层地下水、塘水、径流水、田沟水、农田水（李贵宝等，2003）。

江苏省农药用量大，是江苏省农药使用方面的第一大问题，由图4-3可见，江苏省农药施用总量和施用强度总体呈先上升后下降形态，施用量和施用强度均在2005年前后达到峰值，以后有所下降，但仍居全国高位。顾培（2005）研究表明江苏省施用强度远高于全国平均水平，部分地区的施药强度甚至达到全国平均水平3.57倍。其次，单位面积每年施用的农药次数在增加，以太湖流域为例，20世纪70年代施药2~3次，80年代施药4~5次，90年代施药6~7次，近年来已达8~10次。施用方式落后是农药使用的又一问题：喷施是江苏省农药施用的主要方式，导致农药的利用率只有20%~30%，其余部分均以各种形式排放到环境中（包括水体）。当然，农药使用中也呈现可喜现象，主要表现在低毒高效低残留农药比例上升，高毒高残留农药比例下降。

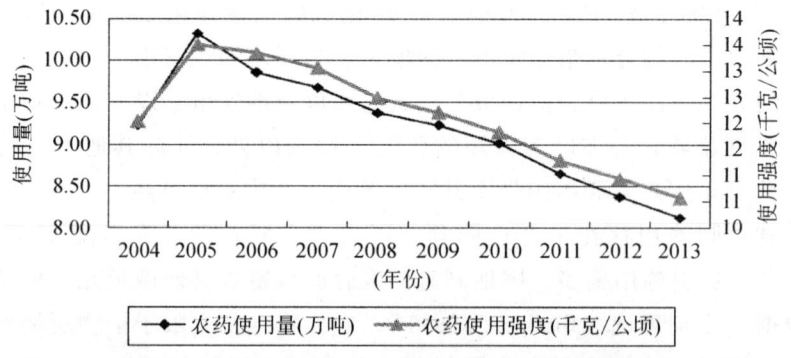

图4-3 近10年江苏省农药使用量和使用强度情况

资料来源：作者根据历年《江苏统计年鉴》、《中国农村统计年鉴》数据计算而得。

（2）畜禽养殖

畜禽养殖污染也是农业面源污染的重要途径之一。改革开放以来，随着江苏省经济发展以及人们对肉禽产品日益增长的需求，江苏省畜禽养殖业有了长足发展，畜禽养殖业在农林牧副渔中的比重由1978年15.85%上升到2013年的19.8%，其中1994年达到峰值29.26%，1994年至今总体呈回落趋势，只有个别年份（如2008年）有所反弹。从畜禽养殖数量（表4-2）来看，除了牛存栏量有连年降低趋势以外，其他类别畜禽养殖头数均在2007年以前持续增长，在2007年显著下降，2007年以后又有所上扬。从畜禽养殖业主要产品产量（表4-3）来看，猪肉、羊肉、牛肉产量均在2007年发生较大减幅，2007年以后又有所增加，唯有禽肉基本表现连年增加趋势。需要说明的是，表4-2中，牛、羊因饲养期超过一年养殖总量用年末存栏量计，猪、家禽因饲养期少于一年养殖总量用当年出栏量计。

伴随着畜禽养殖数量的增长，单位养殖产出所带来的农业面源污染强度也与日俱增。主要原因在于：第一，畜禽养殖场排放的废渣，清洗畜禽身体和饲养场地、器具产生的污水随着现代养殖业用水增加造成污水量的增加。如养牛、猪、鸡养殖场棚圈冲洗、卫水用水增加。以牛为例，每头牛每天需用水50升。大量的排泄物随用水进入水体。第二，以前畜禽养殖产生的大量有机肥可还田利用，而如今由于人工成本以及机会成本的提高，大量畜禽粪便唯有随水冲走形成污染。第三，农村养殖从散养向集约化养殖方式转化，在污水处理环节尚未解决之前，该养殖方式无疑大大增加了污染强度[①]。

表4-2　　　　1978~2013年江苏省畜禽养殖业的发展情况　　　　单位：万头

年份	年末牛存栏量	年末猪出栏量	年末羊存栏量	年末家禽出栏量
1978	109.94	1326.12	540.53	7167.45
1980	98.52	2071.12	545.73	7855.42
1985	68.06	2012.55	400.56	22960.90
1990	71.48	2116.62	850.80	22577.21
1995	99.06	2754.90	1273.89	33812.55
2000	59.14	2787.35	1022.97	57275.30
2005	64.61	2974.88	1174.99	61706.20
2006	64.30	2977.32	1186.50	61205.20

---

① 污水处理环节若解决好，畜禽养殖污染将由面源污染转化为点源污染。

续表

年份	年末牛存栏量	年末猪出栏量	年末羊存栏量	年末家禽出栏量
2007	33.31	2431.10	404.67	64241.70
2008	34.26	2604.30	410.69	68230.50
2009	33.90	2748.10	426.5	70000.50
2010	35.7	2847.0	411.2	80440.7
2011	34.1	2878.2	415.6	84143.1
2012	32.1	3043.1	400.6	88575.9
2013	30.4	3049.6	403.1	80098.7

资料来源：历年《江苏统计年鉴》、《中国农村统计年鉴》。

表4-3　　　　1978~2013年江苏省畜禽养殖业主要产品产量　　　　单位：万吨

年份	牛肉	猪肉	羊肉	禽肉
1978	—	21.11	—	—
1980	0.42	104.04	2.78	—
1985	0.65	135.61	13.18	20.45
1990	1.61	140.03	6.32	34.90
1995	3.97	156.68	10.74	84.33
2000	5.12	206.54	15.75	96.51
2005	5.71	218.54	17.88	104.60
2006	5.42	218.71	17.87	103.71
2007	2.80	183.60	7.10	107.40
2008	2.97	194.93	7.00	112.83
2009	3.26	204.48	7.5	120.39
2010	3.5	213.1	7.4	132.7
2011	3.6	215.9	7.3	138.9
2012	3.5	228.8	7.6	146.1
2013	3.2	229.9	7.8	131.9

资料来源：历年《江苏统计年鉴》、《中国农村统计年鉴》。表中"—"为年鉴中缺失数据。

（3）水产养殖

江苏省水资源丰富，水产养殖造成的农业面源污染不容忽视。水产养殖污染产生农业面源污染主要表现为：随着养殖规模和养殖密度不断增加，水产养殖，尤其是集约化养殖、投饵养殖系统产生的废物，包括未被食用的残饵、养殖系统产生的排泄物和分泌物、化学品和治疗剂等进入水体，导致有机负荷增加，水华

4. 基于化肥使用的资源节约型农业产业体系

发生,生物多样性降低,病原体增加等(赵安芳等,2003)。近年来,江苏省水产养殖得到迅猛发展,从图4-4和图4-5可知,近年来江苏省人工养殖产量和人工养殖面积呈现逐年上升趋势。在减污技术和减污设施未得到改善之前,这势必给水环境带来巨大压力。

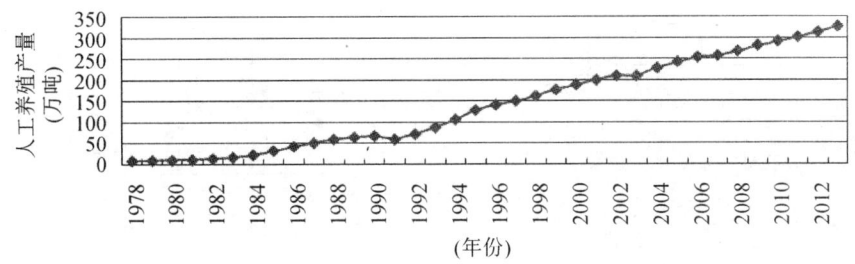

图4-4　1978~2013年江苏省渔业人工养殖产量变化趋势

资料来源:历年《江苏统计年鉴》、《中国农村统计年鉴》。

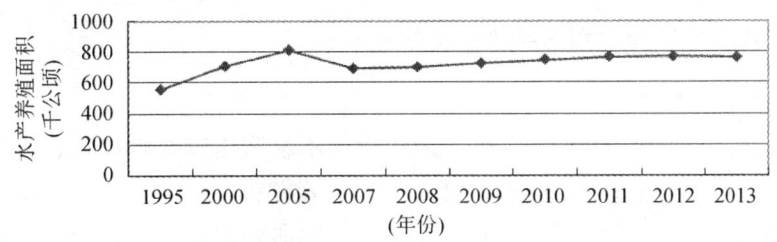

图4-5　1978~2013年江苏省水产养殖面积变化趋势

资料来源:历年《江苏统计年鉴》、《中国农村统计年鉴》。

(4) 农田固体废弃物

农田固体废弃物(简称农田固废)主要是指农作物秸秆、蔬菜废弃物等农业(生产)垃圾,其产生量与农作物产量及利用率有关。江苏农作物秸秆资源丰富,但随着农村社会发展,农田秸秆利用率逐渐下降和弱化,造成秸秆大量废弃(如随意堆积在田埂路边水旁),并跟随降水(尤其是暴雨)进入河道形成水体污染。蔬菜废弃物同秸秆相比,则更具有高营养成分特点,一旦腐烂变质更容易形成农业面源污染。

(5) 农村生活污染

农村生活污染主要是指农村人口产生的生活污水、垃圾等生活废物所形成的面源污染。江苏省内农村存在相当一部分地区农村生活污水处理设施几乎空白,农村生活污水、垃圾未经处理就直接进入河流形成农业面源污染。

综上,农田化肥农药、畜禽水产养殖、农田固体废弃物以及农村生活污染对水污染机制可归纳为图4-6。需要说明的是，以上各途径除了可造成水体污染之外，还会造成大气污染和土壤污染等，但本研究的研究重点主要是水体污染部分，因此，如无特别说明本研究后续所提农业面源污染主要针对水体的污染。

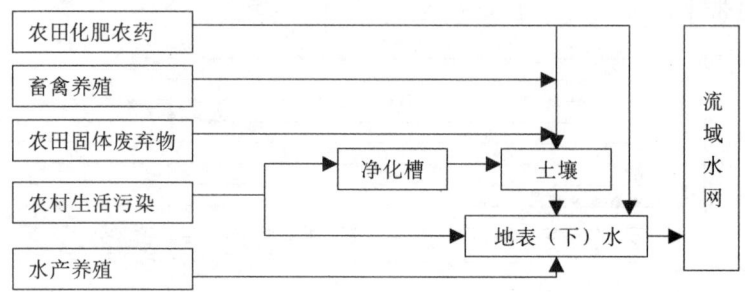

图4-6　农业面源污染对水资源影响机制

资源来源：作者在王鸿涌（2009）文献基础上改编而得。

4.2.2.2　江苏省农业面源污染排放量估算

（1）单元调查法

农业面源具有分散性、隐蔽性、随机性、不易监测以及难以量化等特点，这就给农业面源污染估算带来困难，已采用的估算方法有平均浓度法、水质水量相关法、单元调查法、数学模型法和清单法等。本研究拟以单元调查法，对进入水体的江苏省农业面源污染排放总负荷进行全面核算；其主要原因在于该方法建立了基于污染排放单元的污染评估手段，使之能够适用于较大区域的农业面源污染量估算。

利用单元调查法对农业面源污染核算具体过程包括五个相互联系的过程（见图4-7）。首先明确江苏省面源污染的主要来源并确认评价单元，本研究采用陈敏鹏（2006）的做法稍作修改①确定为化肥施用、畜禽养殖、水产养殖、农田固体废弃物以及农村生活污染五个污染单元②，并由此产生五个核算单元（见表4-4）。核算的主要污染物指标有总氮（TN）、总磷（TP）两类，因为氮、磷元素是造成水体富营养化的主要限制因子（于兴修、杨桂山等，2003；章明奎，2005）。

---

① 考虑到江苏省大量水产养殖所产生的污染，因此增加水产养殖单元。
② 农药污染单元难以核算不予考虑（赖斯芸等，2003）。

4. 基于化肥使用的资源节约型农业产业体系

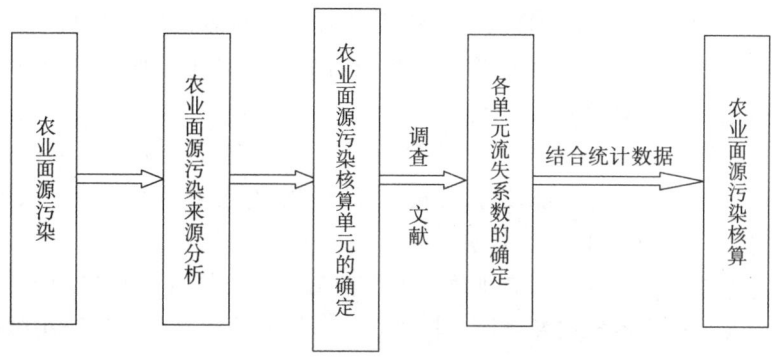

图 4-7 单元调查法核算技术路线

表 4-4 江苏省农业面源污染核算单元

污染来源	调查单元	调查指标	单位
农田化肥	氮肥、氮肥施用	施用量（折纯）	万吨
畜禽养殖	牛、猪、羊、家禽	存栏量/出栏量	万头（只）
水产养殖	鱼类、甲壳类、贝类	养殖产量	万吨
农田固体废弃物	稻谷、小麦、玉米、薯类、豆类、油菜籽以及蔬菜等	总产量	万吨
农村生活	乡村人口	农村人口	万人

资料来源：经作者在陈敏鹏、陈吉宁等（2006）文献基础上改编而得。

接下来的核算步骤是：通过各单元农业面源污染产生的过程及规律确定排放系数，再计算各单元的农业面源污染值，最后对以上各单元农业面源污染值进行加总，得到所在地区农业面源污染总值。建立农业面源污染负荷估算模型如下：

$$E = \sum_i SU_i \rho_i LC_i(SU_i, \eta_i, C) \tag{4-1}$$

上式中：E——进入水系的农业面源污染的排放量；

SU_i——单元 i 指标统计数；

ρ_i——单元 i 污染物的产污强度系数；

SU_i 和 ρ_i 之积是农业（村）污染的产生量（产污量），即不考虑资源综合利用和管理因素时农业生产和农村生活造成的最大潜在污染量，它包括进入水体和不进入水体以及被生态环境自我净化消失殆净三部分；

$LC_i(SU_i, \eta_i, C)$——单元 i 污染物的总排放系数，它由单元特性（SU_i）、资源利用率（η_i）和环境特征（C）决定，C 主要是区域环境、降雨、水文和各种管理措施对农业和农村污染的综合影响（赖斯芸等，2003）。

SU_i、ρ_i 和 $LC_i(SU_i,\eta_i,C)$ 三者之积为进入水体的污染量（排放量），该值小于产污量。各单元污染排放量计算依模型分解如下，各单元所用系数均根据江苏省以及周边地区相关研究结果获得。

①农田化肥。化肥施用污染排放量等于化肥（氮肥、磷肥、复合肥）施用折纯量乘以总排放系数，排放系数按已有文献（陈玉成，2008 年；王鸿涌，2009 等；梁流涛，2009）口径计算。

②畜禽养殖。畜禽养殖污染排放量等于畜禽养殖总量（存栏量和出栏量）、粪便产污系数以及排放系数三者之积，其中粪便产污系数和养分含量采用国家环保总局数据（表 4-5、表 4-6），畜禽养殖的污染负荷总排放系数采用王鸿涌（2009）研究结果。统计的畜禽包括牛、羊、猪、家禽和兔，牛、羊因饲养期超过 1 年养殖总量用年末存栏量计，猪、家禽、兔因饲养期少于 1 年养殖总量用当年出栏量计。

表 4-5　　　　　　　　　畜禽粪便排泄系数　　　　　　单位：kg/头（只、羽）

项目	单位	牛	猪	羊	鸡	鸭	兔
粪	kg/d	20	2	0.47	0.12	0.13	—
	kg/a	7300	398	173.1	25.2	27.3	45
尿	kg/d	10	3.3	—	—	—	—
	kg/a	3650	656.7	—	—	—	25
饲养期	D	365	199	365	210	210	365

资料来源：国家环境保护总局（2002）。

③水产养殖。水产养殖污染排放量为人工养殖总产量与水产养殖污染物排放系数的乘积，人工养殖水产单位产量的水体氮、磷排放率根据《第一次全国污染源普查水产养殖业污染产排系数手册》而得。

表 4-6　　　　　　　　畜禽粪便中污染物平均含量　　　　　　单位：kg/t

粪尿类别		COD_{cr}	BOD_5	NH_4-N	TP	TN
牛	粪	31	24.35	1.7	1.18	4.73
	尿	6	4	3.5	0.4	8
猪	粪	52	57.03	3.1	3.41	5.88
	尿	9	5	1.4	0.52	3.3
羊兔	粪	4.63	4.1	0.8	2.6	7.5
	尿	4.63	4.1	0.8	1.96	14
鸡	粪	45	47.9	4.78	5.37	9.84
鸭鹅	粪	46.3	30	0.8	6.2	11

资料来源：国家环境保护总局（2002）。

4. 基于化肥使用的资源节约型农业产业体系

表 4-7　主要农作物秸秆粮食比和蔬菜作物固体废弃物产生比

农作物种类	稻谷	小麦	玉米	豆类	薯类	花生	油菜	油料
秸秆:粮食	0.97	1.03	1.37	1.71	0.61	1.52	3.0	2.26
蔬菜种类	白菜	莲白花	菠菜	西芹	生菜	青花	平均值	
废弃物:果实	0.51	0.7	0.31	0.58	0.36	6.36	1.47	

资料来源：经作者在赖斯芸（2003）文献基础上整理而得。

表 4-8　农作物固体废弃物养分含量及产污系数

农作物类别	总氮		总磷	
	养分含量（%）	产污系数（kg/t）	养分含量（%）	产污系数（kg/t）
稻谷	0.6	5.82	0.05	0.42
小麦	0.5	5.15	0.09	0.9
玉米	0.78	10.69	0.19	2.39
蔬菜	0.18	0.92	0.09	0.45
油料	2.01	45.43	0.14	3.06
豆类	1.3	22.23	0.14	2.24
薯类	0.3	1.83	0.12	0.67

资料来源：经作者在赖斯芸（2003）文献基础上整理而得。

④农田固体废弃物。农田固体废弃物污染排放量为农作物产量、秸秆产出系数、养分含量、产污系数、利用结构以及相应利用结构下排放率的乘积，参与统计的农作物稻谷、小麦、玉米、薯类、豆类、油菜籽秸秆产出系数、蔬菜固定废弃物产生系数见表 4-7。各类农作物固体废弃物养分含量及产污系数见表 4-8、江苏省秸秆利用情况及相应排放率见表 4-9。

表 4-9　江苏省秸秆利用结构与相应排放率（%）

项目		肥料	饲料	燃料	原料	焚烧	堆放
利用结构		31.9	13.2	33.9	5.8	7.2	8
对应利用方式下养分排放率	N	15	0	0	0	0	50
	P_2O_5	5	0	0	0	10	50

资料来源：经作者在赖斯芸（2003）文献基础上整理而得。

⑤农村生活。农村生活污染主要分成生活废水和人粪便两部分，生活废水总氮和总磷的单位人口年产污系数分别为 0.584kg/人和 0.146 kg/人，排放系数取 100%；人粪便总氮和总磷的单位人口年产污系数分别为 3.06kg/人和 0.64 kg/人，排放率见相关文献（张大弟，1997；钱秀红等，2002；梁流涛，2009）。合

计得到单位农村人口农村生活污染 TN 和 TP 的排放强度分别为 0.89 kg/人和 0.20 kg/人。

（2）数据处理

各单元历年所需统计数据化肥施用量，包括氮肥、磷肥、复合肥折纯量，畜禽养殖产量、水产养殖产量、各种农作物产量、农村人口数量均来自历年《江苏统计年鉴》、《中国农村统计年鉴》以及《中国统计年鉴》。

（3）模型估算结果与单元贡献率分析

①江苏省农业面源污染排放总量。1978 年至 2012 年江苏省农业面源污染总氮（TN）和总磷（TP）的排放量见图 4-8。计算显示，1978 年江苏省农业面源污染总氮排放量为 22.75 万吨，总磷排放量为 3.18 万吨，2012 年江苏省农业面源污染总氮排放量则上升至 45.32 万吨，总磷排放量则上升至 5.83 万吨。江苏省农业面源污染总氮、总磷排放量基本呈现稳步上升趋势，在 1997 年和 2007 年分别有两次较大幅度下降。

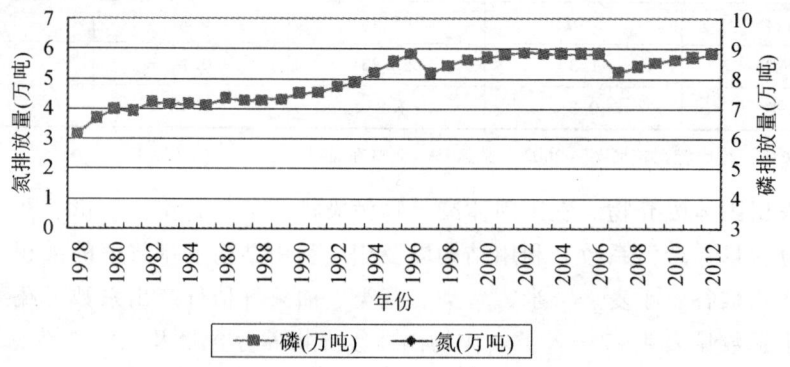

图 4-8　1978~2012 年江苏省农业面源污染排放总量

②各单元污染贡献率。在获得江苏省农业面源污染总排放量基础上，进一步分析各单元对总污染的贡献率。各污染单元污染贡献率（单元排放量占排放总量百分比）见表 4-10。

由表 4-10 可见，平均而言，各污染来源对总氮排放量贡献率由大到小分别是农田化肥、畜禽养殖、农村生活、农田固体废弃物以及水产养殖，数值分别达到 44.18%、33.38%、11.19%、9.09% 以及 2.17%。从数值比重来看，农田化肥单元是农业面源污染氮排放产生的最大贡献来源，畜禽养殖单元其次。

平均而言，各污染来源对总磷排放量贡献率由大到小分别是畜禽养殖、农田化肥、农村生活、水产养殖以及农田固体废弃物，数值分别达到 54.29%、20.89%、19.06%、5.11% 以及 0.66%。从数值比重来看，畜禽养殖单元是农业

4. 基于化肥使用的资源节约型农业产业体系

面源污染磷排放产生的最大贡献来源，污染贡献达半数以上；农田化肥单元其次；但两者仍存差距，前者磷排放量是后者两倍有余。

综上，从静态来看，农田化肥单元和畜禽养殖单元是江苏省农业面源污染总氮和总磷排放的两个主要贡献单元。

表4-10　　　1978~2012年江苏省农业面源污染排放贡献来源　　　单位：%

年份	总氮（TN）					总磷（TP）				
	农田化肥	畜禽养殖	水产养殖	农田固废	农村生活	农田化肥	畜禽养殖	水产养殖	农田固废	农村生活
1978	32.07	41.24	0.26	6.62	19.82	12.35	54.80	0.57	0.70	31.58
1979	31.68	43.54	0.25	6.54	17.98	13.34	58.46	0.54	0.63	27.03
1980	34.97	42.35	0.26	5.54	16.88	15.39	58.36	0.54	0.56	25.15
1981	35.80	39.24	0.28	7.78	16.90	18.19	54.81	0.60	0.65	25.76
1982	37.65	37.23	0.30	9.19	15.62	20.78	53.70	0.67	0.68	24.17
1983	38.88	36.75	0.37	8.31	15.69	19.71	54.30	0.84	0.67	24.49
1984	40.32	35.35	0.49	8.13	15.71	19.21	53.82	1.12	0.68	25.16
1985	39.39	34.63	0.68	10.19	15.11	19.30	53.64	1.62	0.74	24.69
1986	40.08	34.24	0.84	10.48	14.36	19.92	53.80	2.01	0.74	23.52
1987	40.95	33.09	1.01	10.55	14.40	20.82	52.03	2.46	0.75	23.94
1988	44.13	31.93	1.14	8.88	13.91	20.26	51.94	2.87	0.71	24.21
1989	45.37	31.26	1.21	8.73	13.43	20.56	52.01	3.06	0.70	23.67
1990	45.62	31.03	1.22	8.91	13.22	21.04	51.80	3.10	0.69	23.36
1991	47.10	30.62	1.05	8.44	12.79	22.15	51.66	2.69	0.66	22.84
1992	45.92	31.20	1.25	9.15	12.48	22.21	52.01	3.12	0.69	21.98
1993	45.53	31.86	1.48	9.00	12.13	20.60	53.46	3.71	0.67	21.56
1994	45.77	32.56	1.66	8.67	11.34	20.88	54.23	4.20	0.63	20.07
1995	45.35	33.42	1.91	9.11	10.21	20.72	55.65	4.75	0.62	18.27
1996	45.31	34.49	2.06	8.29	9.75	20.99	55.99	4.94	0.58	17.51
1997	50.30	28.31	2.33	8.83	10.22	24.67	49.47	5.97	0.66	19.23
1998	50.30	30.19	2.43	7.42	9.67	23.11	52.36	6.10	0.57	17.86
1999	48.30	30.09	2.57	10.01	9.03	24.28	52.19	6.42	0.65	16.47
2000	47.14	30.66	2.75	11.35	8.09	23.55	54.08	6.78	0.69	14.91
2001	46.51	31.42	2.91	11.29	7.86	22.73	55.20	7.03	0.65	14.39
2002	46.25	32.20	3.12	10.80	7.63	22.78	55.51	7.30	0.66	13.75

续表

年份	总氮（TN）					总磷（TP）				
	农田化肥	畜禽养殖	水产养殖	农田固废	农村生活	农田化肥	畜禽养殖	水产养殖	农田固废	农村生活
2003	46.33	33.18	3.17	9.86	7.45	21.81	56.89	7.33	0.60	13.37
2004	45.65	32.36	3.43	11.39	7.17	21.80	56.47	8.00	0.65	13.08
2005	46.18	32.69	3.67	10.54	6.92	21.64	56.63	8.53	0.62	12.58
2006	46.15	32.51	3.85	10.72	6.77	21.57	56.54	8.91	0.64	12.34
2007	50.89	28.69	4.34	8.76	7.33	24.17	51.50	10.13	0.62	13.58
2008	49.64	29.95	4.44	8.89	7.08	23.31	53.01	10.17	0.62	12.88
2009	48.95	30.49	4.56	9.23	6.77	22.68	54.02	10.39	0.64	12.27
2010	48.14	32.30	4.70	8.77	6.09	22.10	55.83	10.55	0.64	10.87
2011	47.40	32.99	4.88	8.79	5.94	21.84	56.20	10.83	0.67	10.47
2012	46.08	34.23	5.04	8.90	5.75	20.74	57.63	10.97	0.69	9.96
平均	44.18	33.38	2.17	9.09	11.19	20.89	54.29	5.11	0.66	19.06

资料来源：由作者计算而得。

4.2.3 江苏省农业面源污染变化分析

上述的各单元污染排放贡献率分析重在分析各污染单元污染排放量占总污染排放量的比重，比较偏重于静态分析。以下部分则偏重于动态变化分析，重在分析每个时期内哪个产污单元污染排放量变化是推动总量变动的最主要力量，相应的产污单元被称之为最有活力的单元。

（1）江苏省农业面源污染总量变化量情况

图4－9反映了江苏省各年度农业面源污染排放的年度变化情况，横轴以上部分表示变化率为正，横轴以下部分表示变化率为负。由图可知改革开放以来，江苏农业面源污染有过两次较大的负增长，分别是1997年和2007年。1978年至1996年间，农业面源污染基本维持较大增长；且增长幅度起伏不定，经过一段时期下降到低谷后又重新增加。1998年至2006年间，农业面源污染基本维持小幅增长，且增长率有逐年下降趋势。2008年以后，农业面源污染又有所反弹，但是反弹趋势减小。

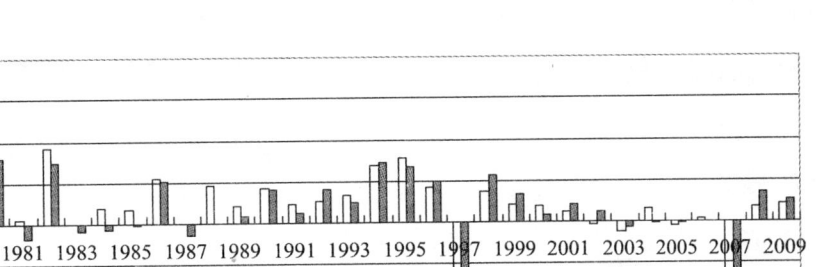

图 4-9　1978~2009 年江苏省农业面源污染排放量各年度增幅变化情况

注：横轴以上增幅为正，横轴以下增幅为负。

一个容易判断的情况是江苏省农业面源污染的总变动是由各个污染单元变动的合力引起，但问题是哪一个或几个单元在整个变动中起主导作用，是不是污染贡献率大的单元（3.2.3 研究结果）就一定是最活跃的单元？

接下来，主要采用分解分析法对江苏省农业面源污染变化进行分析。

利用分解分析法找出上述不同核算单元中，哪个单元的污染变动是驱动总污染变动的最主要的原因，对应的这个产污单元将被称之为"驱动污染总量变动的最活跃单元"。设农业面源污染可以分解为 n 个污染单元（污染途径），t 年整个地区农业面源污染总量 $ANPSP_t$（Agriculture Non–point Source Pollution）可以写成 n 个分单元农业面源污染量 $ANPSP_{it}$ 之和，即：$ANPSP_t = \sum_{i=1}^{n} ANPSP_{it}$。对该式进行差分变换，且左右两边同除以 $ANPSP_{t-1}$，得到农业面源污染变化率方程为：

$$\frac{ANPSP_t - ANPSP_{t-1}}{ANPSP_{t-1}} = \sum_{i=1}^{n} \frac{ANPSP_{it} - ANPSP_{it-1}}{ANPSP_{it-1}} \times \frac{ANPSP_{it-1}}{ANPSP_{t-1}} \quad (4-2)$$

上式又可变换为：

$$TC_t = \sum_{i=1}^{n} UC_{it} \times W_{it-1} \quad (4-3)$$

其中：TC_t（Total Change）与 UC_{it}（Unit Change）分别表示一个地区总农业面源污染变化率和第 i 个单元产生的农业面源污染变化率；

W_{it-1} 表示权重。

农业面源污染变化率方程的含义是：一个地区的整个农业面源污染量变化率等于各个污染来源的农业面源污染量变化率的加权平均，权重为各污染源单元 t-1 年农业面源污染量与该地区 t-1 年所有农业面源污染总量之比。

将公式 4-3 两边同除以 TC_t，则得到污染变化率的分解方程：

$$100\% = \sum_{i=1}^{n} \frac{UC_{it} \times W_{it-1}}{TC_t} \qquad (4-4)$$

该方程表明,某一污染源单元 i 对整个地区污染排放变化率的影响可用 CUC_{it} 表示:

$$CUC_{it} = \frac{UC_{it} \times W_{it-1}}{TC_t} \qquad (4-5)$$

按 4-5 式,各污染单元氮、磷排放变化对总氮排放变化的影响计算结果见表 4-11。

表 4-11　　各污染单元氮排放变化对总氮排放变化的影响 (%)

1978~2009 年	总变化率	年平均变化率	农田化肥	畜禽养殖	水产养殖	农田固废	农村生活
总氮	98.08	3.16	66.16	19.53	8.95	11.89	-6.53
总磷	74.26	2.40	36.58	52.97	23.62	0.57	-13.74

(2) 总氮变动的最活跃驱动单元分析

1978~2009 年,江苏省农业面源污染总氮排放增加 98.08%,年均增长率为 3.16%;若设江苏省总氮排放总量变化为 100%,则农田化肥单元、畜禽养殖单元、农田固体废弃物单元、水产养殖单元以及农村生活单元五个单元变化分别占总变化的 66.16%、19.53%、8.95%、11.89% 以及 -6.53% (负号表示与总量变化方向相反)。根据数值大小,判断农田化肥污染单元氮排放量变化是驱动江苏省农业面源污染氮排放总量变化的最活跃单元。

(3) 总磷变动的最活跃驱动单元分析

1978~2009 年,江苏省农业面源污染总磷排放增加 74.26%,年均增长率为 2.40%;若设江苏省总氮排放总量变化为 100%,则农田化肥单元、畜禽养殖单元、农田固体废弃物单元、水产养殖单元以及农村生活单元五个单元变化分别占总变化的 36.58%、52.97%、23.26%、0.57% 以及 -13.74%。根据数值大小,判断畜禽养殖单元磷排放量变化是驱动江苏省农业面源污染磷排放总量变化的最活跃单元。

4.2.4　小　结

本部分主要是在确定江苏省农业面源污染主要来源途径的基础上,对江苏省农业面源污染总负荷进行估算和分析。

(1) 江苏省农业面源污染来源途径研究

首先,结合江苏省情况,确定农田化肥、农田农药、畜禽养殖、水产养殖、农田固体废弃物以及农村生活是农业面源污染产生的最主要污染途径。其次，针对各个污染途径，分析其产污原因，以及历年统计值的变化趋势。

（2）江苏省农业面源污染排放负荷估算研究

农业面源污染物因不易监测及难以量化等特点，给农业面源污染估算带来困难，目前还没有一个完全精确与科学的面源污染估算方法。我们选择单元调查法对农业面源污染物总负荷进行估算，估算结果表明 2012 年江苏省农业面源污染总氮排放量为 45.32 万吨，总磷排放量为 5.83 万吨；1978 年江苏省农业面源污染总氮排放量为 22.75 万吨，总磷排放量为 3.18 万吨；改革开放以来，江苏省农业面源污染总氮、总磷排放量基本呈现稳步上升趋势，在 1997 年和 2007 年分别有两次大幅下降。

（3）从静态的各单元污染贡献百分比来看

长期来看，江苏省各污染单元氮排放量占总氮排放量百分比由大到小分别是农田化肥、畜禽养殖、农村生活、农田固体废弃物以及水产养殖，数值分别达到 44.18%、33.38%、11.19%、9.09% 以及 2.17%。说明，从数值比重来看，农田化肥和畜禽养殖是农业面源污染氮排放的最主要来源，且两者所占比重基本相当。

长期来看，江苏省各污染单元磷排放量占总磷排放量百分比由大到小分别是畜禽养殖、农田化肥、农村生活、水产养殖以及农田固体废弃物，数值分别达到 54.29%、20.89%、19.06%、5.11% 以及 0.66%。畜禽养殖来源和农田化肥来源是农业面源污染磷排放的主要来源，但两者仍存差距，前者磷排放量是后者的两倍有余。

（4）从动态的污染变化率分解分析来看

1978 年到 2009 年间，农田化肥单元、禽畜养殖单元分别是驱动江苏省农业面源污染氮排放变化和磷排放变化的最活跃的因素。

正因为农田化肥单元既是农业面源污染总氮排放的主要贡献来源，也是驱动氮排放变动的最活跃因素，因此，在第 6 章将主要以农田化肥污染及其治理为例对治理政策下农户的响应行为进行分析。

4.3 EKC 分析框架下农业面源污染与治理分析

环境库兹涅茨曲线（EKC）分析框架是已有研究对污染进行经济学分析的常用范式。根据 EKC 假说，环境污染与经济增长存在经验的"倒 U 型"关系。本部分的研究目标是对江苏省农业面源污染与经济增长之间是否存在"倒 U 型"关系进行验证。更进一步,在传统的 EKC 分析框架中,引入生态环境因素试图重新解读 EKC 曲线类型;并尝试利用治理因素对 EKC 曲线"倒 U 型"形状进行解释。

4.3.1 江苏省农业面源污染的环境库兹涅茨曲线验证

4.3.1.1 环境库兹涅茨曲线概述

环境库兹涅茨曲线(the Environmental Kuznets Curve,EKC)描述现象如下:一国(地区)环境污染情形与该国(地区)经济发展水平呈"倒 U 型"关系,即经济发展水平较低时,环境污染较轻,随着经济发展水平提高,环境污染逐渐恶化,到达一定顶峰(拐点)后,环境污染又伴随着经济发展水平提高而逐渐好转。主要利用前述理论分析框架对江苏省农业面源污染与经济增长关系进行环境库兹涅茨曲线验证,待验证的模型为:

$$N = \beta_0 + \beta_1 Pergdp + \beta_2 Pergdp^2 + \varepsilon \quad (4-6)$$

$$P = \beta_0 + \beta_1 Pergdp + \beta_2 Pergdp^2 + \eta \quad (4-7)$$

其中,N 和 P 分别表示江苏省 t 年农业面源污染总氮排放量和总磷排放量;Pergdp 表示江苏省人均 GDP 值。

4.3.1.2 变量定义与样本分析

对江苏省农业面源污染与经济增长关系进行研究时,本研究主要采用 1978 年至 2009 年间江苏省农业面源污染的时间序列数据(Time series data),其结果具有一定的可靠性(彭立颖等,2008)。

农业面源污染数据,包括江苏省农业面源污染总氮排放量和总磷排放量均来自第 3 章测算结果。模型中以江苏省人均 GDP 作为衡量经济发展水平的指标,具体计算方法是江苏省 GDP 总量除以江苏省人口总量,两个指标数据均取自历年《江苏统计年鉴》。GDP 指标按 1978 年不变价格计算以剔除价格因素。各变量含义及描述性统计分析见表 4-12。

表 4-12 变量名称、单位及描述性统计分析

变量名称	符号	单位	均值	标准差	最小值	最大值
总氮	N	吨	385533.1	81977.0	227542.2	478332.8
总磷	P	吨	49065.4	7856.7	31767.3	58787.0
人均 GDP	Pergdp	元/人	8736.5	9452.8	762.2	35290.7

4.3.1.3 模型估计结果分析

利用1978年至2009年江苏省相关数据，根据第1章研究方法，分别用农业面源污染氮排放指标和磷排放指标与人均GDP的关系进行回归检验。模型估计结果见表4–13。

表4–13　模型估计结果

变量	N	P
Pergdp	24.29*** (11.96)	2.32*** (11.27)
Pergdp²	-0.00059*** (-9.53)	-0.000057*** (-9.02)
常数	270054.3*** (26.56)	38083.62*** (36.94)
Adj–R²	0.8654	0.8493
F	93.20***	81.74***
Prob（F）	0.0000	0.0000

注：*** 表示通过1%水平的显著性检验；括号内为T值。

从表4–13可知，当因变量为农业面源污染氮排放量时，Adj–R²值为0.8654，这说明该模型对氮排放的解释能力为86.54%；F值较大，模型总体通过1%水平的显著性检验，说明模型中人均GDP因素一次项与平方项对氮排放的共同影响是显著的。同时人均收入的一次项系数为正，二次项系数为负，说明氮排放与人均GDP关系在一定时期内呈"倒U型"，拐点为20452.8元/人（按照1978年不变价）。

同时，当因变量为农业面源污染磷排放量时，Adj–R²值为0.8493，这说明该模型对磷排放的解释能力为84.93%；F值较大，模型总体通过1%水平的显著性检验，说明模型中人均GDP因素一次项与平方项对磷排放的共同影响是显著的。同时人均收入的一次项系数为正，二次项系数为负，说明磷排放与人均GDP关系在一定时期内呈"倒U型"，拐点为20349.1元（按照1978年不变价）。

最后，利用迪基—富勒（Dickey–Fuller）ADF检验法以及Engle和Granger的EG检验方法，对公式4–6和公式4–7所涉变量进行平稳性检验和协整性检验，结果表明农田化肥氮排放量和人均GDP之间存在长期稳定的均衡。所以上述模型估计结果可信。

4.3.2 生态环境因素与环境库兹涅茨曲线类型

4.3.2.1 加入生态环境因素的环境库兹涅茨曲线

首先，我们需要在 EKC 曲线模型中加入生态环境概念，主要包括环境承受阈值线和安全警戒线，如图 4-10 所示。环境承受阈值线所对应污染值是指生态环境所能承受的最大污染量，一旦污染量超过这个污染上限值，污染具有不可逆性；无论经济如何去修补环境，环境都不可恢复。安全警戒线所对应污染值是指该污染值已对环境产生一定影响，必须及时治理，是污染安全排放的极限值；在该点处，如果对环境污染及时作出"响应"，仍可以修复已遭破坏的环境。

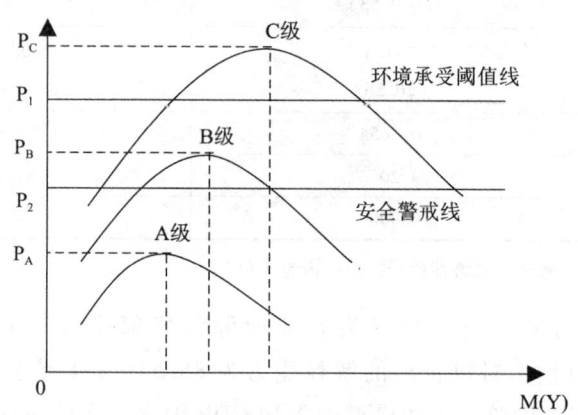

图 4-10 引入环境承受阈值线与安全污染警戒线后的拐点

资料来源：经作者在蒋萍（2006）文献基本上改编而得。

如图 4-10，在一定时间阶段内，点 A、B、C 分别是三个不同的"倒 U 型"曲线的拐点，其拐点污染值（EKC 曲线最大污染值）分别是 P_A、P_B、P_C。环境承受阈值线与纵轴相交的点为 P_1，安全污染警戒线与纵轴相交的点为 P_2。污染值 $P_A < P_2 < P_B < P_1 < P_C$。

在其他条件不变的情况（原有的治理条件）下，拐点为 A 的 EKC 曲线（称之为 A 级污染水平的 EKC 曲线），污染处于较低水平，没有达到安全污染警戒线，是一个比较理想的状态；拐点为 B 的 EKC 曲线（称之为 B 级污染水平的 EKC 曲线），拐点污染介于警戒线和阈值线之间，经济增长对环境已经造成恶劣的影响，但是被破坏的环境可以修复；拐点为 C 的 EKC 曲线（称之为 C 级污染水平的 EKC 曲线），超过环境承受阈值线，拐点周围产生的污染量对环境的损坏

4. 基于化肥使用的资源节约型农业产业体系

是不可修复的。

B级或C级水平的EKC曲线,应当采取积极治理措施。通过治理会削减经济活动所产生的污染总量,在EKC形态上,就是使曲线更加"扁平化"(Torras & Boyce, 1998;张红凤,2009),并整体降至安全警戒线以下。

4.3.2.2 江苏省环境库兹涅茨曲线的污染级别判断

江苏省内目前因农业面源污染所导致的水环境状况不容乐观,"太湖蓝藻事件"影响无锡市区70%、200多万市民的饮用水供应,直接损失和间接损失难以估量。

同时,江苏省2007年度农村地表环境质量监测结果表明江苏省农村地表水功能区、乡镇及以上河流和行政村级河流水质总体上处于轻度污染状态。江苏全省共设置385个农村地表水功能区断面、1390个乡镇河流断面和14071个村级河流监测断面,其中,水质为Ⅰ~Ⅲ类的分别占48.0%、46.3%和38.3%,Ⅳ、Ⅴ类分别占44.7%、48.9%和56.2%,劣Ⅴ类分别占7.3%、4.7%和5.5%。①

上述数据表明农村水污染现象在江苏省已较为普遍。虽然上述污染结果并不完全是由农业面源污染所致,但根据已有文献(张维理等,2004)可以判断农业面源污染应当是农村水污染的一个重要原因。

综上,我们大致判断:江苏省农业面源污染与经济增长关系的EKC曲线一定不是图4-10中的A级污染水平的EKC曲线,而是B级或者C级,拐点处污染程度已至少超过安全警戒值,所以治理的必要性显而易见。

4.3.2.3 进一步讨论

EKC本身的政策含义是国家在经济发展的起飞阶段,会必然伴随着环境的恶化,随着经济的好转,具备了环境治理的条件和实践后,环境会有所改进。但若将其直接用于讨论当前江苏省农业面源污染,它还存在局限性。

第一,正如4.3.2.1部分所示,EKC模型一旦考虑了环境限制因素,治理必要性会加大,治理时间也需要提前。

第二,虽然4.3.2.1部分已考虑了环境限制因素,但也仅属于一个静态分析。所谓静态是指环境的各种限制条件是不随时间、地点而改变的。但是现实情况是,环境的安全警戒值有不断下降的倾向(图4-11)。

图4-11说明,环境安全警戒线会随着环境质量下降向下调整。其原因在于:由于人类经济活动对自然生态系统同时输入和输出大量不同品种物质,生态

---

① "江苏农村地表水环境呈轻度污染状态",新华网,2008年3月31日。

平衡遭到破坏，而导致生态系统自动调节能力的降低，进而出现随着环境污染的存量积累，环境安全警戒值下降。好比一个人，身体抵抗力强时，很多病菌才能导致生病；而身体抵抗力弱时，一丁点儿病菌也可能会导致生病。

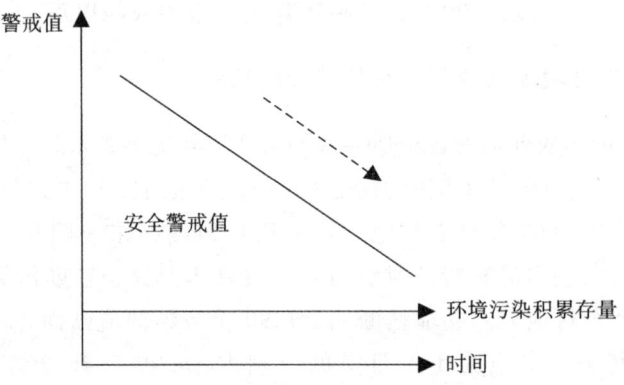

图 4－11　环境安全警戒值的变化趋势

图 4－11 还可以用于解释如下事实：发达国家在经济发展后期才出现污染问题，发展中国家却在经济发展早期就面临着类似的污染问题，主要原因就在于：与发达国家相比，发展中国家所面临的环境安全警戒线已下降。发达国家先入为主利用早期丰厚的环境资源来发展经济（以耗费全球 75% 的资源为代价），享受着"优厚的环境待遇"；发展中国家却没有同样的发展机遇，随着发达国家对环境破坏的积累，发展中国家所面临的安全警戒线已低于同样经济发展水平下发达国家所面临的安全警戒线，再加上发达国家还源源不断地向发展中国家进行"污染输入"，进一步加剧发展中国家的环境污染问题。

第三，基于上述的分析，我们在 4.3.2.2 结论（江苏省农业面源污染 EKC 曲线虽然已过拐点，但是其污染级别不是图 4－10 中的 A 级型，EKC 曲线至少与安全警戒线相交）的基础上，还可以得到如下结论和启示：江苏省所面临的环境安全警戒线仍有不断下降的趋势；必须提前和加强江苏省农业面源污染的治理工作。

4.3.3　环境库兹涅茨曲线分析框架下的治理必要性

（1）环境库兹涅茨曲线分析框架下治理作用的理论分析

治理政策对环境库兹涅茨曲线"倒 U 型"关系解释的理论分析。假设经济中只有一个家庭且不存在外部性，家庭个体的帕累托最优就是全社会帕累托最优。家庭效用函数表达式如下：

4. 基于化肥使用的资源节约型农业产业体系

$$U = U(C,P) \tag{4-8}$$

式 4-8 中，家庭消费量为 C，消费量 C 会产生污染量 P。$U_C > 0$ 和 $U_P < 0$，分别表示家庭的效用随着消费量的增长而增加，随着污染量的增多而减少。污染量减少的途径有两种，一种是直接减少消费量进而减少污染量，另一种是对污染量进行治理。当对污染进行治理时需要投入资源量为 E，再假设污染量 P 与消费量 C 和治理资源投入量 E 分别呈正相关关系和负相关关系，则污染是 C 和 E 的函数，表达式如下：

$$P = P(C,E) \tag{4-9}$$

式 4-9 中 $P_C > 0$ 和 $P_E < 0$，分别表示污染随着消费的增加而增加，随着治理资源投入量的增加而减少。假定家庭收入一定，该收入可用消费与治理，将消费和治理相对成本标准化为 1，则存在下式：

$$M = C + E \tag{4-10}$$

式 4-10 中 M 即为家庭总收入。假设效用函数为式 4-11，

$$U = C - zP \tag{4-11}$$

式 4-11 中 z 是大于零的常数，表示污染的边际效用损失。再假设污染函数为式 4-12，并假定 1 个单位的消费会产生 1 个单位的污染，C 为治理前的总污染量，污染治理函数采用 C-D 函数形式。

$$P = C - C^\alpha E^\beta \tag{4-12}$$

家庭的行为选择方程就是在 M 一定条件下的效用最大化，即：

$$MaxU = C - zP$$
$$s.t. \ P = C - C^\alpha E^\beta$$
$$M = C + E \tag{4-13}$$

设 z = 1 时，$C^* = \dfrac{\alpha}{\alpha+\beta}M$，$E^* = \dfrac{\beta}{\alpha+\beta}M$

$$P^*(M) = \dfrac{\alpha}{\alpha+\beta}M - \left(\dfrac{\alpha}{\alpha+\beta}\right)^\alpha \left(\dfrac{\beta}{\alpha+\beta}\right)^\beta M^{\alpha+\beta} \tag{4-14}$$

则环境库兹涅茨曲线形状由式 4-14 导数决定，即：

$$\dfrac{\partial P^*(M)}{\partial M} = \dfrac{\alpha}{\alpha+\beta} - (\alpha+\beta)\left(\dfrac{\alpha}{\alpha+\beta}\right)^\alpha \left(\dfrac{\beta}{\alpha+\beta}\right)^\beta M^{\alpha+\beta-1} \tag{4-15}$$

当 $\alpha+\beta=1$ 时，式 4-15 为常数，所以 P 和 M 关系为线性关系，且当 $\alpha \geq 0, \beta \leq 1$ 时，P 和 M 呈正向线性关系（同步关系）。

当 $\alpha+\beta \neq 1$ 时，对式 4-15 求导，则有

$$\dfrac{\partial^2 P^*(M)}{\partial M^2} = -(\alpha+\beta-1)(\alpha+\beta)\left(\dfrac{\alpha}{\alpha+\beta}\right)^\alpha \left(\dfrac{\beta}{\alpha+\beta}\right)^\beta M^{\alpha+\beta-2} \tag{4-16}$$

当 $\alpha + \beta < 1$（污染治理的规模效益递减）时，二阶导数值大于 0，所以 P 与 M 呈 U 型关系。

当 $\alpha + \beta > 1$（污染治理的规模效益递增）时，二阶导数值小于 0，所以 P 与 M 呈倒 U 型关系，即 EKC 所描述的形状。

同样可以证明，当 $z \neq 1$ 的时候，依然只有当 $\alpha + \beta > 1$（污染治理的规模效益递增）时，P 与 M 呈倒 U 型关系。

（2）环境库兹涅茨曲线分析框架下治理作用的事实推断——以化肥污染为例

由于农业面源污染的来源途径有多种，对应的治理政策也较复杂多样，为简单化起见，仅以农田化肥为例，分析治理政策对反映农田化肥产生农业面源污染与经济增长关系的环境库兹涅茨曲线影响。根据《太湖流域水环境综合治理总体方案》，2005 年起开始全面推广实施的配方肥推广技术是江苏省针对农田化肥污染的主要治理政策。于是需要探讨的问题转化成 2005 年开始全面实施的配方肥技术推广政策对农田化肥产生农业面源污染与经济增长关系的 EKC 曲线的影响。具体研究步骤：首先验证农田化肥产生农业面源污染与经济增长是存在 EKC 曲线，如果存在，在此基础上分析治理政策对其的影响。

第一，农田化肥产生农业面源污染与经济增长的 EKC 曲线验证。

再次利用 2.2.2 的理论分析框架对江苏省农田化肥产生的农业面源污染与经济增长关系进行环境库兹涅茨曲线验证，待验证的模型为：

$$\text{FerN} = \beta_0 + \beta_1 \text{Pergdp} + \beta_2 \text{Pergdp}^2 + \varepsilon \tag{4-17}$$

$$\text{FerP} = \beta_0 + \beta_1 \text{Pergdp} + \beta_2 \text{Pergdp}^2 + \varepsilon \tag{4-18}$$

其中，FerN 和 FerP 分别表示江苏省 t 年农田化肥产生的农业面源污染总氮排放量和总磷排放量；

Pergdp 表示江苏省人均 GDP 值。

数据来源：农田化肥产生的农业面源污染量均来自前述测算结果，江苏省人均 GDP 算法同前述。各变量含义及描述性统计分析见表 4-14。模型的估计结果见表 4-15。

表 4-14　　　　　　变量名称、单位及描述性统计分析

变量名称	符号	单位	均值	标准差	最小值	最大值
农田化肥氮排放	FerN	吨	172770.5	51355.0	72967.2	227803.5
农田化肥磷排放	FerP	吨	10382.8	2655.3	3922.9	13695.9
人均 GDP	Pergdp	元/人	8736.5	9452.8	762.2	35290.7

4. 基于化肥使用的资源节约型农业产业体系

表 4-15　　　　　　　　　　模型估计结果

变量	FerN	FerP
Pergdp	14.22***	0.73***
	(9.64)	(8.63)
Pergdp^2	-0.00034***	-0.000018***
	(-7.43)	(-6.77)
常数	103319.7***	6862.5***
	(13.97)	(16.18)
Adj-R^2	0.8184	0.7764
F	65.33***	50.36***
Prob (F)	0.0000	0.0000

注：*** 表示通过 1% 水平的显著性检验；括号内为 T 值。

从表 4-15 可知，当因变量为农田化肥产生的农业面源污染氮排放量时，Adj-R^2 值为 0.8184，这说明该模型可以解释氮排放 81.84% 的变化。F 值较大，模型总体通过 1% 水平的显著性检验，说明模型中人均 GDP 因素一次项与平方项对农田化肥氮排放的共同影响是显著的。同时人均收入的一次项系数为正，二次项系数为负，说明氮排放与人均 GDP 关系在一定时期内呈"倒 U 型"，拐点为 21171 元/人（按照 1978 年不变价）。同时按 1978 年不变价，2005 年和 2006 年的人均 GDP 分别为 19491.19 元/人以及 23505.47 元/人，说明目前拐点处在接近于 2006 年处（图 4-12）。

当因变量为农田化肥农业面源污染磷排放量时，Adj-R^2 值为 0.7764，这说明该模型对磷排放的解释能力为 77.64%；F 值较大，模型总体通过 1% 水平的显著性检验，说明模型中人均 GDP 因素一次项与平方项对农田化肥磷排放的共同影响是显著的。同时人均收入的一次项系数为正，二次项系数为负，说明磷排放与人均 GDP 关系在一定时期内呈"倒 U 型"，拐点为 20864.4 元（按照 1978 年不变价）。拐点位置与氮排放部分大致相同（见图 4-12）。

最后，利用迪基—富勒（Dickey-Fuller）ADF 检验法以及 Engle 和 Granger 的 EG 检验方法，对式 4-17 和式 4-18 所涉变量进行平稳性检验和协整性检验，结果表明农田化肥氮排放量和农田化肥磷排放量和人均 GDP 之间存在长期稳定的均衡。所以上述模型估计结果可信。

第二，2005 年起全面推广的配方肥技术治理政策对 EKC 曲线影响的推断。江苏省用于治理农田化肥氮磷排放的重大政策主要有 2005 年起全面推广的配方肥技术治理政策、2007 年起实施的绿肥种植以奖代补政策以及 2008 年起实施的商品有机肥推广政策。结合图 4－12 中农田化肥的氮磷排放量均接近于 2006 年时起出现下降趋势，再考虑到治理政策存在滞后期，大致可以判断 2005 年起全面实施的测土配方政策可能是形成农田化肥污染的 EKC 曲线"倒 U 型存在"的一个重要的原因①。

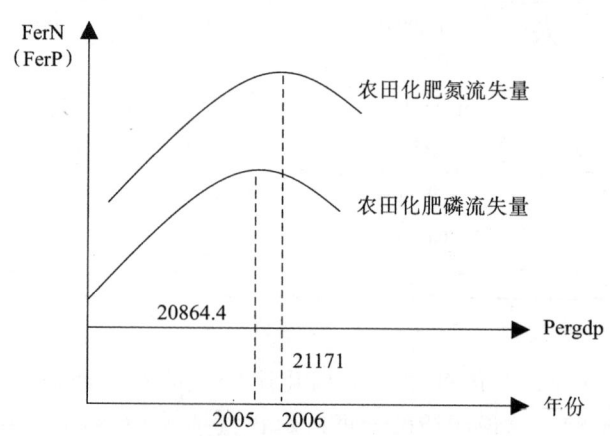

图 4－12　农田化肥总氮（磷）排放量与人均 GDP 关系简单示意图

4.3.4　小　结

本部分首先对江苏省农业面源污染与经济增长关系是否存在显著的"倒 U 型"关系进行验证。其次，在 EKC 模型基础上加入环境约束条件后，重新审视江苏省农业面源污染 EKC 曲线的污染级别。最后，尝试从治理角度对 EKC 形状进行解释。

①本部分在第 3 章江苏省农业面源污染氮、磷排放量测算的基础上，对江苏省农业面源污染与经济增长的关系进行环境库兹涅茨曲线验证结果显示，江苏省农业面源污染排放与经济增长存在"倒 U 型"关系，这说明江苏省农业面源污染与江苏省经济增长之间已有分离趋势，前者没有完全跟随后者的增长而增长，有逐渐下降趋势（验证了假说 1）。同时，计算得到江苏省农业面源污染量在 2006 年左右已过拐点。

②加入环境约束条件以后，重新审视江苏省农业面源污染 EKC 曲线的污染级别。在原先的环境库兹涅茨曲线中加入环境承受阈值线和安全警戒线以后，虽然江苏省农业面源污染值已过拐点，但根据江苏省农业面源污染现状，可以判断江苏省农业面源环境库兹涅茨曲线的污染水平不是理想中的 A 级水平，其拐点至

---

① 同时也排除了其他可能的原因，如种植业结构的调整，播种面积的减少等。

少位于环境安全警戒线以上。再加上随着环境污染物存量的增加,环境安全警戒线有继续下降的趋势,这就进一步增加了江苏省目前的污染状况已超越环境安全警戒线的可能性。因此,江苏省农业面源污染的治理工作具有一定的必要性。

③分别从理论和事实两个方面,分析治理对 EKC "倒 U 型"存在的解释作用。理论方面得出当污染治理的规模收益递增,污染和经济增长之间会存在"倒 U 型"关系。事实方面,以农田化肥污染为例,首先证明江苏省农田化肥面源污染与经济增长存在"倒 U 型"关系,这说明江苏省农田化肥面源污染与江苏省经济增长之间已有分离趋势;其次推断农田化肥面源污染对应的治理政策——配方肥技术推广政策可能是农田化肥污染与经济增长之间"倒 U 型"关系存在的一个重要原因。

4.4 治理对江苏省农业面源污染影响的实证分析

治理政策是江苏省政府针对江苏省农业面源污染造成环境质量下降状态而采取的响应行为。本部分主要内容首先总结梳理江苏省农业面源污染治理已有政策及其成效,其次实证分析农业面源污染治理因素对农业面源污染的影响。

4.4.1 江苏省农业面源污染治理政策

江苏省农业面源污染治理工作主要源于太湖流域农业面源污染问题,从此意义上来讲,研究江苏省农业面源污染的治理政策离不开研究江苏省内太湖流域农业面源污染治理政策。

虽然江苏太湖流域的治理工作可以追溯到 20 世纪 80 年代,但是根据 2008 年 4 月国家出台权威性文件《太湖流域水环境综合治理总体方案》(以下简称《总体方案》),其中江苏省农业面源污染治理部分着重提到的治理政策是江苏省 2005 年全面推广实施的、旨在减少化肥施用量的测土配方施肥技术(简称配方肥技术)推广政策①。

---

① 事实上,江苏省在 2005 年以前已经在部分地区推广测土配方施肥技术;2005 年,农业部、财政部在全国启动了测土配方施肥补贴项目后,江苏省便开始在全省全面实施测土配方施肥技术。

直到2007年太湖无锡段"太湖蓝藻"事件爆发,江苏省又进入了新一轮大力治污阶段,并出台了一系列农业面源污染治理政策(本书简称全面治污政策),包括迅速打捞太湖蓝藻、积极营造生态湿地、大力压缩养殖规模、努力建设生态林带、全面调整农业结构以及继续实行配方肥技术推广政策等。[①] 随即,江苏省政府对农业面源污染治理重视程度不断加强,农业面源污染治理范围也逐步由省内太湖流域扩大到全省范围。

在后续的政策介绍中主要按此逻辑,首先介绍2005年起全面推广的配方肥技术推广治理政策,其次介绍2007年起开始实施的全面治理政策。

4.4.1.1 测土配方施肥技术推广政策

(1) 政策介绍

测土配方施肥技术(简称配方肥技术)介绍及其减污原理见本书2.1.2。2005年以前,江苏省已零星推广测土配方施肥技术,直到2005年,江苏省开始响应国家号召全面、大力推广测土配方施肥技术推广项目。截止到2009年已基本实现了全省整体推进,做到主要农业县(市、区)全覆盖,项目县由2005年的12个,逐步扩展到2006年的32个、2007年的61个、2008年的79个(含农垦两个中心农场)以及2009年的80个。5年来,通过扩大测土配方施肥项目全面实施范围,突出主要农作物、主要区域和主要技术环节,拓展应用作物,全面推进测土配方施肥工作,项目实施面积由2005年的739万亩,扩大到2006年的1562万亩,2007年的3320万亩,2008年的5230万亩,到2009年的6018万亩,涉及作物由以粮食作物为重点向粮经作物并重拓展,从重点解决氮、磷、钾平衡向有机、无机肥平衡施用发展。覆盖村数由2005年的2602个,扩大到2006年的7088个、2007年的11204个、2008年的15720个和2009年的15360个。涉及农户由2005年的136.87万户,扩大到2006年355.02万户、2007年的488万户、2008年的627.2万户和2009年的700万户。配方肥料施用面积由2005年的401万亩,扩大到2006年的868.5万亩、2007年的1992万亩和2008年的2615万亩。配方肥施用总量由2005年的23.6万吨(实物量),增加到2006年的41.89万吨、2007年63万吨和2008年的91万吨。应用作物由粮食作物进一步向粮经作物拓展,截止到2009年,江苏全省实现粮食作物实施面积扩大到5504万亩,棉花、油菜、蔬菜实施面积分别达到191万亩、170万亩和153万亩。

[①] 后续的农业面源污染治理实践分析主要围绕这两个政策展开。

4. 基于化肥使用的资源节约型农业产业体系

（2）政策效果

第一，氮肥施用总量进一步下降。推广区小麦亩均施氮15.5公斤，较同期习惯施肥亩均节氮2.0公斤；推广区油菜亩均施氮16公斤，亩均节氮3.0公斤；推广区水稻亩均施氮18.2公斤，亩均节氮2.8公斤；推广区棉花亩均施氮19.4公斤，亩均节氮1.9公斤；推广区蔬菜亩均施氮21.2公斤，亩均节氮3.0公斤。不仅减少了肥料投入成本，而且降低了农业面源污染的风险。

第二，施肥结构进一步优化。氮、磷、钾投入结构：推广区小麦为1:0.32:0.30，习惯施肥为1:0.30:0.22；推广区水稻为1:0.23:0.28，习惯施肥为1:0.28:0.20；推广区玉米为1:0.22:0.27，习惯施肥为1:0.27:0.21；推广区油菜为1:0.28:0.26，习惯施肥为1:0.28:0.18；推广区棉花为1:0.21:0.29，习惯施肥为1:0.21:0.23；推广区蔬菜为1:0.33:0.43，习惯施肥为1:0.32:0.35。[①]

> **小贴士：测土配方施肥**
>
> 以土壤测试和肥料田间试验为基础，根据作物需肥规律、土壤供肥性能和肥料效应，在合理施用有机肥料的基础上，提出氮、磷、钾及中、微量元素等肥料的施用数量、施肥时期和施用方法。通俗地讲，就是在农业科技人员指导下科学施用配方肥。测土配方施肥技术的核心是调节和解决作物需肥与土壤供肥之间的矛盾。同时有针对性地补充作物所需的营养元素，作物缺什么元素就补充什么元素，需要多少补多少，实现各种养分平衡供应，满足作物的需要；达到提高肥料利用率和减少用量，提高作物产量，改善农产品品质，节省劳力，节支增收的目的。测土配方施肥技术包括"测土、配方、配肥、供应、施肥指导"五个核心环节、九项重点内容。
>
> （1）田间试验
>
> 田间试验是获得各种作物最佳施肥量、施肥时期、施肥方法的根本途径，也是筛选、验证土壤养分测试技术、建立施肥指标体系的基本环节。通过田间试验，掌握各个施肥单元不同作物优化施肥量，基、追肥分配比例，施肥时期和施肥方法；摸清土壤养分校正系数、土壤供肥量、农作物需肥参数和肥料利用率等基本参数；构建作物施肥模型，为施肥分区和肥料配方提供依据。
>
> （2）土壤测试
>
> 土壤测试是制定肥料配方的重要依据之一，随着我国种植业结构的不断调整，高产作物品种不断涌现，施肥结构和数量发生了很大的变化，土壤养分库也发生了明显改变。通过开展土壤氮、磷、钾及中、微量元素养分测试，可以了解土壤供肥能力状况。土壤测试结果见表4-16。

---

① 引自《2005~2008年江苏省测土配方施肥工作总结》。

龙坪镇龙坪村委：

现将你处土壤分析化验结果及施肥建议告知如表 4-16 所示

表 4-16　　　　　　　　　　土壤测试结果

样品名称	项目	Ph 值	有机质 gkg^{-1}	全 N gkg^{-1}	水解氮 $mgkg^{-1}$	有效磷 $mgkg^{-1}$	速效钾 $mgkg^{-1}$
白瓦地块	结果	8.41	50.34	2.72	229	26.7	38
	土壤等级	4级中等碱性	1级极丰富	1级极丰富	1级极丰富	2级丰富	5级缺乏
新村地块	结果	8.66	36.96	1.88	173	17.5	62
	土壤等级	4级中性	2级丰富	2级丰富	1级极丰富	3级中等	4级较缺乏

（3）配方设计

肥料配方设计是测土配方施肥工作的核心。通过总结田间试验、土壤养分数据等，划分不同区域施肥分区；同时，根据气候、地貌、土壤、耕作制度等相似性和差异性，结合专家经验，提出不同作物的施肥配方。

（4）校正试验

为保证肥料配方的准确性，最大限度地减少配方肥料批量生产和大面积应用的风险，在每个施肥分区单元设置配方施肥、农户习惯施肥、空白施肥，以当地主要作物及其主栽品种为研究对象，对比配方施肥的增产效果，校验施肥参数，验证并完善肥料配方，改进测土配方施肥技术参数。

（5）配方加工

配方落实到农户田间是提高和普及测土配方施肥技术的最关键环节。目前不同地区有不同的模式，其中最主要的也是最具有市场前景的运作模式就是市场化运作、工厂化加工、网络化经营。这种模式适应我国农村农民科技素质低、土地经营规模小、技物分离的现状。

（6）示范推广

为促进测土配方施肥技术能够落实到田间，既要解决测土配方施肥技术市场化运作的难题，又要让广大农民亲眼看到实际效果，这是限制测土配方施肥技术推广的"瓶颈"。建立测土配方施肥示范区，为农民创建窗口，树立样板，全面展示测土配方施肥技术效果，是推广前要做的工作。推广"一袋子肥"模式，将测土配方施肥技术物化成产品，也有利于打破技术推广"最后一公里"的"坚冰"。

（7）宣传培训

测土配方施肥技术宣传培训是提高农民科学施肥意识，普及技术的重要手段。农民是测土配方施肥技术的最终使用者，迫切需要向农民传授科学施肥方法和模式；同时还要加强对各级技术人员、肥料生产企业、肥料经销商的系统培训，逐步建立技术人员和肥料商持证上岗制度。

（8）效果评价

农民是测土配方施肥技术的最终执行者和落实者，也是最终受益者。检验测土配方施

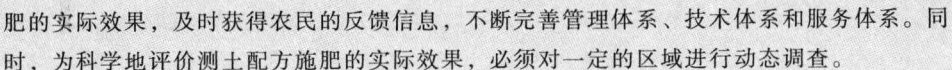

肥的实际效果，及时获得农民的反馈信息，不断完善管理体系、技术体系和服务体系。同时，为科学地评价测土配方施肥的实际效果，必须对一定的区域进行动态调查。

(9) 技术创新

技术创新是保证测土配方施肥工作长效性的科技支撑。重点开展田间试验方法、土壤养分测试技术、肥料配制方法、数据处理方法等方面的创新研究工作，不断提升测土配方施肥技术水平。

4.4.1.2 农业面源污染全面治理政策

自2007年"太湖蓝藻事件"以后，江苏省立即采取了相应的应急行动，并通过《江苏省太湖流域水环境综合治理实施方案》（以下简称《实施方案》）①将一系列农业面源污染治理政策常态化，而不是出现环境污染问题时的"临时抱佛脚"。农业面源污染治理主要体现在六个方面：种植业治理、面源氮、磷排放生态拦截农业湿地工程、畜禽养殖场废弃物处理利用工程、水产清洁养殖工程、网围养殖整治工程以及乡村生活污水生态净化处理工程。

(1) 政策介绍

第一，种植业治理。大力发展有机农业，调整优化种植结构，开展无公害农产品生产全程质量控制，全面推广农业清洁生产技术，减少化学氮肥、化学农药施用量。采取的治理措施主要有：①有机农业工程建设：在环太湖1公里以及15条主要入湖河流上溯10公里两侧各1公里范围内，建设有机农业生态圈，实施有机农业建设工程。区域内种植业全部按照有机农业栽培方式组织生产，参照有机农业国际通行标准，逐步向有机农产品转换。②化学氮肥减施工程：在苏、锡、常三市及镇江所辖丹阳市实施测土配方施肥、商品有机肥和缓释肥推广应用、绿肥种植等综合措施。③化学农药减施工程：积极示范推广生物农药、高效低毒低残留农药和新型高效药械，以生物防治、物理防治部分替代化学防治，控制农作物虫害发生频次，减少化学农药用量。采取覆盖防虫网、推广生物农药、安置频振式杀虫灯等手段，全面开展植保专业化防治，提高农药利用率。

第二，面源氮、磷排放生态拦截农业湿地工程。太湖流域乡村氮、磷排放除农田排水和径流外，还有乡村生活污水及农户畜禽养殖尾水的排放，具有面广、量大、分散、间歇的峰值和高无机沉淀物负荷的特点。主要措施是：加快在太湖、滆湖、长荡湖、阳澄湖周边及主要入湖河道两侧建立面源氮、磷排放生态拦截系统。重点在太湖流域建设生态沟渠294.8万米；建设生态池塘2647个，池

---

① 详见苏政发 [2009] 36号，2009年2月25日。

塘总容积为868万立方米。

第三，畜禽养殖场废弃物处理利用工程。对流域内畜牧生产进行科学规划、合理布局、分区管理，划定畜禽禁止养殖区、限制养殖区和适度养殖区。按照"减量化、无害化、资源化、生态化"要求，进一步提高畜禽养殖污染治理的技术水平，重构养殖业发展和废弃物综合利用模式，推进农牧结合，逐步建立和完善农业产业结构的可持续循环生态链。力争到2012年，基本完成流域内规模畜禽养殖场污染治理，粪污综合利用率达到85%以上；到2020年，太湖地区基本实现畜禽养殖场粪污"零排放"。主要治理措施有：

环太湖1公里及主要入湖河道上溯10公里两侧1公里范围为畜禽禁养区，禁养区内现有养殖场（户）必须在规定时间内关闭或迁移。环太湖1~5公里为限养区，禁止新建畜禽养殖场，对现有养殖场完善干湿分离、雨污分流等环保设施，实行粪污无害化处理和农牧结合，达到零排放；对不符合环保要求的畜禽养殖场，限期治理或强制关闭。适度养殖区：环太湖5公里外的养殖区要实行总量控制，实际载畜量控制在600万头猪单位。对新建规模养殖企业，要合理布局，配套建设粪污处理设备设施，提高粪污处理能力，严格执行环评制度。同时，积极引导和鼓励在丘陵山区利用山地、林地、果园、茶园等资源发展生态养殖。

大中型规模畜禽养殖场建设"三改两分再利用"治理工程；鼓励和扶持畜禽养殖场通过沼气工程、有机肥生产及沼渣沼液还田技术，进一步提高畜禽粪便的综合利用率；中小型畜禽养殖场大力推广发酵床生态养殖技术；对畜禽分散养殖实行粪便集中收集处理，实现物业化管理、专业化收集、无害化处理、商品化造肥和市场化运作的目标。按照人畜分离、集中管理的原则，在养殖大户相对密集的区域，建设清洁养殖小区，配套建设废弃物集中处理的利用工程。

第四，水产清洁养殖工程。通过实施池塘循环水养殖技术示范工程，控制流域内水产养殖对太湖水体的影响。对现有养殖池塘进行合理布局，在同一区域内规划为主养区、混养区、湿地净化区和水源区等四个功能区，构建养殖池塘—湿地系统，实现养殖小区内水的循环利用。同时采用多级生物系统修复技术，对养殖池塘环境进行修复。根据水生态状况，有选择性地投放草食性动物群，种植浮水、挺水、沉水植物，改善池塘生态系统。主要措施：2008年年底完成池塘水循环利用工程示范区建设。2009年，环湖5公里百亩连片养殖场全部实施池塘水循环利用工程。2010年，整体推进池塘水循环利用工程，太湖流域地区百亩连片养殖场20%实施池塘水循环利用工程，连片面积不足百亩的，15%养殖面积建立人工湿地。2012年，太湖流域地区百亩连片养殖场50%实施池塘水循环利用工程。2020年，太湖流域地区百亩连片养殖场全部实施池塘水循环利用工程。

第五，网围养殖整治工程。太湖流域围网养殖整治工作是减少湖体污染的重要措施，太湖流域网围养殖主要集中在太湖、滆湖等湖泊内。为减少网围养殖带来的水体污染，应逐步减小围网养殖面积，压缩网围养殖规模，重点做好太湖、滆湖、长荡湖、阳澄湖等湖泊的围网清理工作，同时落实湖泊生态和环境修复措施，探索生态放养的相关机制，着力恢复湖泊生态功能，提高水体自净能力。

第六，乡村生活污水生态净化处理工程。凡具备接管集中处理条件的村镇，要扩大城镇污水管网的延伸覆盖面，提高污水集中处理率；不具备接管条件的农村地区，按照因地制宜，分类处理的原则，采取微动力、少管网、低成本、易维护的生态处理模式。到2010年，太湖一级保护区农村生活污水处理率达到70%；到2012年，太湖流域农村生活污水处理率达到40%以上；到2020年，达到70%以上。

（2）政策效果

截止到2009年，江苏省已完成面源污染治理投资44.8亿元。2009年江苏省在太湖流域实施测土配方施肥面积达到1000万亩，实施商品有机肥补贴14.6万吨，种植绿肥面积14万亩；取缔、关停和迁移禁养规定范围内环保不达标畜禽养殖场1800多处；完成1604个村庄的生活污水治理任务，新增农村生活污水处理能力6.5万吨/日，在153个乡镇完成垃圾中转站建设，在2855个行政村、3.41万个自然村建立垃圾收运制度，新增垃圾收集能力5300吨/日；在太湖一级保护区和主要入湖河道两侧建立面源氮、磷排放生态拦截系统，累计建成氮、磷排放生态拦截工程140万平方米。2007年以来，江苏省在太湖、滆湖、长荡湖分别实施了网围养殖综合整治工程，共拆除太湖网围面积20多万亩，拆除滆湖网围面积8.7万多亩，拆除长荡湖网围6.5万亩。江苏省还组织实施了池塘循环水养殖示范工程31处。

全面治理污染政策至2009年完成减污内容如下：①通过化肥减施和农药替代，总氮减排约计3000吨（其中，2009年减排300吨），总磷减排约计6.5吨；②通过氮、磷拦截工程，2009年总氮减排980吨，总磷减排46.2吨；③通过畜禽养殖废弃物处理利用工程，畜禽粪便综合利用率由2007年的65%左右提高到2009年的75%以上，2009年比2007年总氮排放量减少2836吨，总磷排放量减少495吨；④通过池塘循环水养殖示范工程，总磷排放量平均减少4.01吨/年、总氮排放量平均减少34.59吨/年。

通过全面治理污染政策，江苏省太湖流域水质有所改善，总氮浓度分别从2006年2.85 mg/l（毫克/升，后同），下降至2007年2.35mg/l、2008年2.42mg/l以及2009年2.26mg/l；总磷浓度分别从2006年0.096 mg/l，下降至

2007 年 0.074mg/l、2008 年 0.072mg/l 以及 2009 年 0.062mg/l。[①]

4.4.2 江苏省农业面源污染治理实证分析

4.4.2.1 模型构建

根据公式 2-3，从经济增长角度农业面源污染可设定为以下经济因素的函数：农业经济总量水平、农业结构调整（两个层面）、农业技术进步、人口规模以及环境治理政策。建立农业面源污染排放经济影响因素模型如下：

$$N = \beta_0 + \beta_1 NGDP + \beta_2 AS + \beta_3 PS + \beta_4 TEC + \beta_5 PE + \beta_6 ES + \mu \quad (4-19)$$

$$P = \beta_0 + \beta_1 NGDP + \beta_2 AS + \beta_3 PS + \beta_4 TEC + \beta_5 PE + \beta_6 ES + \sigma \quad (4-20)$$

其中，N、P 分别表示江苏省农业面源污染的氮、磷排放总量；

NGDP 为农业经济规模；

AS 为（广义）农业结构；

PS 为种植业结构；

TEC 为农业技术进步；

PE 为农村人口规模；

ES 为农业面源污染治理因素；

μ 和 σ 为随机扰动项，反映无法关注到的其他因素。

本部分内容拟从经济学视角对农业面源污染和治理之间关系进行实证研究。除农业面源污染治理因素以外，农业经济规模、农业结构、农业技术进步、农村人口因素影响农业面源污染的机理如下：

(1) 农业经济规模

在某一地区产业结构、技术条件不变的情况下，该地区经济规模越大，意味着消耗更多资源和产生更多污染（Dale，1998）。对于农业经济规模而言，在其他条件不变的情况下，农业经济规模越大，同样意味着消耗更多农业资源和产生更多农业面源污染物。因此，我们预期，在其他条件不变的情况，农业经济规模对农业面源污染物排放量有正向影响。

(2) 农业结构

当产业结构中不同行业的污染排放强度不同时，产业结构的变化会带来污染物排放量的变化。当污染密集型行业所占比重上升或发展速度加快时，污染物排

[①] 引自《太湖流域水环境综合治理总体方案实施情况检查评估报告（2009 年度）》。

放量会加大；当污染密集型行业所占比重下降或发展速度放慢时，污染物排放量则会减少。对于农业结构而言，在其他条件不变的情况下，农业结构的变化对农业面源污染物排放量也存在着影响。农业结构可分为农业（含农、林、牧、副、渔）结构和种植业结构两个层面。我国农业结构正由过去"以粮为纲"的单一结构向农、林、牧、副、渔并举的多元结构转变，并表现为种植业比重下降和种植业中粮食比重下降（张红宇，2000）。

农业结构调整中伴随着种植业比重下降的是附加值较高的养殖业比重上升。农业结构调整的副效应是改变原有农业面源污染物排放的途径与结果。种植业污染以过量施用化肥和农田固体废弃物排放为主要形式，养殖业污染以饲料流失、养殖动物粪便排放为主要形式，单位产值之下种植业和养殖业污染排放量完全不同。同时，种植业的土地利用方式以耕地（包括水田）为主，养殖业的土地利用方式以旱地、牧地、渔业用地为主，不同土地利用方式下农业面源污染物排放系数不同。根据种植业和养殖业的农学特征，当农业结构由种植业向养殖业调整时，农业面源污染物排放量将增加。

种植业结构调整主要表现为粮食作物比重下降和经济作物比重上升。菜果花等经济作物的经济效益高，但生产过程中污染物排放量也较多，主要表现为：经济作物生产中化肥、农药使用量普遍高于粮食作物。对31个省（区、市）20余种作物的调查显示，菜果花农田上单季作物氮肥纯养分用量平均为569~2000公斤/公顷，而作物氮素吸收总量一般不超过400公斤/公顷，氮肥平均利用率仅为10%左右，远低于我国大田粮食作物35%的氮肥平均利用率（张维理等，2004）；同时，种植菜果花的农田由于集约化种植频繁而使用各种速溶化肥，使得土壤富含水溶性氮、磷，一旦遇到降雨就会引发大量的农田氮、磷排放。因此，当种植业结构中粮食作物比重下降和经济作物比重上升时，农业面源污染物排放量将增加。

（3）农业技术进步

技术进步与环境污染之间存在着复杂的关系，一部分技术有利于环境质量的改善，另一部分技术则不利于环境质量的改善。在经济发展水平较低时，技术进步提高了产出水平和对能源的需求，并造成污染增加；但随着经济发展，稀缺资源的价格与治污成本会上升，低效高污染的技术将被高效低污染的技术所淘汰，进而有利于污染物排放量的减少。技术进步还可以通过找到替代资源或者对已有废弃物的循环利用（Simon，1977），不仅不会造成经济系统崩溃，而且还会提高经济增长速度（Stiglitz，1974）。根据Grossman and Krueger（1995）研究，虽然部分技术存在污染环境的负效应，但总体而言，技术进步对污染有负向影响。

对于农业技术进步而言，它主要通过改变农业生产方式（例如各种新型栽培技术）、产生新的生产资料进行要素替代（例如化肥代替有机肥）、产生新的管理方式（例如规模化生产的管理方式）以及提供环境友好型技术（例如测土配方施肥技术等），对农业面源污染物排放量产生影响。一部分农业技术通过硬技术直接给环境质量带来好处，通过软技术优化经济增长方式和产业结构间接给环境质量带来好处[①]。另一部分农业技术虽然在一定时期内可以促进农业经济增长，但是，这类技术却给社会造成相当大的农业面源污染，例如大量施用化肥虽然促进了农业增长、保障了粮食安全，但不可回避的是，化肥滥用也造成了大量农业面源污染物排放量特别是氮排放量和磷排放量的增加。最后，根据 Grossman and Krueger（1995）研究，我们仍然预期农业技术进步对农业面源污染物排放量总体上有负向影响。

（4）农村人口规模

人口规模增加会给环境带来压力：它一方面会造成产品需求增加并带动经济规模扩大，另一方面会造成消费增加，这两方面均会导致污染物排放量的增加。对于农村人口规模而言，一个地区农村人口规模越大，意味着该地区与环境污染相关的生产、消费活动也越多，所造成的污染物排放量也越多。另外，农村人口规模越大，也意味着所产生的人粪尿和生活污水越多。因此，我们预期，农村人口规模对农村环境质量有负向影响，对农业面源污染物排放量有正向影响。

（5）农业面源污染治理政策

Roca et al.（2001）研究认为，环境治理政策、治理投入及其所产生的环境友好型生产行为可以减少污染物排放。Dinda（2004）也强调完善的环境治理政策和较高的环境治理效率可以改善环境。对于农业面源污染而言，政府通过制定农业面源污染治理政策，包括利用直接管制方法强制削减农业面源污染源、利用经济激励和教育等方法引导农户养成环境友好型生产与生活行为、投资于实施农业面源污染大型治理工程以及研发环境友好型技术，最终达到减少农业面源污染物排放量的效果。因此，我们预期，农业面源污染治理政策对农业面源污染物排放量有负向影响。在一地区产业结构、技术条件不变的情况下，该地区的农业经济规模越大，意味着消费更多的资源和产生更多污染（Dale, 1998）。环境治理因素对江苏省农业面源污染事实影响见章节 4.4.1。因此假设农村面源污染产生要受到农业经济发展规模的影响，在其他条件不变的情况下，农业经济发展规模对农业面源污染有正向关系。

---

① 硬技术指各种实体化的技术；软技术指技术结构的合理化和劳动力质量的提高（吴方卫，1996）。

4.4.2.2 变量定义及样本分析

公式 4-20 和公式 4-21 中各变量在实际运用中计算方法见表 4-17。

表 4-17 变量定义及计算方法

变量名称	符号	计算方法	预期方向
氮（磷）污排放量	N（P）	氮（磷）排放量	（因变量）
农业经济规模	NGDP	农业 GDP	+
农业结构	AS	畜禽养殖与水产养殖产值之和/农业总产值	+
种植业结构	PA	粮食播种面积/经济作物播种面积	-
农业技术进步	TEC	建立生产函数估计农业技术进步率	-
农村人口规模	PE	乡村人口数	+
农业面源污染治理政策	ES_1	测土配方施肥技术推广政策，2005 年以前取 0，以后取 1	-
	ES_2	"太湖蓝藻"事件后实施的全面治理农业面源污染政策，2007 年以前取 0，以后取 1	-

表 4-17 中，农业经济规模用农业 GDP 来表示。农业结构主要由养殖业总产值占农业总产值之比计算而得。种植业结构主要由粮食播种面积与经济作物播种面积之比计算得到。我们采用朱希刚所用的生产函数法对技术进步率进行估算，具体公式为：农业技术进步率=农业总产值增长率-各种投入产出弹性×各种投入增长率。

各投入要素产出弹性由多因素生产函数法得到，考虑的投入要素主要是农业物质总投入、农业劳动力以及耕地面积。由于农村人口生活方式难以量化，因此，本研究中农村人口规模仅考虑农村人口数量并用乡村人口数指标来表征。用于反映治理农业面源污染的政策变量取两个，一个是 ES_1，反映 2005 年开始在江苏省全面施行的测土配方施肥技术，该变量在 2005 年以前取 0，2005 年以后取 1；另一个是 ES_2，反映 2007 年起实施的全面治污政策，该变量在 2007 年以前取 0，2007 年以后取 1。

数据主要来源于历年《江苏统计年鉴》、《新中国五十年统计资料汇编》和第 3 章有关农业面源污染的计算结果。江苏省农业面源污染氮、磷排放量由前述中计算而得。用于计算结构的禽畜养殖业产值、水产养殖业产值和农业总产值均采用当年价计算。农业 GDP 采用 1949 年不变价格计算，以消除价格因素的影响。主要指标的描述性统计见表 4-18。

表 4-18　　　　　　　　　主要指标的描述性统计分析

变量	平均值	标准差	最小值	最大值
N（吨）	385533.1	81977.0	227542.2	478332.8
P（吨）	49065.4	7856.7	31767.3	58787.0
NGDP（亿元）	230.2	121.5	75.9	457.4
AS（%）	34.51	8.28	18.15	44.06
PA（%）	518.49	85.46	351.94	696.69
TEC	0.06	0.05	-0.06	0.15
PE（万人）	4768.48	616.84	3508.02	5307.96
ES_1	0.16	0.37	0	1
ES_2	0.09	0.30	0	1

资料来源：根据《江苏统计年鉴》、《中国统计年鉴》、《新中国五十年统计资料汇编》计算而得。

从描述性统计结果来看，江苏省农业面源污染氮排放在 227542.2 吨至 478332.8 吨之间，均值是 385533.1 吨，其标准差较大，达到了 81977 吨；江苏省农业面源污染磷排放在 31767.28 吨至 58786.98 吨之间，均值是 49065.4 吨。

农业 GDP 按 1949 年不变价计算，变化幅度在 75.9 亿元至 457.4 亿元之间，标准差达到 121.5。养殖业总产值占农业总产值之比在 18.15% 至 44.06% 之间，平均值是 34.51%，标准差达到 8.28。粮食播种面积与经济作物播种面积之比在 351.95% 到 696.69% 之间，平均值为 518.49%，标准差为 85.14；乡村人口规模变化范围在 3508.02 万人至 5307.96 万人之间，从数量来看，1978 年至 2008 年总体呈现农村人口下降趋势。反映测土配方施肥技术推广政策的虚拟变量均值为 0.16，反映全面治理农业面源污染政策的虚拟变量平均值为 0.09，数值均较小，说明江苏省环境治理政策总体处于弱管理状态。

4.4.2.3　模型估计结果分析

以下进行单位根检验和协整检验。为防止时间序列数据出现虚假回归现象，对模型中变量进行了平稳性检验和变量间的协整关系检验。首先，利用迪基—富勒（Dickey - Fuller）ADF 检验法得到变量均为一阶单整。其次，利用 Engle 和 Granger 的 EG 检验方法，通过对残差序列进行平稳性检验获得残差序列是平稳性的，因此，确认估计方程（公式 4-20 与公式 4-21）中解释变量与被解释变量之间存在协整关系，即各变量之间确实存在着一个长期稳定的均衡关系。因此可以直接利用上述估计方程来估计参数，不会导致虚假回归的产生。对农业面源污染氮、磷排放经济影响因素模型进行稳健型的 OLS 回归，回归结果见表 4-19 和表 4-20。

4. 基于化肥使用的资源节约型农业产业体系

表4-19 江苏省农业面源污染氮排放经济影响因素模型估计结果

变量	系数	标准误	T统计量
NGDP	999.92 ***	70.08	14.27
AS	186.44	605.46	0.31
PA	-114.27 **	47.11	-2.43
TEC	-76912.35 *	38440.85	-2.00
PE	72.67 ***	11.40	6.37
ES_1	-14991.18 *	7558.66	-1.98
ES_2	-47531.85 ***	8519.32	-5.58
_Cons	-123900 **	50033.17	-2.48
Adj R^2		0.9882	
F检验		708.45	

注：*、**、***分别代表在10%、5%、1%的水平上统计显著。

从表4-19江苏省农业面源污染氮排放经济影响因素模型估计结果可知，模型结果总体上比较良好，调整R^2比较高，达到0.9882，说明模型中经济影响因素对农业面源污染氮排放的解释能力达到98.82%，即农业经济规模、农业结构、种植业结构、技术进步、人口规模、环境治理因素能够对江苏省农业面源污染中氮排放的98.82%作出解释。模型总体显著性在1%水平上通过检验，F值较大。说明模型中各因素对氮排放的共同影响是显著的。

表4-20 江苏省农业面源污染磷排放经济影响因素模型估计结果

变量	系数	标准误	T统计量
NGDP	109.07 ***	12.56	8.69
AS	228.26 **	95.16	2.4
PA	-19.94 **	7.97	-2.5
TEC	-10331.26 *	6748.60	-1.75
PE	7.94 ***	2.02	3.93
ES_1	-1046.97	1070.20	-0.98
ES_2	-4513.24 ***	1354.24	-3.33
_Cons	5921.99	9139.45	0.65
Adj R^2		0.9691	
F检验		308.88	

注：*、**、***分别代表在10%、5%、1%的水平上统计显著。

从表 4-20 江苏省农业面源污染磷排放经济影响因素模型估计结果可知,模型结果总体上比较良好,调整 R^2 比较高,达到 0.9691,说明模型中经济影响因素对农业面源污染磷排放的解释能力达到 96.91%,即农业经济增长、农业结构、种植业结构、技术进步、人口规模、环境治理制度能够对江苏省农业面源污染中磷排放的 96.91% 作出解释。模型总体显著性在 1% 水平上通过检验,F 值较大。说明模型中各因素对磷排放的共同影响是显著的。

(1) 农业面源污染治理政策对农业面源污染氮、磷排放的影响

反映推广测土配方施肥技术的政策因素在氮排放模型中通过了显著性检验且系数为负,与预期一致;在磷排放模型中不显著。根据江苏省土肥站《2009 年江苏省测土配方施肥工作总结》,测土配方施肥技术推广区小麦亩均施氮肥(折纯量,下同)15.5 公斤,较同期习惯施肥亩均节省氮肥 2.0 公斤;推广区油菜亩均施氮肥 16 公斤,亩均节省氮肥 3.0 公斤;推广区水稻亩均施氮肥 18.2 公斤,亩均节省氮肥 2.8 公斤;推广区棉花亩均施氮肥 19.4 公斤,亩均节省氮肥 1.9 公斤;推广区蔬菜亩均施氮肥 21.2 公斤,亩均节省氮肥 3.0 公斤。以上来自实践的数据表明:测土配方施肥技术的采用确实能够有效减少氮肥施用量,有利于进一步减少农业面源污染物氮排放量。

反映 2007 年开始实施全面治污的政策因素在氮排放模型和磷排放模型中均通过了显著性检验且系数为负,与预期一致。从系数绝对值大小可看出,同 2005 年全面实施的测土配方施肥技术政策相比,2007 年开始实施的全面治污政策的减污效果更好。可能原因在于:第一,2007 年开始实施的全面治污政策的治理对象更宽(针对各种污染),而 2005 年开始全面实施的测土配方施肥技术仅用于缓解农田化肥污染;第二,2007 年开始实施的治污政策多属于强制命令型政策,而 2005 年开始实施的全面推广测土配方施肥技术的政策则属于自愿计划型政策,其政策成效还取决农民自愿的技术采用率。

这里仅以畜禽养殖污染治理政策来说明 2007 年开始实施的全面治污政策的强制力:《江苏省太湖水污染治理工作方案》[①] 中提到,环太湖 1 公里及主要入湖河道上溯 10 公里两侧 1 公里范围为畜禽禁养区,禁养区内现有养殖场(户)必须在规定时间内关闭或迁移;环太湖 1~5 公里范围为限养区,禁止新建畜禽养殖场,对现有养殖场完善干湿分离、雨污分流等环保设施,实行粪污无害化处理和农牧结合,达到污染物零流失;对于不符合环保要求的畜禽养殖场,限期治理或强制关闭。上述强制措施有效减少了江苏省太湖流域因畜禽养殖业造成的农

---

① 江苏省人民政府:《江苏省太湖水污染治理工作方案》(苏政发 [2007] 97 号),2007 年 9 月 10 日。

业面源污染物排放量。

(2) 控制变量对农业面源污染氮排放的影响

第一,农业经济规模。在氮排放模型和磷排放模型中,农业经济规模因素均通过了显著性检验且系数为正,与预期一致。这说明,改革开放以来,在其他条件一定的情况下,农业经济规模扩大确实会增加农业面源污染物氮排放量和磷排放量。可能原因在于:农业经济规模扩大往往是社会对农产品需求增加的结果,当农业部门在短期内无法通过对自身的根本性改造来满足社会需求时,就会通过粗放型、掠夺型的生产方式消耗资源以增加产量,从而形成对生态环境的威胁。

第二,农业结构。在氮排放模型中农业结构因素不显著;在磷排放模型中农业结构因素通过了显著性检验且系数为正,与预期一致。这说明,随着农业结构由种植业向养殖业调整,在其他条件一定的情况下,磷排放量会增加。农业结构因素仅在磷排放模型中显著的可能原因在于,养殖废弃物中含有大量磷元素而不是氮元素。

第三,种植业结构。在氮排放模型和磷排放模型中,种植业结构因素均通过了显著性检验且系数为负,与预期一致。这说明,随着粮食作物比重下降和经济作物比重上升,在其他条件一定的情况下,氮排放量和磷排放量会增加。根据《2010年主要农作物科学施肥指导意见》① 数据,经济作物施肥强度要明显高于粮食作物,例如,产量水平为4500~6000公斤/亩的大白菜(仅施化肥),每亩氮肥建议施用量为21~28公斤,磷肥为18~23公斤;而产量水平在600公斤/亩以上的小麦,每亩氮肥建议施用量为14~16公斤,磷肥为8~10公斤②。因此,经济作物播种面积比重上升和粮食作物播种面积比重下降意味着更高的氮排放量和磷排放量。

第四,农业技术进步。在氮排放模型和磷排放模型中,农业技术进步因素均通过了显著性检验且系数为负,与预期一致。这说明,虽然在农业发展过程中会出现部分给环境增加压力的非环境友好型技术,但总体而言,农业技术进步对农业面源污染物排放存在缓减效果。在其他条件一定的情况下,农业技术进步率越高,氮、磷排放量就越少。农业技术进步的环境友好效应可以在如下几个方面得到体现:①技术通过替代或减少资源消耗来达到减污目的。例如,缓释肥通过在化肥颗粒表面包上一层很薄的膜,其肥效比常规化肥长30天,用量比常规化肥减少10%~20%③。②掌握技术可以改善资源利用方式。例如,根据华北地区的

---

① 农业部办公厅:《2010年主要农作物科学施肥指导意见》(农办农〔2010〕36号)。
② 如果再考虑农民的化肥滥用行为,那么,经济作物氮肥和磷肥施用量与粮食作物氮肥和磷肥施用量的差距还会更大。
③ 引自"什么是缓释肥?",百度知道网站(http://zhidao.baidu.com),2010年5月15日。

试验结果，碳铵或尿素采用深施技术，其肥效比表施技术高一倍左右，氮排放量也明显减少（朱兆良，2009）。③专门的治污技术对环境问题的解决提供了有效途径。例如，太湖治理中将蓝藻打捞出水并采用专门工艺将其转化成有机肥，实现了资源的循环利用并减少了污染。

第五，农村人口规模。在氮排放模型和磷排放模型中，农村人口规模因素均通过了显著性检验且系数为正，与预期一致。其主要原因在于，在现有技术水平和环境治理措施下，农村人口增加会带来生活废水、生活垃圾和人粪尿排放增多，造成氮排放和磷排放增加。

上述实证分析验证了假说2，农业面源污染治理政策对农业面源污染有显著的负向影响。

4.4.3 小 结

本部分内容主要有两个，一是江苏省农业面源污染量治理的主要政策；二是建立农业面源污染经济影响因素模型，实证分析治理对农业面源污染的影响。

①首先，根据《总体方案》以及江苏省农业面源污染治理实践，将农业面源污染治理政策梳理成两个：一是江苏省2005年开始全面实施的、旨在减少化肥施用量的测土配方施肥技术推广政策；二是2007年太湖无锡段"太湖蓝藻"事件爆发后，江苏省政府启动的农业面源污染全面治理政策（简称全面治污政策），包括迅速打捞太湖蓝藻、积极营造生态湿地、大力压缩养殖规模、努力建设生态林带、全面调整农业结构等。其次，分别介绍两个政策的执行情况及减污效果。

②结合农业面源污染性质、农村发展实际以及以往文献，将农业经济规模、农业结构、农业技术进步、农村人口、农业面源污染治理5个因素共同列为农业面源污染的经济影响因素，并建立农业面源污染经济影响因素模型。

计量结果表明表征农业面源污染治理因素的两个政策中，2005年起实施的测土配方施肥技术推广政策对江苏省农业面源污染氮排放总量有负向影响，对磷排放没有显著影响。2007年起实施的全面治理农业面源污染政策对农业面源污染氮、磷排放均有显著的负向效果。至此，验证了假说2。

其他控制变量：农业经济规模对农业面源污染排放呈正向影响。养殖业在农业结构中比重上升对江苏省农业面源污染磷排放呈显著正影响，对氮排放影响不显著，说明养殖业比重增加会显著带来磷排放增长。随着种植业结构粮经比下降，江苏省农业面源污染量有显著增加趋势。农业技术进步对江苏省农业面源污染氮、磷排放有显著的负向影响。农村人口对江苏省农业面源污染氮、磷排放有显著的正向影响。

4.5 治理政策下的农户响应分析

农业发达国家成功经验表明：农业面源污染治理以源头治理为主。因此，政府治理政策一个重要目的就是调节农户原有行为向环境友好型行为调整，以达到减污目的。从此意义上来讲，农户对农业面源污染治理政策的响应行为是政策能否生效的关键。

在具体研究中我们将农户行为锁定为农户的氮肥施用行为，将农业面源污染源头治理政策锁定为旨在治理农田化肥污染的配方肥技术推广政策。原因如下：

第一，选择农户的氮肥施用行为作为典型的农户生产、生活行为。根据第3章结论，农田化肥产生面源污染是目前农业面源污染（特别是氮污染）主要贡献来源和氮污染变化的主要驱动因素，因此，本研究首先确定以农户的氮肥施用行为作为农户产污行为的典型。

第二，选择配方肥技术推广政策作为典型的农业面源污染治理政策。相对其他农田化肥减污政策，如绿肥补贴、有机肥补贴政策等，配方肥技术推广政策是专门针对化肥过量施用问题全面实施时间最早、实施范围最广的一项治理政策。因此，本研究确定以配方肥技术推广政策作为农田化肥面源污染治理的典型政策。

本部分配方肥技术推广政策下的农户响应行为主要有两个：一是配方肥技术推广政策对农户施肥量的影响；二是农户配方肥技术采用行为（图4-13）。

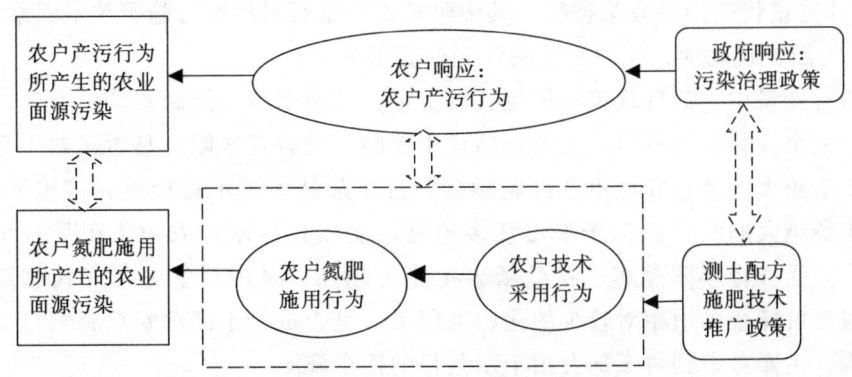

图4-13 配方肥技术推广政策下农户响应行为

注：虚线框内为本部分主要研究内容。

4.5.1 配方肥技术推广政策对农户施肥量的影响

选择农户的氮肥施用量间接替代农户氮肥施用所产生的农业面源污染量。鉴于农业面源污染特点，氮肥施用产生的农业面源污染量监测成本过高，调研中难以获得农户氮肥施用行为所产生的实际污染量。同时考虑到氮肥施用量和农业面源污染确实存在某种正向关联，因此研究采用农户氮肥施用量间接替代农业面源污染量，分析配方肥技术的减污作用。

4.5.1.1 模型建立

假设农户以期望净收益最大化为行为准则，以生产稻谷为例，农户 i 可以自由地决定施用氮肥，其行为准则受到"理性经济人"制约，即施肥的目的是为了达到期望净收益最大化。根据第 2 章理论分析框架，农户期望净收益最大化及氮肥施用量均会受到农户户主基本特征、农户家庭及生产特征、商品交易特征、农户的科学施肥能力特征以及治理政策特征等共同因素的影响。因此，建立农户单位面积氮肥施用量的影响因素模型为：

$$Fer = f(Per, Fam, E, Cap, Pol) + \varepsilon \tag{4-21}$$

上式中，因变量 Fer 代表稻农单位播种面积的纯氮施用量；

Per 代表农户户主基本特征；

Fam 代表农户家庭及生产特征；

E 代表商品交易特征；

Cap 代表农户的科学施肥能力特征；

Pol 变量代表治理政策特征，其中包括农户是否采用配方施肥技术因素；

ε 为随机扰动项，反映无法关注到的其他因素；

所有变量中，治理政策特征是关键变量，其他变量为控制变量。

户主个人特征（Per）。主要包括户主年龄、受教育年限、是否是村干部。农户的年龄越大所拥有农业生产经验越多，且年龄越大越不易接受先进施肥理念，因此年龄越大的农户倾向于按习惯多施肥。受教育年限对农户施肥量有负向影响，农户受教育年限越多，接受新事物能力越强，采用科学施肥方式意愿也越强，因而可能会采用相对较少的化肥施用量。是否是村干部对农户施肥行为有负向影响，主要考虑到村干部会出于示范目的而少施肥。

农户的家庭及生产特征（Fam）。主要包括主要劳动类型、家庭收入、土地肥力类型以及是否采用有机肥。劳动类型是指家庭劳动力是否以农业劳动为主，该变量对化肥施用量影响方向难以确定。家庭收入对氮肥施用量影响方向难以确定，一方面对于较高收入家庭而言，化肥施用成本无论是绝对值还是相对值均显得较小，因此收入较高农户有可能多施化肥（刘光辉等，2005）；另一方面，如果该收入中种植业收入比重很小，说明农民对种植业依赖性不强，多施化肥增产动力不强，因而可能减少化肥施用量。一般而言土地肥力较差的农户倾向于多施肥以弥补土地贫瘠缺陷。有机肥和氮肥可以互相替代，因此施用有机肥用户可能倾向于少施氮肥。

商品交易特征（E）。主要是包括氮肥价格和农作物商品率。关于氮肥价格，通常认为价格越高，农户氮肥需求量越少，并倾向于少施肥。农产品商品率是指农作物的售出比例，商品率低是指大部分农作物用于自我消费而非销售，从农村当前实际来看，商品率很低的农户一般拥有土地面积较少，易对稻田精细管理并施用有机肥，因此倾向于少施肥。商品率很高的农户一般生产规模较大，如一些种植大户，该类农户成本收益意识和接受新技术能力均较强，往往倾向按照现代化农业生产方式实施精确施肥，从而导致氮肥施用量减少。综上，商品率对农户施肥量影响方向难以确定，但该变量平方项可能对农户施肥量有负向影响。

农户的科学施肥能力特征（Cap）。一般认为农户科学施肥能力越高，倾向于精确施肥可能性越高，因此假设该特征对农户施肥量有负向影响

治理政策特征（Pol）。主要包括农户是否参加过化肥使用培训、是否采用配方肥技术。为了减少化肥过量施用对社会环境所产生的负面影响，政府有责任指导和推动农户少施化肥，对农户进行科学施肥知识培训以及配方肥技术推广工作就是政府当前推行的主要政策，且前者是后者的一个重要辅助政策。在此假设参加过化肥使用知识培训的农户和采用配方肥技术的农户会对氮肥使用量有负向影响。

4.5.1.2 变量定义与样本分析

主要变量定义见表 4-21。主要数据来源于我们组织南京农业大学经济管理学院在校学生于 2010 年寒假所进行的入户调研。主要选择江南、苏中以及苏北各调研 80 份，采用调查人员访谈方式进行，最后，搜集到问卷 238 份，剔除因为逻辑错误或数据缺失等原因无效调查问卷 14 份，有效问卷 224 份。结合数据来源，书中所涉变量及简单统计分析见表 4-21。

表 4-21　　　　　主要变量的含义及描述性统计分析

变量名称	变量定义	预期方向
因变量：农户氮肥施用量	氮肥折纯量	
自变量：		
1. 户主基本特征（Per）		
年龄（Per_1）	户主实际周岁年龄（岁）	+
文化程度（Per_2）	户主正规教育年限（年）	-
村干部（Per_3）	是村干部=1；不是=0	-
2. 家庭及生产经营特征（Fam）		
劳动类型（Fam_1）	以50%以上时间务农=1；其他=0	?
家庭收入（Fam_2）	家庭年人均收入（元/年）	?
土地肥力类型（Fam_3）	土地肥力差=1；其他=0	+
是否采用有机肥（Fam_4）	采用有机肥=1；其他=0	-
3. 商品交易特征（E）		
化肥价格（E_1）	纯氮的平均价格（元/公斤）	-
商品率（E_2）	农产品售出量与农产品产量之比	?
4. 科学施肥能力特征（Cap）	能看懂化肥袋上说明书=1；不懂=0	-
5. 治理政策特征（Pol）		
是否参加化肥知识培训（Pol_1）	参加=1；没参加=0	-
是否采用配方肥技术（Pol_2）	采用技术=1；没采用=0	-

在 224 户种稻农户中，户主年龄主要集中在 40~60 岁之间，占 54.46%；户主文化程度主要是初中文化，占 41.07%；家庭年人均收入主要集中在 5000~9000 元之间，占 52.68%；纯氮价格主要集中在每公斤 6~10 元之间，占 64.29%；稻谷商品率在 70% 以上的农户比例达到 53.57%；稻谷商品率在 70% 以上的农户比例达到 53.57%。样本所涉虚拟变量基本特征描述见表 4-22。

表 4-22　　　　　样本主要变量的简单描述性统计分析

变量名称	均值	标准差
1. 户主基本特征（Per）		
年龄（Per_1）	54.768	11.385
文化程度（Per_2）	7.688	3.763
村干部（Per_3）	0.036	0.186

续表

变量名称	均值	标准差
2. 家庭及生产经营特征（Fam）		
劳动类型（Fam_1）	0.856	0.353
家庭收入（Fam_2）	6763.786	2469.417
土地肥力类型（Fam_3）	0.045	0.207
是否采用有机肥（Fam_4）	0.054	0.226
3. 商品交易特征（E）		
化肥价格（E_1）	8.244	3.803
商品率（E_2）	0.485	0.368
4. 科学施肥能力特征（Cap）	0.661	0.476
5. 治理政策特征（Pol）		
是否参加化肥知识培训（Pol_1）	0.946	0.226
是否采用配方肥技术（Pol_2）	0.188	0.392

表 4-23　　　　　　样本所涉虚拟变量基本特征

变量名称	分类情况	频数	所占比重（%）
村干部	是村干部	8	3.57
	不是村干部	216	96.43
劳动类型	以50%以上时间务农	118	52.68
	少于50%时间务农	106	47.32
土地肥力类型	土地肥力差=1	10	4.46
	其他=0	214	95.54
是否采用有机肥	采用有机肥=1	12	5.36
	其他=0	212	94.64
认知	能看懂化肥袋上说明书=1	148	66.07
	看不懂化肥袋上说明书=0	76	33.93
是否参加化肥知识培训	参加=1	212	94.64
	没参加=0	12	5.36
是否采用配方肥技术	采用技术=1	42	18.75
	没有采用技术=0	182	81.25

在虚拟变量部分（见表4-23）：有52.68%家庭中50%以上劳动时间用于农业生产；大部分农户认为自己土地肥力较好，认为其较差的占4.46%；仅有5.36%的样本农户使用了有机肥，大部分农户未采用有机肥，说明目前有机肥的

使用率相当低；占样本总数 66.07% 的农户能够读化肥袋上说明书，并了解所涉符号含义，如 N、P、K 及养分含量含义；高达 94.64% 的农户参加过化肥技能培训；但是实际采用配方肥技术的农户比例还处于较低水平，仅为 18.75%。

4.5.1.3 模型估计结果分析

运用 Stata 统计软件对调查数据进行多元线性回归，并选用逐步回归方法。除商品率变量是以平方项形式代入模型外，其他变量均采用一次项形式。在处理过程中首先将所有可能对因变量有影响的自变量都引入模型进行显著性检验（结果见表 4-24 中模型一），然后根据检验结果，在一个或多个不显著的变量中，将 t 检验值最小的那个变量剔除。

表 4-24　　稻农施氮肥行为模型估计结果

变量名称	模型一 系数	模型一 T统计值	模型二 系数	模型二 T统计值
年龄（Per_1）	-0.016	-0.03	—	—
文化程度（Per_2）	-0.231	-0.15	—	—
村干部（Per_3）	-46.830***	-4.00	-45.757*	-1.76
劳动类型（Fam_1）	9.957	0.60	—	—
家庭收入（Fam_2）	0.00036	0.15	—	—
土地肥力类型（Fam_3）	117.750***	7.13	118.246***	5.08
是否采用有机肥（Fam_4）	-11.001	-0.75	—	—
化肥价格（E_1）	-2.941**	-2.73	-2.975**	-2.36
商品率（E_2^2）	-44.664**	-2.96	-5.735**	-3.19
认知（Cap）	-43.246***	-3.63	-44.046***	-4.34
是否参加化肥知识培训（Pol_1）	-49.864**	-2.04	-46.925**	-3.00
是否采配方肥技术（Pol_2）	-48.779***	-3.41	-47.953***	-3.88
常数	392.532***	9.860	397.297***	15.55
模型整体检验统计量				
F 检验	19.98***		15.66***	
Adj R^2 检验	0.519		0.483	

注：*、**、*** 分别代表在 10%、5%、1% 的水平上统计显著。

再重新拟合回归方程，并进行各种检验，直到所保留的自变量对因变量的影响都通过显著性检验为止（结果见表 4-24 模型二）。从回归结果看，模型整体拟合效果较好。

（1）治理政策特征对农户氮肥施用量的影响

是否参加化肥知识培训变量在两个模型中均通过了5%水平的显著性检验且方向为负，与假设一致；系数含义表明，与没有参加化肥知识培训的农户相比，参加培训农户平均每公顷节氮49.864公斤①。

是否使用配方肥技术变量在两个模型中均通过1%水平的显著性检验，与假设一致；系数含义表明，在其他条件不变的情况下，与没有采用配方肥技术的农户相比，采用技术农户平均每公顷节氮48.779公斤。该结果验证了假说3，即农业面源污染治理政策对农户行为导致的农业面源污染量有负向影响。

（2）控制变量对农户氮肥施用量的影响

①农户户主基本特征对农户施氮量的影响。户主年龄和文化程度对施肥量没有显著的影响。户主是村干部对施肥量有显著的负向影响作用，该变量模型一通过了1%水平的显著性检验，模型二通过了10%水平的显著性检验，与假设一致；与不是村干部农户相比，村干部倾向于少施氮肥。

②农户家庭及生产特征对农户施氮量的影响。劳动类型、家庭收入和是否采用有机肥对农户施肥量没有显著的影响。土地肥力类型变量在两个模型中均通过了1%水平的显著性检验且方向为正，与假设一致。在其他条件不变的情况下，相对土地肥力不差的农户，土地肥力差的农户平均每公顷施氮量要增加117.75公斤，影响较大。原因在于农户考虑到土地肥力较差，倾向于多施化肥来增加肥力，加之盲目心理作用推波助澜，导致系数较大。

③商品交易特征对农户施氮量的影响。化肥价格在两个模型中均通了5%水平的显著性检验且方向为负，与假设一致。该结果意味着在其他条件不变的情况下，纯氮肥价格每公斤增加1元，农户化肥施肥量减少2.941公斤，从此意义上来讲可以通过价格杠杆来调节农户化肥施用量。商品率在模型中采用的是平方项，商品率平方项在两个模型中均通过了1%水平的显著性检验，且符号为负，与假设一致。稻谷商品率较低的农户主要以自我消费为主，化肥施用量较低；随着商品率的提高，农户为提高产量倾向于多施化肥；但是随着商品率继续提高到一定程度，农户对种植业依赖继续增大，这时农户成本收益意识更强，愿意采用新施肥技术控制成本，减少单位土地化肥施用量。

④农户的科学施肥能力特征对农户施氮量的影响。科学施肥能力变量用农户是否读懂化肥袋上说明书表示，知道为1，不知道为0。估计结果显示该变量在两个模型中均通过了1%水平的显著性检验且方向为负，符合原假设。系数含义

---

① 系数主要根据模型一结果分析，后同。

表明，与不懂化肥相关知识的农户相比，懂化肥知识的农户其施氮量每公顷节约43.246公斤。

4.5.2 农户配方施肥技术采用行为分析

上一节研究结果表明，测土配方技术采用行为确实对农户氮肥施用量产生负向影响并有助于农业面源污染的减少。那么，农户配方施肥技术采用行为就成为治污过程中重要的一环。要研究农户配方施肥技术采用行为，首先要回顾配方肥技术的政策特点。根据理论部分对农业面源污染治理政策的分类方法，目前江苏省治理政策可作如下梳理：①命令控制型政策，该方法是一种强制方法，也是占统治地位的政策工具，如畜禽养殖场的强制关停，又如太湖沿岸种植业生产的限制。②经济激励型政策，如绿肥以奖代补、商品有机肥补贴政策。③自愿计划型政策，与命令—控制型政策不同，自愿计划型政策是通过面源污染者自愿采用政府提倡的减污技术而达到减污效果。自愿计划型政策被广泛用于美国、西欧等发达国家和地区，如美国实施的最佳管理实践。为提高其实施效果，自愿计划型政策往往会辅之以一些强制性、激励性政策或者采用广泛宣传、教育培训等推广方式。江苏省目前所推行的配方肥技术推广政策就是一项典型的自愿计划政策。

配方肥技术有测土、配方与施肥三个环节。当地政府在完成"测土"和"配方（指导）"环节以后，剩余的"施（配方）肥"环节实施与否完全取决于农户技术采用行为，政府主要采用广泛宣传、教育培训等辅助方式推动农户采用新技术，但不能强制农户使用。农户技术采用行为成为决定配方施肥技术推广工作成败的关键点。本节就是在上一节基础上，对影响农户配方肥技术采用的诸多因素进行研究，以期找到有助于提高农户该技术采用率和采用强度的政策措施。为深入研究农户配方施肥技术采用行为，首先将其分解成技术选择和采用强度两步。分析逻辑示意图见图 4-14。

本部分对农户配方肥技术采用行为进行研究的调研数据来自于江苏省土肥站于2009年8月中、下旬组织的江苏省配方肥效果的调查（不同于6.1所用数据）。在全省80个实施配方肥技术推广项目的县中按照随机抽样的原则，分别在2005年、2006年、2007年和2008年新增项目县中各抽取2个项目县为调查点，合计抽取海安、江都、溧阳、扬中、滨海、常熟、姜堰、铜山共8个县（市）。在每个调查县（市）中随机抽取3个乡镇进行访谈，在每个调查乡镇抽取2个村进行访谈，每个村依据户主花名册随机等间距抽取8个农户进行问卷调查。共完成农户调研问卷384份，剔除因逻辑错误或数据缺失等原因调查问卷8份，有效

4. 基于化肥使用的资源节约型农业产业体系

问卷376份。样本分布如表4-25所示。

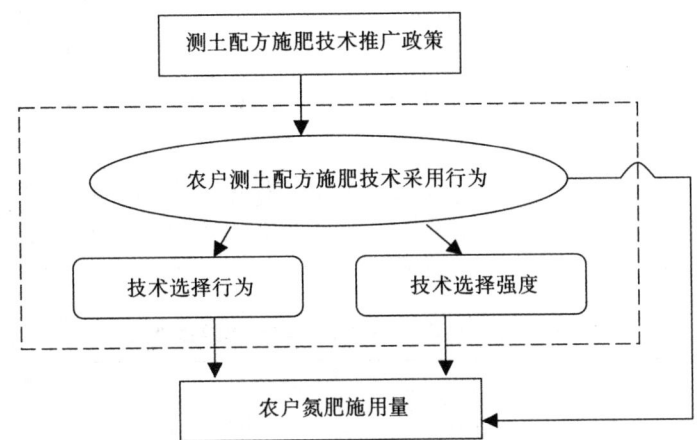

图4-14 农户配方施肥技术采用行为分析示意图

注：虚线框内为6.2研究内容。

表4-25 调研样本点的分布情况

地区	样本数量（个）	样本比例（%）
海安	46	12.23
江都	47	12.50
滨海	47	12.50
姜堰	47	12.50
常熟	48	12.77
铜山	47	12.50
溧阳	48	12.77
扬中	46	12.23
合计	376	100

4.5.2.1 成本收益分析[①]

根据第2章理论分析框架，理性农户在进行生产决策时，希望实现一定时期内在一定约束条件下目标函数的最大化。在假设这一目标仅为经济利益的前提下，要使农户采用某项农业技术，就要使农户实现采用该技术的净收益最大化。

---

① 引自《2009年江苏省测土配方施肥效果评价报告》。

进一步地，如果将采用农业技术的过程看成新旧技术应用效果对比的过程，则新技术得到采用的条件是采用该技术的净收益不会低于采用传统技术的净收益。技术采用后是否有节本增效的好处是决定农户采用该技术的关键因素。

对8县（市）调查农户2009年水稻和小麦两季作物肥料施用成本及作物产出效益进行了测算，结果显示（如表4-26），配方肥农户年亩产出扣除化肥支出后收益较配方肥农户平均增加73元。其中，扬中和常熟两县（市）每亩最小，分别仅为13元、15元；其他县（市）年亩增加值达61~198元，以铜山县为最高。

表4-26　　　调查县（市）农户施肥支出与产出效益情况　　　单位：元/年亩

地区	类别	肥料支出	稻麦产出	扣除肥料支出的产出收益	测土户较非测土肥户年亩增加收益（产出—肥料支出）
海安	测土配方施肥户	233	1907	1674	75
	非测土配方施肥户	271	1870	1599	
江都	测土配方施肥户	261	1875	1614	61
	非测土配方施肥户	296	1850	1554	
姜堰	测土配方施肥户	284	1790	1506	102
	非测土配方施肥户	329	1733	1403	
扬中	测土配方施肥户	318	1794	1476	15
	非测土配方施肥户	337	1798	1461	
溧阳	测土配方施肥户	270	1754	1484	92
	非测土配方施肥户	271	1663	1392	
常熟	测土配方施肥户	249	1661	1412	13
	非测土配方施肥户	241	1640	1399	
铜山	测土配方施肥户	300	1965	1665	198
	非测土配方施肥户	317	1784	1467	
滨海	测土配方施肥户	288	1780	1492	26
	非测土配方施肥户	308	1774	1466	
平均	测土配方施肥户	284	1816	1532	73
	非测土配方施肥户	304	1764	1460	

资料来源：引自《2009年江苏省测土配方施肥效果评价报告》。

根据8县（市）调查农户水稻、小麦种植面积、施肥量及产出情况，计算出产出收益扣除肥料成本后增加值及增收节支总额，如表4-27和表4-28所示。结果表明，水稻测土配方施肥示范户年亩产出收益扣除肥料成本后平均值比非测

4. 基于化肥使用的资源节约型农业产业体系

土户增加37元。

表4-27　调查项目县（市）水稻测土配方施肥节本增效情况

县别	肥料成本（元/亩）		产出（元/亩）		产出收益—肥料成本（元/亩）	水稻种植总面积（万亩）	节本增效总额（万元）
	测土户	非测土户	测土户	非测土户			
海安	133	159	1174	1150	50	56.6	2830
江都	138	164	1120	1112	34	85	2890
姜堰	156	190	1092	1064	62	49.1	3044
扬中	139	189	1234	1224	60	13.4	804
溧阳	167	149	1160	1074	68	60.7	4128
常熟	160	159	1056	1042	15	35.2	528
铜山	151	174	1146	1046	123	56	6888
滨海	184	168	1100	1118	-34	68.7	-2336
累计	—	—	—	—	—	425	18776
平均	162	169	1135	1104	37	—	—

资料来源：引自《2009年江苏省测土配方施肥效果评价报告》。

表4-28　调查项目县（市）小麦测土配方施肥节本增效情况

县别	肥料成本（元/亩）		产出（元/亩）		产出收益—肥料成本（元/亩）	水稻种植总面积（万亩）	节本增效总额（万元）
	测土户	非测土户	测土户	非测土户			
海安	100	112	733	720	25	55	1375
江都	123	132	755	738	26	69	1794
姜堰	128	140	698	669	41	41.8	1714
扬中	179	204	560	574	11	10	110
溧阳	103	122	594	589	24	30	720
常熟	89	74	605	598	-7	26	-182
铜山	149	143	819	738	75	72	5400
滨海	104	139	680	656	59	53.8	3174
累计	—	—	—	—	—	357.6	14105
平均	122	135	681	660	32	—	—

资料来源：引自《2009年江苏省测土配方施肥效果评价报告》。

8县（市）水稻测土配方施肥累计节本增效达到1.9亿元①。小麦测土配方施肥示范户年亩产出收益扣除肥料成本后平均值比非测土施肥户平均增加32元。

---

① 假设除化肥外其他成本均保持不变。

8县（市）小麦测土配方施肥累计节本增效达到 1.4 亿元[①]。上述数据均表明测土配方技术确实有节本增效的好处。

4.5.2.2 模型构建

结合已有文献研究方法和数据可得性，在分析农户配方施肥技术采用行为的影响因素时，将引入模型中的解释变量主要分成五类：户主基本特征、家庭及生产经营特征、户主科学施肥能力特征、市场环境特征、治理政策环境特征（具体设置见表 4-29）。被解释变量则有两个：一个是反映农户是否选择配方施肥技术的二元选择变量；另一个是反映农户配方施肥技术采用强度的变量，具体采用配方肥施用比例[②]。

①户主基本特征。主要包括户主年龄、文化程度、是否是村干部以及主要劳动类型。农户的年龄越大越不易接受先进施肥理念，越倾向保留原有施肥方式而不采用配方施肥技术。农户受教育程度越高，接受新事物能力越强，采用科学施肥方式意愿也越强，因而越倾向于采用施肥较少的配方施肥技术。假设是否是村干部对配方施肥技术采用有正向影响，主要考虑到村干部会出于示范目的而带头采用政府推广技术。劳动类型对技术采用行为的影响方向难以确定。

②户主家庭及生产经验特征。主要包括主要家庭规模、家庭收入、土地规模特征，该特征对技术采用行为影响难以确定。

③户主科学施肥能力特征。主要包括三个认知变量特征，第一，是否知道化肥袋上 N、P_2O_5、K_2O 的含义（其中，N 是指氮元素，P_2O_5 是指含磷元素化合物，K_2O 是指含钾元素化合物）；第二，是否知道化肥袋上养分含量标注比例的含义，如 15-15-15 是指上述所涉三种元素（化合物）的比例是 15∶15∶15；第三，是否认为"施肥越多，产量越高"正确。如果农户能说出第一个和第二个指标的正确含义，一般认为该农户科学施肥能力越强，因此配方肥技术采用倾向越高。第三个指标，如果认为其正确则反而说明其科学施肥能力弱，配方肥技术采用倾向则低些。

④市场环境特征。主要包括配方肥销售价格以及村级化肥店的数量。关于配方肥价格，通常认为价格越高，农户越不倾向于购买配方肥，亦即越倾向于放弃配方施肥技术。村级化肥店的数量反映农户购买配方肥的便利程度，一般认为，

---

① 引自《2009 年江苏省测土配方施肥效果评价报告》。
② 考虑到样本可能存在选择问题，所以尝试运用 Heckman 模型估计方法对可能偏差进行纠偏。但对样本以 Heckman 模型进行估计时，估计结果中逆米尔斯率（IMR）的 Z 值不显著，说明样本不存在选择问题，故弃用 Heckman 模型。

村级化肥店数量越多,农户越能方便购得配方并采用配方肥技术。

⑤治理政策环境特征,主要包括是否是示范户、是否拿到配方卡、参加培训次数以及所在乡镇参加培训的人数。一般认为是示范户、拿到配方卡以及参加配方肥培训次数的农户家庭越倾向于采用配方肥技术。所在乡镇参加培训的人数(结果来自于针对于乡镇的调研问卷),间接反映配方施肥技术在本乡镇推广力度与可能获得的配方肥技术采用氛围,假设所在乡镇参加培训的人数越多,当地的推广氛围越好,农户越倾向于使用配方施肥技术。

(1) 模型 I:农户配方肥技术选择行为模型

第一步,农户的技术选择只有两种,一种是选择新技术;另一种是不选择新技术。为考察各影响因素对农户配方施肥技术选择的影响,建立理论模型(模型 I)如下:

$$\text{Prob}(\text{tech}=1) = \beta_{10} + \beta_{11}X_1 + \beta_{12}X_2 + \beta_{13}X_3 + \beta_{14}X_4 + \beta_{15}X_5 + \sigma \tag{4-22}$$

模型 I 中,tech = 1 代表农户选择测土配方技术;

tech = 0 代表农户不选择测土配方技术;

X_1 代表户主基本特征,包括年龄、文化程度以及是否是村干部;

X_2 代表家庭及生产经营特征,包括家庭规模、家庭收入、土地规模以及主要劳动类型;

X_3 代表户主科学施肥能力特征,主要包括三个认知变量特征(具体设置见表 4-28);

X_4 代表市场环境特征,主要包括配方肥销售价格以及村级化肥店的数量;

X_5 代表治理政策环境特征,主要包括是否是示范户、是否拿到配方卡、参加培训次数、所在乡镇培训总人数;

σ 为误差项。

考虑到因变量是二元选择变量,选择 Probit 模型对公式进行估计。Probit 模型工作原理如下:

在一个二值响应模型中,响应概率如式 4-23:

$$P(y=1|x) = G(\beta_0 + \beta_1 x_1 + \beta_2 x_2 + \ldots + \beta_k x_k) = G(\beta_0 + x\beta) \tag{4-23}$$

式中,x 表示全部解释变量所构成的集合;

y 表示采用配方施肥技术;

G 是一个标准正态的累积分布函数,取值范围严格介于 0~1 之间的函数:对所有实数 z,都有 0 < G(z) < 1。

$$G(z) = \Phi(z) \equiv \int_{-\infty}^{z} \phi(v) dv \tag{4-24}$$

式中，$\phi(z) = (2\pi)^{-1/2}\exp(-z^2/2)$ (4-25)

Probit 模型可以从一个满足经典线型模型假定的潜变量模型（latent variable model）推导出来。对于 Probit 模型采用最大似然方法进行估计。

在具体运用中，以农户选择与不选择配方肥技术为因变量，分别用 1 和 0 表示，分析各种影响因素对农户技术选择的影响。

(2) 模型 II：农户配方肥技术采用强度模型

第二步，在分析农户是否采用配方技术影响因素的基础上，进一步分析农户配方肥采用强度。农户配方肥采用强度用农户所施配方肥量占全部施用化肥总量之比来表示。为考察各影响因素对农户配方肥采用强度的影响，建立模型 II 如下：

$$\text{prop} = \beta_{20} + \beta_{21}X_1 + \beta_{22}X_2 + \beta_{23}X_3 + \beta_{24}X_4 + \beta_{25}X_5 + \varepsilon \qquad (4-26)$$

上式中 prop 为农户施用配方肥量占全部施用化肥总量比例；

X_1、X_2、X_3、X_4 以及 X_5 含义以及所含变量同公式 4-23；

ε 为误差项。

考虑到模型中部分没有采用配方肥的农户其配方肥施用比例为零，因变量将同时存在大量零值和界于 0、1 之间的正值连续变量；因此，对公式 4-26 进行估计时采用受限因变量的 Tobit 模型。

Tobit 模型的工作原理如下：农户配方肥采用强度是一个限值因变量，在严格为正值时大致连续，但总体中有一个不可忽略的部分取值为零，即采用配方施肥技术的农户其配方肥数量占总体化肥数量比例为大致连续的正值，但是没有采用配方施肥技术的农户本配方肥施用比例为零。Tobit 模型可以定义为一个潜变量模型：

$$y^* = \beta_0 + x\beta + \mu \,|\, x \sim \text{Normal}(0, \sigma^2) \qquad (4-27)$$

$$y = \max(0, y^*) \qquad (4-28)$$

潜变量 y^* 满足经典线性模型假定；具体而言，它服从具有线性条件均值的正态同方差分布。公式 4-28 意味着，当 $y^* \geq 0$ 时，所观测的变量 $y = y^*$，当 $y^* < 0$ 时，则 $y = 0$。由于 y^* 服从正态分布，所以 y 在严格正值上连续分布。具体而言，对于正值，给定 x 下 y 的密度与给定 x 下 y^* 的密度一样。而且 u/σ 服从正态分布并独立于 x，所以，

$$P(y=0|x) = P(y^*<0|x) = P(u<-x\beta) = P(u/\sigma < -x\beta/\sigma)$$
$$= \Phi(-x\beta/\sigma) = 1 - \Phi(x\beta/\sigma) \qquad (4-29)$$

若 (x_i, y_i) 是来自总体的一次随机抽取，则在给定 x_i 下 y_i 的密度为

$$(2\pi\sigma^2)^{-1/2}\exp[-(y-x_i\beta)^2/(2\sigma^2)] = (1/\sigma)\phi(y-x_i\beta)/\sigma, y>0 \qquad (4-30)$$

$$P = (y_i = 0 | x_i) = 1 - \Phi(x_i \beta / \sigma) \qquad (4-31)$$

公式 4 – 31 中，φ 为标准正态分布函数。和 Probit 模型一样，对 Tobit 模型可以采取极大似然估计法进行模型结果估计。

4.5.2.3 变量定义与样本分析

模型中所涉变量定如表 4 – 29。

表 4 – 29　　　　　主要变量含义及预期影响方向

变量名称	变量定义	预期方向
户主基本特征（X_1）		
年龄（x_{11}）	户主的实际周岁年龄	-
文化程度（x_{12}）	户主正规教育年限	+
村干部（x_{13}）	是村干部为 1，不是为 0	+
劳动类型（x_{14}）	以 50% 以上时间务农为 1，其他 0	+
家庭及生产经营特征（X_2）		
家庭规模（x_{21}）	家庭实际人口数	?
家庭收入（x_{22}）	家庭年人均收入	?
土地规模（x_{23}）	实际种植规模	?
科学施肥能力特征（X_3）		
认知 1（x_{31}）	知道化肥袋上 N、P_2O_5、K_2O 的含义为 1，不知为 0	+
认知 2（x_{32}）	知道化肥袋上养分含量标注比例（如 15 – 15 – 15）的含义为 1，不知道为 0	+
认知 3（x_{33}）	认为"施肥越多，产量越高"正确为 1，认为不正确为 0	-
市场环境特征（X_4）		
配方肥价格（x_{41}）	配方肥价格	-
本村化肥店数（x_{42}）	本村化肥经销店的数量	+
治理政策环境特征（X_5）		
示范户（x_{51}）	是配方施肥技术示范户为 1	+
是否拿到配方卡（x_{52}）	拿到配方卡为 1，没有为 0	+
参加培训次数（x_{53}）	参加培训次数，没参加为 0	+
本乡镇培训总人数（x_{54}）	所在乡镇培训人数	+

结合数据来源，样本简单描述性统计分析见表 4 – 30。

表4-30　　　　　　　　　样本简单描述性统分析

变量名称	均值	标准差	最小值	最大值
年龄（x_{11}）	53.843	10.948	35	82
文化程度（x_{12}）	7.689	3.561	0	16
村干部（x_{13}）	0.168	0.374	0	1
劳动类型（x_{14}）	0.795	0.404	0	1
家庭规模（x_{21}）	4.170	1.428	1	9
家庭收入（x_{22}）	27991.614	2843.377	12534	45800
土地规模（x_{23}）	12.201	59.425	0.4	1100
认知1（x_{31}）	0.585	0.493	0	1
认知2（x_{32}）	0.729	0.445	0	1
认知3（x_{33}）	0.082	0.275	0	1
配方肥价格（x_{41}）斤/元	1.219	0.339	0.5	2.9
本村化肥店数（x_{42}）	1.173	0.982	0	4
示范户（x_{51}）	0.301	0.459	0	1
是否拿到配方卡（x_{52}）	0.851	0.356	0	1
参加培训次数（x_{53}）	3.082	3.697	0	30
本乡镇培训总人数（x_{54}）	15662.02	32486.75	15	143385

4.5.2.4 模型估计结果分析

将农户配方施肥技术采用行为分解成两步，第一步是技术选择行为，第二步是技术采用强度，分别运用Stata10.0软件对两部分模型进行估计。表4-31与表4-32分别是农户配方施肥技术选择行为以及农户配方施肥技术采用强度的模型估计结果[①]。

（1）模型Ⅰ：农户配方肥技术选择行为模型

从表4-31可知农户配方肥技术选择行为模型（模型Ⅰ）估计结果可知，模型结果总体良好。各变量对农户配方施肥技术选择行为的影响分析如下：

①户主基本特征。户主基本特征对农户是否选择配方施肥技术没有显著的影响。

②家庭及生产经营特征。家庭及生产经营特征中仅有家庭收入在10%的显

---

① 运用Heckman模型估计方法，对可能偏差进行纠偏。但因模型结果中逆米尔斯率（IMR）的Z值不显著，说明样本不存在选择问题所以无需纠偏（即本部分内容使用Heckman模型不妥）。

著水平之上通过检验并对农户技术选择行为有正向影响,可能原因在于配方肥与普通肥相比价格稍贵,因此家庭收入较大农户与收入较小农户相比,更易采用配方施肥技术。

表 4-31　　农户配方施肥技术选择行为模型估计结果(模型 I)

自变量	系数	Z 统计值
户主基本特征		
年龄	0.008	0.78
文化程度	0.016	0.50
村干部	0.358	1.04
劳动类型	-0.105	-0.44
家庭及生产经营特征		
家庭规模	0.040	0.52
家庭收入	0.00008*	1.85
土地规模	0.0006	0.15
科学施肥能力特征		
认知 1	0.450*	1.71
认知 2	-0.363	-1.26
认知 3	-1.200***	-4.09
市场环境特征		
配方肥价格	-1.107***	-3.38
本村化肥店数	-0.200*	-1.75
治理政策环境特征		
示范户	1.125**	3.24
是否领配方卡	0.975***	4.02
参加培训次数	0.113*	1.82
乡镇培训人数	0.000009*	1.89
常数项	0.382	0.38
Log likelihood		-96.375
Pseudo R^2		0.329

注:***、**、*分别表示通过1%、5%以及10%水平的显著性检验。

③科学施肥能力特征。科学施肥能力特征中认知1在10%的显著性水平上通过检验并与农户技术选择正相关,与假设一致。认知2对农户技术采用行为的影响不显著。认知3在1%的显著性水平上通过检验并与农户技术选择负相关,与

假设一致。"施肥越多，产量越多"本身是一错误判断，认为该判断正确（取值＝1）的农户说明其对化肥认识存在偏差，科学施肥能力较弱，从而配方施肥技术选择的概率下降。

④市场环境特征。市场环境特征对农户技术选择行为有显著影响。配方肥价格在1%的显著性水平上通过检验，且对农户技术选择行为有负向影响，与假设一致。配方肥价格越高，对配方施肥需求就越少并带来技术采用的减少。

⑤本村化肥经销店个数变量在1%的显著性水平上通过检验，且对农户技术选择行为有负向影响，与假设不一致。原因在于：相当一部分村级化肥店不是农技推广部门指定的配方肥销售点，店内只有部分或完全没有配方肥出售，化肥店出于自身利益考虑会增加"促销"力度游说农户购买本店的非配方肥，因此会出现化肥店数量越多反而对配方施肥技术选择产生负面影响。

⑥治理政策环境特征。治理政策环境特征对农户技术选择行为有显著影响。是否是示范户在5%的显著性水平上通过检验，且示范户倾向于选择配方技术，与假设一致，原因在于示范户具有带头选择技术的义务，从而更倾向选择配方施肥技术。

⑦是否拿到配方卡在1%的显著性水平上通过检验，且与配方施肥技术选择呈正相关，与假设一致，原因在于入户的配方卡是农技人员根据农户情况提供的、具有针对性的配方肥施用信息（包括施肥种类、数量、时间等），因此拿到配方卡的农户更倾向选择配方施肥技术。

⑧农户参加培训次数在10%的显著性水平上通过检验，且与配方施肥技术选择呈正相关对农户技术选择行为有正影响，与假设一致，原因在于培训次数越多的农户对配方肥施用的好处和方法认识越多，越愿意采用配方施肥技术。

⑨所在乡镇培训总人数在10%显著性水平上通过检验，且与配方施肥技术选择呈正相关，原因在于当更多的农户通过培训了解技术后，一方面良好的舆论环境有助于农户选择技术，另一方面"从众"心理也会推动农户选择技术。

（2）模型Ⅱ：农户配方肥技术采用强度模型

从表4-32可知农户配方肥技术采用模型（模型Ⅱ）估计结果可知，模型结果总体良好。Tobit模型结果与Probit模型实证结果大部分一致，但也存在差别，具体各变量对农户配方施肥技术采用强度的影响分析如下：

①户主基本特征。户主基本特征中教育对农户配方肥施用比例有负影响，且通过1%的显著性水平检验，与假设一致。说明教育程度虽然对农户的技术选择行为没有显著的影响，但是一旦选择了技术，则教育程度越高越倾向于更高的配方肥施用比例。劳动类型对技术采用强度有正影响，且通过5%的显著性水平检

验,可以解释为劳动类型以务农为主的农户对技术施用情况更是关注,一旦得到增产增收的有利信息后,也更愿意提高配方肥施用比例。

表4-32　农户配方施肥技术采用强度模型估计结果(模型Ⅱ)

自变量	系数	Z统计值
户主基本特征		
年龄	-0.002	-1.39
文化程度	0.013***	2.62
村干部	0.020	0.51
劳动类型	0.099**	2.47
家庭及生产经营特征		
家庭规模	0.005	0.44
家庭收入	0.00004	0.65
土地规模	0.0009**	2.55
科学施肥能力特征		
认知1	0.078*	1.93
认知2	-0.053	-1.19
认知3	-0.141**	-2.55
市场环境特征		
配方肥价格	-0.221***	-4.48
本村化肥店数	-0.051***	-3.12
治理政策环境特征		
示范户	0.017	0.50
是否领配方卡	0.231***	5.04
参加培训次数	0.012***	2.61
乡镇培训人数	0.00002	0.57
常数项	0.528***	3.66
Log likelihood		-100.027
Pseudo R^2		0.348

注:***、**、*分别表示通过1%、5%以及10%水平的显著性检验。

②家庭及生产经营特征。家庭及生产经营特征中土地规模对农户配方肥施用比例有正影响,且通过5%的显著性水平检验。

③农户科学施肥能力特征。农户科学施肥能力特征中的第一个认知对配方肥施用比例有显著正向影响,且通过10%的显著性水平,与假设一致。第二个认

知对配方肥施用比例无显著影响。第三个认知对配方肥施用比例有显著负向影响，且通过5%的显著性水平，与假设一致。同样可以理解为科学施肥能力越高的农户对配方肥的使用好处更为了解，也更愿意提高配方肥施用比例。

④市场环境特征。市场环境特征对配方技术采用强度有显著影响。配方肥价格在1%的显著性水平上通过检验，且对农户配方肥施用比例有负向影响，与假设一致。配方肥价格越高，对配方施肥需求就越少，从而导致配方肥施用比例越小。

⑤本村化肥经销店个数变量在1%的显著性水平上通过检验，且对农户的配方肥施用比例有负影响，与假设相同，其原因仍然同上述分析，由于大多数村级化肥店只有部分或完全没有配方肥出售，化肥店因为销售压力会增加"促销"力度游说农户购买本店的非配方肥，从而减少了配方肥施用比例。这一点可以充分说明化肥销售市场失灵会产生更多的农业面源污染。

⑥治理政策环境特征。治理政策环境特征中拿到配方卡在1%的显著性水平上通过检验，且对农户配方肥施用比例有正向影响，与假设一致；参加培训次数在1%的显著性水平上通过检验，且对农户配方肥施用比例有负向影响，与假设一致。原因同上。值得思考的是"示范户"变量虽然显著影响农户的配方施肥技术选择行为，但对配方肥施用比例却没有预期的正向影响。通过调研，我们认为主要原因在于部分示范户仅是出于完成示范任务而选择配方施肥技术，对技术认识并不深入，从而出现虽然选择配方施肥技术但是配方肥施用比例却不高的现象。

4.5.3 小　结

(1) 配方肥技术对农户氮肥施用量的影响

由于农户氮肥施用量及其所产生的农业面源污染量之间存在着正向关联，在其他条件不变的情况下，农户氮肥施用量越多，则产生的农业面源污染量也就越多。因此，为了研究包括治理政策在内的影响因素对农业面源污染排放量的影响，就首先将其转化为研究包括测土配方技术推广政策在内的诸多影响因素对氮肥施用量的影响。

本部分研究内容首先从农户微观层面建立农户氮肥施用量的行为模型，探讨包括污染治理政策在内的影响因素对农户氮肥施用行为的影响。研究结果表明：治理政策特征对农户施肥量有显著的负影响：参加过化肥知识培训的农户施肥量明显少于不参加化肥知识培训的农户施肥量。采用测土配方技术的农户施肥量显著少于不采用测土配方施肥技术的农户，该技术的采用对农户施肥量存在明显负向影响（验证了假说3）。其他控制变量。是村干部的农户单位面积稻田施氮量要显著低于不是村干部的农户。土地肥力类型对农户施肥量的影响较大，说明土地肥力较差的农户倾向于多施化肥以弥补土地肥力不足。化肥价格对农户化肥施氮量有负向影响，但影响作用较小。稻谷商品率平方项对农户施氮量有负向影响，说明商品率较低和较高的农户都倾向少施化肥。农户的科学施肥能力特征对农户施肥量有负向影响。

（2）农户配方肥技术采用行为

江苏省用于治理化肥过量施用的配方肥技术推广工作是一项自愿性计划型政策，农户技术采用行为成为决定配方施肥技术推广工作成败的关键点。通过对影响农户配方肥技术采用的诸多因素进行研究，以期找到有助于提高农户技术采用率和采用强度的政策措施。

首先，农户配方肥技术采用前后的成本收益比较表明该技术有节本增收功效。

其次，将农户配方肥技术采用行为分解成两步：第一步是农户的技术选择行为，农户有选择与不选择技术两种情况；第二步是农户的技术采用强度，在实证中主要运用配方肥施用比例来衡量。

最后，农户配方肥技术采用行为实证研究结果表明，相对于户主基本特征和家庭生产经营特征而言，农户科学施肥能力特征、市场环境特征以及治理政策环境特征对农户的配方施肥技术选择与技术采用强度有更显著的影响。

具体而言，科学施肥能力越强农户更倾向于采用配方肥技术和更高的技术采用强度。

市场环境特征中配方肥价格对农户的技术选择和技术采用强度均有显著的负影响；农户所在村化肥经销店的个数对农户的技术选择和采用强度均存在显著负向影响，主要原因就在于大多数村级化肥店不是农技推广部门指定的配方肥销售点，店内只有部分或完全没有配方肥出售，化肥店出于自身利益考虑会增加"促销"力度游说农户购买本店的非配方肥，对配方施肥技术采用行为产生负面影响，表现出配方肥销售的市场失灵。

治理政策环境特征中是示范户、拿到配方卡、参加培训的次数越多以及所在乡培训总人数越多的农户越倾向选择配方施肥技术。就技术采用强度而言，拿到配方卡和参加培训的次数越多的农户，其配方肥施用比例越高。

该部分结果表明，农户的配方肥技术采用行为受农户施肥能力、市场环境、治理环境等因素的影响，并且不同因素的影响大小存在差异。至此，验证了假说 4。

4.6 江苏省农业面源污染治理实践

本部分主要从实践的角度分析江苏省农业面源污染的治理政策和治理成效，并将江苏省无锡市作为主要研究对象对上述内容展开研究。选择无锡市的原因有三：第一，无锡市于 2007 发生了惊动全国的"太湖蓝藻事件"，该事件是一个典型的水污染事件且后果严重，直接导致无锡市地区 70%、200 多万居民的供水危机，造成极大的社会反响。第二，无锡市在 2007 年"太湖蓝藻事件"爆发以后开始展开新一轮全面治污工作，投入大量人力物力，其环境污染治理的力度当属江苏之最。第三，虽然农业面源污染治理工作不是无锡市太湖治污的全部，但是随着太湖点源污染治理成效不断加强，农业面源污染治理工作已经成为无锡市太湖治理工作的一个核心部分且治理走在全省前列。

无锡市区域简介。无锡市地属苏南，2010 年全市实现地区生产总值 5758 亿元。按常住人口计算人均生产总值超过 9 万元，按现行汇率折算超过 1.3 万美元。无锡市素有"太湖名珠"美称，位于太湖之滨，长江三角洲的中部。全市总面积 4787.61 km^2（其中市区 1622.65 km^2），水面积 1277.1 km^2。无锡市的河湖水系概括为：北靠长江，南临太湖，中有江南运河，长江及太湖之间有锡澄、宜兴二大河网水系。无锡市水域中太湖及其湖湾面积达 613 km^2，占水域总面积的 48%。太湖流域在无锡市境内部分如表 4-33 所示。

表 4-33　　　　　　　　太湖流域无锡部分情况

湖泊	位置	面积（km^2）	境内岸线长度（m）	备注
太湖湖体	市区南部，宜兴以东	2003	48	无锡与苏州共有
梅梁湖（太湖西北部湖湾）	市区西南部	124.5	45	太湖西北部湖湾
贡湖（太湖北部湖湾）	市区东南部	147	24	太湖北部湖湾，与苏州市共有
竺山湖（太湖西北部湖湾）	市区马山西部	56.7	25	无锡市占面积一半左右，与常州共有

资料来源：引自王鸿涌（2009）。

4.6.1 压力—状态—响应分析

在对无锡市农业面源污染治理实践进行分析时，主要采用压力—状态—响应（Press – State – Response，PSR）政策分析框架。结合无锡实际，压力因子指无锡市生产生活行为对周围环境的影响和破坏；状态因子指无锡市农业面源污染结果；响应因子指无锡市面对农业面源污染造成环境质量下降的状态，采取的治理措施。

压力、状态及响应三因子之间在时间上是交错互织的，但为反映响应效果，在此大致确定一个响应环节的起点时间，以便用于环境状态治理前后对比。太湖治污实践本身可以追溯到1991年第一期太湖水环境治理工程，但是农业面源污染的治理起点较晚。在2008年《太湖流域水环境综合治理总体方案》中关于农业面源污染治理的说法是"农业面源污染治理开始启动"以及"农村面源污染治理严重滞后"，同时考虑到2007年9月《江苏省太湖水污染治理工作方案》中正式对农业面源污染控制指标提出明确要求，因此研究就以2007年作为响应环节的起点时间。分析示意如图4-15所示，响应因子中的治理政策和治理效果是分析重点。

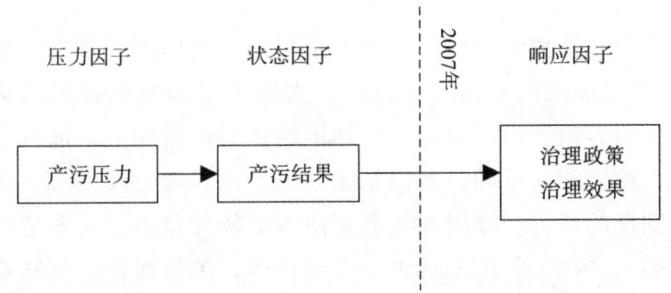

图4-15 无锡市农业面源污染压力—状态—响应模型分析示意图

4.6.1.1 压力因子

压力因子指无锡市农村居民生产、生活行为产生农业面源污染。结合农业面源污染的来源途径，我们分别从农田化肥、畜禽养殖、水产养殖、固体废弃物以及农村生活几方面对农业面源污染形成压力予以说明。

第一，农田化肥形成农业面源污染。主要表现为三点，首先，无锡市化肥施用经历"无—有—多"的过程。20世纪五六十年代，主要使用农家肥、自然肥，包括河湖淤泥，八九十年代化肥使用大量增加。无锡市环境监测中心站在1996年1月至1998年8月对水稻田和麦田的农田径流多次监测的加权平均值为：总氮是21.01毫克/升（范围在0.38~80.5毫克/升之间），总磷是0.14毫克/升（范围在0.01~0.32毫克/升之间）。目前包括无锡在内的太湖流域耕地平均化肥施用量每亩约40公斤，是全国平均水平的2.16倍，特别是氮肥的大量使用，给水体污染造成很大贡献。其次，无锡市农业大多为灌溉农业，灌溉水和灌溉余水污染加大了化肥的排放程度，该排放程度要远高于旱地作物因降雨形成的地面径流污染。最后，种植业结构调整，传统的粮、棉、油生产向菜、果、花生产转化，导致污染进一步加重。有研究表明，在包括无锡市在内的经济发达的流域地区，菜、果、花农田面积平均增长了4.4倍，而蔬菜的化肥施用强度和吸收均低于大田作物，造成农田污染的增加。

第二，畜禽养殖形成农业面源污染。主要表现为三点。首先，20世纪80年代以来，随着农业产业结构调整以及政府实施"菜篮子工程"，畜禽养殖量连年增加。其次，在养殖量增加的同时，单位产出的排污量（入水部分）相应增加，主要原因在于养殖规模化造成用水量增加，如养牛、猪、鸡养殖场棚圈冲洗、卫生用水增加。以牛为例，每头牛每天需用水50升，大量的排泄物随用水进入水体。最后，很多畜禽养殖场是傍河而建，且没有污水处理设施，污水直接入河较多。

第三，水产养殖形成农业面源污染。主要表现为四点。首先，水产养殖面积变大：自1982年试验围网养殖成功以后，太湖人工养殖业得到迅猛发展，养殖的主要形式是围网养殖，围栏养殖及沿湖围垦区的池塘养殖；地点主要集中在五里湖、竺山湖、梅梁湖、贡湖，尤以东太湖养殖面积超常发展。其次，水产养殖类型经历由鱼到蟹的过程，原因在于养蟹净收益较养鱼多。而养殖蟹类对水体的污染要高于鱼类。再次，养殖形式由粗养到精养，单位面积的饵料投入品种和数量均因追求产量而快速增加，过量饵料成为重要的污染源。最后，清塘底泥不再用作种植业底肥，排入水体成为又一污染源。

第四，农田固体废弃物形成农业面源污染。农作物秸秆资源丰富，但随着农村社会发展，农田秸秆利用率逐渐下降和弱化，造成秸秆大量废弃（如随意焚烧或堆积在田埂路边水旁），并跟随降水（尤其是暴雨）进入河道形成水体污染。蔬菜废弃物同秸秆相比，则更具有高营养成分特点，一旦腐烂变质更容易形成农业面源污染。

第五，农村生活形成农业面源污染。无锡地区农村生活条件较好，大部分的农村家庭均有自来水、卫生盥洗设备，并通过排污口或者雨水排污口排入水体，而小部分是明沟排放或直接泼洒在地，靠自然蒸发或渗入地下。但是经由排污口排出的水体，仅有少部分经过污水处理厂（处理能力严重不足），加上未经排污口部分，农村生活污水大部分以直接或间接方式排入到水系之中。

4.6.1.2 状态因子

来自农业的面源污染除一部分被环境自我净化而消化吸收以外，更多的是留在环境中并同其他来源的污染一同造成周边（水）环境质量下降，最后以极端事件形式爆发出来，"太湖蓝藻事件"就是其表现之一。2007年发生的惊动全国的"太湖蓝藻事件"，该污染事件直接导致无锡市地区70%、200多万居民的供水危机，造成极大的社会反响。事实上，自20世纪90年代以来，太湖流域富营养化趋势不断加强，蓝藻几乎年年不同程度暴发。每年春末至秋初间，梅梁湖中的藻类数量在每升450万至2亿个之间，超出了自来水对蓝藻水的处理工艺标准，对自来水的供应屡屡产生影响。

根据《太湖流域水环境综合治理总体方案》，导致2007年无锡供水危机的内因是蓝藻暴发，诱因是污水团，根本原因是长期污染。农业面源污染则在太湖长期污染中占有一席之地：根据《江苏省太湖流域水环境综合治理实施方案》数据，江苏省内太湖流域总氮和总磷来自农业面源污染的比例分别达到47%和66%；其中，总氮与总磷是太湖水体富营养化主要限制因子。

4.6.1.3 响应因子

随着城市点源污染治理的边际效用不断递减，农业面源污染治理开始引起广泛关注。包括无锡市在内的各级政府已经意识到：近年太湖污染治理效果并不理想的一个重要原因就是重点源轻面源，重工业轻农业，重城市轻农村，重治理轻预防；因此，政府逐年增加了对无锡市农业面源污染的治理力度。无锡市农业面源污染治理实践中的政策工具，根据已有文献分类方法，可以分成强制型、经济激励型、自愿计划以及其他四种类型。

第一，强制型政策（包括农业规划、标准制定），该方法是一种自上而下强制推行的方法。主要有：①推进农村城市化，农村人口向城镇集中，2010年城市规划率达到75%，2020年计划达到85%。②在农村内部建设农业农村污染控制区，通过建立统一的管理机构，对农村各种污染进行统一规划、分类综合处理、建设相应的工程设施。③对种植业重新规划：对农业集中经营，规模经营，调整种植结构，发展生态有机农业和都市农业。④对畜禽养殖业重新规划：划定畜禽禁养区、限制养殖区和适度养殖区。按照人畜分离的原则，在养殖大户相对密集的区域，建设清洁养殖小区；对环太湖1km及主要入湖河道上溯10km两侧1km范围划定畜禽禁养区，原有养殖场（户）必须在规定时间内关闭或迁移。对环太湖1~5km禁止新建畜禽养殖场，并对原有养殖场完善环保设施以达到"零"排放。⑤对水产养殖业重新规划。对现有连片规模养殖池塘进行合理布局，在同一区域内规划为主养区、混养区、湿地净化区和水源区四个功能区，构建生态养殖系统；将城镇、太湖周围和水源地附近的鱼池填平，改作绿化、风景建设或退鱼塘还湖。推进农村城市化进程，建设农村污水处理系统。⑥做好生活垃圾的定点集中收集、运输和无害化处理、资源化利用工作。⑦制订标准。制订太湖流域种植业单位面积施用氮、磷肥标准、农田径流污染控制标准、畜禽水产养殖的污染物排放和污水（肥水）处理标准；制订农村生活污水简易处理系统污染物排放标准等；建立农业污染源监测技术规范、建立生态农业园场建设管理标准等。

第二，经济激励型政策。主要包括绿肥补贴和有机肥补贴两大类。首先，针对农户种植绿肥实施补贴，鼓励种植业生产使用绿肥。种植绿肥补贴每亩60元，具体补贴环节及标准为：一是用种奖励。主要用于农民购买绿肥种子的补助，适宜的绿肥种类有紫云英（红花草）、黄花苜蓿、紫花苜蓿、苕子、箭舌豌豆、田菁及其他豆科作物（含肥饲结合、肥菜兼用的经济绿肥）等；按每亩用种2公斤，每公斤20元标准，每亩补贴40元。二是根瘤菌剂补贴。主要用于农民种植绿肥购买根瘤菌、促进绿肥生长等方面的物资补贴，每亩补贴10元。三是种植补贴。用于农民种植绿肥中的开沟排水、翻压掩埋等劳务补贴，每亩补贴10元。其次，有机肥补贴。为加快规模养殖有机废弃物无害化和资源化利用，发展商品有机肥生产，促进农村环境治理，提高耕地质量，对利用规模养殖畜禽粪便等有机废弃物为原料进行无害化发酵处理，生产推广商品有机肥进行补贴。对推广应用的商品有机肥实行零售最高限价，即每吨不高于520元，省级与地方财政补贴每吨200元，其中：省级财政补贴150元，项目县（市、区）财政补贴50元。财政补贴资金在农民购买有机肥时直接补贴给农民，即农户在购买有机肥时只需支付零售价扣除财政补贴后的部分。

第三，自愿计划型政策，主要是引导农户自愿采用环境友好型技术推广政策，类似于欧美国家所推行的农田最佳养分管理措施（BMPs）：①研发推广各种节氮控磷减农药技术：推广测土配方施肥技术，推行水稻—小麦、水稻—绿肥、水稻—油菜轮作制度，减少基肥用量，研究新型缓释肥，采用节水灌溉方法、减少农田余等。②推广稻麦草全量还田技术等。③在中小型养殖场大力推广畜禽养殖无污染或少污染的养殖和管理方式；在养殖大户相对密集的区域，建设清洁养殖小区，中小型畜禽养殖场大力推广发酵床生态养殖技术，实现养殖场（圈、栏）无冲洗零排放。④在鱼池区域内推广养殖区和湿地处理净化区技术。

第四，其他政策：①大型生态修复工程。该政策由政府牵头进行，如全面启动贡湖湾等湖岸湿地工程，沿太湖纵深200米范围内开展生态修复，建设防护林和入湖河道生态绿地等，建设农田生态沟和生态隔离带、建设农田余水入河前置库以及建设河道生态修复方廊道等。②对秸秆和农副产品及加工废弃物等，抓紧研制变废为宝产业化的综合再利用技术。③辅助政策。为配合上述治理政策，采用宣传教育，增强环保责任等辅助措施，加强农户保护环境的责任感，要使农户意识到"自己既是污染的贡献者，又是受害者，治理的责任人、决策的监督人"。

4.6.2 治理成效分析

再次运用第3章的单元调查法，并根据无锡市当地实际确定排放系数，结合历年《无锡市统计年鉴》相关数据估算得出近几年无锡市农业面源污染排放的总氮、总磷值如图4-16所示。与前一年相比2007年、2008年和2009年总氮排放量分别减少252.72吨、570.41吨和294.64吨，总磷排放量分别减少2.15吨、45.84吨和19.76吨。说明该市农业面源污染治理工作初见成效。

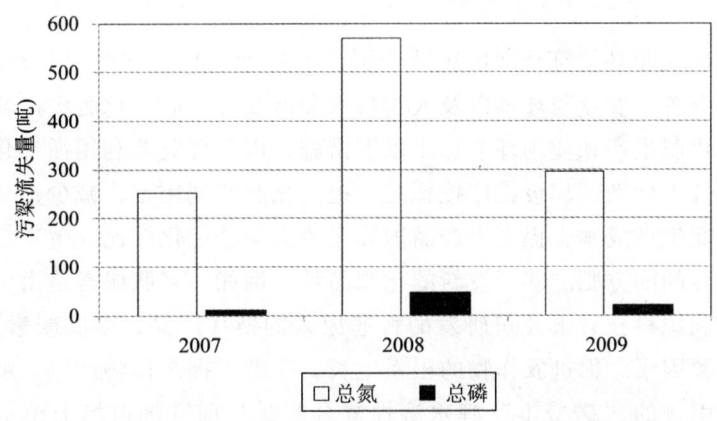

图4-16 2007~2009年无锡市农业面源污染总氮与总磷年度减少量

4.6.3 小 结

运用"压力—状态—响应"政策分析框架对无锡市农业面源污染治理实践进行分析。结果表明，农业中农田化肥、畜禽养殖、水产养殖、固体废弃物以及农村生活等给无锡市及周边流域生态环境带来压力，并直接造成周边流域环境质量的下降；政府部门已着手运用大量的强制型（如规划与标准的制定）、经济激励型（如绿肥补贴与有机肥补贴）、自愿计划型（如测土配方施肥技术推广）等政策治理工具对农业面源污染进行响应与治理。

在利用单元调查法估算得出无锡市农业面源污染量的基础上，进一步得到2007年、2008年和2009年无锡市农业面源污染总氮分别较前一年减少252.72吨、570.41吨和294.64吨，总磷分别较前一年减少2.15吨、45.84吨和19.76吨，说明无锡市农业面源污染治理工作已初见成效。

4.7 构建提高化肥使用效率的资源节约型农业产业体系

4.7.1 资源节约型的化肥生产体系

发展现代农业必须符合加快建设"资源节约型、环境友好型"社会的要求，保持农业与资源、农业与环境以及人与自然和谐友好发展。化肥生产耗用的资源多，为此在化肥生产和使用环节提出以下措施，以实现资源利用循环化：①注重化肥市场的技术创新，积极推广控释肥，提高化肥的利用率，减少浪费，减少污染，降低农业生产成本，提高农产品国际竞争力。②优化配比，生产符合土壤需要和作物需要的配方肥。③开发新的化肥品种。例如，多肽尿素是由山东中农润田公司与瑞利源科技有限公司研发的普通尿素的换代产品，多肽尿素含多肽素，有抗重茬能源因子，促进农作物的根系生长，有助于提高作物产量。浙江爱普贸易有限公司引进的"诺普丰"牌水溶性复合肥是目前欧洲市场上销量最大的水溶性肥料之一。滴灌施肥技术对节省劳动力、提高农产品品质、增加产量都有很大帮助，并且可节省50%水和化肥施用量。④建立质量标准，加快法规建设。增强标准化意识，积极应对国际技术壁垒。随着国际市场中对化肥环保性要求越来越高，我们应加快与国际标准接轨，需要制定化肥的国家和行业标准，引导企业制定严格的检验检测程序，根据我国原料、工艺特点，生产出更加环保型的化肥产品。

4.7.2 资源节约型的化肥流通体系

国家应鼓励大型化肥生产、流通企业以及具备一定实力和规模的社会资本通过兼并重组等方式，整合资源，发展连锁和集约化经营。对建设和完善区域性化肥交易市场以及化肥储备、经营与现代物流设施的，各级政府要积极予以扶持。化肥交易市场要建立健全化肥产品质量管理制度，不断完善交易规则，有效保护客户的合法权益。

完善最后一公里的化肥流通体系。完善基层（村级）配方肥销售渠道。研究结果表明村级化肥店个数对农户配方肥技术采用行为有消极影响，主要原因在于目前负责配方肥销售的主体是大中型肥料产销企业，它们的基层（尤其是村级）销售渠道还不太健全，而普通村级化肥店主要销售廉价化肥。因此为确保基层农民能及时买到放心配方肥，可引导大中型企业进一步运用连锁、超市、配送等现代物流手段完善村级供肥服务网络。

4.7.3 资源节约型的化肥科技推广体系

切实贯彻"高产、优质、高效、生态、安全"的指导思想，大力推进符合这一要求的已有施肥技术。为此，一方面，亟需加强农业技术推广体系建设，明确其公益性质，提高农技推广人员的环境意识；另一方面，还需从政策上促进规模化生产的发展，包括加强农民专业经济合作组织的建设，种植业专业户的发展等，以提高规模效益，并有利于先进农业技术的推广和应用。同时，进一步开展新技术的研究。已有的成熟技术很多，例如：测土配方施肥，"前氮后移"，深施和水肥综合管理技术；高产地区避免盲目过量施氮的"区域总量控制与田块适当调整相结合"的施氮量推荐技术；在水稻高产地区积极推广水稻精确定量施氮技术；在粮食高产区和基础条件好的区域，结合测土配方施肥项目，建立县域尺度的耕地管理和施肥决策系统。

进一步加大测土配方施肥技术推广力度。研究结果表明，测土配方施肥技术的减氮效果明显，因此，应当加大测土配方施肥技术推广力度。同时为提高农户配方施肥技术采用率。第一，将测土配方施肥技术推广工作做细做精。为提高农户采用率，需要保证测土工作常态化（如每年测土）以提高测土精度，用更因地制宜的小配方代替笼而统之的大配方；在经费有限的前提下，建议适度缩小配方肥推广面积，力争做细做精。对江苏省内种植地块按种植作物主要类别进行分区分块，对各区域内主要作物优先推行配方施肥技术，达到以点带面，逐步推进的效果。第二，适当利用配方肥价格杠杆作用。研究结果表明，配方肥价格对技术采用行为有显著负面影响，因此，建议适度降低配方价格。第三，深入开展教育培训工作。研究结果表明，教育培训对技术选择和配方肥施用比例均有显著正向影响，通过培训、教育提高农户科学认识和使用配方肥的能力，并结合舆论力量、农户从众行为等因素一起推动更多农户采用配方施肥技术。第四，提高配方卡入户比例。配方卡本身是针对农户情况所制订"一对一"配方肥施用指南，是农户配方施肥的直接依据。研究表明，农户领到配方卡对技术采用行为有积极影响，因此，有必要做好配方卡入户工作。同时，在进一步提高入户比例基础上，要做好跟踪服务、指导工作，及时解决农户疑问，提高技术采用率和采用强度。第五，加强对示范户指导，深度挖掘示范户的示范力量。研究结果表明，农户一旦成为"示范户"，其选择配方施肥技术倾向提高，但对配方肥施用比例没有显著影响，这说明目前农技部门对部分示范户的指导很大程度上仅止于该示范户已采用技术，有必要对示范户深入指导以提高其配方肥施用比例，进一步挖掘示范户的榜样力量。第六，完善基层（村级）配方肥销售渠道。研究结果表明村级化肥店个数对农户技术采用行为有消极影响，主要原因在于目前负责配方肥销售的主体是大中型肥料产销企业，它们的基层（尤其是村级）销售渠道还不太健全，而其他普通村级化肥店没有或少有配方肥销售。因此为确保基层农民能及时买到放心配方肥，可引导大中型企业进一步运用连锁、超市、配送等现代物流手段完善村级供肥服务网络。

将坚持化肥、有机肥料相配合的施肥制度作为实施可持续发展战略的一个重要内容，努力提高有机肥资源的农业利用比例以及生活污水和养殖场牲畜排泄物的无害化处理率和资源化率。制定政策和法规，积极鼓励施用有机肥料、限制人畜粪尿的随意排放；改进技术，以减少在积肥、造肥和储运过程中的养分损失。

5. 基于农业机械使用的劳动力资源节约型农业产业体系

农业机械化是现代农业的重要标志之一，对于推动现代农业发展发挥着不可估量的作用，农业机械化水平的高低直接决定着一个国家的农业发展水平。农业机械化的发展实际上是科技的进步，发展现代农业需要的正是新型机械与新技术的完美融合。农业机械化的发展不仅仅是先进的农业机械代替人力、畜力，还是先进的农业机械操作突破传统的人力、畜力所不能承受的农业生产规模，在农业生产规模上有了量的突破。农业机械化解放了劳动力，将我国农民从繁重的劳动中解脱出来，用先进的农业机械代替了人力和畜力，减轻了人们的劳动负担，提高了农业生产效率。

5.1 农业劳动力转移和中国农业机械使用发展现状

5.1.1 城镇化、工业化背景下的劳动力转移

改革开放之后特别是近十余年以来，随着城镇化和工业化的快速推进，农业

剩余劳动力向非农产业发生大规模转移。截至2010年，全国从事非农就业6个月以上的农民工达到2.42亿人，其中，外出务工的农民工数量达到1.53亿人。这一人类和平历史上最大规模的迁移对我国社会经济变迁产生了深刻影响。农业劳动力大规模转移对当前农业生产的影响主要表现在以下两个方面：一是由于农业劳动力机会成本的增加，农业生产用工成本迅速上升；二是农村劳动力年龄结构发生显著变化，以中青年为主的劳动力流动使得农村人口老龄化问题愈发突出。当前在农业生产面临劳动力结构性短缺和季节性短缺的背景下，实现农业机械化对农业劳动力的替代意义重大。

5.1.2 中国农业机械使用现状

5.1.2.1 中国农业机械使用概况

目前，我国总体耕种收综合机械化水平已接近60%（张宗毅，2013），其中，小麦已基本实现生产机械化，机耕、机播、机收水平分别已达到98.9%、86.1%和90.8%，其中华北平原、长江下游平原等主产区耕种收机械化水平基本接近100%；机播水平较低主要是由于南方低缓丘陵区和西南丘陵山区机播水平分别只有32.1%和11.1%；机收水平只有90%，也主要是由于西南丘陵山区小麦机收水平只有20.62%，但这一现状短时间内难以有较大改变。对于水稻生产机械化，机耕、机械种植、机收水平已分别达到94.8%、31.8%和73.7%。其中，机械种植水平较低主要是由于水稻种植面积占全国水稻种植面积51.2%的南方低缓丘陵区水稻种植机械化水平只有16%，种植面积比例占全国14.8%的西南丘陵山区的水稻种植机械化水平只有7.1%，东北主产区水稻种植机械化已基本实现，长江下游平原区水稻种植机械化水平已超过50%；收获机械化水平相对较低，主要是由于主产区西南丘陵山区水稻收获机械化水平只有33.84%。今后水稻生产机械化水平的提高，主要依赖于南方低缓丘陵区和西南丘陵山区。玉米生产机械化，机耕、机播、机收水平分别已达到93.8%、82.1%和42.4%，其中，机播水平相对较低主要是由于主产区西南丘陵山区和黄土高原及西北地区机播水平分别只有0.31%和67.41%，东北地区、华北平原、黄土高原及西北地区等玉米主产区的玉米机收水平还有较大提升空间。大豆的耕种收机械化水平主要在东北主产区较高，在全国其他地区还相对较低，特别是南方低缓丘陵区和西南丘陵山区，在华北平原和长江下游平原有一定提升空间。马铃薯生产机械化，机耕、机播、机收水平分别只有50.22%、21.42%和19.41%，在播种面积占全国41.39%的西南丘陵山区和占25.69%的黄土高原及西北地区，机播水平分别只有0.12%和26.49%，机收水平分别只有0.29%和24.62%。占农作物播种面积比例达12.45%的蔬菜播种和收获机械化水平仅处于起步阶段甚至空白阶段。占农作物播种面积10.26%的经济作物（油菜、花生、棉花），关键环节机械化水平均较低。占农作物播种面积达8.82%的茶园、果园，其机械化生产水平十分低下。

虽然我国农业机械化水平在近年有了较为长足的发展，但主要农作物的全程生产机械化目标还远未完成，其中在播种和收获环节存在明显不足，在播种环节，三大粮食作物中的水稻种植机械化水平不足30%，油菜、马铃薯种植机械化水平不足20%，花生种植机械化水平也不足40%；从收获环节来看，三大粮食作物中的玉米收获机械化水平仍然不足40%，油菜、马铃薯、花生、棉花等收获机械化水平在20%左右；甘蔗、蔬菜、水果、茶叶等作物的种植、收获、初加工环节机械化水平较低；畜牧业、渔业的产品采集、饲料投喂、环境控制等环节机械化水平较低。

虽然我国农业机械化目标还未完成，但是近年来一些农作物的关键环节机械化水平提升迅速。主要表现在：①水稻种植与收获机械化水平快速提升。全国水稻种植机械化水平年均增长5%~6%，水稻收获机械化水平全国平均以4~5个百分点增加；②玉米收获机械化水平快速提升，全国玉米收获机械化水平平均增长7%~9%，仅东北主产区2012年比2011年就提升15.1%；③油菜收获机械化水平有所提高，2012年全国油菜收获机械化水平比2011年提高3.4%，其中长江下游平原地区和南方低缓丘陵区这两个主产区的油菜收获机械化水平分别提高6%和5.4%。

5.1.2.2 中国农业机械装备特征

(1) 不同规模农业机械装备发展呈现两极化

从中国农业机械的装备结构特征来看，种植业机械呈现两极化发展趋势，装备区域布局逐步趋于合理。不同规模的农业机械分布呈现出区域性特征。随着经营规模的扩大和补贴力度的增加，小型、单一功能机械逐渐退出平原地区，大中型、多功能机械逐渐成为主要生产工具，大中型拖拉机、联合收割机分别替代手扶拖拉机和割晒机；使丘陵山区的农业机械空白逐渐被填补，适宜丘陵山区的小型机械保有量快速上升（如微耕机、耕整机和割晒机等）。

近年来，耕整机、拖拉机保有量年增长率最高的是适宜平原地区的大型拖拉机和适宜丘陵山区的耕整机，中型拖拉机经历了快速增长的阶段后目前增速正在快速下降,而小型拖拉机增长率则处于整体下降的趋势,手扶拖拉机保有量在2012年首次下降。农机装备结构两极化发展趋势明显,这表明平原地区农业装备出现大型化趋势,丘陵山地的农机装备空白(主要是耕种环节)正在迅速被填补。

(2) 不同地貌特征区域间机械化发展不平衡

农业机械化在不同区域之间发展的不平衡将会严重制约我国农业机械化水平的整体提高,而不同区域机械化发展水平主要由当地的地形地貌所决定。从不同地貌特征区域的机械化发展水平来看,目前我国农业机械化水平的差距主要体现在丘陵和西部地区(西南丘陵山区、南方低缓丘陵区和黄土高原等地区)与全国其他地区之间的差距,特别是在播种环节的差距,并且存在差距逐年扩大的趋势,特别是西南丘陵山区与全国其他地区的差距扩大趋势更加显著。

(3) 农机合作社成为中国农机发展的主体

从中国农业机械化的发展主体来看,近年来农机专业合作组织依托自身优势快速发展,成为促进农业生产机械化的新生力量和主要力量。近年来,农机专业合作社得到了迅猛发展,农机专业合作社的数量和参社人数均快速增长,2008年到2012年间,全国农机专业合作社由8622个增长到34429个,参社人员由10.7万人增至81.8万人,农机专业合作社从业人员占农业机械化服务人员的比重由14.7%提高至56.4%。从现实发展状况来看,农机专业合作社已经成为农业生产的生力军,为提高中国农业综合生产能力和保障粮食安全提供了重要支撑。

5.1.3 中国农业机械面临的机遇及存在的问题

5.1.3.1 中国农业机械化发展面临的有利因素

当前,中国农业机械化面临着重大的发展机遇,主要体现在以下几个方面:

(1) 农机扶持力度不断加大

2004年11月1日生效的《中华人民共和国农业机械化促进法》第27条规定:"中央财政、省级财政应当分别安排专项资金,对农民和农业生产经营组织购买国家支持推广的先进适用的农业机械给予补贴"。按照党中央国务院的部署,财政部、农业部于2004年共同启动实施了农机购置补贴政策,并于当年安排0.7亿元补贴资金在66个县实施。此后,中央财政不断加大投入力度,补贴资金规模连年大幅度增长,实施范围扩大到全国所有农牧县和农场。2013年全国农机补贴资金从 2012 年的 215 亿元上升到 217.5 亿元。农业部在东北地区、黄淮海地区、西北地区、南方蔗区从 2010 年开始实施农机深松整地作业补贴，补贴范围、补贴资金规模在 2013 年都得到了进一步加强。同时，一些省份也开展了机插秧作业补贴、秸秆还田作业补贴等试点，为推广农机化技术、保障农业综合生产能力起到了积极作用。2013 年，农机报废更新补贴试点工作继续实施，同时实施范围进一步扩大。2013 年 10 月，为了进一步推动农机社会化服务，农业部出台了《关于大力推进农机社会化服务的意见》（农机发 [2013] 3 号），为各级农机部门争取农机社会化服务扶持政策提供了有力依据。

(2) 农业劳动力成本快速上升，农村劳动力转移加速，农业机械化刚性需求增加

当前，在我国长三角、珠三角等经济发达、二三产业用工量需求较大的地区，用工短缺已经成为常态，而且这种"用工荒"已经从长三角、珠三角地区扩散到全国大部分地区，甚至延伸到安徽、河南、四川等传统劳动力输出大省。劳动力供求失衡产生的"用工荒"直接提高了农村劳动力从事农业的机会成本，机会成本的上升导致农业劳动力向城市及二三产业转移，进而催生了农业机械化的发展机遇。当前我国正处于城镇化加速发展和工业化中期阶段，最近 10 年来，我国农业劳动力正在以年均 1000 万人左右的速度快速下降。在农业劳动力日趋女性化和老龄化的大背景下，要保障农业生产和粮食安全，农业对农业机械化的需求更加迫切。

(3) 高标准农田建设得到重视，农业机械化发展条件逐渐成熟

建设高标准农田，有利于田间机械化作业，便于经营管理，是稳定农业生产、确保国家粮食安全的重要手段，特别是对于西南丘陵山区和南方低缓丘陵稻区更是如此。2012 年，国务院批准颁布了由国土资源部会同有关部门编制的《全国土地整治规划（2011～2015 年）》，该规划提出"到 2015 年，新建 4 亿亩旱涝保收高标准基本农田"，而全国各地也纷纷出台了各自的高标准基本农田建设规划，如湖北省在 2012 年出台的《湖北省高标准基本农田建设规划（2011～2015 年）》中提出"在'十二五'期间，将力争建设旱涝保收高标准基本农田 2500 万亩"，四川省出台了《建设 1000 万亩高标准农田工程规划纲要（2011～2015 年）》，江西省在 2011 年出台的《江西省人民政府关于整合资金建设高标准农田的指导意见》中提出在"十二五"期间建设高标准农田 800 万亩。各级政府对高标准农田建设的高度重视，将为农业机械化发展条件的改善奠定良好基础。

5.1.3.2 中国农业机械化发展存在的问题

中国农业机械化面临良好的发展机遇，但同时也存在一些现实问题。主要表现在以下几点：

(1) 主要粮食作物机械化水平上升空间有限，蔬菜、林果机械化技术瓶颈较大

目前我国虽然正在经历着农业机械化水平的高速提升阶段，但主要粮食作物生产机械化水平提升的空间逐渐降低，面临的技术瓶颈和推广难度正在逐渐增大，应提前谋划，做好战略布局和技术储备。

(2) 经济作物、蔬菜、林果等机械化技术供给不足

以上作物的关键环节机械化水平较低，主要是由于相关机械化技术供给严重不足，关键环节机械化技术与装备缺乏或不成熟，严重制约了这些作物的机械化水平提高。今后农业机械化水平提升的空间逐渐降低，面临的技术瓶颈和推广难度正在逐渐增大。同时，除种植业以外，畜禽养殖业、渔业生产机械化技术供给也亟待加强。

(3) 能源价格波动影响农户从事农机作业的积极性

燃油价格高企以及燃油税会提高农机作业成本，进而影响农机户从事农机作业的积极性。由于农机保有量的增多和农机作业市场竞争日趋激烈，能源成本的额外增加，如果转嫁给农业生产者则会增加农业生产成本，降低农机使用需求；如果农机户不能通过提高作业价格转移给购买作业服务的农户，则会挫伤农机户继续从事农机作业服务的积极性。

(4) 生产规模偏小制约装备结构优化

理论上，功率越大的机械效率越高，但盈亏平衡的最小经济作业规模也越大。对于有限的作业规模，大型机械不仅入地作业受限，而且十分不经济。整体经营规模较小的现实，导致即使平原地区也普遍使用小型机，一些地区家家户户有小四轮的现象仍然存在，制约了农机装备利用率的提升，耕地的细碎化和农田基础设施建设的落后，严重制约农业机械化的发展。

5.2 中国农业机械的调研分析：以花生为例

众所周知，规模化、机械化是将来我国花生生产科技发展的重要方向。除水稻、小麦等主要粮食作物的机械化水平较高以外，大部分农作物机械化水平较低。而作为中国总产量最高的油料作物，花生主要种植在旱地、坡地、边角地，地块不规整成为机械化发展的制约。然而，无论是与发达国家相比还是与粮食作物相比，当前花生主产区机械化发展的整体水平偏低，尤其是用工量最大的收获环节，其机械化尚处于发展初期。在当前城镇化、工业化发展趋势下，农业劳动力大规模转移导致农村劳动力呈现出老龄化、兼业化程度加深的局面，农业劳动投入的时间和精力受到限制，而当前花生主产区机械化程度偏低的现状显然不利于花生生产的发展。

本书将以花生为例，对花生农业机械的使用现状进行分析。本部分首先梳理花生生产机械化发展现状，特别是主产区花生收获机械的应用情况；其次分析主产区花生机械化收获的制约因素；最后分析农户花生生产机械化收获技术采纳的影响因素。

5.2.1 花生农业机械化的现状

在当前城镇化、工业化的发展趋势下，农村青壮年劳动力大量转移，我国各花生主产区也逐渐暴露出农业劳动力结构性短缺和季节性短缺的问题，这对于用工量较大、机械化水平不高的花生生产而言，无疑是制约其发展的重要因素。总体而言，我国花生生产的机械化还处于发展初期，不仅与发达国家相比还有较大差距，且与我国水稻、小麦等主要粮食作物的机械化水平相比仍有较大差距。2012年我国花生生产耕作、播种和收获环节的机械化水平分别为66.7%、38.5%和26%，综合机械化水平为54.5%，可见花生生产机械化程度远远滞后于中国农业机械化的平均水平，主要原因是播种和收获环节的机械化水平较低，尤其是收获环节。从技术可及性上讲，花生生产过程中的耕整地农机与灌溉、植保机械均属于通用机具，目前基本可以满足生产的要求；花生播种机械也已经基本成熟，示范和推广工作正在主产区逐步开展；而花生收获阶段由于用工量大、工序复杂，机械化收获技术尤其是联合收获技术的难度较大，是我国花生机械化生产发展的重点和难点。

花生收获作业用工量占生产全过程的1/3以上，作业成本占生产总成本50%左右，是我国花生机械化生产发展的重点和难点。花生适收期短，季节性强，人工收获劳动强度大、费时费力。而适期收获是确保花生产量和品质的重要措施，收获过早，影响养分积累，容易导致荚果不饱满，出仁率低，品质下降；收获过晚，果柄干枯霉变、果实易脱落，增加了收获时的损失率，造成减产；收获越晚，气温越低越不易晒果，遇霜冻还会受冻，影响花生品质，甚至丧失活力，发芽率受到影响。因此，机械化收获技术的推广有利于提高收获的效率，争抢农时，确保花生的产量和品质，达到节本增效的目的。

花生机械化收获又分为机械化分段收获和机械化联合收获。花生机械化分段收获即由多种不同设备分段完成整个收获作业过程，常用的分段收获设备有挖掘犁、挖掘（收获）机、摘果机、复收机、捡拾联合收获机等。机械化联合收获是指由一台设备一次完成挖掘、清土、摘果、果杂分离、果实收集和秧蔓处理等收获作业，是当前集成度最高的花生机械化收获技术。我国花生机收水平较低，大部分地区花生收获方式仍以人工收获为主，部分花生主产区采用带挖掘、抖土与铺放功能的花生收获机或者仅带挖掘装置的花生挖掘犁完成田间收获，再在场上用花生摘果机进行摘果作业，而一次性完成全部收获工序的花生机械化联合收获技术尚处于主产区示范和推广阶段。

花生收获阶段机械种类较多，各具功能特点。现阶段花生收获过程中应用较多的机械是花生挖掘收获机，可一次完成挖掘、抖土、铺放等工序，主要应用于山东、河南、河北和东北等花生主产区。花生摘果设备中具有代表性的是全喂入式花生摘果机，它是一种场上作业设备，可完成花生的摘果、分离和清选等作业任务，主要用于从晾干后的花生蔓上摘果，推广应用的范围主要集中在我国山东、河南、河北和东北等主产区。对于联合收获技术需求最为迫切的地区是山东、河南等花生主产区，因为这些地区花生生产规模大、茬口安排紧凑、农业劳动力短缺的矛盾日益凸显。目前已有研发成功的联合收获机械在部分主产区进行了示范和推广工作，小批量生产及小范围销售，并进入地方或国家农机购置补贴目录。然而此类设备尚需进一步的改进和优化，尤其是在降低损失率和提高适应性等方面还需要技术改进。

对于花生生产而言，其生产过程中对劳动力投入的要求较为复杂，劳动力成本在花生生产成本中占据相当大的比重。图 5-1 给出了改革开放以来花生生产的人工成本及其占总生产成本的变化趋势。改革开放以来，花生生产的人工成本快速增加，进入 21 世纪以来增长尤其迅猛，2011 年人工成本达到 400 元/亩，是 2000 年的 2.4 倍。人工成本占总生产成本的比重为 50% 左右。

可以预见的是，随着城镇化和工业化的快速推进，农业劳动力进一步转移，花生生产的用工成本还将进一步提高。虽然在世界范围内，花生生产整体机械化水平普遍不高，尚属于劳动密集型产业，而我国相对廉价的劳动力成本造就了我国花生生产的比较优势地位，然而在农户非农就业渠道拓宽、农业劳动力机会成本不断攀升的经济发展趋势下，花生生产中劳动投入成本的进一步增加只会减弱原有的比较优势，且与农户收入极大化目标相违背。由此可见，基于追求花生比较优势和增加农户收入的双重因素考虑，中国花生生产应当朝着规模化经营和大力发展机械化的目标迈进。

5. 基于农业机械使用的劳动力资源节约型农业产业体系

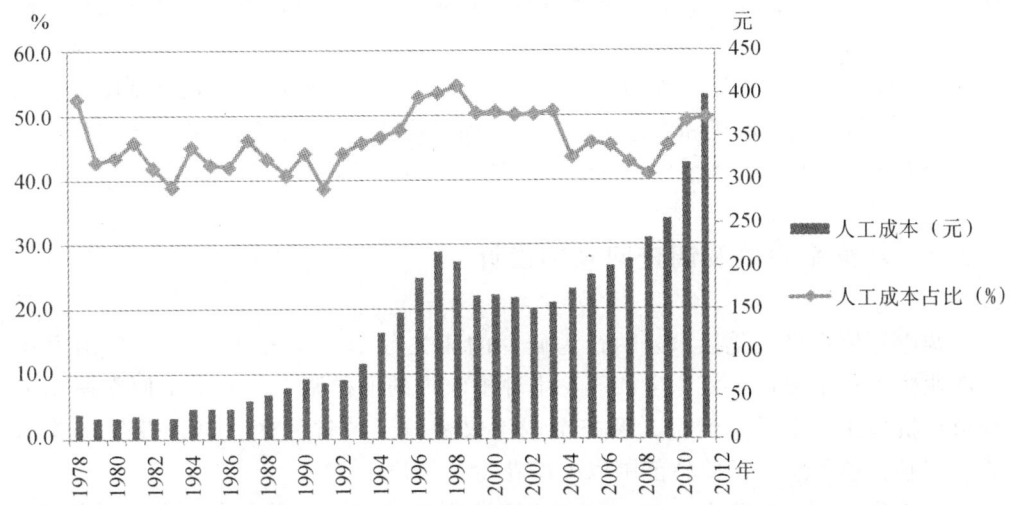

图 5-1　1978~2011 年花生生产人工成本和人工成本占总生产成本比重

数据来源：《全国农产品成本收益资料汇编》（1979~2012 年）。

近年来随着农业劳动力机会成本的增加，花生生产劳动用工成本居高不下，而作为对劳动投入有效替代的花生生产机械化技术的发展却较为滞后，这在很大程度上影响了农户花生生产的积极性。当前，我国花生生产机械化不仅与发达国家相比还处于较低水平，且与我国水稻、小麦等主要粮食作物的机械化水平相比也有较大差距。2011 年我国花生生产耕、种、收机械化水平分别为 58.3%、34.6% 和 23.3%，而小麦耕、种、收机械化水平已分别达到 89.9%、86.0% 和 91.1%[①]，可见花生生产机械化水平相对滞后，尤其是播种和收获环节的机械化水平较低。因为花生生产耕整地所用机具属于通用机具，目前基本可以满足生产要求，而花生播种和收获环节工序相对复杂（尤其是收获环节），对机械化技术的要求较高。我国现使用的花生播种机包括单行精播机、花生播种覆膜机、多功能花生旋播覆膜机、花生播种铺膜联合作业机，有些播种铺膜联合作业机可以实现一台播种机同时完成起垄、播种、覆膜、打孔、覆土等多功能作业。花生收获环节的机械化作业主要有分段收获和联合收获两种类型。其中，分段收获是由多种不同设备分段完成整个收获作业过程，常用设备主要有挖掘犁、挖掘（收获）机、摘果机等；而联合收获机是当前集成度最高的花生机械化收获技术，从挖掘、清土、摘果、果秧分离、果实收集到秧蔓处理等收获作业可由一台设备一次

---

① 根据《2012 年全国农业机械化统计年报》相关数据整理计算。

性完成。从技术供给来讲，花生播种和收获机械从研发到推广需要较长的过程，性能和质量还不能完全满足要求。尤其是花生联合收获机械，尚处于示范推广和小批量生产阶段，可靠性和适应性仍有待完善。从技术需求方面而言，栽培制度、土地平整度、土壤质地、农机和农艺是否配套等因素均会影响机械作业的工作效率，农业经营方式和作业收费水平也会影响花生种植户对机械化技术的采纳决策。

5.2.2 数据来源以及调查问卷的设计

花生种植户机械化技术采纳行为研究的相关数据主要来自于2012年国家花生产业体系对全国各主要花生产区花生种植农户的抽样调查。为了全面掌握花生种植户机械化技术采纳情况，调查范围不仅覆盖了各省（区、市）花生试验站的示范县，还兼顾了试验站范围以外的花生种植户。

由于我国南方丘陵山区花生生产的机械化技术（尤其是收获环节的机械化）尚处于起步的初期阶段，因此本书主要以花生机械化技术推广应用前景较好的长江流域及长江以北的花生产区为研究样本，样本选取于吉林、辽宁、河北、山西、陕西、新疆、湖北、河南、山东、安徽和江苏共11个花生主要产区，有效样本量为474份。

5.3 中国花生种植户机械化技术采纳行为实证分析

农民是农业机械技术采纳和推广的主体，农户对机械技术的采纳行为决定着农业科研投入能否转化成实际生产力。研究种植户机械化技术采纳行为的特点、影响因素，可以为农业机械技术的推广提供理论基础，也可以为各级政府出台扶持政策提供决策依据。

5.3.1 制约花生机械化收获的因素分析

5.3.1.1 自然地理条件

（1）地形地貌

中国花生种植范围广泛，同时由于花生具有较强的耐旱、耐贫瘠等特性，因而花生种植除了广泛分布于平原外，还大量分布在丘陵地、旱坡地和山地等地理环境中。中国长江流域以北地区花生种植户的花生用地类型与长江流域及其以南地区有较大差异。据调研数据的统计结果显示，长江流域以北花生产区的农户花生用地以平原为主，约占70.45%，丘陵地占17.36%，坡地和山地占12.19%；长江流域及其以南的花生产区用地地形复杂多样，平原地区仅占1/3，丘陵地占34.18%，坡地占16.84%，山地占13.01%。上述原因完全可以从地形地貌层面解释北方产区花生机械化水平普遍要高于南方产区。北方地形相对平坦，容易推广大型机械；南方地形地貌相对复杂多样，土地集中程度和平整度差，机械田间操作困难，工作效率低，有些地区甚至不具备机械作业的基本条件。

（2）土壤条件

我国各花生主产区土壤质地的差异性大，对机械化收获技术的推广也有一定的影响。且不论土壤颜色，就质地来讲花生地土壤类型主要有沙土、沙壤土、壤土和黏土等。但无论何种土质，花生机械化作业对土壤的含水率是有一定要求的。尤其是在机械化收获环节，适宜的含水率是保证机械设备工作顺畅、动力消耗少、机收损失率低的基本要求。然而在花生收获季节，特别是遇上阴雨天气，往往无法保证土壤的含水率。根据陈有庆等（2012）田间试验的经验判断："收获机械对壤土和黏土的含水率要求最严格，但是对沙土含水率的要求最低。可见沙土地更有利于机械化收获技术的推广，而我国沙土和沙壤土分布最为集中的区域是黄淮海地区和东北农牧交错带"[①]。与现实情况相符合的是，位于该区域的花生主产区机械化收获整体水平位于全国前列。

5.3.1.2 农艺因素

农业生产的规模化和标准化是保证农业机械作业效率的重要条件，花生生产也不例外。现阶段我国花生生产的标准化程度较低，农机农艺相互脱节，这对于农业机械化技术的推广尤其是对标准化要求较高的联合收获技术的推广增加了难度。

首先，从主产区花生种植模式来看，当前我国花生种植模式呈现多样化的特点，不少地区花生种植模式与收获机械设备不匹配。因为花生收获机的作业幅宽通常是固定不变的，因此花生种植的行间距要与机械作业幅宽相适应，不适宜的行间距往往会给机械化收获带来困难，还会造成落埋果损失；对于对行收获的花

---

① 资料来源于万书波、郭洪海等著：《中国花生品质区划》，科学出版社2012年6月版。附件彩图16：中国土壤质地（土壤砂粒含量）分布。该情况也与笔者对农户调研资料中花生土壤类型统计的信息基本吻合。

生联合收获机,对花生种植规范要求更严格,通常要求采用标准化的种植模式,以确保需要机收的花生行间距保持统一。我国设计的花生联合收获机考虑了主产区的花生种植模式,最适宜机械收获条件的花生种植模式是宽窄行垄作的方式(如图5-2)。而我国花生种植模式地区间差异较大,有的实行垄作,有的实行平作,有的地区按大小行种植等,生产的标准化程度也较低。不仅如此,根据调研情况来看,在山东、河南、河北等花生主产区还广泛存在着套作(花生与玉米、小麦等套作),以及南方的广东、四川等花生主产区较为多见的花生与其他经济作物间作(花生与甘蔗、辣椒、果树等间作)的种植模式,这些都给花生机械化收获技术的推广增加了难度。

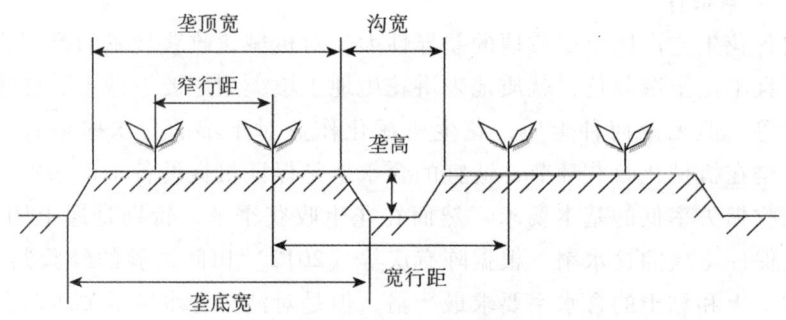

图 5-2 主产区花生种植模式示意图

资料来源:胡志超、陈有庆等:"振动筛式花生收获机的设计与试验",《农业工程学报》2008 第 24 期。

其次,我国花生的综合性状可分为四种类型:普通型、珍珠豆型、多粒型和龙生型,不同类型品种的形态特征和农艺性状均有较大差异,而花生品种的株型特征、结果范围、深度及果柄强度等生物学特性会对机械化收获的效果产生直接影响。就花生株型而言,秧蔓牵扯、蔓生或半蔓生的花生品种不利于花生机械化收获;结果范围大、结果层较深的花生品种超出挖掘范围及摘果辊的摘果范围,易造成埋果和未摘净损失增加;果柄强度小,受到收获机械工作部件的外力作用时易造成果柄断裂和落埋果损失增加,但若果柄抗拉能力过大,在摘果时虽能满足摘果率,但易造成荚果损伤。此外,联合收获机械对花生株型高度也有一定的标准要求,通常 30~40cm 为适宜的株型高度(温长文、许景超等,2011;吕小莲、王海鸥等,2012)。而我国花生生产的标准化程度普遍较低,实际生产中花生品种多、乱、杂现象突出,不同品种的生物性状不同,对于收获设备的适应性也大不相同。

因此,从花生机械化收获技术推广与农机农艺相互适应的角度考虑,相应的启示为：一方面应加快推进主产区花生的标准化生产，将花生品种选育、种植技术改进等农艺因素与花生机械化收获技术的要求结合起来，使农艺条件适应农机作业的要求，有利于机械化收获技术的推广和工作效率的提高；另一方面，由于各产区自然条件等差异较大，生产习惯和种植模式不一，机械化收获技术的推广也应遵循因地制宜的原则，在加快推进主产区花生生产标准化的同时，应根据当地实际生产情况研发或改进与之相适应的花生收获机械。

5.3.1.3 农户生产经营方式

第一，农户花生生产小规模经营的方式难以发挥机械作业的优越性和规模经济效应。农村家庭联产承包责任制的推行极大地调动了农户的生产积极性，为中国农业生产做出了巨大的贡献，然而同时也带来了一定的局限性：户均耕地规模过小、土地细碎化程度严重，导致机械作业成本提高、效率下降，农业机械化的高效性难以发挥，在一定程度上制约了机械化收获技术的推广。

第二，在当前农业劳动力大规模转移的背景下，农户家庭的劳动力分工发生了较大变化，农业劳动力呈现老龄化趋势，而老龄劳动力难以胜任农机操作技术。在农业劳动力转移速度较快的地区，大量农村青壮年劳动力进城务工，农村常住人口的年龄结构发生变化，留守的老龄劳动力成为农业生产的主力军，他们的科技文化素质普遍不高，有效劳动投入不足，新技术的接受能力较弱。而对于花生收获机械特别是联合收获机械的操作，需要接受相关培训和掌握一定的操作技能才能保证机械设备的性能得到充分的发挥，在这方面老年劳动力往往无法胜任。而在一部分劳动力转移速度较慢、青壮年劳动力相对不显紧缺的地区，农户能够承担花生收获的田间作业，为节约成本，宁可选择自己劳动，对收获机械的需求意愿也较为一般。

第三，农户扩大再生产的能力普遍较弱，农户农机持有的成本较高。由于机具价格偏高，而花生收获机械的专用性较强，花生收获季节又相对集中，农机具闲置时间较长，因此农户投资花生收获机械的资金回收期较长。对于花生种植户尤其是经济实力相对较弱的花生产区，农户对农业生产的投入能力有限，往往无力承担较高的农机具购置成本。

5.3.1.4 农机社会化服务

花生生产用工量大，收获环节的工序尤其复杂，而劳动力成本的快速上升使得花生机械化收获的发展显得十分迫切。通常农户可以通过两种途径获得花生机械化收获作业：一是利用自有农机作业，二是购买农机服务。对于小规模农户而言，较高的农机持有成本和老龄劳动力不能胜任农机操作的双重制约因素，影响了农户购买花生收获机械（尤其是花生联合收获机械）的积极性，因此会促使其更多地转向农机服务市场购买机械化收获服务。农机社会化服务极大地提高了农业生产效率，但是由于农机服务市场发育不完善，仍然存在着服务供给与农户需求不能有效对接的矛盾，主要有以下问题：一是地区之间发展不平衡。在一些经济基础较好、农户收入水平较高和政府对农机购置财政补贴力度较大的主产区，农机服务市场发展较快[①]。而在某些产区，农机服务市场发展相对缓慢，制约了机械化的进程。二是机械装备结构单一，服务领域不宽。总体而言，服务项目多以粮食生产的机械作业为主，对花生等经济作物作业环节的服务涉及不多，尤其是对设备专用型要求较高的花生收获环节。三是农机装备结构不平衡，不能有效满足各类生产经营特征的农户需求。装备结构主要表现为小型机具多，大中型机械少；动力机械多，配套农具少；低档机具多，性能高的大中型适用机具少。

5.3.1.5 政策支持

中国花生机械化收获仍处于发展初期，科研、示范和推广均需要大量人力、物力和财力投入。从中国农业机械化发展的历程来看，农业机械化起步阶段"重粮食作物，轻经济作物"的发展路线，也在一定程度上导致了与小麦、玉米等主要粮食作物相比，花生等经济作物机械化水平偏低的总体现状。长期以来各级政府对粮食作物机械化的重视程度普遍要高于花生等经济作物，花生机械化科研项目直至"十一五"期间才开始受到重视。各级政府对花生机械化发展制定的相关政策措施以及扶持力度也存在着明显的区域差异。近年来，辽宁、河南和山东等花生主产区对花生收获机械的补贴力度较大，机械化收获水平逐年提高；而广东、四川等主产区花生机械化收获还处于小范围性能试验和示范推广的起步阶段，花生收获机械设备尚没有进入补贴名单。

5.3.2 模型的选择及变量的说明

通过以上分析，南方花生产区花生机械化收获尚处于起步的初期阶段，而北方花生产区花生机械化收获技术正在逐步推广。因此，本部分主要以花生生产机

---

① 如河南省的正阳县，2011年财政拨付1000万元的花生收获机专项补贴资金，正阳县花生收获机保有量达到10434台，花生机收率由2010年的43.3%增至70%。

械化推广应用较普遍的北方花生产区为研究样本，对农户花生机械化收获技术采纳行为的影响因素进行分析。

本研究主要从家庭主要农业决策者特征、家庭经营特征、社会服务和政策支持、环境和地理特征以及农户所在地的区域因素五个方面来分析花生种植户机械化收获技术采纳行为的影响因素。其中，变量的选取及其预期影响方向阐述如下：

5.3.2.1 家庭主要农业决策者特征（X1）

主要包括家庭主要农业决策者年龄（X11）、性别（X12）、受教育年限（X13）和健康程度（X14）四个变量。家庭主要农业决策者特征变量对花生种植户机械化技术采纳的影响主要体现在"技术偏好"上。农户家庭主要农业决策者的年龄越大，越不能胜任繁重的农业生产活动，因此其越倾向于利用农机来替代人工劳动。性别因素对机械化技术采纳行为的影响依据是劳动者的体力差别，女性劳动力在体力上普遍弱于男性劳动力，因此以女性为主要农业劳动力的农户家庭会更倾向于利用机械化技术来弥补劳动投入的相对不足。教育程度对农户的农机利用有正向影响，因为教育程度较高的农户就业范围不会仅局限于农地，兼业程度往往较高，其农业劳动的机会成本较高，因此对使用农机替代农业劳动的意愿会较为强烈；相反，教育程度较低的农户，非农就业机会较少，往往会选择自己进行农业劳动。健康状况较好的农户在进行农业生产活动时更倾向于多利用人工劳动投入。由于对农户健康状况的衡量缺乏相对精确和客观的统一标准，因此采用农户对自身健康状况的自我感知作为农户健康状况的替代指标。

5.3.2.2 家庭经营特征（X2）

包括劳均花生种植面积（X21）、是否示范户（X22）以及家庭收入是否以非农收入为主（X23）。劳均花生种植面积越大的农户采纳机械化技术以替代劳动的可能性越大；花生科技示范户在花生生产的规模化、专业化方面具有较高的水平，因此在采纳机械化技术以提高生产效率方面也有着更强的意愿；将农户收入类型分为以农业收入为主和以非农收入为主两大类分别加以考察，其中以非农收入为主的农户家庭对家庭农业经营包括花生生产的决策往往不同于以农业收入为主的农户家庭。

5.3.2.3 社会服务和政策支持（X3）

包括当地机械服务收费标准（X31）和是否享受补贴（X32）。当地机械服务收费标准对农户花生机械化技术的采纳也有着重要影响，地区田间道路条件、土地细碎化程度不同导致开展机械化作业的难易程度、工作效率不同，从而导致不同地区机械作业收费标准不同。本部分以各地广泛存在的机械耕翻作业的服务收费作为替代指标，表征各地机械作业开展的外部环境条件和农户面临不同的机械服务收费，对农户机械化技术采纳的影响。补贴因素对机械化技术采纳的影响反映了农户对政策激励的响应。

5.3.2.4 环境和地理特征（X4）

包括农户是否属于试验站范围内（X41）和花生用地是否属于平原地形（X42）。国家花生产业技术体系综合试验站遍布全国花生各主要产区，承担着各地花生生产的科技攻关、成果转化、良种繁育推广、技术推广和服务等工作，对其范围内花生种植户机械化技术推广具有一定的辐射带动作用。相对于平原地区的农户而言，丘陵、坡地或山地由于其较为复杂的地形地貌，限制了机械化作业的工作效率，提高了农户机械化技术采纳的成本，由此农户对机械化技术的需求相应减少，同时也制约了农户花生生产规模的扩大。

5.3.2.5 农户所在地的区域因素（X5）

农户所在地的区域因素也是影响机械化技术投入的重要方面，原因如下：首先，地形地貌、土壤质地等自然地理条件以及种植习惯、种植模式等生产经营方式是农机作业适宜性以及推广普及的客观先决条件；其次，地区花生生产专业化程度、经济发展水平、非农就业趋势以及农户平均收入水平是决定农机推广的重要经济因素。本部分主要是以农业自然区划为基础划定的全国花生产区为参照依据，同时兼顾地区经济因素，将花生产区划分为西北内陆花生产区（X51）、黄淮海花生产区（X52）、东北花生产区（X53）和黄土高原花生产区（基准参照）。

5.3.3 样本的描述性统计

表5-1给出了上述选取的各个变量的描述性统计分析以及变量的定义与数据生成方法。

5. 基于农业机械使用的劳动力资源节约型农业产业体系

表 5 – 1　　　　　　　　变量的描述性统计分析

变量		均值	标准差	最小值	最大值
X11	年龄	48.74	9.16	25	78
X12	性别（女性 = 0，男性 = 1）	0.88	0.32	0	1
X13	受教育年限（样本农户受教育的年数）	9.24	2.47	0	15
X14	健康程度（差 = 1，一般 = 2，好 = 3）	2.84	0.40	1	3
X21	劳均花生种植面积[a]	2.98	6.56	0.33	70
X22	是否示范户（否 = 0，是 = 1）	0.26	0.44	0	1
X23	家庭收入是否以非农收入为主（否 = 0，是 = 1）	0.29	0.46	0	1
X31	当地机械服务收费标准[b]	53.98	16.31	10	120
X32	是否享受补贴（否 = 0，是 = 1）	0.35	0.48	0	1
X41	是否试验站范围内（否 = 0，是 = 1）	0.52	0.50	0	1
X42	花生用地是否平原地形（否 = 0，是 = 1）	0.70	0.46	0	1
X51	西北内陆花生产区（西北内陆花生产区 = 1，其他 = 0）	0.02	0.14	0	1
X52	黄淮海花生产区（黄淮海花生产区 = 1，其他 = 0）	0.76	0.43	0	1
X53	东北花生产区（东北花生产区 = 1，其他 = 0）	0.16	0.36	0	1

数据来源：根据调研样本数据整理。

注：[a] 劳均花生种植面积的计算方式为农户花生种植面积除以家庭主要农业劳动力人数；[b] 当地机械服务收费标准变量采用当地机械服务普遍存在的机械耕翻作业的服务价格作为其替代指标。

5.3.4　计量模型及实证结果

5.3.4.1　模型建立

对于农户农机技术采纳行为方面的研究，用"购买农业机械服务的费用"（曹阳，2010）以及利用各项机械服务费用的数量比例折算并加总的"农机服务总量"指标（纪月清，2010）来衡量农户农机技术的采纳程度。但是由于本部分使用的样本区域跨度大，各地在经济发展水平、自然地理状况以及村庄道路等机械作业条件等方面存在着较大的差异，由此导致各地农机服务价格差别较大，因此简单利用加总或折算的农机服务费用作为衡量各地农户农机利用程度容易导致衡量偏误①。因此，为了避免量化标准选取的合理性质疑，在借鉴"采纳意愿研究"（曹光乔，2008）的基础上，本部分将花生生产过程分为耕整地、播种和收获三大环节，对三个环节农户机械化技术的采纳行为分别进行研究。本章主要研究农户花生机械化收获技术采纳的影响因素，同时将农户机械化耕作和花生机械化播种技术的采纳模型作为对照组，参照回归结果进行对比分析。根据前文选择的变量及其分类，将农户在花生种植过程中机械化技术采纳行为的影响因素设定为以下函数形式：

$$y = f(X1, X2, X3, X4, X5) + \mu \tag{5-1}$$

5-1式中，y为农户采纳某项环节（收获、耕整地、播种）机械化技术的意愿，采纳了该项技术为1，没有采纳则为0。本部分采用二元Logit回归模型，模型的具体形式如下：

$$\ln\left(\frac{P_i}{1-P_i}\right) = \alpha + \sum_{j=1}^{m} \beta_j x_j \tag{5-2}$$

5-2式中，$\ln\left(\frac{P_i}{1-P_i}\right)$为农户采纳机械化技术这一事件发生比率的自然对数值；P_i表示第i个农户采纳机械化技术发生的概率；x_j表示第j个影响因素；α为常数项；β_j为待估系数。

5.3.4.2 模型回归结果

表5-2给出了农户花生种植机械化技术采纳影响因素的实证结果，根据估计结果可以发现：

表5-2　农户花生种植机械化技术采纳影响因素的Logit模型估计结果

	变量	机耕技术	机播技术	机收技术
	常数项	-1.795 (-1.22)	-1.034 (-0.78)	-6.262** (-2.74)
X11	年龄	0.0204 (1.27)	-0.00541 (-0.40)	0.0305* (1.64)
X12	性别	-0.186 (-0.45)	-0.159 (-0.44)	-1.326*** (-3.10)

---

① 各地的农机服务费用差异较大，从调研数据中选取具有地域代表性的三个地点作为说明：以亩均机械耕作为例，吉林省扶余县15元，河南省确山县60元，广东省茂港县100元。

5. 基于农业机械使用的劳动力资源节约型农业产业体系

续表

	变量	机耕技术	机播技术	机收技术
X13	受教育年限	0.433** (2.18)	0.124 (0.73)	0.326 (1.37)
X14	健康程度	0.378 (1.24)	0.472 (1.50)	0.732 (1.29)
X21	劳均花生种植面积	0.192** (2.15)	0.0597* (1.65)	0.0508* (1.90)
X22	是否示范户	-0.120 (-0.23)	0.846*** (2.70)	1.073*** (2.79)
X23	家庭收入是否以非农收入为主	-1.123*** (-3.70)	-0.750*** (-2.83)	0.373 (0.93)
X31	当地机械服务收费标准	-0.0456*** (-4.15)	-0.0155** (-1.96)	-0.0406*** (-3.19)
X32	是否享受补贴	0.344 (0.98)	0.747*** (2.91)	0.669* (1.92)
X41	是否试验站范围内	2.165*** (5.26)	1.162*** (4.29)	0.428 (1.07)
X42	花生用地是否平原地形	0.635** (2.16)	0.645** (2.39)	2.457*** (3.85)
X51	西北内陆花生产区	2.498** (2.02)	0.272 (0.33)	1.479 (1.36)
X52	黄淮海花生产区	1.930*** (2.93)	-0.901* (-1.82)	-0.116 (-0.16)
X53	东北花生产区	-0.678 (-0.91)	-1.197** (-2.05)	1.532** (2.04)
	Loglikelihood	-173.442	-243.2998	-143.8952
	LRchi2（16）	191.63***	170.29***	161.15***
	PseudoR^2	0.3559	0.2592	0.3590
	N	474	474	474

注：括号中的数字为 Z 统计量；*、**、*** 分别代表在 10%、5% 和 1% 的水平上显著。

①家庭主要农业决策者特征变量中，年龄因素仅在收获环节表现为对农机化技术的采纳具有显著的正向作用，从侧面说明收获环节的劳动更为繁重，年龄较

大的劳动者更倾向于采纳农机化技术以替代劳动；家庭农业生产的男性决策者比女性更倾向于多用人工劳动而少用农机化技术，这在劳动需求量最大的收获环节表现得尤为明显，因为男性劳动力比女性更能胜任繁重的田间劳动。

②家庭经营特征变量的回归结果中，劳均花生种植面积越大的家庭越倾向于采纳农机技术以替代人工劳动。示范户特征对于农户机械化技术的采纳有正向的影响，这种劳动替代效应在花生机械化技术要求较高的播种和收获环节表现得更为显著。

以非农收入为主的农户家庭在耕整地和播种环节对农机化技术的采纳有负向影响。表5-3给出了农户家庭收入结构类型和机械化技术采纳的统计情况，如表5-3所示，以非农收入为主的农户家庭会相应减少包括花生播种面积在内的家庭耕地面积，花生平均种植面积仅为2.45亩，远小于以农业收入为主的农户家庭，因此对各个生产环节的农机化技术的需求也会相应减少，其中机耕和机播技术的采纳率下降得更明显，与此同时，以非农收入为主的农户家庭其花生种植面积占农户家庭耕地面积的比重也在迅速下降，说明以非农收入为主的农户家庭会通过种植结构调整以减少花生的生产。农户非农就业对于机械化收获技术的采纳有正向影响但是不显著，可能的原因是农户非农就业减少了农业劳动投入时间，对于用工强度最大的收获环节，其倾向于采纳机械化技术以替代劳动投入。然而由于花生机械化收获技术发展的滞后，导致其调整种植结构以减少花生种植面积，相应地扩大机械化程度较高的其他作物的生产，由此表现出对花生机械化收获技术需求意愿较为平淡的情况。

表5-3　农户家庭收入结构类型和机械化技术采纳率的关系

收入类型	花生种植面积（亩）	家庭耕地面积（亩）	花生面积占比（%）	机耕采纳率	机播采纳率	机收采纳率
农业收入为主	10.66	21.14	50.19%	0.82	0.58	0.21
非农收入为主	2.45	6.65	36.84%	0.57	0.28	0.12

数据来源：根据调研样本的数据统计整理。

注：机耕（机播/机收）采纳率分别为采纳机耕（机播/机收）技术的农户占所有样本农户的比重。

对于上述分析，通过本次调研所能反映的事实佐证是：花生户均种植规模较大的吉林、山东、河南、河北等省的农户样本，以非农收入为主的农户家庭对玉米的生产积极性明显要高于花生，一个非常重要的原因就是玉米的机械化水平较高，省时省力。同时也验证了一个事实：相较于小规模农户而言，种植规模较大的农户采纳机械化技术的意愿更强烈，由此农户生产决策中表现出机械化程度较高的玉米替代和"挤出"了机械化程度较低的花生。可见，花生生产劳动投入量大、机械化程度低的矛盾显得较为突出，已经成为制约当前农户花生生产积极性和生产规模扩大的非常重要的一个原因。据统计，样本中有高达47.1%的农户表示花生机械化水平较低是制约其种植积极性的重要原因之一，而收获环节的机械化水平滞后是主要原因。

③社会服务和政策支持变量的回归结果中，当地机械服务收费标准对农户采纳机械化收获技术有显著的负向影响，补贴政策对农户机械化收获技术的采纳有着正向促进作用，均符合预期结果。

④环境和地理特征变量。试验站范围内的农户由于农业生产技术的辐射和带动作用，比非试验站范围内的农户耕地和播种机械化技术的采纳率要高，但是收获环节不明显。地形地貌因素对农户农机化技术采纳的影响预期也得到了实证结果的检验和证实，即平原地区的花生种植户的机械化技术的采纳概率要显著高于丘陵、坡地或山地地区的花生种植户。

5.3.5 小 结

本部分主要在劳动力成本上升的背景趋势下，发展适合花生收获的机械化技术这个角度来探讨影响我国花生产品比较优势充分发挥的原因。从当前我国花生主产区机械化技术的推广现状来看，耕地和播种的机械化水平相对较高，技术趋于成熟，然而用工环节最为复杂的收获环节，机械化水平还较低，收获方式仍以人工收获为主。花生收获环节由于工序复杂，对收获设备的技术要求较高，目前已应用机械化收获的地区主要是以分段式收获为主，而一次性完成全部收获工序的花生机械化联合收获技术尚处于性能试验和主产区推广阶段。

进一步对花生机械化收获的制约因素进行分析，得到以下政策启示：一是花生生产应朝着标准化的方向发展，包括统一用种、合理布局，提高农机农艺的相互适应性；二是鼓励开展多种形式的土地流转，同时在条件合适的地区开展土地规划整理工作，将细碎和分散的土地逐步平整和集中起来，为机械化作业的开展创造条件；三是在政策支持方面，对于花生主产区农机社会化服务组织以及农户花生农机具购置进行重点扶持。

花生种植户机械化收获技术采纳的影响因素的分析结果表明：劳均花生种植面积、示范户、补贴因素、花生用地属于平原地形等因素对农户农机化技术的采纳整体上具有正向效应；而家庭主要农业决策者为女性、当地机械服务收费标准高等因素对农户花生机械化收获技术的采纳具有负向影响。

5.4 构建资源节约型、环境友好型农机服务体系

农业机械化是农业现代化的重要组成部分和科技支撑，国家农机购置补贴等一系列强农惠农政策有力地推进了我国农业装备的提高，农业机械应用范围和领域得到不断拓宽，然而伴随而来的是农业机械油耗高、环境污染、效率低与供油紧缺和油价高等问题。因此，分析研究农业机械的节能减排问题，构建环境友好型、资源节约型的农机服务体系对农业可持续发展至关重要。农业机械化是一个集物流、人流、信息流、资金流、技术流于一体的系统工程，涉及农机的研发、制造、推广和使用等诸多中间环节。

5.4.1 资源节约型、环境友好型农机研发体系

农业现代化的实现很大程度上依赖于农业机械化的全面实现，其物质基础在于先进机械装备的支持，而机械装备的支持关键在于农机研发水平的提升。长期受计划经济和科技、文化等基础条件的影响，我国农机研发力量主要集中在相对独立的科研院所和高校，而从事农机生产的企业研发力量相对薄弱。研发作为农机服务体系的首要环节，其研发类型和研发水平决定了农机的使用效果。

当前，我国农机市场高端产品基本被跨国公司所垄断占有，并向中端产品推进。国内农机企业研发投入不足，主要依靠技术引进、跟踪模仿，原始创新匮乏，共性技术、核心技术缺失，尤其是高端研发人才缺少，缺乏研发模式创新。发展资源节约型、环境友好型农机研发体系需要从以下几个方面着手：

一是加大资源节约型、环境友好型装备和工艺方面的研发投入。发展资源节约型和环境友好型农机服务体系的关键点在于绿色农业机械装备及机械化作业工艺的研发。具体以降耗增效、生态农业等全程机械化作业为重点，找准中低端向高端突破的市场定位，加大研发投入，加强机械化技术的研究开发。

二是创新研发体系建设，开创农机研发新模式。首先，构建产学研一体化平台，嫁接稀缺资源，加强农机企业与国内外科研院所、研发机构合作，快速提升企业研发能力；以技术定市场，以发展换空间，布局专利战略，创新企业发展模

式、成长路径，构筑支撑高端产品产业化的技术支撑能力。其次，立足全局或局部研发需求，加强和优势供应商、制造商的合作，实现社会资源的最大化利用，针对性地提升关键零部件核心技术。最后，以具有较强竞争力和发展潜力的产品为核心，聚焦优势资源，保证研发投入，实施研发绩效的快速突破。

三是加强研发团队建设。首先是着力培育农机研发急需的高端人才和专家团队。利用多种平台，加大研发人员培训，招聘、引进急需的创新型研发设计人才、高级技能人才及专家团队。其次是与国内外市场劳动力价位接轨的激励约束机制接轨，鼓励技术、知识产权、管理等要素参与投资、创业与分配，采取期权、期股和项目分红等方式，构建富有活力的激励约束机制。最后是强化公平竞争机制，建立产品研发项目管理体系，实施科技新成果有效共享的激励体系，缩短新品开发的周期。

5.4.2 资源节约型、环境友好型农机制造体系

农机制造主要依赖于农机企业。近年来，随着国家对现代农业支持力度的增加，特别是2004年《中华人民共和国农业机械化促进法》颁布实施以后，中国农机购置补贴力度不断加大，农机行业发展迅速。截至2011年，中国规模以上的农机制造企业已超8000家，形成了比较完备的工业体系，成为全球农机制造大国。然而，长期以来，我国农机生产未能按规模效益集中生产，低水平重复制造严重，企业组织结构散乱，企业数量多，经营规模小，总体上未能形成一批市场占有率高、国际竞争力强的大型企业和企业集团。未来要形成资源节约型、环境友好型的农机制造体系需要从以下几个方面着手：

一是转变农机制造业发展方式，促进农机制造业转型升级，由"量的提高"向"质的提高"转变。当前我国农机制造企业主要占据中低端产品市场，高端产品已被国际跨国公司所占据，因此对于影响我国农业机械化进程的农机制造企业来说，要想破解生产集中度低、经营规模小、利润低、门槛低、产品研发创新投入不足、产品结构不合理和可靠性水平低等现实问题，关键就是要转变农机工业的发展方式，主要手段就是加快农机制造业转型升级步伐，具体内容就是整合现有资源、加大自主创新研究投入、调整优化产品结构、促进产业各行业协调发展，以及推进农机制造业绿色化、信息化和国际化，改变传统单一产品的营销策略，致力于向用户提供多元产品、全面服务、过程指导的整套服务方案转变，提高产品的竞争力和经济效益。

二是培育本土具有较强国际竞争力的大型企业集团。近年来虽然许多国内农

机制造企业也在学习、借鉴国外先进的管理经验，但总体上仍然缺乏管理创新、经营模式单一，主流还是传统制造型企业。而国内市场上的国外农机巨头凭借雄厚的资本实力、成熟的企业经营管理经验、高端核心技术以及在新产品技术研发上的大投入等优势，加快占领中国农机市场，国内农机市场竞争激烈。农机制造业作为我国工业的战略产业、支撑农业现代化和农业机械化的重要力量，势必需要掌握一定的主动权。农机工业"十二五"发展规划明确提出要形成5家年销售收入在150亿元以上具有较强国际竞争力的大型企业集团，从而为推动我国农机企业实现由农机生产大企向农机制造业强企转变提供支撑。

三是尊重农机发展客观规律，转变服务理念。农机发展与一个国家或地区的经济、社会、科技、文化及农业等方面息息相关，同时也要根据不同阶段的发展目标及时调整发展思路。农机制造业上接研发环节，下连使用环节，将绿色研发成果成功转化为具体产品，同时将用户需求传递到研发环节是推进农业机械化顺利发展的关键之举。传统农机制造企业更加注重产品的质量及性能，而现代农机制造企业需要更加关注用户在产品销售前、销售中、销售后对产品、服务及附加价值等方面整体要求的分析研究，这就对企业从事营销服务的人员在了解用户的需求、开展服务、保障服务质量等方面提出了更高的要求，通过企业文化的力量建立一支从只重视产品到满足用户需求的人才队伍，从根本上转变服务理念和发展思路。

四是借鉴国外农机发展制造先进经验，缩小与国外发达国家之间的差距。目前，农业发达国家在农机智能化、自动化、信息化以及节能型、复合型等方面引领全球农机制造业的发展。农机研发创新和高新技术在产品上的应用，是当前农业发达国家农机产品开发及应用的共同规律和标志。当前我国农机制造业较发达国家依然还有很大的差距，通过转变发展方式、加快转型升级，借鉴农业发达国家的发展经验与先进成果，缩短差距，构建具有国际竞争力的农机制造体系。

5.4.3 资源节约型、环境友好型农机推广体系

农机作为农业生产的主要工具之一，是构成农业生产资料的重要组成部分。要让农机研发与制造成果高效快速转化为现实生产力，保障有力的农机推广体系必不可少。《农业技术推广法》明确提出实行国家农业技术推广机构与农业科研单位、高校、涉农企业、群众性科技组织、农民技术人员等相结合的推广体系，逐步形成以国家农业技术推广机构为主，其他相关组织和人员共同参与的农业技术推广体系。要构建资源节约型、环境友好型农机服务体系，势必需要在推广环

节做好链接工作。

首先要构建层次分明、分工明确的农机推广主体，充分发挥各主体的推广职能。一是要强化国家农机技术推广机构作为公益推广的基础。重点建设基层推广机构，完善各级农机化技术推广机构，履行引进、试验、示范、推广新技术等基本公共服务，做好资源节约型、环境友好型农业机械化技术遴选、推广等工作，引导有关科研单位和学校开展公益性农业机械化技术推广服务，发挥科研教学单位的公益性职责和社会责任；二是充分发挥市场机制的作用，促进市场力量发展农机经营性推广，多种形式实现公益性服务，通过政府订购、购买服务、招投标、定向委托、财政补助等方式，引导多元社会力量参与到公益性技术推广中来，实现公益性推广服务供给形式多样化；三是扶持发展农机合作社等社会组织，发展农机作业、维修、租赁等社会化服务主体。

其次要转变农机推广模式，提高农机科技成果转化效率。一是由单项技术和装备向产前、产中和产后配套系列技术与装备转变，提供全程化推广服务；二是由以往单独农业生产向农业生产和生态保护、增产与增效同步转变；三是加强农机与农艺融合，提高农机推广效率。

最后还要加强农机推广人员培训，转变服务意识。在公益性农机推广机构的农机人员要公开选聘，选拔充实专业技术人员，适时开展技能培训，建立农机推广人员知识更新和培训长效机制，强化队伍建设，建立健全推广责任制、绩效考评制、奖惩制等制度；此外要加强对各种多元主体人员的业务能力指导、人员培训、宣传引导，提高其农机推广服务能力。

5.4.4 资源节约型、环境友好型农机社会化服务体系

随着农业劳动力向二三产业转移，农业劳动力成本快速上升，农机的社会化服务需求旺盛。在农业劳动力持续减少、老龄化趋势加剧的背景下，要保持农业生产，对农机社会化服务的需求仍将快速增加。从当前中国农业机械化的发展主体来看，农机专业合作组织依托自身优势快速发展，逐渐成为促进农业生产机械化的新生力量和主要力量。近年来，农机专业合作社得到了迅猛发展，农机专业合作社的数量和参社人数均快速增长。从现实发展状况来看，农机专业合作社已经成为农业生产的生力军，为提高中国农业综合生产能力和保障粮食安全提供了重要支撑。

从现实发展看，农机合作社是未来农业经营的主体，同时也是高价值农业机械的主要购买和使用者，有利于促进农业规模化、标准化、集约化生产，促进我

国农业现代化。农机合作社作为农机社会化服务的主要力量,在合作社内部主要为社员服务,在合作社以外开展市场化农机作业、参与跨区作业等业务。根据市场需求的变化,农机合作社的服务方式将日趋向契约化、区域化、规范化、稳定化、有效化方面发展。除提供农机直接作业服务外,农机合作社还将开展农机购置维修、信息技术服务、土地流转、农产品种植销售等方面的业务,串联起整个农业生产流程,同时通过增加自身的业务范围和盈利能力来保证服务的可持续性。

为了承接农机推广与农户生产,大力构建以农机合作社为主体的社会化服务体系十分必要。今后应加大对农机专业合作社的扶持力度,消除农机专业合作社在资金、信息、人才等要素的获取、优化配置方面的障碍。在持续加大对农机合作社的财政扶持力度之外,还应当构建良好的金融环境和金融扶持政策,尽快建设针对农机合作社的农机化信息服务系统。

6. 基于农药使用的环境友好型农业产业体系

本章主要探讨中国农作物病虫害的发生与防治宏观现状，包括病虫害的发生，病虫害防治的组织与技术模式、病虫害防治装备、病虫害防治强度与趋势、农药使用总量与趋势等。病虫害的发生与防治宏观现状，对于解释微观样本的地区差异、微观经营组织的发展趋势和微观主体面临的各种问题，都具有十分重要的作用。本章分析结果可为后面的微观研究提供相关的背景知识。

6.1 中国农作物病虫害的发生与防治

6.1.1 农作物病虫害的发生

中国粮食作物的重大虫害主要有蝗虫、小麦吸浆虫、稻飞虱、水稻螟虫（三化螟虫、二化螟虫）、稻纵卷叶螟、玉米螟、粘虫；重大病害主要有小麦条锈病、稻瘟病、纹枯病等。2012年全国农作物病虫害发生面积384621千公顷次，造成粮食损失1717.2万吨，损失油料72.5万吨，损失棉花41.8万吨；全国累计防治面积481687千公顷次,通过防治挽回粮食损失8161.9万吨,挽回油料损失246.9万吨,挽回棉花损失157万吨(《中国农业年鉴》,2012)。下面分区域分析病虫害的发生面积和强度。

6.1.1.1 各区域病虫害发生面积不均

从2012年农作物病虫害发生面积来看,中国农作物病虫害发生最严重的区域主要包括河南、山东、湖南、河北、江苏等省份,这些省份农作物病虫害发生面积均在38800000~29500000公顷之间,病虫害发生较为严重的区域主要包括安徽、湖北、黑龙江、广东,这些省份农作物病虫害发生面积均在20700000~16500000公顷之间,这9个省份农作物病虫害发生面积占当年全国的63.65%(《中国农业年鉴》,2012)。

6.1.1.2 各区域中我国东南部病虫害发生强度较高

从2012年农作物病虫害发生强度[1]来看,强度较高的区域主要是我国东南部的上海、浙江、湖南以及江苏,均在3.7以上,2008年这些地区农作物病虫害发生面积是当年这些地区播种面积的3.7倍以上,也就是每块土地平均遭受3次以上的病虫害(这主要是由于长三角地区和湖南近年来水稻病虫害不断加剧所导致[2])。而河北、广东、山东、北京以及陕西农作物病虫害发生强度在3~3.7之间,河南、山西、天津、辽宁、湖北、安徽、江西以及广西等地区农作物病虫害发生强度在2~3之间,剩余的其他地区(西部地区和东北部地区),农作物病虫害发生强度均在2以下。

6.1.1.3 全国病虫害发生面积与强度将持续上升

从图6-1可以看出,2000年以来,中国农作物病虫害发生面积和发生强度都呈持续上升的趋势,2008年到2011年呈现出下降趋势。其中,病虫害发生面积从2000年开始,年均增加4.78%,发生强度年均增加4.37%。

农作物病虫害发生面积和强度持续上升的原因有多种,如黄世文(2010)对于近年来中国水稻病虫害频繁发生的原因解释就有以下七方面:①气候变化有利于病虫害的发生;②抗性较差的水稻品种大面积推广的布局模式对病虫害发生有利;③免耕和机械收割技术的推广有利于水稻害虫越冬;④种植结构调整与肥水

---

[1] 农作物病虫害发生强度=当年病虫害发生面积/当年播种面积。
[2] 黄世文:《水稻主要病虫害防控关键技术解析》,金盾出版社2010年版。

6. 基于农药使用的环境友好型农业产业体系

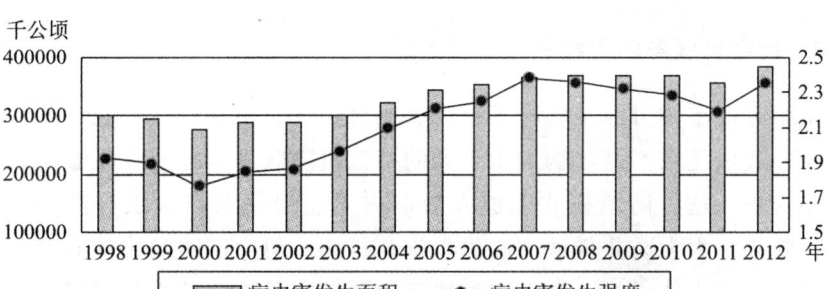

图6-1 近年来中国农作物病虫害发生面积、强度及趋势

数据来源：笔者根据1999～2009年《中国农业年鉴》制作。

管理变化利于病虫害发生；⑤过分依赖化学农药，乱用、滥用导致病虫害抗药性增加；⑥稻农素质下降，综合防治水平不高；⑦投入不足，设施及基础研究落后。

6.1.2 病虫害防治组织模式

目前，我国广大农村小规模经营农户农作物病虫害防治方式主要是以一家一户分散防治为主；随着农业劳动力的转移，黄淮海地区、长江中下游地区出现了"农机专业合作社（植保合作社）+小农户"社会化服务防治模式和粮油合作社规模化防治模式，东北地区、新疆地区的农垦集团或兵团则主要是大规模农场统一防治模式。

6.1.2.1 "一家一户"分散防治模式

长期以来，为了与小规模经营相匹配，病虫害防治一直是以一家一户分散防治为主。同时，在出现重大病虫害时，则采取应急措施，由地方政府采取临时的推广宣传措施，实行群防群治。然而，随着农业从业人口老龄化、低文化趋势日益明显，随着病虫害日益复杂和加剧，以及市场对食品安全的要求越来越高，一家一户的防治方式显然难以应对新形势。低素质的农业劳动力很容易错用、滥用、不安全使用农药，同时，小规模分散防治很容易造成病虫害交叉复发，从而容易造成农药浪费、在食品与环境中残留、施药者人身安全等问题，这既不符合建设现代农业的需要，也不符合建设资源节约型、环境友好型社会的要求。随着农业劳动力不断向其他产业转移，目前我国农业劳动力已经出现季节性、区域性、结构性短缺，未来，这种"一家一户"的模式显然也难以持续。

6.1.2.2 社会化服务防治模式

提供服务的主体可能是农机大户、农机合作社、植保站或农技中心、依托农药经营企业或依托农产品收购加工企业的植保机防队，服务对象主要是千家万户的分散小农户。这种防治模式能够在短期内迅速提高农户病虫害防治的技术效率、防治效果，大大防止低效率和过量施药行为。但由于防治主体和经营主体不统一，导致决策主体过多，存在道德风险问题、交易成本较高的问题和先进植保机械施药效果不能最大化发挥等问题，只能作为"一家一户"分散防治与规模化防治之间的一种过渡形式。

6.1.2.3 粮油合作社规模化防治模式

这种合作社以大价值农业机械为核心要素，通过土地承包、土地租赁、土地入股等方式将土地集中进行规模化机械化生产，从耕地、播种、植保到收获和农产品加工均采用机械化，资金和技术密集，对新技术、新装备也更容易接受，纵向一体化发展速度迅速（如浙江的婺城区群飞粮油机械化专业合作社①）。这种专业化防治主体经营范围涉及农作物的生产全过程，规模化、专业化程度均较高，自我积累和盈利能力较强，可持续发展后劲较足，十分有利于高效施药技术、装备和新型农药的使用与推广，是我国东北、新疆以外人多地少地区未来高效病虫害防治组织模式发展的主要趋势。

6.1.2.4 大农场统一防治模式

对于人少地多的东北地区、新疆地区大型农场，由于经营规模较大（农垦集团的农场耕地面积大多为数十万亩），使用植保机械科技含量和作业效率较高（如黑龙江红星农场植保机械配套动力在 100 马力以上，每天作业面积可达 1000 亩左右；遇到重大病虫害时还可启用农用飞机进行农药喷洒），防治队伍专业化和知识化，因此其农药的施用效率、施用效果好，施药者的安全问题和施药过程中的环境问题都能得到很好的解决，但这种大规模、资金与技术高度密集的病虫害防治模式在我国其他地区短期内难以推广。

规模化、专业化统防统治能够有效解决一家一户的缺陷。根据 Schultz（1964）的改造传统农业理论和本书研究结果，可以认为规模化、专业化防治组

---

① 婺城区群飞粮油机械化专业合作社：为粮食生产提供全程农机化服务力促农民增收致富［OL］，2010 年 2 月 18 日，http://www.qcsf.zj.cn/news/544.html。

织或专业户，由于其具备专业的知识结构、拥有专业的植保装备，是资金、技术密集型的新型农业经营组织，只有通过专业化防治，将科学的选药与用药方式、先进的施药技术、先进的施药机具、正确的防护措施进行集成才能将微观组织施药技术前沿面提升到一个较高的水平，才能打破低水平的传统农药施用技术状态，较大程度纠正经营规模小、文化程度低、老龄化等特征的小农户在较低技术前沿面时所导致的低效率、过量、不安全、非环境友好施药状态。同时，由于统防统治不容易出现病虫害交叉复发现象，规模化、专业化的统防统治才能够较大程度提高资源利用率、节约成本、保护环境，以满足建设现代农业和资源节约型、环境友好型社会的需要。

鉴于规模化、专业化统防统治的重要性，2008年中央1号文件提出了"探索建立专业化防治队伍，推进重大植物病虫害统防统治"的要求，2010年中央1号文件提出了要"大力推进农作物病虫害专业化统防统治"；农业部2008年10月29日发布了《农业部关于推进农作物病虫害专业化防治的意见》，2010年4月15日发布了《2010年农作物病虫害专业化统防统治示范工作方案》，部署在2010年组织开展专业化统防统治"百千万行动"。

2008年，全国小麦病虫的专业化防治覆盖面已由2007年的5%增加到11%，水稻由10%增加到21%（《中国农业年鉴》，2009）。《农业部关于推进农作物病虫害专业化防治的意见》提出到2020年，将粮食作物病虫害专业化防治的覆盖率提高到50%。随着农业劳动力的持续转移，预计未来规模化、专业化防治服务模式特别是综合合作社植保社会化服务专业化防治模式会迅猛发展，统防统治将成为主要防治模式。

6.1.3 病虫害防治技术模式

目前病虫害防治技术模式主要有以下四种：

（1）化学防治

化学防治是用化学药剂的毒性来防治病虫害。化学防治是植物保护最常用的方法，也是综合防治中一项重要措施，它具有防治效果好、收效快、使用方便、受季节性限制较小、适宜于大面积使用等优点，但是化学防治倘若使用不当，能够引起人畜中毒，污染环境，杀伤天敌，造成药害；长期使用的农药，可使某些病虫害产生不同程度的抗性等。截至2010年1月10日，我国取得农药登记的产品约26000个，正式登记20180个（大田农药19000个、卫生农药1180个），临时登记5360个（大田农药4407个、卫生用农药953个）。其中，绝大部分是化学农药。

(2) 生物防治

生物防治是通过控制、管理病虫害的天敌和寄生虫来达到自然消除病虫害的目的。比如：苏云金芽孢杆菌杀虫晶体蛋白可以广泛用于杀灭孑孓（蚊幼虫），它具有杀虫窄谱活性，因此对人体、野生生物、传粉昆虫和其他多数益虫几乎没有作用，是环境友好的杀虫剂。生物防治是目前能够在消除病虫害的同时又对生态平衡造成危害最小的一种防治手段。目前，我国生物农药原药近 30 个，近 300 个产品，施用面积占病虫害防治面积的 10%~15%，销售额超过 60 亿元。

(3) 物理防治

物理防治是利用简单工具和各种物理因素，如光、热、电、温度、湿度和放射能、声波等防治病虫害的措施。如晒种、热水浸种、利用黑光灯和高压电网灭虫等。物理防治是一种环境友好型病虫害防治手段。目前，太阳能杀虫灯、电源光控杀虫灯、性诱捕器等物理防治手段在一些大型农场和示范基地的有效范围推广，但在量大面广的分散经营农田上使用较少。

(4) 转基因防治

转基因防治是指通过转基因技术，直接培育具有某种抗虫基因的作物来达到病虫害防治的效果。利用转基因技术进行病虫害防治具有成本低、育种周期短、不污染环境等优点。在我国主要推广的有转基因抗虫棉，目前转基因抗虫棉种植面积达我国棉花种植面积的 70% 以上，每年节约化学农药用量 2000 万~3000 万公斤，增收节支约 120 元/亩。

近一个世纪以来，化学防治对保障农业生产、粮食安全起到了重要的作用，然而化学防治也带来了环境污染、食品安全、病虫害抗性增加等系列问题。化学农药不仅危害到广谱病虫害，还影响到鸟类、哺乳动物等物种。而生物、物理、转基因等防治技术比传统化学农药更安全、更加有针对性。生物农药极少的用量就可以起到较好的效果，分解迅速，几乎不留下有害残留物，从而风险更低。物理防治方法、转基因防治方法更是不会对环境造成危害。随着可持续发展理念的盛行和市场对食品安全性要求的提高，预计未来将由化学防治为主向生物防治、物理防治、转基因防治等多元化防治体系转变。

美国 BCC Research 公司分析师 Peggy Lehr 的研究报告表明（2010），2008 年全球农药市场估值约 400 亿美元，2009 年这一数值将增长到 430 亿美元，按年均增长率 3.6% 的速度在 2014 年将达到 513 亿美元。简要情况见图 6-2。

6. 基于农药使用的环境友好型农业产业体系

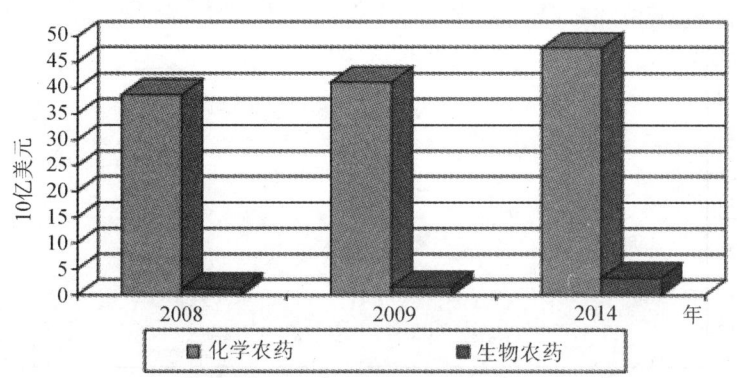

图 6-2 2008~2014 年全球农药市场概况

数据来源：BCC Research。

其中生物农药市场估值的增长速度将远高于农药平均值，预计将以 15.6% 的年均增长速度从 2009 年的 16 亿美元增长到 2014 年的 33 亿美元。化学农药占据市场份额最大，2009 年全世界化学农药估值约为 410 亿美元，2014 年预计达 480 亿美元，年均增速约 3%。但考虑到目前到 2014 年这段时间，化学农药所占市场份额仍然高达 94.12%~95.35%，短时间内不可能全面被替代，因此，研究提高化学农药使用效率、效果、环境安全问题仍然十分重要。

6.1.4 病虫害防治施药装备

目前，我国病虫害防治装备技术含量低，主要以人力为主。2009 年我国机械植保面积为 53237.01 千公顷，占当年年末农作物播种面积的 33.56%，近 10 年来，我国机械植保面积年均增长率为 4.78%（见图 6-3）。总体而言，我国目前农作物病虫害防治机械化作业水平较低，全国近 70% 的植保作业面积多由背负式手动喷雾器完成，而机动植保机械完成的 30% 左右植保作业面积也大多是由劳动强度较大的背负式小型机动弥雾机完成，效率较高的担架式喷雾喷粉机、大型牵引式植保机械使用相对较少。由于施药机械设备质量低下，施药过程中跑冒滴漏严重、雾化不均匀，作业质量难以保证，作业效率低，极易出现农药低效率使用的现象。再加上农民缺乏施药安全意识，造成数亿农民常年季节性暴露在农药威胁之下，通过皮肤、食道、呼吸道大剂量直接接触高毒农药的中毒和死亡事件时有发生。

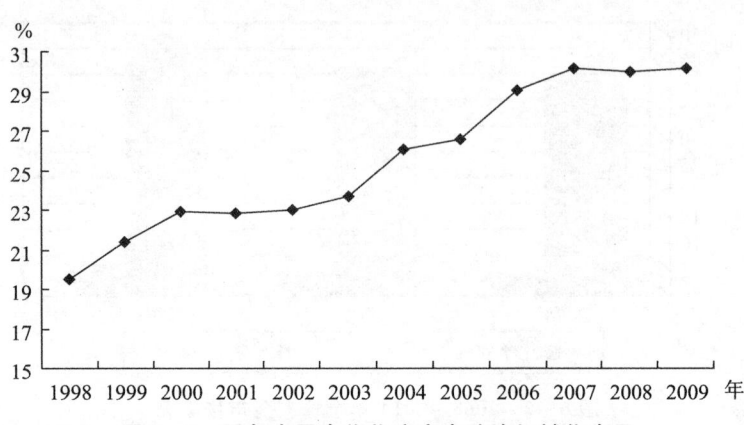

图 6-3 历年中国农作物病虫害防治机械化水平

数据来源：笔者根据历年《中国农业机械化统计年报》制作。

6.1.5 农药的使用

目前，为保证人畜身体健康和环境安全，从源头上解决农产品尤其是蔬菜、水果、茶叶等作物的农药残留超标问题，加快无公害农产品的生产和发展，促进农药产品结构调整和优化，增强农产品的国际竞争力，农业部先后发布194、199、671、747和1158等公告，禁止、限制42种高毒及风险较大的农药的使用。其中，禁止生产、销售和使用的农药有23种，在蔬菜、果树、茶叶、中草药材等作物上限制使用的农药有19种。但目前由于监督不到位、农民认识不足等原因，多种禁限使用的农药仍然在农业生产中使用，后面章节将根据调研数据进行详细分析证实。

(1) 各区域病虫害防治强度与农药用量

从农作物病虫害防治强度[①]来看，中国南方地区大多数省份的防治强度都较高，特别是江苏、江西、上海、浙江、湖北、云南等几个地区的防治强度均在1.58以上，也就意味着一块土地每遭受一次病虫害却进行了1.58次以上的防护；防治强度在1.12~1.58的省份有四川、福建、湖南、广东、安徽、海南6个地区，而其他防治强度低于1.12的省（市、区）除了重庆、贵州、广西以外，均是淮河秦岭以北的省份。农作物病虫害发生强度与防治强度存在大量不重叠的地区，说明从宏观上看，中国部分地区存在低效率过量施药的现象。当然，南方地

---

① 农作物病虫害防治强度 = 当年病虫害防治面积/当年病虫害发生面积。

区的亚热带和暖温带气候也是导致两者不重叠的原因,南方地区更适宜病虫害生存,需要多次施药才能取得较好的防治效果。

目前,中国农药施用量较大的省份主要在中、东部,特别是山东、湖北、河南、湖南、安徽、广东、江西、江苏、河北9省,农药用量均在7万吨以上,9省农药总用量占全国的61.68%;农药用量在3.5万~7万吨的有浙江、黑龙江、广西、四川、福建、辽宁、云南、吉林、甘肃9个地区;其他13个地区均在3.5万吨以下。

根据2008年全国各地单位播种面积农药用量,海南的单位播种面积农药用量远高于其他地区,达39.98千克/公顷;福建、浙江两省的单位播种面积农药用量在24~32千克/公顷之间;湖北、江西、广东、上海、山东5个地区单位播种面积农药用量在16~24千克/公顷之间;广西、湖南、安徽、江苏、河南、河北、北京、天津、辽宁、吉林、甘肃11个地区单位播种面积农药用量在8~16千克/公顷之间;剩下12个地区单位播种面积农药用量均在8千克/公顷以下。

(2)中国病虫害防治面积、农药使用总量及趋势

从图6-4可以看出,近年来中国病虫害防治面积随着病虫害发生面积的上升而上升,2008年的防治面积是2001年的1.5倍,年均增加5.99%;同时,防治强度也不断提升,由2001年的1.08上升到2008年的1.22,上升了12.55%,年均增加1.70%。这表明,中国的农作物病虫害不仅危害作物面积逐年增加,而且由于气候、新虫害、抗药性等多种原因,防治的难度也逐年加大。

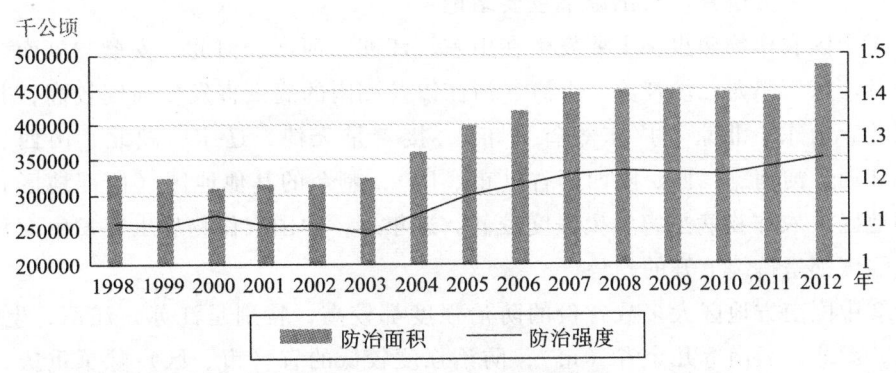

图6-4 近年来中国农作物病虫害防治面积、强度及趋势

数据来源:笔者根据1999~2009年《中国农业年鉴》制作。

从图6-5可以看出,随着病虫害的发生面积快速上升,中国近年来农药使用总量直线上升,由2001年的127.48万吨上升到2008年的167.23万吨,年均增速3.95%。今后,随着全球变暖和抗药性的增加,作为主要的防治方式,化学防治病虫害的压力将进一步加大，导致农药施用量的需求将不断扩大。因此，研究如何提高微观组织的施药效率对于建设资源节约型和环境友好型现代农业具有紧迫性和重要意义。当然，生物防治手段和物理防治手段作为前瞻性举措也应加大研发和推广力度。

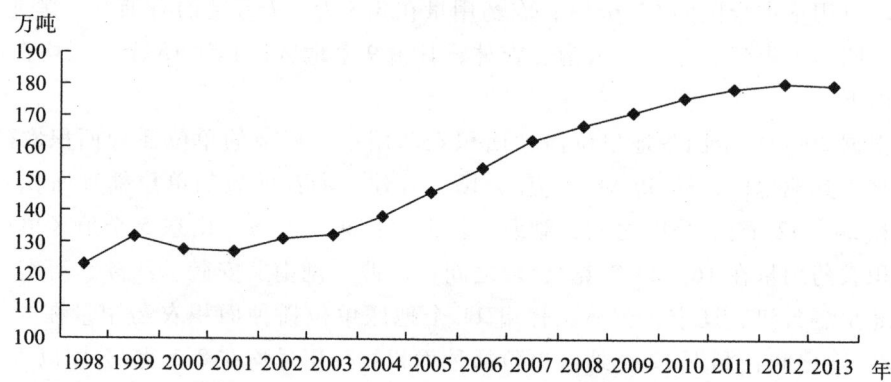

图 6-5　近年来中国农药施用总量及趋势
数据来源：根据 1999~2009 年《中国农村统计年鉴》整理得到。

6.1.6　小　结

通过本部分研究，得出以下主要结论：

①中国农作物病虫害主要发生在山东、江苏、河南、河北、安徽、湖南、湖北以及广东、黑龙江。江苏、上海、浙江以及湖南的病虫害发生强度较高，其次是河北、山东、北京和广东等省（市），接着是天津、辽宁、湖北、山西、安徽、江西、河南、广西、陕西等省（市、区），剩余的其他地区（西部地区和东北部地区）农作物病虫害发生强度较低。近年来，中国农作物病虫害发生面积和发生强度都呈持续上升的趋势。

②中国南方地区大多数省份的防治强度都较高，特别是江苏、江西、上海、浙江、湖北、云南等几个省（市）；防治强度较低的省（市、区）除了重庆、贵州、广西以外，均是淮河秦岭以北的省份。但是在以化学防治为主的技术模式下，我国病虫害防治组织模式以一家一户为主，防治手段主要依靠人力手动背负式喷雾器，这种技术状态严重影响农药施用效率、病虫害防治效果，并造成施药者安全问题和环境问题。近年来中国病虫害防治面积和防治强度都不断上升，这表明，中国的农作物病虫害不仅危害作物面积逐年增加，而且由于气候、新虫

害、抗药性等多种原因,防治的难度也逐年加大。为应对病虫害发生趋势的变化和建设现代农业的需要,亟待发展新的病虫害防治组织模式,未来农业生产机械化综合合作社可能成为专业化防治主体。

③中国农药施用量较大的省份主要在中、东部,特别是山东、湖北、河南、湖南、安徽、广东、江西、江苏、河北9省,农药用量均在7万吨以上,9省农药总用量占全国的61.68%;农药用量在3.5万~7万吨的有浙江、黑龙江、广西、四川、福建、辽宁、云南、吉林、甘肃9个地区;其他13个地区均在3.5万吨以下。随着病虫害的发生面积快速上升,化学防治压力不断加大,中国近年来农药使用总量直线上升,急需研究高效施药微观机制。

6.2 中国农药管理法规与组织体系

本部分通过对我国农药登记、生产、流通、使用等环节的管理法规、规章和相关部委公告进行梳理,指出法规缺失或不当之处,并对现有农药管理组织体系和监管主要业务流程进行分析,指出现有农药组织体系和监管业务流程中存在的制度漏洞,分析目前农药登记、生产、流通、使用过程中一些乱象产生的制度根源。

6.2.1 相关法律、规章制度及政策

表6-1列出了我国农药管理相关主要法规、规章和公告,这些法规、规章和公告涉及农药的登记管理、生产管理、经营流通管理、使用管理等环节。通过对各项法规、规章、公告的仔细比较、分析,可以发现:《农药管理条例》的要求要低于《危险化学品安全管理条例》,《危险化学品安全管理条例》规定了剧毒化学品的产量、流向、储存量和用途需要详细记录,但是《农药管理条例》中没有;《危险化学品安全管理条例》规定了危险化学品经营销售实行许可制度,但农药销售没有实行许可制度。

表6-1　　　　　我国农药管理相关法律法规

类别	发布时间	法规名称	法规内容
法规	1997年5月	《中华人民共和国农药管理条例》（国务院第216号令）	对农药的登记、生产、经营、使用进行了规定，明确了农药生产准入管理制度、农药登记制度、农药生产许可制度
法规	2002年1月	《危险化学品安全管理条例》（国务院第344号令）	规定了危险化学品登记制度，生产许可制度，剧毒化学品的产量、流向、储存量和用途的台账制度，危险化学品经营销售实行许可制度，危险化学品运输资质认定制度等
法规	2005年7月	《中华人民共和国工业产品生产许可证管理条例》（国务院第440号令）	规定了工业产品生产许可证的申请与受理、审查与决定、证书和标志、监督检查、法律责任等内容
规章	1995年3月	《农药广告审查办法》（国家工商局、农业部28号令）	对农药广告内容进行了限制。
规章	2002年6月	《农药登记残留试验单位认证管理办法》［农农发（2002）10号］	规定了农药登记残留试验单位认证原则、资格、认证流程等
规章	2004年10月	《农药生产管理办法》（发改委第23号令）	规定了农药生产企业的生产核准、农药产品的生产审批、监督管理及罚则
规章	2007年12月	《农药管理条例实施办法（修订）》（农业部第9号令）	配套《中华人民共和国农药管理条例》，细化了农药的登记、经营、使用、监督和处罚细则
规章	2007年12月	《农药标签和说明书管理办法》（农业部第8号令）	规定了标签及说明书的标注内容、制作、使用和管理。其中，对于农药名称的标注，明确规定了"农药名称应当使用通用名称或简化通用名称，直接使用的卫生农药以功能描述词语和剂型作为产品名称。农药名称命名规范和名录另行规定"
规章	2007年12月	《农药登记资料规定》（农业部第10号令）	规定了农药登记需要提供的资料和申请流程
规章	2010年4月	《关于打击违法制售禁限用高毒农药　规范农药使用行为的通知》［农农发（2010）2号］	对高毒农药生产、流通、使用等行为进行规范。

6. 基于农药使用的环境友好型农业产业体系

续表

类别	发布时间	法规名称	法规内容
规章	2011年1月	《农药产品生产许可证实施细则》（国家质量监督检验总局）	农药生产许可证办理的详细规定
公告	2002年4月	农业部公告第194号	停止受理甲胺磷等11种高毒、剧毒农药新增登记，停止批准高毒、剧毒农药分装登记，撤销部分高毒农药在部分作物上的登记
公告	2002年5月	农业部公告第199号	公布国家明令禁止使用的农药和不得在蔬菜、果树、茶叶、中草药材上使用的高毒农药品种清单
公告	2003年12月	农业部公告第322号	计划分三个阶段削减甲胺磷、对硫磷、甲基对硫磷、久效磷和磷胺5种高毒有机磷农药的使用，自2007年1月1日起，全面禁止甲胺磷等5种高毒有机磷农药在农业上使用
公告	2004年5月	《农药登记环境试验单位管理办法》（农业部公告374号）	规定了农药登记环境试验单位认证原则、资格、认证流程等
公告	2006年6月	农业部公告第671号	规定了对含甲磺隆、氯磺隆和胺苯磺隆等除草剂产品实行相应管理措施
公告	2006年11月	农业部公告第747号	禁止生产销售八氯二丙醚农药
公告	2007年12月	农业部公告第944号	规定了农药名称登记核准管理办法
公告	2007年12月	农业部公告第945号	规范了农药名称
公告	2007年12月	农业部、发改委公告第946号	规定了农药有效成分、含量
公告	2008年1月	《农药行政许可部分办事指南（修订）》（农业部公告第971号）	规定了农药田间试验审批、农药临时登记、农药正式登记、农药分装登记、农药续展登记和农药广告审查的办理程序
公告	2008年4月	农业部公告第1028号	公布了《农药最大残留限量甲拌磷水果》等40项标准业
公告	2008年12月	《矿物油农药登记管理事项公告》（农业部公告第1133号）	对矿物油农药登记进行了规定
公告	2009年2月	农业部公告第1158号	对农药产品有效成分含量的管理补充规定
公告	2010年8月	《农药产业政策公告》[工联产业政策（2010）第1号]	规范和引导我国农药产业健康、可持续发展相关政策
公告	2010年9月	农业部、海关总署联合公告第1452号	关于农药进出口管理电子联网核销系统联网运行

6.2.2 中国农药管理组织体系

6.2.2.1 农药的登记管理

农药登记制度主要目的是控制不合格或者有害农药流入市场。我国农药登记包括三个阶段,根据《农药管理条例实施办法(修订)》可以得到具体组织和流程,见图6-6。

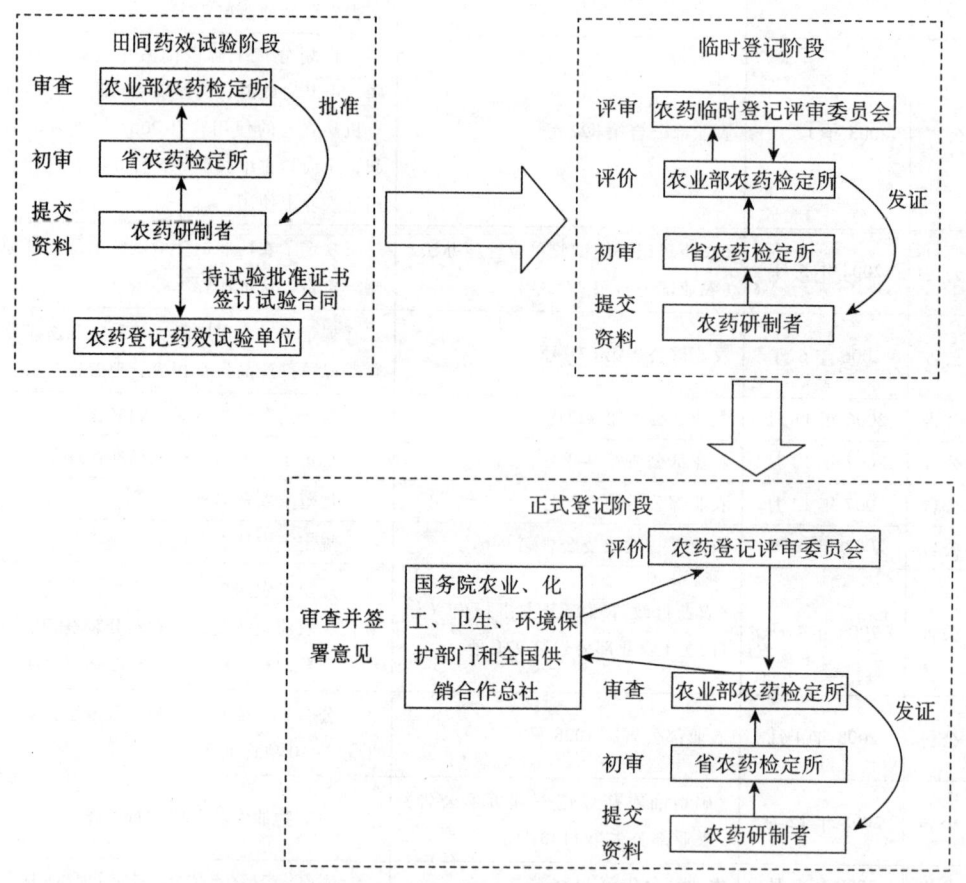

图6-6 我国农药的登记管理组织与流程

资料来源:笔者根据《农药管理条例实施办法(修订)》制作。

①对于农药登记的"田间药效试验阶段",省级农业行政主管部门所属的农药检定机构负责初审,农业部农药检定所负责审批。

6. 基于农药使用的环境友好型农业产业体系

②对于农药登记的"临时登记阶段",省级农业行政主管部门所属的农药检定机构负责初审,农业部农药检定所对申请资料进行综合评价,农药临时登记评审委员会负责展开评审,农药临时登记评审委员会委员一般由种植业管理司、农业部农药检定所、全国农技推广中心、中国林科院森林环保所、中国农科院植保所、中国农业大学、中国疾病预防控制中心环境所和北京市农药检定所等单位的管理人员或专家组成,而这个"农药临时登记评审委员会"的主任一般是由农业部农药检定所所长担任的。

③对于农药登记的"正式登记阶段",由农业部农药检定所进行审查,国务院农业、化工、卫生、环境保护部门和全国供销合作总社审查并签署意见,农药登记评审委员会进行综合评价。其中,农药登记评审委员会由农业部、工业和信息化部、卫生部、国家环保总局、商务部、中国农业生产资料集团公司、国家工商总局、国家检验检疫总局、林业局、海关总署和国家粮食局等单位的管理人员或专家组成,主任委员必须由农业部农药检定所产生,农药登记评审委员会的日常工作也由农业部农药检定所负责,农药登记评审委员会的活动经费也列入农业部农药检定所财务预算(1982年农林渔业部制定的《农药登记规定实施细则》中有详细规定,并且关于农药登记评审委员会产生的办法、日常管理和经费管理等相关办法至今未变)。

可以看出,农业部农药检定所及省级农业行政主管部门所属的农药检定机构在我国农药登记管理中掌握着决定性的权力,特别是农业部农药检定所。在这种权力几乎绝对集中的情况下,与防止食品药品监管系统降低药品审批标准类似,如何防止农药检定系统特别是防止农业部农药检定所降低标准滥发农药登记证,成为农药管理的关键问题①。然而,农药登记证滥发已成为不可置疑的事实。

2007年以前,由于农药临时登记寻租成本要远远低于正式登记的寻租成本,因此在2006年底,我国当年批准登记的2238个农药产品中,农药临时登记产品比例高达90.26%,取得正式登记的产品竟然不足10%②。为了解决农药登记的乱象,农业部2007年底连续发了6个关于农药登记核准管理的农业部令或公告,并将2008年确定为农药登记管理年。6个农业部令或公告中,《农药登记资料规定》(农业部第10号令)提高了农药登记门槛,减少了临时登记与正式登记的

---

① 实际上,网络上也有一些对农药检定系统不利的言论,比如新浪网上一个题为"农药审批监管的腐败和对广大民众造成的危害远远大于人药"的帖子(http://club.news.sina.com.cn/thread-10999-1-1.html),里面的一些言论直指农业部农药检定所及其主要负责人。

② 李晓芬:"中国农药'准生证'泛滥 2.8万个产品低质竞争",《南方农村报》,2010年6月30日,第7版。

差距，尤其是提高了临时登记在农药残留方面的要求。

然而，临时登记与正式登记门槛差距的缩小，并没有带来我国农药登记的规范，反而为农药登记带来了新一轮的"大跃进"，一方面新的农药产品不再满足于申请到临时登记证，而原先的仅获得临时登记证的农药产品则纷纷转向寻求正式登记证。结果，到 2009 年，当年农业部批准农药产品登记数量 10003 个，而获得正式登记的数量高达 8543 个，所占比例为 85.40%。

难道短短三年间我国农药产品质量有了如此巨大的质的飞跃？更何况，当年美国正式登记的新药只有不到 100 种。我国农药的研发力量竟然比美国强 100 倍？唯一的解释就是我国农药检定系统农药管理的不规范导致了目前农药登记混乱的现状。

6.2.2.2　农药的生产管理

农药生产管理主要包括农药企业建立许可、农药产品生产批准许可、农药产品生产许可三类。前两类由工信部主管，第三类由国家质量监督检验检疫总局（以下简称国家质检总局）主管。

（1）农药企业建立许可

开办农药生产企业（包括联营、设立分厂和非农药生产企业设立农药生产车间），应当经省级主管部门初审后，向工信部申报核准，核准后方可依法向工商行政管理机关申请领取营业执照或变更工商营业执照的营业范围。申报核准建立农药企业时，所生产的农药是依法取得过农药登记的农药。具体流程见图 6-7。

（2）农药产品生产批准证

生产尚未制定国家标准和行业标准的农药产品的，应当经省级主管部门初审后，报国家工信部批准，发给农药生产批准证书。企业获得生产批准证书后，方可生产所批准的产品。申请农药产品生产批准证时，应具有已核准的农药生产企业资格，同时将农药登记作为申请材料之一。具体流程见图 6-7。

（3）农药产品生产许可证

生产已制定国家标准和行业标准的农药产品的，由国家质检总局负责农药产品生产许可证统一管理工作。全国工业产品生产许可证办公室（以下简称全国许可证办公室）负责农药产品生产许可证管理的日常工作。全国工业产品生产许可证审查中心（以下简称全国许可证审查中心）受全国许可证办公室委托承担有关技术性和事务性的工作。全国工业产品生产许可证办公室农药生产许可证审查部（以下简称审查部）设在中国石油和化学工业联合会，受全国许可证办公室的委托组织起草农药产品生产许可证实施细则；跟踪农药产品的国家标准、行业标

6. 基于农药使用的环境友好型农业产业体系

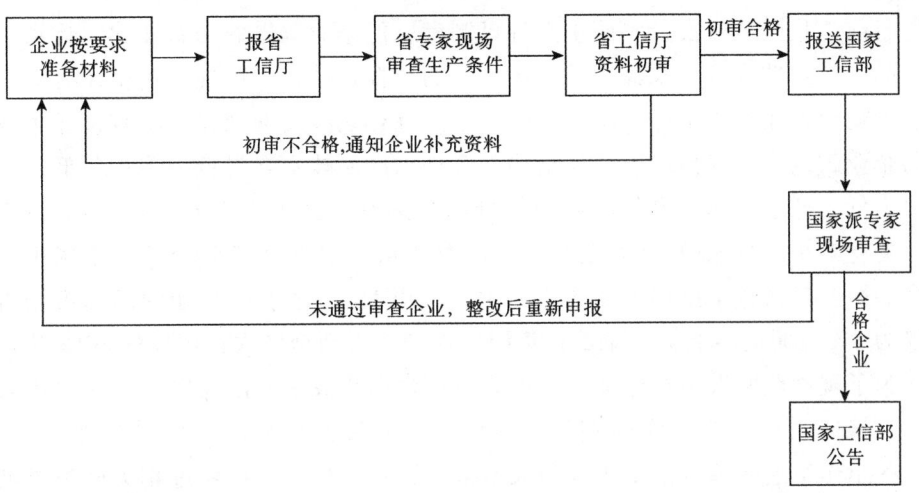

图 6-7　农药企业建立许可、农药产品生产批准证审批流程

资料来源：笔者根据《农药生产管理办法》（发改委第 23 号令）制作。

以及技术要求的变化，及时提出修订、补充产品实施细则的意见和建议；组织农药产品实施细则的宣传与贯彻执行；组织对农药产品申请企业的实地核查；审查、汇总申请取证企业的有关材料。具体流程见图 6-8。

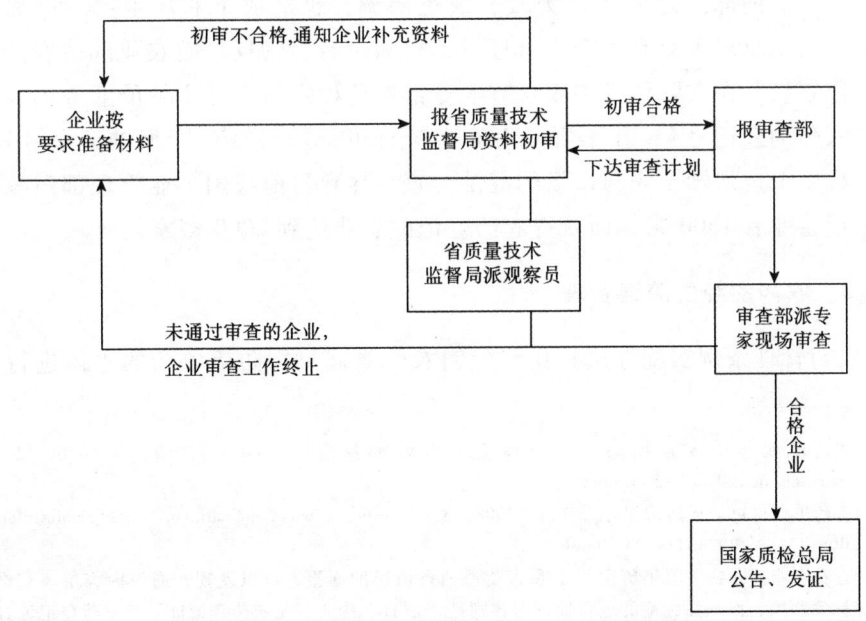

图 6-8　农药企业生产许可证审批流程

资料来源：笔者根据《农药产品生产许可证实施细则》制作。

目前，我国虽然实行农药生产许可制度，但企业取得农药企业建立许可、农药产品生产批准许可、农药产品生产许可的门槛较低，相关规章制度没有对企业的生产规模、注册资金进行限制，存在生产许可证滥发的现象，这直接导致我国农药企业数量多、规模小、产品结构不合理、产品技术含量低、附加值低、国际竞争力低、低水平恶性竞争等问题。目前我国有农药生产厂家 2000 多家，生产规模普遍较小。行业前 10 大企业占全国总产量的比重只有 19.5%，市场占有率最高的企业只占整个市场份额的不到 4%，而我国整个农药行业的国际市场占有率仅为 5%，而世界上前 8 家农化集团销售额已占到全球农药市场的 80% 以上[1]。

为了规避获取农药登记证、生产许可证的高昂成本和漫长时间，一些小农业企业直接向大企业购买农药登记证、生产许可证使用权，实行"套牌"生产。而一些小作坊连购买两证使用权的成本都不愿意支付，直接通过相关网站查询某种农药的登记证号、生产证号，通过市场购买这种产品的标签和包装，然后大肆造假。这样，很多小作坊在一间屋子、几平方米的地方就可以混配农药，制假售假[2]。农业部办公厅《关于 2010 年第四次农药监督抽查情况的通报》数据表明标签不合格的 433 个农药产品中，假冒、伪造、无农药登记证号或农药登记证过期的有 222 个，占不合格总数的 51.3%。

另外，职能部门之间各自为政、缺乏协调，也造成了非法生产。比如工信部、国家质检总局等只有生产许可证发证权而没有监管权，而农业部门农药检定系统有监管权却在实际监管中仅检查农业部农药检定所自己主管的业务内容，即只检查农药的登记号[3]，并不看是否有生产许可证号（或生产批准证书号），这在某种程度上也加剧了农药市场的混乱，直接导致目前我国工业管理部门核准的农药生产企业有 1500 家，而获得农药登记的企业达到 2000 多家。

6.2.2.3 农药的经营流通管理

《农药管理条例实施办法》中对经销农作物病虫害防治农药的主体进行了明

---

[1] 提高产业集中度是提高农药行业竞争力的重要途径 [OL].2010-04-06. http://www.nongyao8.cn/newsshow-553.html.

[2] 农药生产许可证成造假温床 [OL].2008-3-4. http://www.chemall.com.cn/chemall/infocenter/newsfile/2008-3-4/200834144757.html.

[3] 查看农业部办公厅历年历次关于农药监督抽查情况的通报，可以发现，通报内容主要有产品质量、产品标签两项，而产品标签的重点抽查内容则是"假冒、伪造、无农药登记证号或农药登记证过期"、"农药名称、有效成分含量和剂型标注"、"使用范围"、"毒性标识"、"生产日期或批号"、"商标等标注"、"安全间隔期等注意事项标注"、"企业名称及联系方式标注"等内容，并没有检查是否有生产许可证。

确规定和限制，为以下七类：供销合作社的农业生产资料经营单位，植物保护站，土壤肥料站，农业、林业技术推广机构，森林病虫害防治机构，农药生产企业，农垦系统的农业生产资料经营单位、农业技术推广单位。这种身份限制而不是资质限制，与《危险化学品安全管理条例》是相抵触的，《危险化学品安全管理条例》规定对危险化学品的经营，要实行经营许可制度，而不是身份限定制度。

这样直接导致的结果就是供销合作社、植物保护站等国营单位凭借法定经营身份成了卖"壳"食利阶层，而大量没经过任何农药相关知识培训的个体经销商或私营企业则借"壳"经营，挂靠在这些法定经营单位下面。同时，在近年来的政府机构改革中，部分省份的植保站、土壤肥料站和农业技术推广站已经参照公务员管理，代行政府行政管理职能，按照现行规章制度的规定，这些单位不仅有农药经营权，同时又对"农药经营"具有执法权，这种既"当教练员又当裁判员"的做法，大大降低了农药监督执法的公信度（孙艳萍、穆兰，2010）。显然《农药管理条例实施办法》中关于农药经营主体的规定是不合时宜的。

但对农药经营主体的限制解除并不意味着人人都可以销售农药。目前，由于关于经营主体的身份限制形同虚设，大多经营主体为个体经销商，80%以上的经营人员没有接受过植保专业知识的培训（童若春，2010），同时乡镇农药经营网点多、规模小、竞争激烈，这就导致很多农药零售商不仅不能在技术上给农户以指导，为了生存，还存在售假、误导农民购假等行为。因此必须提高农药经营准入门槛，加强对农药经销主体的监管。

此外，《农药管理条例实施办法》中也没有规定农药经营台账制度，这与《危险化学品安全管理条例》也是相抵触的，不利于监督农药经销商买假、售假行为。

6.2.2.4　农药的使用管理

农药的使用是农药流通的终端环节，也是食品中农药残留、环境、人畜安全等问题的直接源头，但目前国内对农药使用管理不严，很多规章仅起指导作用而无法律效用，农药乱用、滥用、不安全使用、环境不友好使用情况极易发生。

为保证使用者能够按照农药登记所规定的剂型、剂量、用药时间、用药间隔、规定的防治对象等要求施用农药，欧美多数发达国家对农药的使用者和以商业目的为主的植保组织均实行农药使用许可管理，使用许可证分为一般类农药和限制类农药，要求对限制类农药的使用必须经过更为严格的专业培训后，方可持证使用（孙艳萍、穆兰，2010）。

但我国目前的农药使用者大多为具有老龄化、低文化特征小农户，他们中绝大部分人几乎没有受过任何农药使用的相关教育培训，农药选用、使用均存在很大的盲目性和随机性，同时容易受到农药零售商的诱导。目前没有高毒农药使用许可制度，十分不利于施药安全和食品安全。

6.2.3 小 结

通过本部分研究，得出以下主要结论：

①目前我国农药相关法律、规章制度和政策与其他法律法规存在抵触，需要进一步完善。特别是《危险化学品安全管理条例》中规定了生产经营台账制度、危险化学品经营销售实行许可制度，但是《农药管理条例》中没有相关规定。

②目前我国农药登记管理不规范，导致农药登记证滥发；农药企业许可、农药产品生产批准许可、农药产品生产许可等门槛较低，导致企业规模小、产品科技含量低、竞争力弱；农药经营流通中实行身份限制制度阻碍了农药产品流通业的健康发展，同时台账制度、经营许可制度等不健全；农药使用管理中，法律法规薄弱，高毒农药购买许可、使用许可制度等不健全。

6.3 微观调研设计与数据描述

为了验证第一章中提出的假说，并完成相应的研究内容，根据研究需要，设计了针对施药农民的调研问卷（见附录3）和调研方案，并展开了调研。具体情况如下：

6.3.1 调研内容

本研究的调研对象为家庭中实际农业生产者同时又是农药施用工作主要完成者，根据研究需要，调研的主要内容包括以下几方面：

6.3.1.1 调研对象及家庭基本情况

主要包括：

(1) 调研对象性别、年龄、学历、身体状况等；

(2) 家庭的社会关系（是否有党员、是否有退伍军人、是否有村干部）；

(3) 家庭人员构成（总人数、劳动力人数、农业劳动力人数）；

(4) 农业劳动力素质（农业劳动力中男劳动力人数、农业劳动力中40岁以上人数、农业劳动力文化结构）；

(5) 土地资源禀赋（耕地面积、土地块数、单块土地最大面积、单块土地最小面积）。

6.3.1.2 调研对象施药情况

主要包括：

(1) 农药选用（针对不同作物选择的农药名称、数量）；

(2) 药械选用（药械类型、质量）；

(3) 施药过程（施药时机和程序）；

(4) 对自身安全和环境友好的认知（防护措施和用药习惯）；

(5) 相关知识来源及掌握程度。

具体的问卷内容见附录3。

6.3.2 调研选点

由于要研究农户对不同作物的施药行为是否有差异，因此本研究选择小麦、水稻、油菜、黄瓜、柑橘、苹果6种代表性作物，分别代表粮食作物、油料作物、蔬菜、水果，而山东是小麦、蔬菜和苹果主产省份、江苏是水稻和油菜主产省份、湖北是油菜和柑橘主产省份，因此选择山东、江苏、湖北这三个省作为调研地点。调研员为南京农业大学生源地为这三个省的在校学生，通过择优选择录用，并针对问卷内容进行了相应培训。

6.3.3 实际样本分布

发放问卷1000份，实际收回问卷846份，有效问卷804份。从表6-2可以看出，山东和江苏的样本相对较多，分别达375个和344个，而湖北的样本较少，只有85个；几种作物中，调研小麦、水稻、油菜的样本较多，调研黄瓜、苹果、柑橘的样本较少，特别是柑橘的样本仅有9个，不足以进行深入分析。

表6-2　　　　　　　　　　　　样本分布

	小麦	水稻	油菜	黄瓜	苹果	柑橘	合计
山东	334	37	9	51	42	0	375
江苏	40	274	125	18	0	2	344
湖北	0	83	66	12	0	7	85
合计	374	394	200	81	42	9	804

6.3.4　数据初步描述

6.3.4.1　调研对象基本情况

整理调研数据，得到调研对象的性别、年龄、文化程度、身体状况等基本情况，见表6-3。

（1）从性别看以男性为主

从表6-3可以看出，调研样本中，以男性为主，占了全部样本的77.24%，女性占22.76%。

（2）从年龄看以41~60岁人群为主

从表6-3可以看出，调研对象主要以41~60岁这个年龄段的人群为主，比重高达71.27%。21~30岁年龄段所占比重仅为3.98%，31~40岁年龄段所占比重为13.18%，61岁以上的占11.57%。若以41岁为分界线，大于等于41岁的样本占全部样本的82.84%，小于41岁的样本占全部样本的17.16%。这表明中国使用农药的农民老龄化十分严重。

表6-3　　　　　　　　　　　调研对象基本情况

指标	分组	比例
性别	男	77.24%
	女	22.76%
年龄	21~30岁	3.98%
	31~40岁	13.18%
	41~50岁	38.81%

6. 基于农药使用的环境友好型农业产业体系

续表

指标	分组	比例
	51~60 岁	32.46%
	61~70 岁	9.45%
	70 岁以上	2.11%
学历	小学及以下	35.57%
	初中	46.27%
	高中	15.30%
	大专及以上	2.86%
身体状况	较差	1.99%
	一般	31.22%
	很好	66.79%

(3) 从学历看以小学、初中为主

从表 6-3 可以看出，调研对象主要以小学及以下和初中学历为主，两者占了全部样本的 81.84%，这表明中国使用农药的农民文化程度较低。

(4) 1/3 的调查对象身体欠佳

从表 6-3 可以看出，调研对象中约 1/3 的人认为自己身体一般或较差，2/3 的人认为自己身体较好。

总的来说，调研样本表明，直接施用农药的农民主要以男性为主，女性所占比重也不低，老龄化、低文化问题较为严重，相当部分人身体状况欠佳。

6.3.4.2 调研对象家庭及生产经营基本情况

(1) 大部分人家中无村干部、退伍军人和党员

从表 6-4 可以看出，调研样本中 5.60% 的家庭中有村干部，7.09% 的家庭有退伍军人，19.40% 的家庭中有党员。

表 6-4 调研对象家庭的社会关系

	个数	占全部样本比重
家庭中有村干部	45	5.60%
家庭中有退伍军人	57	7.09%
家庭中有党员	156	19.40%

(2) 农业劳动力以两个老年人为主

从表 6-5 可以看出，调研样本的家庭规模每户平均在 4 个人左右；家庭劳动力人数每户平均为 2.68 人，占家庭平均总人数的比重为 67.51%；农业劳动力人数每户平均为 1.86 人，占家庭平均总劳动力的比重为 69.40%；农业劳动力中男劳动力每户平均为 1.03 个，占平均农业劳动力的比重为 55.37%；40 岁以上的农业劳动力每户平均为 1.50 人，占平均农业劳动力的比重为 80.64%。我们初步可以看出这样一个具有代表性的家庭结构，即一家四口，两个老人在家务农，可能其中一个人由于身体缘故还不被计入家庭劳动力当中，两个年轻的夫妇外出打工。这表明，我们国家的农业已经是老年农业，主要靠 40 岁以上的中老年人从事农业生产，因此在研究、制定针对农药使用的政策、指南时，应充分考虑这一情况。

表 6-5　　　　　　　　　　调研对象家庭人员构成

	平均值（个）	最大值（个）	最小值（个）	样本方差（个）	变异系数
家庭总人数	3.97	10	1	1.65	0.41
劳动力人数	2.68	7	1	1.00	0.37
农业劳动力人数	1.86	5	0	0.44	0.24
男农业劳动力人数	1.03	4	0	0.28	0.27
40 岁以上农业劳动力	1.50	4	0	0.49	0.33

（3）农业劳动力文化素质较低

从表 6-6 可以看出，调研样本所在家庭中全部 1486 个农业劳动力中，有 47.17% 是小学以下文化程度，有 39.91% 是初中文化程度，高中文化程度的占 10.83%，大专及以上的仅占 2.09%。结合前面对调研对象本人的学历分析，可以得出结论，无论是施药者本人还是其所在家庭的农业劳动力，文化程度都较低，对农药使用的相关知识或认知可能在一定程度上存在缺陷。

表 6-6　　　　　　　　　　调研样本家庭成员学历分布

学历	比例
小学以下	47.17%
初中	39.91%
高中	10.83%
大专及以上	2.09%

（4）土地细碎，经营规模较小

从表 6-7 可以看出，调研对象中，68.04% 的家庭总耕地面积在 6 亩以下，耕地面积在 6~10 亩的家庭只有 20.90%，在 10 亩以上的仅占 11.07%，这表明大多数家庭的土地经营规模较小。

同时还可以看出,家庭土地经营规模越小,其单块土地平均面积也越小,总规模为3亩以下的样本单块土地平均面积仅为0.86亩,而总规模为40亩以上的样本单块土地平均面积高达31.54亩。

表6-7　　　　　　　　调研对象家庭土地资源禀赋

总耕地面积	样本（个）	占全部样本比重	平均面积（亩）	土地平均块数（块）	单块土地平均面积（亩）
3亩以下	212	26.37%	2.34	2.72	0.86
3~6亩	335	41.67%	4.73	4.36	1.09
6~10亩	168	20.90%	8.27	5.86	1.42
10~20亩	79	9.83%	14.46	9.57	1.52
20~40亩	8	1.00%	28.19	12	3.13
40亩以上	2	0.25%	205	6.5	31.54

(5) 主要农产品以大田生产和自用、零售为主

从表6-8可以看出,黄瓜生产使用大棚的农户不到30%,主要农产品出口的农户几乎为0;对于农产品的处置,小麦生产农户中高达73.86%以自用或零售为主,水稻生产农户中65.74%以自用或零售为主,油菜生产农户中68.50%以自用或零售为主,黄瓜生产农户中54.32%以自用或零售为主,苹果生产农户中16.67%以自用或零售为主,柑橘生产农户中55.56%以自用或零售为主。由此也可以看出,蔬菜、水果等经济作物的批发率高于粮食作物。

表6-8　　　　　调研农产品不同生产、销售方式样本分布（个）

	小麦	水稻	油菜	黄瓜	苹果	柑橘
大棚生产	—	—	—	24	—	—
自用	123	94	96	26	0	5
零售	168	165	41	18	7	0
批发	80	132	59	30	15	2
都有	23	3	4	7	20	2
其中：出口	0	0	0	2	1	0
合计	394	394	200	81	42	9

6.3.4.3 调研对象施药情况

(1) 高毒农药仍然在使用中,过半农户不能辨别高毒农药

本次调研,一共调研了140多种农药,对于国家明令禁止的高毒农药(见《中华人民共和国农业部公告第199号、第322号、第632号》),本次调研中一共发现5种仍在使用,具体见表6-9。

表6-9　　　　　　　　调研对象使用高毒农药情况

高毒农药名称	甲胺磷	对硫磷	磷胺	久效磷
选用人数(人)	157	64	34	7
占全部样本比重	19.53%	7.96%	4.23%	0.87%

可以看到,甲胺磷、对硫磷等高毒农药仍然在生产中使用,这表明农药监管措施亟待加强。实际上,能够准确地说出两种以上高毒农药名字的农户仅占全部样本的10.69%,能够说出两种以内高毒农药名字的农户仅占全部样本的38.55%,两者合计不到50%,其他样本农户则均说不清楚或者完全不知道。

另外,禁止在蔬菜、水果中使用的氧化乐果,全部样本中有228人在使用,种黄瓜的样本中有11.11%的样本在使用,种苹果的样本中有14.29%的样本在使用。

此外,中国允许使用但美国、日本、欧盟等国家和地区早就禁止使用的部分农药,调研样本中仍在大量使用,如敌百虫、敌敌畏、氯氰菊酯等。

(2) 绝大部分农户使用16升背负式手动喷雾器,且质量存在问题

调研样本中有87.44%的农户使用手动背负式喷雾器施洒农药,只有12.56%的农户使用以电、柴油、汽油等动力的机动喷雾器,这与前面分析的家庭拥有土地规模在10亩以下的农户样本所占比重88.94%基本是一致的,这表明药械的选用是与土地经营规模匹配的。同时,87.44%的手动背负式喷雾器中,有70.90%是容量为16升的药械,6.09%是18升的,10.44%为20升的。这表明,绝大部分在用植保机械是16升的手动背负式喷雾器。

对于"在施药过程中,您家喷雾器的药箱、唧筒连杆处、胶管、喷头和开关等部位是否存在药液'跑、冒、滴、漏'的现象?"这一问题,回答结果为3.11%的调研对象表示"存在,且很严重",53.73%的调研对象表示"存在,但不是很严重",43.16%的调研对象表示"完全没有这个问题"。可以看出,认为跑冒滴漏很严重的样本和不严重但是存在的样本所占比重之和达到56.84%,这表明半数以上的植保机械存在这样或那样的质量问题,威胁着施药农民的身体安全。

(3) 对农药的认识程度与选择方式有待改进

关于调研对象对农药认识程度与选择方式，根据调研数据整理得到表6-10。从表6-10可以看出：①绝大部分调研对象认为自己能够辨别一定的虫害，认为自己只能辨别一两种虫害或者完全不认识的样本分别只有1.99%和12.19%；②半数以上的农户对高毒农药缺少辨别能力。对于"您知道哪些农药是高毒高残留农药吗？"这一问题的回答，半数以上是"不是很清楚"或"不知道"或"不在意"；③绝大部分农户认为农药并不是施得越多防治效果越好，说明农户对农药用量与病虫害防治效果之间的关系有正确的认识；④农户对农药的选择主要依据经验和农药销售人员的推荐，少部分农户也看说明书或从众，而依据乡镇技术人员指导选择农药的较少。

表6-10 调研对象对农药认识程度与选择方式

	样本数	比率
调研样本对病虫害的辨别能力	98	12.19%
我能够完全准确辨别	399	49.63%
我能够辨别大部分病虫害	151	18.78%
我能辨别一小半病虫害	140	17.41%
我只能辨别一两种病虫害	16	1.99%
我完全不认识	98	12.19%
调研样本对高毒农药的了解程度		
知道	84	10.45%
知道一两种	316	39.30%
不是很清楚	235	29.23%
不知道	120	14.93%
不在意	51	6.34%
调研样本对农药用量与效果关系的认知		
药越多防治效果越好	76	9.45%
药多了是浪费	728	90.55%
调研样本对农药的选用途径		
根据经验	564	70.15%
农药销售员推荐	509	63.31%
乡镇技术人员指导	152	18.91%
看别人用什么药	233	28.98%
看说明书	235	29.23%

(4) 半数农户采取低效率施药方式

从表6-11可以看出,有46.77%的农户根据不同的作物更换不同的喷头(不同农作物叶面物理特性差异导致对农药雾滴大小要求有差异);有20.27%的农户在大风、大雨等恶劣天气前后施过农药,导致农药浪费;有20.15%的农户在烈日高温下施过农药,导致农药过量挥发。由于不能选择正确的药械和正确的施药时机,农户的低效率甚至无效率的施药行为导致了农药的大量浪费,有数据表明(姜文来,2008),中国的农药利用率只有30%左右,亩均农药用量是发达国家的4倍左右。

表6-11　　　　　　　　　　调研对象施药方式

	样本数	比率
是否根据作物更换喷头		
是	376	46.77%
否	428	53.23%
是否在大风、大雨等恶劣天气下施药		
有	163	20.27%
无	641	79.73%
是否在高温烈日下施药		
有	162	20.15%
无	642	79.85%

(5) 半数以上农户施药过程中不注意自身安全防护

从表6-12可以看出,50.50%的农户经常采用前进施药的方式(这种施药方式第一是容易造成重复施药,第二是施药者十分容易接触到刚喷洒的农药);7.84%的农户逆风施药(很容易通过口鼻吸入农药);63.56%的农户在施药过程中从来不采取手套、口罩、面罩、眼罩、防护服等任何措施,主要由于他们认为麻烦(49.25%)、不习惯(36.32%)、身体没那么娇贵(30.22%)、想不起来要戴这些防护措施(27.24%)、穿着这些东西太热了(23.63%)、穿这些东西太滑稽了(5.47%)等;14.18%的农户将农药放在厨房或者粮食附近。

表6-12　　　　　　　　调研对象农药行为自身安全防护情况

	样本数	比率
施药时行走方式		
倒退	397	49.38%

6. 基于农药使用的环境友好型农业产业体系

续表

	样本数	比率
前进	406	50.50%
施药时风向选择		
顺风	740	92.04%
逆风	63	7.84%
是否使用过手套、口罩、面罩、眼罩、防护服等措施		
每次打药都要使用3种以上措施	32	3.98%
每次打药都要使用2种措施	96	11.94%
每次打药都要使用1种措施	165	20.52%
从来没有使用过	511	63.56%
从来没有使用过防护措施的原因		
麻烦	396	49.25%
不习惯	292	36.32%
咱们农民身体没那么娇贵	243	30.22%
想不起来要戴这些防护措施	219	27.24%
穿着这些东西太热了	190	23.63%
穿着这些东西太滑稽了	44	5.47%
农药高效低毒，没必要	12	1.49%
施药时间短，没必要	6	0.75%
农药是否存放在厨房或者粮食储存地		
没有，离得远	690	85.82%
没有，但离得近	90	11.19%
是的	24	2.99%

（6）大多数农户环境保护意识缺乏

从表6-13可以看出，只有17.79%的农户从不将农药洒到邻居地里；对于塑料农药容器，71.52%的农户将其随手扔掉，14.05%的农户将其露天焚烧，还有2.74%的农户竟然将其用于煮饭；对于玻璃农药容器，77.24%的农户将其随手扔掉，11.18%的农户将其堆在家里不用，6.11%的农户将其扔到附近河道里；有21.64%的农户经常把剩余农药倒在地里作物上，有2.99%的农户经常把剩余的农药倒进河里；有36.19%的农户经常直接在水塘附近、河流里清洗喷雾器，另外有23.26%的农户偶尔这样干；不过，只有9.09%的农户对自己家吃的农产品和拿出去卖的进行区别施药。总的来看，目前农户对环境安全意识淡薄，而农药残留在环境中会对害虫天敌、鸟类、鱼、蛙、蚯蚓等生物造成严重的危害，并加剧病虫害的抗药性，影响生态平衡。

表 6-13　　　　　　　　调研对象施药行为环境友好程度

	样本数	比率
农药洒到邻居地里情况		
经常	155	19.28%
偶尔	506	62.94%
从不	143	17.79%
塑料农药容器处理方式		
随手扔掉	575	71.52%
露天焚烧	113	14.05%
当废品卖掉	84	10.45%
煮饭	22	2.74%
埋掉	9	1.12%
放在家里	1	0.12%
玻璃农药容器处理方式		
随手扔掉	594	77.24%
堆在家里不用	86	11.18%
扔到河里	47	6.11%
卖掉	36	4.68%
埋掉	6	0.78%
多余农药处理方式		
从来没有把剩余的农药随便倒过	606	75.37%
经常把剩余农药倒在地里作物上	174	21.64%
经常把剩余的农药倒进河里	24	2.99%
是否直接在水塘附近、河流里清洗喷雾器		
经常这样	291	36.19%
偶尔这样	187	23.26%
从不这样	326	40.55%
您自己家吃的粮食、蔬菜或水果和拿出去卖的用一样的农药吗？		
不一样，自己家吃的不打农药	24	2.99%
不一样，自己家吃的打低毒农药	6	0.75%
不一样，自己家吃的少打农药	43	5.35%
一样的	731	90.92%

6.3.5 小　结

本部分通过对调研情况的基本描述，可以得出如下结论：

①从调研对象来看，施药者主要是小学或中学文化程度的中老年，大部分是男性，但女性也占相当比重（22.76%），同时1/3的调研对象身体欠佳。

②从调研对象家庭及生产经营情况来看，大部分家庭农业劳动力以两个老年人为主；家庭农业劳动力文化程度较低（以小学、中学为主）；同时土地经营规模较小、细碎化严重；农作物主要以大田生产和自用零售为主，温室或大棚生产、批发、出口较少。

③从调研对象施药情况来看，绝大部分农户使用16升背负式手动植保机械，国家明令禁止的高毒农药仍然在使用中，大部分农户选择农药主要根据经验或者农药销售人员的推荐，半数以上的农户对哪些农药是高毒农药不清楚或者不在意，并且半数农户采取低效率的施药方式，半数以上的农户在施药过程中不注意对自身进行安全防护，他们绝大部分人对环境保护意识也较差。

6.4 农户低效率施药行为研究

本章通过分析农户施药行为判断农户施药效率，并结合计量模型定量分析影响农户施药行为的主要因素的影响方向和大小。

6.4.1 低效率施药行为评价指标体系

6.4.1.1 影响施药效率的技术因素

根据前述技术方面的文献综述可以得知，影响施药效果、效率的主要因素有：

(1) 害虫靶标特性

杀虫剂进入虫体的方式有口器进入、体壁或表皮进入、由气门经气管进入三条途径，不同的杀虫剂由于物理性质的不同导致其进入虫体的方式不同，同时，不同的害虫的表皮构造、消化道构造的不同导致同一种杀虫剂对不同害虫的通透性不一样。因此，施药者要首先能够正确辨别虫害，并正确选择药剂。

(2) 作物靶标特性

由于植物表面的结构不同导致不同植物叶面承载雨水能力不同，表面湿润效果不同，为了达到理想的农药雾滴沉降效果，不同的作物施药时对雾滴粒径要求不同。因此，施药者需要根据不同的作物选择不同的喷头。

(3) 气候条件

降雨、风力、高温、雾、露等也将影响农药使用效果，因此喷洒农药时应选择合适的天气。

(4) 植保机械的技术状态

农药的使用效果在很大程度上取决于药械的技术状态，缺乏良好保养与维修的药械经常由于喷嘴或其他零件的磨损而导致施药效果、效率低下。

因此，本研究通过询问农户对病虫害辨别能力、选择药剂的途径、农药施用量是否越多越好、是否根据不同作物更换喷头、是否在恶劣大气下施药、植保机械是否存在"跑、冒、滴、漏"、植保机械是手动还是机动等几个问题，来综合判断农户的施药效率。

6.4.1.2 指标选取及计算方法

根据上述分析，设计指标体系如表 6-14，由于主要考查农户对病虫害辨别能力、选择药剂的途径、选择喷头的正确性、选择施药时机的正确性、植保机械技术状态、对农药施药量的认知六方面的内容，因此对于一级指标按总分 100 分计算，每方面权重为 15 分，其中选择施药时机的正确性有两个指标（是否在大风、下雨天气下施药，以及是否在高温烈日下施药），而且选择施药时机对于药效发挥具有重要作用，因此这两个指标每个指标满分 10 分；植保机械的技术状态也有两个指标（植保机械是否存在"跑、冒、滴、漏"、植保机械是手动还是机动），而植保机械的技术状态对于施药效率也十分重要，因此这一指标的权重总分为 20 分，两个二级指标各 10 分。

对于二级指标，如果是单选题则最高分值为一级指标满分数值，最低分值为 0，中间按等差取值；如果是多选题（只有选择药剂途径这一个指标），则各项二级指标总分为一级指标满分分数，各项二级指标的具体分数按照程度进行赋值。

具体分值分配见表 6-14。一个农户的施药效率总分值根据二级指标加总即可得到。

6. 基于农药使用的环境友好型农业产业体系

表 6-14　　　　农户施药效率的行为评价指标体系

一级指标	权重	二级指标	分值
对病虫害辨别能力	15	我能够完全准确辨别	15
		我能够辨别大部分病虫害	12
		我能辨别一小半病虫害	8
		我只能辨别一两种病虫害	4
		我完全不认识	0
选择药剂的途径	15	根据病情和以往经验	4
		根据农药销售人员的推荐	2
		根据技术人员的指导	4
		熟人推荐	0
		根据农药说明书	5
农药施用量是否越多越好	15	是的	0
		不是	15
是否根据不同作物更换喷头	15	是	15
		不是	0
是否在大风、下雨天气下施药	10	有	0
		没有	10
是否在高温烈日下施药	10	有	0
		没有	10
植保机械是否存在"跑、冒、滴、漏"现象	10	存在，而且很严重	0
		存在，但不是很严重	5
		完全没这个问题	10
植保机械是手动还是机动	10	手动	0
		机动	10

6.4.2　指标计算结果

根据表 6-14 的评分标准，对 804 个农户进行施药效率评分，得到结果见表 6-15，样本分布状况见图 6-9。

表 6-15　　　　　　　　农户施药效率评分结果

得分指标	平均	中值	最小值	最大值	得分率	变异系数
对病虫害的辨别能力	9.98	12	0	15	66.55%	0.38
选择药剂的途径	6.29	6	0	15	41.93%	0.53
农药施用量是否越多越好	13.58	15	0	15	90.55%	0.32
是否根据不同作物更换喷头	7.01	0	0	15	46.77%	1.07
是否在大风、下雨天气下施药	7.97	10	0	10	79.73%	0.50
是否在高温烈日下施药	7.99	10	0	10	79.85%	0.50
植保机械是否存在"跑、冒、滴、漏"现象	7.00	5	0	10	70.02%	0.39
植保机械是手动还是机动	1.18	0	0	10	11.82%	2.73
总分	61.01	61	19	96	61.01%	0.22

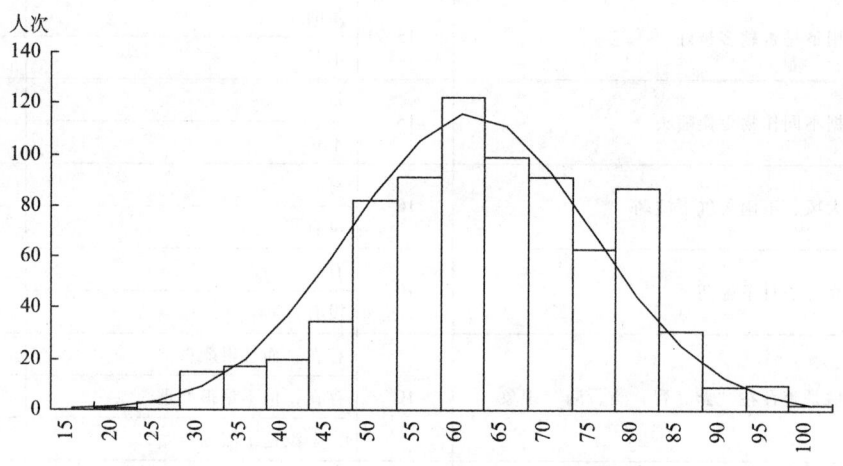

图 6-9　调研样本施药效率得分频次分布图

可以看出，总体得分较低，平均只有 61.01 分，也就是按照表 6-14 的评分标准，调研样本总体施药效率得分刚刚及格，这在一定程度上表明：如果农民存在过量施药行为，那么很大程度上是由于他们所掌握的相关知识欠缺、所采用的技术装备落后所导致，并非故意为之。得分率（平均值除以该指标满分）最高的是指标"农药施用量是否越多越好"，总分 15 分，平均值为 13.58，这表明大多调研样本对农药施用量的认识是正确的；其次是"是否在大风、下雨天气下施药"、"是否在高温烈日下施药"、"植保机械是否存在'跑、冒、滴、漏'现象"三项指标，得分率均在 70% 以上，特别是前两项指标得分率接近 80%；接着是"对病虫害的辨别能力"指标得分率为 66.55%；而"选择药剂的途径"和"是否根据不同作物更换喷头"这两项指标得分率则仅在40%～50%之间,而"植保机械是手动还是机动"这项指标的得分率仅为11.82%。

从图6-9可以看出,调研样本的施药效率得分总体呈均值为60.93、标准偏差为13.76的正态分布。

6.4.3 施药效率经济社会影响模型构建与因素选择

为了深入分析导致农户施药效率低下的社会经济根源,本部分拟构建多元线性模型来进行实证分析,具体模型形式如下:

$$efficiency = c + \sum a_i x_i \tag{6-1}$$

其中,efficiency表示农户的施药效率,x_i表示第i种影响因素,c和a_i为待估计参数。

从6.1小节的分析可知,直接影响农户施药效率的技术因素主要是:农户对病虫害的辨别能力、选择药剂的途径、是否根据不同作物更换喷头、是否在恶劣天气下施药、植保机械技术状态、农户对农药施用量的认知六个因素。然而,农户对农药、药械、病虫害、作物特性等这一相互作用的系统所具备的知识储备又是这六个因素的直接原因,农户的相关知识储备又跟个人和环境的经济社会因素直接相关。这些社会经济因素主要包括:

①农户的个人特征。包括年龄、性别、受教育程度、身体健康状况等。

②家庭及经营特征。包括农业劳动力社会身份、农业劳动力平均受教育年限、从事农业生产的经验、经营规模、家庭收入水平及结构、劳动力及劳动安排情况、农产品商品化程度等(William Dale Berry、Stanley Feldman,1985;Saha A、A. H. Love、R. Schwart,1994;苏岳静、胡瑞法、黄季煜等,2004)。本处选择农业劳动力占家庭总劳动力比重、农业劳动力中男劳动力比重、家里是否有党员、是否有退伍军人、是否有村干部、农业劳动力平均受教育程度、农业劳动力中40岁以上农业劳动力比重、劳均耕地面积、单块土地最大面积、主要收入是否来源于农业、主要农产品商品化率等变量。

③环境特征。农户所处的外部环境特征包括经济环境、地理环境、与农技推广人员接触的程度、政府的补贴力度等(Azhar、R. A.,1991;叶依广、李广存,1997;Lyubov Kurkalova、Catherine Kling、Jinhua Zhao,2006)。本处选择地区变量(山东、江苏、湖北)、农技推广人员技术宣传与指导力度等几个变量。本处假定经济越发达的地区农户施药效率越高,农技推广人员技术宣传与指导力度越大的地区农户施药效率越高。

④施药技术自身特征。包括投入产出效益、技术风险、技术掌握难度等（Madhu Khanna，2001）。由于施药技术特征本身在农户间不存在差异，因此本处不作为分析重点。但这并不表示施药技术自身特征对施药效率无影响，比如如果药物价格低廉，为追求风险最小化和利润最大化，农户可能就会采用低效率施药行为；如果药物保存和施用条件要求严格，也会导致农药的低效率施用。

纳入模型的各变量对施药效率变量的影响方向假设见表6-16。

表6-16　　　　农户施药效率影响因素模型解释变量说明

变量名称	变量定义	平均值	标准差	预期系数符号
1. 个人特征变量				
年龄	按施药者实际年龄计算	49.26	0.35	-
性别	1=男；0=女	0.77	0.01	+
受教育程度	按实际受教育年限计算	7.85	0.11	+
身体健康状况	1=身体较差；0=其他	0.02	0.00	-
2. 家庭及经营特征变量				
家中是否有党员	1=是；0=否	0.19	0.01	+
家中是否有退伍军人	1=是；0=否	0.07	0.01	+
家中是否有村干部	1=是；0=否	0.06	0.01	+
农业劳动力占家庭总劳动力比重	农业劳动力÷家庭总劳动力	0.76	0.01	-
农业劳动力中男劳动力比重	农业劳动力中男劳动力÷农业劳动力	0.55	0.01	-
农业劳动力中40岁以上农业劳动力比重	农业劳动力中40岁以上农业劳动力÷农业劳动力	0.82	0.01	-
劳均耕地面积	家庭耕地总面积÷农业劳动力	3.63	0.19	+
单块土地最大面积	所有土地中最大那块的面积	2.78	0.26	+
主要收入是否来源于农业	1=是；0=否	0.46	0.02	+
主要农产品商品化率	销售量÷总产量	0.56	0.01	+
3. 环境特征变量				
湖北省	1=是；0=否	0.10	0.01	+/-
山东省	1=是；0=否	0.47	0.02	+/-
宣传指导次数较多	1=是；0=否	0.09	0.01	+

6.4.4 施药效率影响因素模型估计与分析

6.4.4.1 模型估计

将上述21个变量带入Spss软件采用条件后退法（Backward：Conditiona）进行线性回归分析，剔除变量的显著性设为0.1，得到农户施药效率影响因素模型。最后进入模型的有9个变量：性别、受教育程度、身体较差、农业劳动力中男劳动力比重、劳均耕地面积、主要收入是否来源于农业、主要农产品商品化率、湖北、山东。

表6-17中是变量（性别、受教育程度、身体较差、农业劳动力中男劳动力比重、劳均耕地面积、主要收入是否来源于农业、主要农产品商品化率、湖北、山东）和常数项的非标准化系数、标准化系数、t值及显著性。

表6-17 农户施药效率影响因素模型 I 回归系数表

	非标准化系数	标准化系数	T检验	相伴概率	共线性统计量	
					容差	VIF
常数项	63.43		51.50	0.00		
1. 个人特征变量						
性别	4.52	0.22	5.25	0.00	0.81	1.23
受教育程度	0.37	0.15	3.51	0.00	0.80	1.24
身体较差	-6.34	-0.10	-2.49	0.01	0.98	1.02
2. 家庭及经营特征变量						
农业劳动力中男劳动力比重	-3.53	-0.11	-2.70	0.01	0.85	1.18
劳均耕地面积	0.21	0.17	4.35	0.00	0.91	1.09
主要收入是否来源于农业	2.27	0.14	3.31	0.00	0.86	1.16
主要农产品商品化率	4.02	0.16	4.05	0.00	0.90	1.11
3. 环境特征变量						
湖北省	18.86	0.52	12.74	0.00	0.87	1.15
山东省	2.19	0.13	2.86	0.00	0.70	1.43

复相关系数 0.68，$R^2 = 0.47$，调整后 $R^2 = 0.45$，F值 $= 35.34$，概率 $= 0.00$。

从表6-17显著性概率栏的数值可以看出，上面9个变量的回归系数是显著的。由于方差膨胀因子均小于10，因此变量之间不存在多重共线性。

由表 6-17 中第三列的标准化系数可以看出：对农户施药效率影响的主要因素对被解释变量的贡献大小存在差异。

6.4.4.2 结果讨论

根据农户施药效率影响因素模型 Ⅱ 的估计结果，我们认为：

(1) 施药者的个人特征对其施药效率有重要影响

其中，施药效率男性相对女性平均高 4.52，这主要由于中国农村的男性在受教育程度、社交等方面更具有优势，因此能够有更多的机会接触先进的施药技术，掌握的施药技术知识相对女性可能会更多。

施药者受教育程度每增加一年，施药效率平均增加 0.37，这表明教育对于农户施药效率具有重要意义。

而身体较差的施药者农药施用效率要比身体一般或较好的施药者平均低 6.34，这表明施药者由于体弱多病限制了掌握施药知识的能力，或者本身就是由于常年采取错误的施药方式导致了健康问题。

(2) 家庭及经营特征对施药者的施药效率有重要影响

其中，劳动力配置方面，农业劳动力中男劳动力比重每增加 1 个百分点，施药者的施药效率将平均下降 0.0353，这似乎与前面男性施药效率相对更高相矛盾，进一步深入分析发现并非如此：男劳动力比重高于 50% 的农户劳均耕地面积平均仅为 4.47 亩，剔除其中一个劳均耕地面积 100 亩的极端样本平均只有 4 亩，最高仅为 10 亩，这表明男劳动力在农业中的增加仅伴随着劳均耕地面积的有限增加，在农业回报率远低于其他产业的今天，必然会导致劳动力要素边际产出的下降和机会成本的增加，这样的家庭做这样的选择必然是因为某种原因限制了他们进行资源的优化配置，比如个人能力、家庭经济状况等，这些原因可能也影响到了施药效率。

劳均耕地面积每增加一亩，施药者的施药效率增加 0.21，这表明规模化有助于提高农民的施药效率。

而主要收入来源于农业的农户施药效率也要比那些主要收入来自于非农业的农户平均高 2.27，这表明专业化同样有助于提高农民的施药效率。来自江苏[①]的实践经验也表明专业化防治效果显著：亩省工 0.15 个、平均节本 1.05 元；病虫防治效果提高 10% 左右，特别是对稻纵卷叶螟和稻瘟病的防效，可达 15%

---

① 孟宝国：江苏省海安县全面建成植保专业化合作社，http://www.farmers.org.cn/Article/ShowArticle.asp? ArticleID = 25636，2009 – 8 – 31。

~20%。

主要农产品商品化率每提高1个百分点,施药者的施药效率将平均上升0.0402,这表明与市场联系得越紧密的农户,可能会更关注施药的成本收益,因而在施药效率上比其他农户明显要更高一些。

(3) 环境特征变量对农户施药效率有重要影响

相对江苏的农户,湖北的农户施药效率平均高18.86,山东的农户平均高2.19,这可能是湖北、山东的调研农户大多收入主要来源于农业,湖北和山东收入主要来源于农业的样本比例分别为57.63%和54.93%,而江苏只有35.76%。这表明专业化有利于提高农户施药效率。

整体来看,个人特征变量的标准化系数绝对值之和为0.47,家庭及经营特征变量的标准化系数绝对值之和为0.58,环境特征变量的标准化系数绝对值之和为0.65。因此一定程度上,我们可以认为:按照对农户施药效率贡献程度排序,重要程度依次是环境特征、家庭及经营特征、个人特征。因此,政府应着力从宏观层面营造好的环境,努力推进农业经营或者仅是施药的规模化、专业化,加强出厂和在用机具的抽样检测鉴定、先进施药机具与技术的推广,才能不断影响到农户家庭经营的规模化、专业化经营,进而影响到施药者这一微观主体的施药行为,提高微观和宏观的农药施用效率。

6.4.5 小 结

通过本部分的研究分析,可以得出如下结论:

①害虫靶标特性、作物靶标特性、气候条件、植保机械的技术状态等是影响农户施药效率的主要技术因素,农户与此相关的认知和行为就是评价农户施药效率的依据和指标。因此可以通过询问农户对病虫害的辨别能力、选择药剂的途径、农药施用量是否越多越好、是否根据不同作物更换喷头、是否在恶劣天气下施药、植保机械是否存在"跑、冒、滴、漏"、植保机械是手动还是机动等几个问题,来综合判断农户的施药效率。

②通过对调研样本的施药效率进行评判,发现样本农户施药效率总体较低,平均只有61.01,仅基本懂得一些施药常识,这在一定程度上表明:如果中国农民存在过量施药行为,那么很大程度上是由于他们所掌握的相关知识欠缺、所采用的技术装备落后所导致,并非故意为之。主要指标中,"选择药剂的途径"、"是否根据不同作物更换喷头"、"植保机械是手动还是机动"这几项指标的得分率都较低。

③按照对农户施药效率贡献程度排序，重要程度依次是环境特征、家庭及经营特征、个人特征。因此，政府应着力从宏观层面营造好的环境，努力推进农业经营或者仅是施药的规模化、专业化，加强出厂和在用机具的抽样检测鉴定、先进施药机具与技术的推广，才能不断影响到农户家庭经营的规模化、专业化经营，进而影响到施药者这一微观主体的施药行为，提高微观和宏观的农药施用效率。

6.5 农户使用农药的生产率研究

本章通过分析农户在各类作物上的施药品种、数量，找出各类农作物用量较大的农药品种，并构建模型测算这些农药的生产率，将农户施药效率代入模型，以验证农户有限理性的假说。

6.5.1 施药基本情况分析

根据《关于规范农药名称命名》（农业部公告第 945 号），农药命名应符合"单制剂使用农药有效成分的通用名称"、"混配制剂中各有效成分通用名称组合后不多于 5 个字的，使用各有效成分通用名称的组合作为简化通用名称，各有效成分通用名称之间应当插入间隔号（以圆点"·"表示，中实点，半角），按照便于记忆的方式排列。混配制剂中各有效成分通用名称组合后多于 5 个字的，使用简化通用名称"的规定。但是从实际调研情况来看，该公告并没有得以较好实施。

6.5.1.1 小麦的施药情况

从表 6-18 可以看出，农药用量填写完整的小麦问卷共 374 个样本，涉及农药 55 种，各类农药累计被 691 人次使用，在小麦种植过程中人均使用 1.85 种农药，其中使用频率最高的农药是氧化乐果，共计 204 个农户使用；其次是三唑酮，共计 98 个农户使用；其他农药使用频率在 10~50 人次的有 12 种；使用频率在 10 人次以下的共 41 种。通过分析发现，很多农药成分相同，但是名字多样，如吡虫啉有一遍净、蚜虱净、大功臣、康复多、必林等多达四五十种的商品名，严重增加了资料统计的工作量。表6-18中的"一网打尽"、"全杀光"、"天下无敌"等多种没有直接标注有效成分的农药在农业部农药检定所农药登记系统中无法查找。

表6-18 调研样本小麦施药基本情况 单位：毫升/亩

	平均	标准误差	最小值	最大值	计数
氧化乐果	329.49	22.82	12.20	2250.00	204
三唑酮	206.18	17.27	50.00	1250.00	98
甲胺磷	509.53	53.45	78.13	1500.00	48
吡虫啉	80.00	17.04	3.33	400.00	36
甲维盐	158.80	18.55	33.33	450.00	24
对硫磷	315.00	73.02	20.00	1500.00	23
井冈霉素	845.98	73.59	10.00	1500.00	23
氯氰菊酯	269.23	58.86	5.63	640.00	20
三唑磷	2573.33	102.87	2133.33	4000.00	20
吡嘧磺隆	268.50	13.67	240.00	450.00	20
丁草胺	261.45	10.41	166.67	400.00	19
啶虫脒	99.95	28.55	15.00	500.00	17
辛硫磷	130.50	53.98	60.00	941.18	17
蚜螨净	214.24	35.12	37.50	430.77	13
麦喜	35.15	7.67	16.00	90.00	9
敌敌畏	348.58	56.26	166.67	555.56	7
氰戊菊酯	19.17	3.52	10.00	30.00	6
阿维百蚜啶	299.93	122.59	85.71	600.00	5
氯戊菊酯乳油	5.20	1.42	2.00	10.00	5
杀确爽	125.58	31.63	46.15	222.22	5
涕灭威	370.00	122.07	50.00	800.00	5
烯唑醇	1160.00	391.92	200.00	1800.00	5
异丙草莠	42.00	3.00	30.00	45.00	5
克百威	39.29	10.34	10.00	57.69	4
全杀光	71.75	18.41	35.00	112.00	4
玉草除	52.50	9.68	30.00	75.00	4
百草枯	395.42	52.59	333.33	500.00	3
溴氰菊酯	113.33	71.26	10.00	250.00	3

续表

	平均	标准误差	最小值	最大值	计数
草猛死	34.44	8.68	20.00	50.00	3
240	300.00	0.00	300.00	300.00	2
阿维丁醚脲	100.00	0.00	100.00	100.00	2
飞扬	123.75	63.75	60.00	187.50	2
氟硅唑	104.17	20.83	83.33	125.00	2
红白杀星	45.83	20.83	25.00	66.67	2
灭多威	45.83	20.83	25.00	66.67	2
生物农药	70.55	29.45	41.10	100.00	2
蚜螨通杀	435.61	18.94	416.67	454.55	2
异柳磷	60.00	0.00	60.00	60.00	2
多菌灵	140.00	60.00	80.00	200.00	2
百虫净	750.00	0.00	750.00	750.00	1
吡蚜酮	225.00	0.00	225.00	225.00	1
哒螨灵	21.18	0.00	21.18	21.18	1
久效磷	300.00	0.00	300.00	300.00	1
磷硼二氢钾	138.89	0.00	138.89	138.89	1
六六六	1666.67	0.00	1666.67	1666.67	1
天下无敌	181.82	0.00	181.82	181.82	1
卫兑	222.22	0.00	222.22	222.22	1
烯啶虫胺	100.00	0.00	100.00	100.00	1
灭蚜威	128.57	0.00	128.57	128.57	1
石硫合剂	250.00	0.00	250.00	250.00	1
一网打尽	357.14	0.00	357.14	357.14	1
麦壮丰	78.13	0.00	78.13	78.13	1
赛腈唑	37.50	0.00	37.50	37.50	1

6.5.1.2 水稻的施药情况

从表6-19可以看出，农药用量填写完整的水稻问卷共354个样本，涉及农药64种，各类农药累计被920人次使用，在水稻种植过程中人均使用2.60种农药，其中使用频率最高的农药是井冈霉素，共计110个农户使用；其次是甲胺磷，共计96个农户使用；接着是杀虫双、吡虫啉、毒死蜱、稻瘟灵四种农药使用频率均在 50~100 人次之间；其他农药使用频率在 10~50 人次的有 15 种；使用频率在 10 人次以下的共 43 种。通过分析发现，很多农药成分相同，但是名字多样，如使百克与咪鲜胺是同一农药，百草枯的别名有对草快、野火、百朵等数十种，"单打"成分是高效氯氰菊酯，这严重增加了资料统计的工作量。

表 6-19　　　　　　　　调研样本水稻施药基本情况　　　　　　单位：毫升/亩

	平均	标准误差	最小值	最大值	求和	计数
井冈霉素	196.76	18.30	12.50	1250.00	21643.34	110
甲胺磷	754.66	65.37	76.92	6000.00	72447.07	96
杀虫双	985.63	82.51	42.00	4000.00	85750.10	87
吡虫啉	532.21	84.35	20.00	2666.67	38851.63	73
毒死蜱	139.29	25.15	48.39	1714.29	9610.82	69
稻瘟灵	969.99	113.40	75.00	3000.00	53349.35	55
三环唑	61.22	4.69	1.72	120.00	2693.48	44
丁草胺	771.45	91.20	25.45	2000.00	30857.86	40
敌敌畏	140.68	9.99	25.00	262.50	4642.38	33
稻虱净	93.17	17.76	30.00	400.00	2702.00	29
杀虫丹	72.90	6.10	12.07	116.67	1603.85	22
诚营	66.98	3.94	50.00	120.00	1138.67	17
氯氰菊酯	524.29	93.97	35.29	1200.00	8388.65	16
三唑磷	183.41	37.19	63.16	500.00	2567.70	14
敌百虫	135.00	26.83	72.73	420.00	1754.94	13
对硫磷	1069.85	189.84	20.00	2250.00	13907.99	13
井冈蜡芽菌	199.83	9.35	133.33	266.67	2198.18	11
百草枯	74.18	25.83	26.67	243.90	741.82	10
多菌灵	152.00	19.82	80.00	300.00	1520.00	10
二氯喹啉酸	44.52	5.39	27.06	76.67	445.17	10
克百威	66.18	32.46	20.00	320.00	661.82	10
苯甲丙环唑	37.04	10.74	14.06	80.00	333.35	9
磷胺	20.00	0.00	20.00	20.00	180.00	9
水胺硫磷	107.05	37.77	30.00	300.00	963.46	9
氟虫腈	85.37	23.43	29.41	240.00	682.97	8
甲维盐	57.20	14.98	10.91	114.29	457.60	8
纹曲宁	851.43	105.65	588.24	1250.00	5960.03	7
骄子乳油	48.57	2.52	45.00	60.00	291.43	6
纹真清	53.97	2.79	50.00	66.67	323.81	6
吡虫·异丙威	33.26	8.28	9.09	57.69	166.31	5
盖大保	100.00	0.00	100.00	100.00	500.00	5

续表

	平均	标准误差	最小值	最大值	求和	计数
禾枯灵	281.61	188.02	41.67	833.33	1126.44	4
久效磷	25.00	0.00	25.00	25.00	100.00	4
病虫速克乳油	60.00	0.00	60.00	60.00	180.00	3
单打	133.33	16.67	100.00	150.00	400.00	3
稻病特	55.56	5.56	50.00	66.67	166.67	3
稻丰收	194.44	55.56	83.33	250.00	583.33	3
稻瘟净	1233.33	497.77	300.00	2000.00	3700.00	3
吉米佳	62.86	2.86	60.00	68.57	188.57	3
快斩	191.67	22.05	150.00	225.00	575.00	3
涕灭威	20.00	0.00	20.00	20.00	60.00	3
新药	193.59	74.52	50.00	300.00	580.77	3
氧化乐果	257.58	7.58	250.00	272.73	772.73	3
草甘膦	62.50	0.00	62.50	62.50	125.00	2
代森锰锌	145.00	55.00	90.00	200.00	290.00	2
东州杀灵冠	150.00	50.00	100.00	200.00	300.00	2
毒辛	153.57	103.57	50.00	257.14	307.14	2
氟虎	225.00	25.00	200.00	250.00	450.00	2
咪鲜胺	56.35	0.79	55.56	57.14	112.70	2
直播宁	85.00	5.00	80.00	90.00	170.00	2
阿维霉素	50.00	0.00	50.00	50.00	50.00	1
爱苗	7.78	0.00	7.78	7.78	7.78	1
大丰收	20.63	0.00	20.63	20.63	20.63	1
粉虱尽	40.00	0.00	40.00	40.00	40.00	1
金娃娃	60.00	0.00	60.00	60.00	60.00	1
杀虫咪	4800.00	0.00	4800.00	4800.00	4800.00	1
山东新药	250.00	0.00	250.00	250.00	250.00	1
生物农药	10.00	0.00	10.00	10.00	10.00	1
施特灵	50.00	0.00	50.00	50.00	50.00	1
使百克	60.00	0.00	60.00	60.00	60.00	1
图刺	100.00	0.00	100.00	100.00	100.00	1
一刀三	720.00	0.00	720.00	720.00	720.00	1
异丙威	113.64	0.00	113.64	113.64	113.64	1
中华保绿王1号	33.33	0.00	33.33	33.33	33.33	1

6.5.1.3 油菜的施药情况

从表 6-20 可以看出，农药用量填写完整的油菜问卷共 176 个样本，涉及农药 37 种，各类农药累计被 354 人次使用，在油菜种植过程中人均使用 2.01 种农药，其中使用频率最高的农药是吡虫啉，共计 42 个农户使用；其次是多菌灵、甲胺磷，各 33 个农户使用；接着是硼砂、磷胺、黑力素三种农药使用频率均在 20～30 人次之间；其他 31 种农药使用频率均在 10 人次以下。另外，未使用农药的样本有 24 个，占总样本的 12%。

表 6-20   调研样本油菜施药基本情况   单位：毫升/亩

	平均	标准误差	最小值	最大值	计数
吡虫啉	62.60	9.51	10.00	186.67	42
多菌灵	770.66	149.07	80.00	2250.00	33
甲胺磷	531.03	64.66	60.00	1500.00	33
硼砂	474.06	50.02	100.00	1500.00	28
磷胺	493.82	48.69	70.00	1500.00	27
黑力素	118.52	6.63	75.00	200.00	20
敌敌畏	417.19	73.13	125.00	1250.00	16
甲维盐	41.77	4.19	13.33	66.67	15
瑞毒	64.29	6.26	50.00	100.00	14
溴氰菊酯	154.58	58.47	12.50	500.00	12
杀虫双	940.91	42.94	600.00	1125.00	11
乙草胺	627.27	28.63	400.00	750.00	11
对硫磷	783.62	176.81	50.72	1500.00	10
杀死快	19.86	1.20	13.33	28.57	10
氧化乐果	507.50	86.77	300.00	1250.00	10
克百威	89.33	15.03	40.00	162.61	8
禾枯灵	645.49	281.74	62.50	1950.00	6
水胺硫磷	147.21	27.65	90.46	243.91	5
百菌渍	80.00	0.00	80.00	80.00	4
稻虱净	50.00	0.00	50.00	50.00	4
硼肥	100.00	0.00	100.00	100.00	4
代森铵	30.00	0.00	30.00	30.00	4
菜菌福	72.50	7.50	50.00	80.00	4
退菌特粉剂	50.00	0.00	50.00	50.00	3
除尽	105.00	95.00	10.00	200.00	2

续表

	平均	标准误差	最小值	最大值	计数
百草枯	81.67	11.67	70.00	93.33	2
福菌核	116.67	16.67	100.00	133.33	2
久效磷	401.63	198.37	203.26	600.00	2
使百克	60.00	0.00	60.00	60.00	2
啶虫脒	30.00	10.00	20.00	40.00	2
油草双克	70.00	10.00	60.00	80.00	2
硫菌灵	31.25	0.00	31.25	31.25	1
图刺	100.00	0.00	100.00	100.00	1
先优	250.00	0.00	250.00	250.00	1
氯氰菊酯	50.00	0.00	50.00	50.00	1
涕灭威	113.33	0.00	113.33	113.33	1
敌百虫	75.00	0.00	75.00	75.00	1

6.5.1.4 黄瓜的施药情况

从表6-21可以看出，农药用量填写完整的黄瓜问卷共64个样本，涉及农药24种，各类农药累计被115人次使用，在黄瓜种植过程中人均使用1.80种农药，其中使用频率最高的农药是三唑酮，共计18个农户使用；其次是吡虫啉、杜邦·克露、富利霜、普力克4种农药，各12个农户使用；其他19种农药使用频率均在10人次及以下。另外，有17人没有使用农药，占总调研样本的20.99%。

表6-21　　　　调研样本黄瓜施药基本情况　　　　单位：毫升/亩

	平均	标准误差	最小值	最大值	计数
三唑酮	597.22	54.00	250.00	1000.00	18
吡虫啉	2778.13	1172.94	400.00	12500.00	12
杜邦·克露	114.38	4.26	100.00	133.33	12
富利霜	111.17	5.27	76.92	133.33	12
普力克	114.38	4.26	100.00	133.33	12
灰霉	896.09	77.17	555.56	1363.64	10
氧化乐果	438.89	179.46	100.00	1500.00	9
甲胺磷	4643.94	2333.53	250.00	12500.00	6
多菌灵	428.89	292.12	36.67	1000.00	3

续表

	平均	标准误差	最小值	最大值	计数
溴氰菊酯	1541.67	722.89	125.00	2500.00	3
稻虱净	12500.00	0.00	12500.00	12500.00	2
克抗灵	4000.00	2000.00	2000.00	6000.00	2
克露	1687.50	187.50	1500.00	1875.00	2
托布津	3900.00	3600.00	300.00	7500.00	2
敌敌畏	2500.00	0.00	2500.00	2500.00	1
啶虫脒	5000.00	0.00	5000.00	5000.00	1
瓜呱呱	150.00	0.00	150.00	150.00	1
甲维盐	16.00	0.00	16.00	16.00	1
蔓枯炭疽净	1000.00	0.00	1000.00	1000.00	1
双霉	555.56	0.00	555.56	555.56	1
异柳磷	100.00	0.00	100.00	100.00	1
安克	2500.00	0.00	2500.00	2500.00	1
百草枯	83.33	0.00	83.33	83.33	1
抑大宝	2500.00	0.00	2500.00	2500.00	1

6.5.1.5 苹果的施药情况

从表6-22可以看出，农药用量填写完整的苹果问卷共42个样本，涉及农药21种，各类农药累计被90人次使用，在苹果种植过程中人均使用2.14种农药，其中使用频率最高的农药是托布津，共计15个农户使用；其次是对硫磷，共计12个农户使用；其他19种农药使用频率均在10人次及以下。

表6-22　　　　　　　　调研样本苹果施药基本情况　　　　　　　单位：毫升/亩

	平均	标准误差	最小值	最大值	计数
托布津	526.72	74.86	200.00	1230.77	15
对硫磷	4751.56	906.52	1666.67	12000.00	12
大生	190.16	42.74	25.00	384.62	8
多菌灵	1663.64	675.50	200.00	5714.29	8
桃小灵	66.49	9.49	30.00	105.88	8
吡虫啉	21.55	3.86	12.00	35.29	6
氧化乐果	3322.44	1776.88	384.62	12000.00	6
宝丽安	5439.32	1797.71	2000.00	12307.69	5

续表

	平均	标准误差	最小值	最大值	计数
波尔多液	5089.63	2548.22	320.00	9655.17	4
三唑锡	287.50	54.49	187.50	375.00	3
福美砷	1017.24	17.24	1000.00	1034.48	2
易保	125.00	41.67	83.33	166.67	2
螨死净	45.00	5.00	40.00	50.00	2
喷克	90.28	18.06	72.22	108.33	2
久效磷	5000.00	0.00	5000.00	5000.00	1
猛杀生	33.33	0.00	33.33	33.33	1
天下无敌	384.62	0.00	384.62	384.62	1
百虫净	500.00	0.00	500.00	500.00	1
敌敌畏	7500.00	0.00	7500.00	7500.00	1
大丰收	60.00	0.00	60.00	60.00	1
氯灭杀威	16.67	0.00	16.67	16.67	1

6.5.2 投入产出情况分析

表6-23至表6-27为调研样本小麦、水稻、油菜、黄瓜、苹果等作物的投入产出基本情况。可以看出，小麦、水稻、油菜等粮油作物的单产标准误差较小，黄瓜、苹果等经济作物单产标准误差较大，这表明经济作物的单产波动范围更大；小麦、水稻、油菜等粮油作物的化肥、用工、农药等要素亩均投入都小于黄瓜、苹果等经济作物，标准误差也更小，这表明经济作物的要素投入更多，而且波动范围更大。

表6-23　　　　　　　　调研样本小麦投入产出基本情况

	平均	标准误差	最小值	最大值
单产（斤/亩）	818.72	11.67	100.00	1851.85
化肥（元/亩）	157.70	3.59	23.53	428.57
用工（个/亩）	5.43	0.22	0.18	25.00
机械化水平（%）①	86.72	1.34	0.00	100.00
农药（元/亩）	18.54	1.96	0.32	270.00

① 计算标准按照 NY/T1408.1-2007 NY/T 1408.1-2007，详见农业机械化水平评价 第1部分：种植业。

6. 基于农药使用的环境友好型农业产业体系

表 6-24　调研样本水稻投入产出基本情况

	平均	标准误差	最小值	最大值
单产（斤/亩）	1034.20	11.18	111.11	2000.00
化肥（元/亩）	186.76	5.80	11.67	1480.00
用工（个/亩）	9.90	0.38	0.03	31.25
机械化水平（%）	57.56	1.57	0.00	100.00
农药（元/亩）	24.90	1.93	1.50	270.00

表 6-25　调研样本油菜投入产出基本情况

	平均	标准误差	最小值	最大值
单产（斤/亩）	320.38	9.11	18.75	571.43
化肥（元/亩）	108.45	5.54	0.00	450.00
用工（个/亩）	12.62	0.72	1.25	40.00
机械化水平（%）	16.44	1.74	0.00	85.00
农药（元/亩）	31.59	4.13	1.50	390.26

表 6-26　调研样本黄瓜投入产出基本情况

	平均	标准误差	最小值	最大值
单产（斤/亩）	5357.18	499.85	200.00	18000.00
化肥（元/亩）	647.42	103.19	0.00	3750.00
用工（个/亩）	39.64	3.37	1.00	100.00
机械化水平（%）	21.51	3.71	0.00	70.00
农药（元/亩）	65.36	12.68	1.20	477.27

表 6-27　调研样本苹果投入产出基本情况

	平均	标准误差	最小值	最大值
单产（斤/亩）	4964.51	427.53	60.00	10000.00
化肥（元/亩）	869.30	95.70	10.00	2500.00
用工（个/亩）	28.97	4.35	0.00	100.00
机械化水平（%）	0.00	0.00	0.00	0.00
农药（元/亩）	286.80	75.99	8.00	2084.00

6.5.3 农药生产率实证模型

6.5.3.1 理论假设

农户是有限理性的,他们在各种条件的限制下依然追求利润最大化。施药器械技术状态、施药技术知识掌握程度等决定了农户农药投入量并不全是有效投入量,可能存在比实际需要更多投入的过量施药情况,但是如果考虑到农户的施药效率问题,用有效投入量作为农药的实际投入,过量施药的行为就看起来不那么严重了。已有农药生产研究模型都忽略了农药的漂移、蒸发等导致的农药使用效率问题,由于不同的农户个体有不同的农药使用效率,其生产力的个体差异导致不同农户的农药边际净收益判断标准存在差异,以往模型关于所有农户共享相同生产函数这一重要前提是不成立的,因而导致实证结果和已有理论出现背离。

6.5.3.2 模型形式与变量选择

黄季焜等(2001)用损失控制生产函数分析了农药对水稻生产的影响,结果表明利用损失控制生产函数估计农药的边际生产率比利用 CD 生产函数估计的结果更合理,因此本书亦采用损失控制生产函数(Damage Control Production Function)。但黄季焜(2001)及以前的文献(Lichtenberg, E., D. Zilberman, 1986)所采用的损失控制生产函数形式如下:

$$Y = a\prod_{j}^{n} x_j^{a_j}(1 - \exp(-c \times pesticide)) \qquad (6-2)$$

其中 Y 表示某类农产品产量,a_0、a_j、c 是待估计参数,x_j 表示第 j 种投入要素(包括化肥、劳动力、机械等),pesticide 表示农户某类农作物一季所有面积投入总量。

但该模型忽略了由于农户施药效率并非 100%,因此其农药投入(pesticide)并不全是有效投入的事实。

因此,本书对该模型进行改进,具体形式如下:

$$Y = a\prod_{j}^{n} x_j^{a_j} G(efficiency * pesticide) \qquad (6-3)$$

其中,G(efficiency * pesticide)的函数形式可能有以下三种:

$$G(efficiency * pesticide) = \begin{cases} 1 - \exp(-c * efficiency * pesticide) \\ 1 - \exp(-efficiency * pesticide)^c \\ [1 + \exp(\mu - c * efficiency * pesticide)]^{-1} \end{cases}$$

即分别为指数函数形式(the Exponential functional form)、韦伯函数形式

(the Weibull function form)、逻辑斯蒂函数形式（the Logistic functional form），三种函数形式的分布示意图见图6-10。具体的函数形式选择，根据估计结果确定。

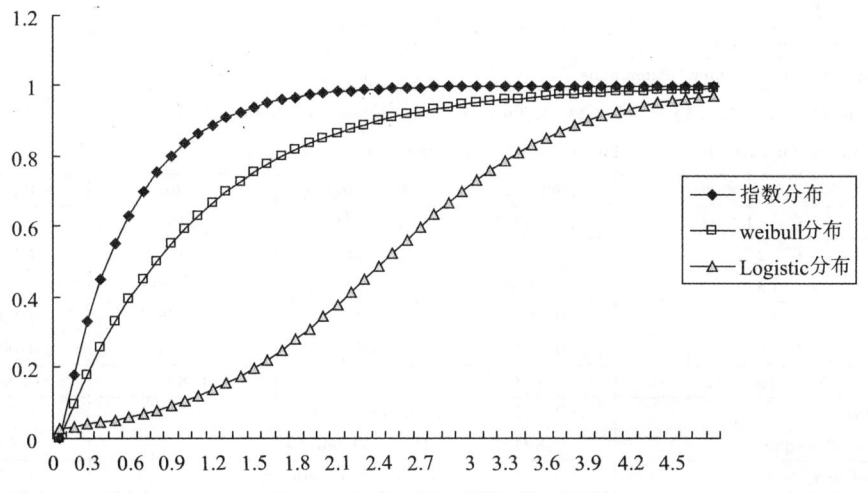

图6-10 各种函数形式示意图

其中 Y 表示某类农产品产量，a_0、a_j、b、c、μ 是待估计参数，x_j 表示第 j 种投入要素（包括化肥、劳动力、机械等），efficiency、pesticide 分别表示农户农药使用效率和农药投入量，两者的乘积表示有效农药投入。

6.5.3.3 实证分析

为了验证模型（6-3）比模型（6-2）更合理，下面分别采用模型（6-2）和模型（6-3）对小麦、水稻、油菜、黄瓜四种作物进行回归，如果各种作物采用模型（6-3）得到的模型回归效果均好于模型（6-2），则表明农户在施药上存在有限理性，过量施药行为可能是由于所掌握的施药技术不足、所采用的植保器械质量存在问题等等原因，过量的部分对他们来说也是必要的。

由于回归验证表明，韦伯函数形式（the Weibull function form）的农药生产函数是最合理的，小麦、水稻、油菜、黄瓜四种作物的该形式农药生产模型判定系数均要高于其他形式，因此本研究选择韦伯函数形式（the Weibull function form）进行分析，由于篇幅所限，具体比较过程本处省略，有需要可与作者联系。用韦伯函数形式农药生产函数回归得到结果见表6-28至表6-35。

表6-28、表6-29分别是不考虑农药施用效率和考虑农药施用效率的小麦农药生产率实证模型回归结果。

表 6-28　　　　调研样本小麦农药生产率实证模型 I

	Coefficient	Std. Error	t - Statistic	Prob.
Dependent Variable：Ln（WHEAT）				
Method：Least Squares				
Date：09/02/10　Time：16：04				
Sample：1 357				
Included observations：357				
Convergence achieved after 10 iterations				
Ln（Wheat）= Ln（C（1））+ C（2）* Ln（S）+ C（3）* Ln（fertilizer）+ C（4）* Ln（employ）+ C（5）* Ln（machinery）+ Ln（1 - EXP（- pesticide^ C（6）））				
	Coefficient	Std. Error	t - Statistic	Prob.
C（1）	614.322	178.078	3.450	0.001
C（2）	0.969	0.066	14.623	0.000
C（3）	-0.064	0.033	-1.969	0.050
C（4）	0.001	0.016	0.086	0.931
C（5）	0.154	0.050	3.055	0.002
C（6）	0.198	0.107	1.857	0.064
R - squared	0.895	Mean dependent var		7.838
Adjusted R - squared	0.894	S. D. dependent var		0.837
S. E. of regression	0.273	Akaike info criterion		0.258
Sum squared resid	26.170	Schwarz criterion		0.324
Log likelihood	-40.120	Durbin - Watson stat		0.932

表 6-29　　　　调研样本小麦农药生产率实证模型 II

	Coefficient	Std. Error	t - Statistic	Prob.
Dependent Variable：Ln（Wheat）				
Method：Least Squares				
Date：09/02/10　Time：16：04				
Sample：1 357				
Included observations：357				
Convergence achieved after 9 iterations				
Ln（Wheat）= Ln（C（1））+ C（2）* Ln（S）+ C（3）* Ln（fertilizer）+ C（4）* Ln（employ）+ C（5）* Ln（machinery）+ Ln（1 - EXP（-（efficiency * pesticide）^ C（6）））				
	Coefficient	Std. Error	t - Statistic	Prob.
C（1）	663.722	189.201	3.508	0.001
C（2）	0.971	0.066	14.690	0.000
C（3）	-0.064	0.033	-1.953	0.052
C（4）	0.003	0.016	0.201	0.841
C（5）	0.144	0.050	2.856	0.005
C（6）	0.206	0.078	2.627	0.009
R - squared	0.895	Mean dependent var		7.838
Adjusted R - squared	0.894	S. D. dependent var		0.837
S. E. of regression	0.273	Akaike info criterion		0.255
Sum squared resid	26.091	Schwarz criterion		0.321
Log likelihood	-39.579	Durbin - Watson stat		0.937

6. 基于农药使用的环境友好型农业产业体系

表中 C（1）到 C（6）为估计系数，Wheat 为农户调查年度小麦总产量，S 为农户小麦种植面积，fertilizer 为投入化肥价值，employ 为小麦生产过程中投入的人工数量，machinery 为小麦生产过程中投入的机械，pesticide 为实际投入农药，efficiency 为前面算出来的农户施药效率除 100 后的比率。

根据两个表中的 t 统计值可以看出，农药系数 C（6）在考虑农药施用效率的小麦农药生产率模型Ⅱ中要比在不考虑农药施用效率的小麦农药生产率模型Ⅰ中更加显著，同时，小麦农药生产率模型Ⅱ的 Akaike info criterion 和 Schwarz criterion 更低，因此，本研究认为考虑农药施用效率的小麦农药生产率模型Ⅱ要更合理。具体模型形式如下：

$$\widehat{Wheat} = 663.722 S^{0.971} fertilizer^{-0.064} employ^{0.003} machinery^{0.144} (1 - e^{-(efficiency * pesticide)0.206})$$

(6 - 4)

表 6 - 30、表 6 - 31 分别是不考虑农药施用效率和考虑农药施用效率的水稻农药生产率实证模型回归结果。表 6 - 30、表 6 - 31 中 C（1）到 C（6）为估计系数，Rice 为农户水稻总产量，S 为农户水稻种植面积，fertilizer 为水稻生产过程中投入化肥价值，employ 为水稻生产过程中投入的人工数量，machinery 为水稻生产过程中投入的机械，pesticide 为水稻生产实际投入农药，efficiency 为第 6 章算出来的农户施药效率除 100 后的比率。

根据两个表中的 t 统计值可以看出，农药系数 C（6）在考虑农药施用效率的水稻农药生产率模型Ⅱ中要比在不考虑农药施用效率的水稻农药生产率模型Ⅰ中更加显著，同时，水稻农药生产率模型Ⅱ的 Akaike info criterion 和 Schwarz criterion 更低，因此，我们认为考虑农药施用效率的水稻农药生产率模型Ⅱ要更合理。具体模型形式如下：

$$\widehat{Rice} = 1262.718 S^{0.983} fertilizer^{0.021} employ^{-0.025} machinery^{-0.010} (1 - e^{-(efficiency * pesticide)0.138})$$

(6 - 5)

表 6 - 30　　　　调研样本水稻农药生产率实证模型 I

Dependent Variable: Ln (Rice)			
Method: Least Squares			
Date: 09/02/10　　Time: 21: 37			
Sample: 1 315			
Included observations: 315			
Convergence achieved after 11 iterations			
Ln (Rice) = Ln (C (1)) + C (2) * Ln (S) + C (3) * Ln (fertilizer) + C (4) * LOG (employ) + C (5) * Ln (machinery) + Ln (1 - EXP (- pesticide ^ C (6)))			

续表

	Coefficient	Std. Error	t – Statistic	Prob.
C（1）	1274.563	222.020	5.741	0.000
C（2）	0.997	0.035	28.693	0.000
C（3）	0.020	0.030	0.688	0.492
C（4）	-0.024	0.012	-2.087	0.038
C（5）	-0.015	0.024	-0.658	0.511
C（6）	0.119	0.070	1.694	0.091
R – squared	0.933	Mean dependent var		8.064
Adjusted R – squared	0.931	S. D. dependent var		0.920
S. E. of regression	0.241	Akaike info criterion		0.011
Sum squared resid	17.942	Schwarz criterion		0.082
Log likelihood	4.341	Durbin – Watson stat		1.703

表 6 - 31　调研样本水稻农药生产率实证模型 Ⅱ

Dependent Variable：Ln（Rice）
Method：Least Squares
Date：09/02/10　Time：21：42
Sample：1 315
Included observations：315
Convergence achieved after 6 iterations

Ln（Rice）= Ln（C（1））+ C（2）* Ln（S）+ C（3）* Ln（fertilizer）+ C（4）* LOG（employ）
+ C（5）* Ln（machinery）+ Ln（1 - exp（-（efficiency * pesticide）^C（6）））

	Coefficient	Std. Error	t – Statistic	Prob.
C（1）	1262.718	210.505	5.999	0.000
C（2）	0.983	0.035	28.304	0.000
C（3）	0.021	0.030	0.696	0.487
C（4）	-0.025	0.012	-2.190	0.029
C（5）	-0.010	0.024	-0.411	0.681
C（6）	0.138	0.064	2.146	0.033
R – squared	0.933	Mean dependent var		8.064
Adjusted R – squared	0.932	S. D. dependent var		0.920
S. E. of regression	0.240	Akaike info criterion		0.000
Sum squared resid	17.759	Schwarz criterion		0.072
Log likelihood	5.950	Durbin – Watson stat		1.717

6. 基于农药使用的环境友好型农业产业体系

根据两个表中的 T 统计值可以看出，农药系数 C（5）在考虑农药施用效率的油菜农药生产率模型Ⅱ中要比在不考虑农药施用效率的油菜农药生产率模型Ⅰ中更加显著，同时，油菜农药生产率模型Ⅱ的 Akaike info criterion 和 Schwarz criterion 更低，虽然判定系数略低，但我们主要考虑模型形式的不同对农药投入变量的显著程度，因此，我们认为考虑农药施用效率的油菜农药生产率模型Ⅱ要更合理。具体模型形式如下：

$$\hat{Oil} = 67.170 S^{0.556} fertilizer^{0.129} employ^{0.411} (1 - e^{-(efficiency * pesticide)^{0.654}}) \quad (6-6)$$

表 6-32、表 6-33 分别是不考虑农药施用效率和考虑农药施用效率的油菜农药生产率实证模型回归结果。表中 C（1）到 C（5）为估计系数，Oil 为农户油菜总产量，S 为农户油菜种植面积，fertilizer 为油菜生产过程中投入化肥价值，employ 为油菜生产过程中投入的人工数量，pesticide 为油菜生产实际投入农药，efficiency 为第 6 章算出来的农户施药效率除 100 后的比率。由于油菜生产机械化水平较低，大多为零，为了保证适当的样本数量，本处不考虑农业机械化水平的数值。

表 6-32　　调研样本油菜农药生产率实证模型 Ⅰ

Dependent Variable: Ln（Oil）				
Method: Least Squares				
Date: 09/02/10　Time: 16: 42				
Sample: 1 174				
Included observations: 174				
Convergence achieved after 1 iteration				
Ln（Oil）= Ln（C（1））+ C（2）* Ln（S）+ C（3）* Ln（fertilizer）+ C（4）* LOG（employ）+ Ln（1 − EXP（− pesticide^C（5）））				
	Coefficient	Std. Error	t − Statistic	Prob.
C（1）	57.246	14.650	3.907	0.000
C（2）	0.594	0.073	8.173	0.000
C（3）	0.150	0.050	2.998	0.003
C（4）	0.408	0.049	8.391	0.000
C（5）	0.823	0.499	1.648	0.101
R − squared	0.881	Mean dependent var		5.954
Adjusted R − squared	0.878	S. D. dependent var		1.139
S. E. of regression	0.397	Akaike info criterion		1.019
Sum squared resid	26.643	Schwarz criterion		1.110
Log likelihood	− 83.638	Durbin − Watson stat		1.099

表6-33　　　　　　　调研样本油菜农药生产率实证模型 Ⅱ

Dependent Variable: LOG (Oil)			
Method: Least Squares			
Date: 09/02/10　Time: 16: 41			
Sample: 1 174			
Included observations: 174			
Convergence achieved after 1 iteration			

Ln (Oil) = Ln (C (1)) + C (2) * Ln (S) + C (3) * Ln (fertilizer) + C (4) * LOG (employ) + Ln (1 - EXP (- (efficiency * pesticide) ^ C (5)))

	Coefficient	Std. Error	t - Statistic	Prob.
C (1)	67.170	17.543	3.829	0.000
C (2)	0.556	0.073	7.634	0.000
C (3)	0.129	0.050	2.569	0.011
C (4)	0.411	0.050	8.210	0.000
C (5)	0.654	0.185	3.527	0.001
R - squared	0.875	Mean dependent var		5.954
Adjusted R - squared	0.872	S. D. dependent var		1.139
S. E. of regression	0.407	Akaike info criterion		1.069
Sum squared resid	28.005	Schwarz criterion		1.159
Log likelihood	-87.975	Durbin - Watson stat		1.057

表6-34、表6-35分别是不考虑农药施用效率和考虑农药施用效率的黄瓜农药生产率实证模型回归结果。表中 C（1）到 C（4）为估计系数，Cucumber 为农户黄瓜总产量，S 为农户黄瓜种植面积，employ 为黄瓜生产过程中投入的人工数量，pesticide 为黄瓜生产实际投入农药，efficiency 为第6章算出来的农户施药效率除100后的比率。由于黄瓜生产机械化水平较低，大多为零，为了保证适当的样本数量，本处不考虑农业机械化水平的数值。

根据两个表中的 T 统计值可以看出，农药系数 C（5）在考虑农药施用效率的黄瓜农药生产率模型 Ⅱ 中要比在不考虑农药施用效率的黄瓜农药生产率模型 Ⅰ 中更加显著，同时，黄瓜农药生产率模型 Ⅱ 的 Akaike info criterion 和 Schwarz criterion 更低、判定系数更高，因此，我们认为考虑农药施用效率的黄瓜农药生产率模型 Ⅱ 要更合理。具体模型形式如下：

6. 基于农药使用的环境友好型农业产业体系

表 6-34　　　　　调研样本黄瓜农药生产率实证模型 I

Dependent Variable: LOG (Cucumber)			
Method: Least Squares			
Date: 09/02/10　Time: 16:57			
Sample: 1 64			
Included observations: 64			
Convergence achieved after 1 iteration			
Ln (Cucumber) = Ln (C (1)) + C (2) * Ln (S) + C (3) * LOG (employ) + Ln (1 − EXP (− pesticide^C (4)))			
	Coefficient	Std. Error	t − Statistic	Prob.
C (1)	3541.862	1470.054	2.409	0.019
C (2)	1.105	0.147	7.495	0.000
C (3)	0.153	0.110	1.388	0.170
C (4)	0.386	0.359	1.077	0.286
R − squared	0.845	Mean dependent var		7.335
Adjusted R − squared	0.837	S. D. dependent var		1.927
S. E. of regression	0.778	Akaike info criterion		2.396
Sum squared resid	36.301	Schwarz criterion		2.531
Log likelihood	− 72.667	Durbin − Watson stat		1.533

$$\widehat{Cucumber} = 3334.786 S^{1.022} employ^{0.179} (1 - e^{-(efficiency * pesticide)^{0.540}}) \qquad (6-7)$$

回归结果表明，考虑施药效率的模型要比不考虑施药效率的模型拟合效果更好，这证实了 6.4.1 的理论假设，即在农药使用过程中，由于植保机械的技术状态、施药的时间选择、喷头选择、药物选择、施药方法的选择等导致了部分农药漂移、蒸发从而减少了有效到达靶标的农药数量，然而由于自身对农药的认知水平、所使用的植保器械技术状态决定了农户无法突破这一现状，只能处于一种低效的农药施用状态，进而可能造成实质的农药过量施用，但这种过量与农户的理性经济人假设并不违背，农户的理性是在某种条件限制下的理性，即有限理性。

表 6-35　　　　　调研样本黄瓜农药生产率实证模型 II

Dependent Variable: LOG (Cucumber)			
Method: Least Squares			
Date: 09/02/10　Time: 16:58			
Sample: 1 64			

续表

Included observations: 64			
Convergence achieved after 1 iteration			

Ln（Cucumber）＝Ln（C（1））+C（2）*Ln（S）+C（3）*LOG（employ）+Ln（1－EXP（－（efficiency * pesticide）^C（4）））

	Coefficient	Std. Error	t－Statistic	Prob.
C（1）	3334.786	1211.150	2.753	0.008
C（2）	1.022	0.156	6.562	0.000
C（3）	0.179	0.102	1.746	0.086
C（4）	0.540	0.306	1.762	0.083
R－squared	0.852	Mean dependent var		7.335
Adjusted R－squared	0.844	S. D. dependent var		1.927
S. E. of regression	0.760	Akaike info criterion		2.350
Sum squared resid	34.674	Schwarz criterion		2.485
Log likelihood	－71.199	Durbin－Watson stat		1.609

6.5.4 小 结

通过本部分的研究分析，可以得出如下结论：

①目前农药品名繁多，不便于管理和农户选择使用，相关部门应加强监管，规范农药的登记注册，切实实施农业部公告第 945 号《关于规范农药名称命名》的公告。

②部分禁用的高毒农药仍然在大量使用，相关部门应加强监管惩处力度，特别是加强对特许经销商的监管惩处力度。

③农户是有限理性的，他们在各种条件限制下依然追求利润最大化。由于植保机械的技术状态、施药的时间选择、喷头选择、药物选择、施药方法的选择等导致了部分农药漂移、蒸发从而减少了有效到达靶标的农药数量，然而由于自身对农药的认知水平、所使用的植保器械技术状态决定了农户无法突破这一现状，只能处于一种低效的农药施用状态，进而可能造成实质的农药过量施用，但这种过量与农户的理性经济人假设并不违背，农户的理性是在某种条件限制下的理性，即有限理性。

6.6 农户的不安全用药行为研究

本章首先确定农户不安全施药行为评价依据,并选择评价指标、计算分值,然后深入分析农户的不安全施药行为的具体情况,最后定量研究农户不安全施药行为的影响因素,理清其影响方向、大小与机理。

6.6.1 不安全施药行为评价指标体系

6.6.1.1 指标选取依据

关于农药最终用户(农户)的安全用药问题,联合国粮食及农业组织2001年发布的《地面施用农药的正确操作准则》① 中提到,主要包括农药的贮存、农药的取用和药液配制、农药容器管理、个人防护、施药过程中的施药方式等。

其中,关于农药的贮存,《地面施用农药的正确操作准则》(以下简称《准则》)中提到:"农药必须保存在一个在紧急情况下可以方便出入的专用贮藏室,不用时可以锁闭……在任何情况下,农药都不得与食品存放在一起!"

关于农药的取用和药液的配制,《准则》中提到:"农药标签通常是指导如何取用和配制农药制剂的首选参考资料,标签上通常都会说明在取用农药制剂和田间使用的农药药液时,所需要使用的个人防护设备(PPE)。仔细挑选、使用和维护个人防护设备是保证操作人员得到完全防护的重要方面。只有经过认证的安全防护设备才可以使用,如果采用经过全面检测和官方确认的密闭加药系统取用和加注农药,某些毒性大的农药才能获得认可使用,这种密闭加药系统减少了操作者和环境的污染。"

关于农药容器的管理,《准则》中提到:"令人遗憾的是,农药空容器往往还有再利用的价值,然而,决不允许用户再次使用农药空容器。即使容器内装盛的是粘度大的农药制剂,农药容器也可以手工操作来彻底清洗干净,但自动清洗

---

① Guidelines on good practice for ground application of pesticides. FAO, Rome (Italy). Agricultural Support Systems Div., 2001, 43 p.; 1 website (Ch. ed.).

系统正日益普遍，许多国家规定喷雾机必须装配自动清洗系统。一些国家允许有控制地采用深埋方法处理农药空容器，然而，深埋地点必须远离水源。利用热焚烧技术为农药包装处理提供了替代方法，但是一定要参考当地的法律规定。生产商可以通过回收利用系统解决农药空容器的清洗和处置问题，回收的容器可以重新灌注农药或循环利用"。

关于个人防护，《准则》中提到："农药进入人体的主要途径有：a）由于意外或故意口服；b）在操作、计量和加注农药过程中发生皮肤接触；c）操作农药和喷雾过程中，通过鼻腔吸入细小的农药颗粒和雾滴。皮肤接触是农药进入人体最常见的途径，通过穿戴个人防护设备，以及在喷雾结束后、吃饭前、吸烟前、上厕所前仔细清洗身体的暴露部分，注意个人卫生，避免皮肤接触农药，可以把风险降低到最低程度。个人防护设备必须根据农药标签说明选择使用，穿着必须舒适，面料必须能阻止农药的穿透。只有正确挑选并且正确维护，个人防护设备才能发挥作用，一旦设备受损，必须修复到原来的样子，否则，必须更换受损部件。像呼吸器这样的部件必须经常定期检查，根据生产商的建议更换滤毒罐。需要注意的是，含有同样有效成分但以不同商标销售的农药，由于不同的剂型所造成的风险可能不同，因此，必须始终要根据所用农药的标签决定安全防护措施。"

关于施药过程中的施药方式，《准则》中提到："背负手动喷雾器作业时，当手持喷杆放在操作人员身体前面喷雾时，操作人员通常要通过已喷洒农药的作物。随着作物的生长，操作人员污染也随之加重，所以，确保操作人员有足够的身体保护是非常必要的。把手持喷杆放在操作人员下风向一侧喷雾将有助于减少对人的污染；适当的条件下，也可以考虑使用'后置喷杆'……喷雾作业必须从离开作物一定距离、处于上风向的合适位置开始，确保第一行作物能得到充分的喷雾处理。"

对于其中的"农药的取用和药液配制"，较难衡量其行为，本研究不将其纳入评价内容。因此，本研究将主要依据农药的贮存、农药容器管理、个人防护、施药过程中的施药方式等几方面进行评价个人施药安全得分。

6.6.1.2 指标选取及计算方法

根据粮农组织的《地面施用农药的正确操作准则》，本研究选择农户不安全施药行为评价指标，见表6-36。除了农药的贮存、农药容器管理、个人防护、施药过程中的施药方式等四方面外，另外还加上了对高毒农药的认知及是否使用高毒农药，细化后一共七个指标，指标权重及计算方法见表6-36。

6.6.2 指标计算结果

按照表6-36的指标体系，可评价出农户不安全施药行为得分，见表6-37。可以看出：总体来说，不安全施药行为比较严重，总体得分仅为39.76分，各项指标中，"是否使用过手套、口罩、面罩、眼罩、防护服等措施"得分率最高（76.35%），因为有63.56%的调研样本从未使用任何防护措施，20.52%的样本仅用其中一种；对高毒农药的认知得分率也较高（64.09%），半数以上的农户对这一问题的回答是"不是很清楚"或"不知道"或"不在意"；接着是施药时行走方式的得分率较高（50.56%），有50.56%的样本采用错误的行走方式；其他指标得分率均在50%以下，具体情况见图6-11至图6-14。

表6-36　　　　　　　农户不安全施药行为评价指标体系

一级指标	权重	二级指标	分值
您知道哪些农药是高毒高残留农药吗	10	知道	0
		知道一两种	5
		不是很清楚	8
		不知道	10
		没在意	10
是否使用有机磷等高毒农药	20	是	20
		否	0
是否使用过手套、口罩、面罩、眼罩、防护服等措施	20	每次打药都要使用3种以上措施	0
		每次打药都要使用2种措施	5
		每次打药都要使用1种措施	10
		从来没有使用过	20
施药时风向选择	15	顺风	0
		逆风	15
施药时行走方式	15	倒退	0
		前进	15
植保机械是否存在"跑、冒、滴、漏"现象	10	存在，而且很严重	10
		存在，但不是很严重	5
		完全没这个问题	0
农药是否存放在厨房或者粮食储存地	10	没有，离得远	0
		没有，但离得近	5
		是的	10

表 6-37　　　　　　　　农户不安全施药行为评价结果

指　标	平均	标准误差	最小值	最大值	平均得分率
您知道哪些农药是高毒高残留农药吗	6.41	0.11	0	10	64.09%
是否使用有机磷高毒农药	5.66	0.32	0	20	28.28%
是否使用过手套、口罩、面罩、眼罩、防护服等措施	15.27	0.23	0	20	76.35%
施药时风向选择	1.23	0.15	0	15	8.23%
施药时行走方式	7.58	0.27	0	15	50.56%
植保机械是否存在"跑、冒、滴、漏"现象	2.96	0.10	0	10	29.63%
农药是否存放在厨房或者粮食储存地	0.89	0.08	0	10	8.87%
施药不安全总得分	39.76	0.53	5	85	39.76%

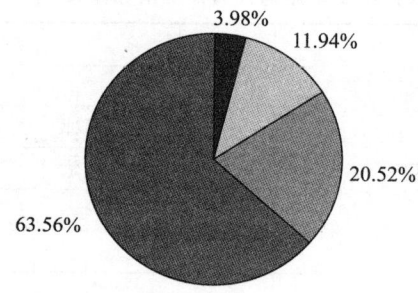

图 6-11　调研样本施药防护措施分布图

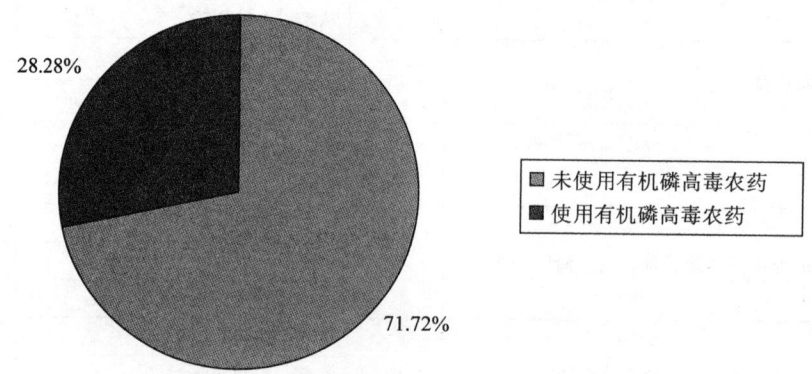

图 6-12　调研样本使用有机磷高毒农药分布图

6. 基于农药使用的环境友好型农业产业体系

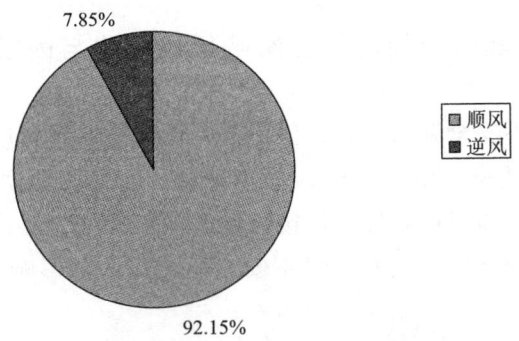

图 6-13 调研样本施药风向选择分布图

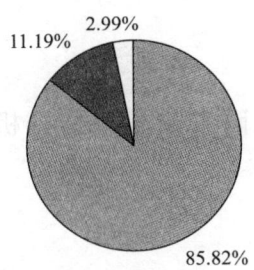

图 6-14 调研样本农药贮放是否放在厨房

调研样本不安全施药得分频次分布见图 6-15，由图可知，样本分布基本呈均值为 39.76、标准偏差为 14.71 的正态分布。整体来说，农户对施药涉及的自身安全问题还是较为重视的。

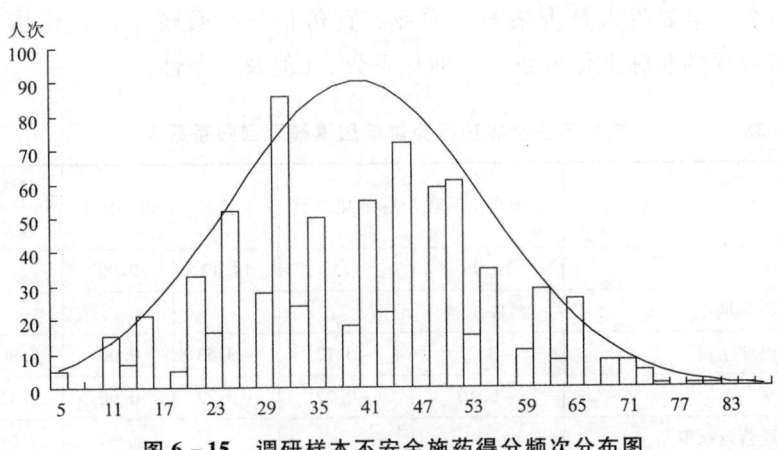

图 6-15 调研样本不安全施药得分频次分布图

6.6.3 不安全施药行为经济社会影响模型构建与因素选择

以评价出来的不安全施药行为分值为被解释变量,以农户年龄、性别、受教育程度、农户施药效率、培训经历、社会身份、家庭资源禀赋、农作物商品化率、家庭收入结构、与当地农技人员接触频率等21个社会经济因素为解释变量,定量分析中微观社会经济因素对农民不安全用药行为的影响方向、程度和机理。模型如下:

$$unsafe = c + \sum a_i x_i \tag{6-8}$$

其中 unsafe 表示农户不安全施药行为,x_i 表示第 i 种影响因素,c 和 a_i 为待估计参数。

6.6.4 不安全施药行为影响因素定量模型分析

6.6.4.1 模型估计

将上述21个变量带入 Spss 软件采用逐步回归法(Stepwise)进行线性回归分析,进入模型变量的显著性设为0.05,剔除变量的显著性设为0.1,得到农户施药效率影响因素模型。最后进入模型的有9个变量:农户施药效率、主要农产品商品化率、受教育程度、农业劳动力中男劳动力比重、江苏、山东、主要收入是否来源于农业、宣传指导次数较多、宣传指导次数较少。表6-38是变量(农户施药效率、主要农产品商品化率、受教育程度、农业劳动力中男劳动力比重、江苏、山东、主要收入是否来源于农业、宣传指导次数较多、宣传指导次数较少)和常数项的非标准化系数、标准化系数、t值及显著性。

表6-38 农户不安全施药行为影响因素模型回归系数表

	非标准化系数	标准化系数	T检验	相伴概率	共线性统计量	
					容差	VIF
常数项	22.95		14.12	0.00		
1. 个人特征变量						
受教育程度	-0.25	-0.12	-3.53	0.00	0.90	1.11
施药效率	-0.10	-0.22	-6.22	0.00	0.82	1.22
2. 家庭及经营特征变量						

续表

	非标准化系数	标准化系数	T检验	相伴概率	共线性统计量	
					容差	VIF
农业劳动力中男劳动力比重	-1.95	-0.08	-2.50	0.01	0.93	1.07
主要收入是否来源于农业	0.98	0.07	2.24	0.03	0.92	1.08
主要农产品商品化率	-4.24	-0.23	-6.78	0.00	0.89	1.12
3. 环境特征变量						
江苏	5.25	0.40	5.72	0.00	0.21	4.71
山东	4.00	0.31	4.43	0.00	0.22	4.62
宣传指导次数较多	-2.18	-0.10	-2.66	0.01	0.80	1.26
宣传指导次数较少	-1.01	-0.08	-2.21	0.03	0.88	1.14

复相关系数 0.45，$R^2 = 0.20$，调整后 $R^2 = 0.19$，F 值 = 21.61，概率 = 0.00。

从表 6-38 显著性概率栏的数值可以看出，上面 9 个变量的其回归系数是显著的。由于方差膨胀因子均小于 10，因此变量之间不存在多重共线性。

由表 6-38 中第四列的标准化系数可以看出：对农户不安全施药行为影响的主要因素对被解释变量的贡献大小存在差异。

6.6.4.2 结果讨论

根据农户不安全施药行为影响因素模型的估计结果，本研究认为：

①个人特征变量中，受教育程度和施药效率都对不安全施药行为呈负向影响，也就是受教育程度越高和施药效率越高的农户，越注重自身安全问题，而那些受教育程度低和施药效率低的农户，对施药涉及的自身安全问题重视不够，或者根本没有意识到应该去防范农药对自身的威胁。

②家庭及经营特征变量中，农业劳动力中男劳动力比重和主要农产品商品化率两个变量对不安全施药行为呈负向影响，但主要收入是否来源于农业对农户不安全施药行为呈正向影响。男劳动力比重越高的农户，在施药过程中会更加注意安全问题并加以防范，可能主要是因为男性由于在农村家庭中占主导地位，具有天生的社交优势并能优先接触到相关安全方面的知识宣传，因此更加注重安全；主要农产品商品化率越高的农户跟市场接触得更紧密，会积极关注农药等各种生产资料相关信息，自然会有更多机会接触农药安全方面的知识，因此会更加注重安全问题；主要收入来自于农业的那些农户，在调研样本中大多处于小规模经营状态下，很可能就是那些参与市场能力较低、老弱病残或其他能力限制而不能获得非农业就业机会的农户，因此他们在施药安全问题上并不重视，也可能他们根

本没有意识到这个问题。

③环境特征变量中，江苏和山东的农户相对湖北的农户要更加不注重安全问题，主要表现为湖北的调研样本在"是否使用过手套、口罩、面罩、眼罩、防护服等措施"的不安全得分要比江苏、山东平均低6.49分和4.81分；接受农技推广人员宣传的农户无论接受宣传次数多少，都要比没有接受过农技推广人员宣传的农户更加注重安全问题。因此，加强安全宣传对于农户安全施药具有重要意义。

6.6.5 小　结

根据本部分的研究，可以得出以下结论：

①农药的贮存、农药容器管理、个人防护、施药过程中的施药方式等是农药安全使用的几个重要内容，因此可以采用"能否辨认高毒高残留农药"、"是否使用有机磷高毒农药"、"是否使用过手套、口罩、面罩、眼罩、防护服等措施"、"施药时风向选择"、"施药时行走方式"、"植保机械是否存在'跑、冒、滴、漏'现象"、"农药是否存放在厨房或者粮食储存地"等几项指标评价农户不安全施药行为。

②通过对调研样本的不安全施药行为进行评判，发现样本农户不安全施药行为得分总体较低，平均只有39.76分，表明样本农户整体来看还是较为注重自身安全。在各项指标中，"是否使用过手套、口罩、面罩、眼罩、防护服等措施"得分率最高（76.35%），因为有63.56%的调研样本从未使用任何防护措施，20.52%的样本仅用其中一种；对高毒农药的认知得分率也较高（64.09%），半数以上的农户对这一问题的回答是"不是很清楚"或"不知道"或"不在意"；接着是施药时行走方式的得分率较高（50.56%），有50.56%的样本采用错误的行走方式；其他指标得分率均在50%以下。

③个人特征变量中，受教育程度和施药效率都对不安全施药行为呈负向影响，也就是受教育程度越高和施药效率越高的农户，越注重自身安全问题，而那些受教育程度低和施药效率低的农户，对施药涉及的自身安全问题重视不够，或者根本没有意识到应该去防范农药对自身的威胁。

④家庭及经营特征变量中，农业劳动力中男劳动力比重和主要农产品商品化率两个变量对不安全施药行为呈负向影响，但主要收入是否来源于农业对农户不安全施药行为呈正向影响。男劳动力比重越高的农户，在施药过程中会更加注意安全问题并加以防范，可能主要是因为男性由于在农村家庭中占主导地位，具有

天生的社交优势并能优先接触到相关安全方面的知识宣传，因此更加注重安全；主要农产品商品化率越高的农户跟市场接触得更紧密，会积极关注农药等各种生产资料相关信息，自然会有更多机会接触农药安全方面的知识，因此会更加注重安全问题；主要收入来自于农业的那些农户，在调研样本中大多处于小规模经营状态下，很可能就是那些参与市场能力较低、老弱病残或其他能力限制而不能获得非农业就业机会的农户，因此他们在施药安全问题上并不重视，也可能他们根本没有意识到这个问题。

⑤环境特征变量中，湖北的农户在施药过程中，相对江苏和山东的农户相比更加注重自身防护问题；接受农技推广人员宣传的农户无论接受宣传次数多少，都要比没有接受过农技推广人员宣传的农户更加注重安全问题。因此，加强安全宣传对于农户安全施药具有重要意义。

6.7 农户的非环境友好施药行为研究

本章首先确定农户非环境友好施药行为评价依据，并选择评价指标、计算分值，然后深入分析农户的不安全施药行为的具体情况，最后定量研究农户非环境友好施药行为的影响因素，理清其影响方向、大小与机理。

6.7.1 非环境友好施药行为评价

6.7.1.1 指标选取依据

农药对环境的影响主要在于土壤、空气、地表水、地下水、非靶标生物以及反复使用同种农药所导致的抗药性[1]。因此，本章主要选择农户由于农药的错误使用和保管可能导致对土壤、空气、地表水、地下水、非靶标生物及抗药性产生影响的那些行为作为评价指标。

---

[1] Veda Federighi, Glenn Bran. Regulating Pesticides: The California Story, a Guide to Pesticide Regulation in California [M]. U.S. Department of Agriculture, 2001.

6.7.1.2 指标选取及计算方法

本研究根据农户对农药的管理、使用过程中可能导致环境问题的途径，选择"农药飘洒到邻居地里情况"、"塑料农药容器处理方式"、"玻璃农药容器处理方式"、"多余农药处理方式"、"是否直接在水塘附近、河流里清洗喷雾器"、"自己家吃的粮食、蔬菜或水果和拿出去卖的用一样的农药吗"、"是否发现病虫害抗药性增强"等几个指标来评价农户的非环境友好施药行为，每个一级指标的下一级评价指标和分值见表6-39。

表6-39　　　　　　农户非环境友好施药行为评价指标体系

一级指标	权重	二级指标	分值
农药飘洒到邻居地里情况	15	经常	15
		偶尔	5
		从不	0
塑料农药容器处理方式	10	随手扔掉	10
		露天焚烧	10
		当废品卖掉	6
		煮饭	10
		埋掉	0
		放在家里	4
玻璃农药容器处理方式	10	随手扔掉	10
		堆在家里不用	4
		扔到河里	10
		卖掉	6
		埋掉	0
多余农药处理方式	15	从来没有把剩余的农药随便倒过	0
		经常把剩余农药倒在地里作物上	12
		我经常把剩余的农药倒进河里	15
是否直接在水塘附近、河流里清洗喷雾器	15	经常这样	15
		偶尔这样	10
		从不这样	0

续表

一级指标	权重	二级指标	分值
自己家吃的粮食、蔬菜或水果和拿出去卖的用一样的农药吗	20	不一样	20
		一样	0
是否发现病虫害抗药性增强	15	发现了	15
		没发现	0

6.7.2 指标计算结果

按照表6-39的指标体系，可评价出农户不安全施药行为得分，见表6-40。

表6-40　　　　　农户非环境友好施药行为评价结果

	平均	标准误差	最小值	最大值	得分率
农药飘洒到邻居地里情况	5.96	0.17	0	15	39.72%
塑料农药容器处理方式	9.44	0.06	0	10	94.42%
玻璃农药容器处理方式	9.07	0.08	0	10	90.69%
多余农药处理方式	3.02	0.19	0	15	20.15%
是否直接在水塘附近、河流里清洗喷雾器	7.52	0.24	0	15	50.13%
自己家吃的农产品和拿出去卖的用一样的农药吗	1.75	0.20	0	20	8.74%
是否发现病虫害抗药性增强	11.95	0.22	0	15	79.69%
非环境友好得分	48.71	0.53	9	100	48.71%

可以看出，对于农药容器处理方式的得分率最高（均在90%以上），也就是农户在处理农药容器时，存在严重的随意性（见图6-16、图6-17），绝大多数人随手扔掉农药容器从而形成环境问题。对是否发现病虫害抗药性增强这一指标，得分率也高达79.69%，这表明由于农户长期使用同一种农药，导致了病虫害抗药性的不断升级，这除了农户不注重环境问题所导致以外，更主要的原因也在于中国农药科研开发落后，可选农药品种较少[①]。

---

① 梁诚（2001）详细阐述了我国农药生产使用现状：世界上经常使用的农药品种有500多种，而我国生产品种仅200多个，其中产量较大的基本品种十余种，绝大多数还是老的杀虫剂品种。在各类农药产量中，以杀虫剂为主体，占总产量的70%，除草剂发展尽管较其他农药快，也仅占总产量的16%，杀菌剂仅占10%，这与发达国家差距较大。在发达国家农药结构中，一般杀虫剂占30%，除草剂占45%～48%，杀菌剂占18%。在我国的杀虫剂中，有机磷酸酯类杀虫剂产量占70%，在有机磷杀虫剂中，少数几个高毒品种产量又占70%，上述就是所谓结构不合理的"三个70%"。

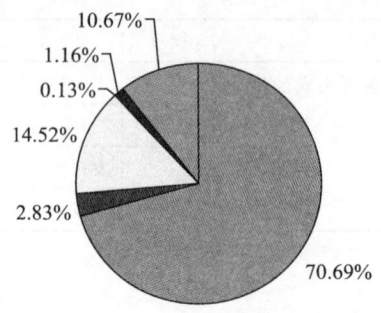

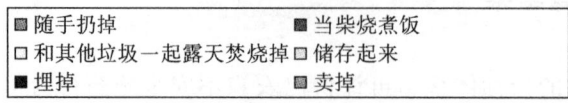

图6-16 调研样本塑料农药容器处理方式分布图

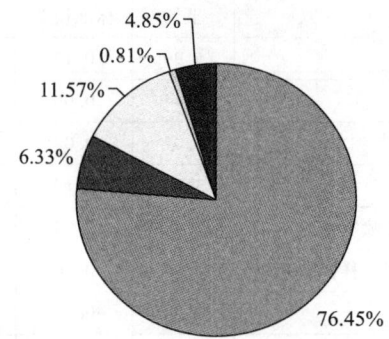

图6-17 调研样本玻璃农药容器处理方式分布图

"是否直接在水塘附近、河流里清洗喷雾器"这一指标得分率也高达50.13%，选择经常直接在水塘附近、河流里清洗喷雾器的样本高达35.84%，选择偶尔这样的达23.31%，两者合计59.15%（见图6-18）。

其他指标的分率相对较低，详细情况见表6-40。

由图6-19可以看出，调研样本的非环境友好施药行为得分分布大体呈均值为48.71分、标准偏差为14.68分的正态分布。和非安全施药行为得分相比，非环境友好施药行为平均得分要高将近10分，这表明和注重环境问题相比，农户更加注重自身安全问题。对于影响农户非环境友好施药行为的具体因素，下面将做进一步的分析。

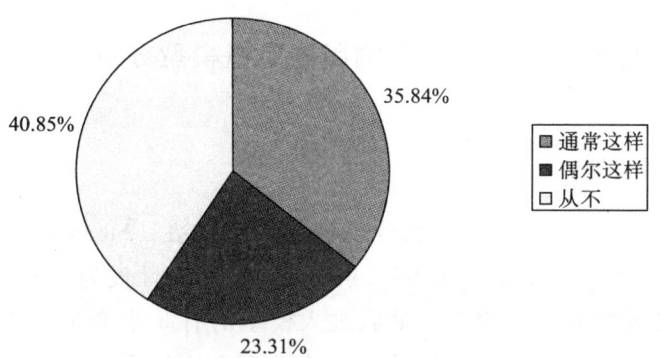

图 6-18 调研样本"是否直接在水塘附近、河流里清洗喷雾器"分布图

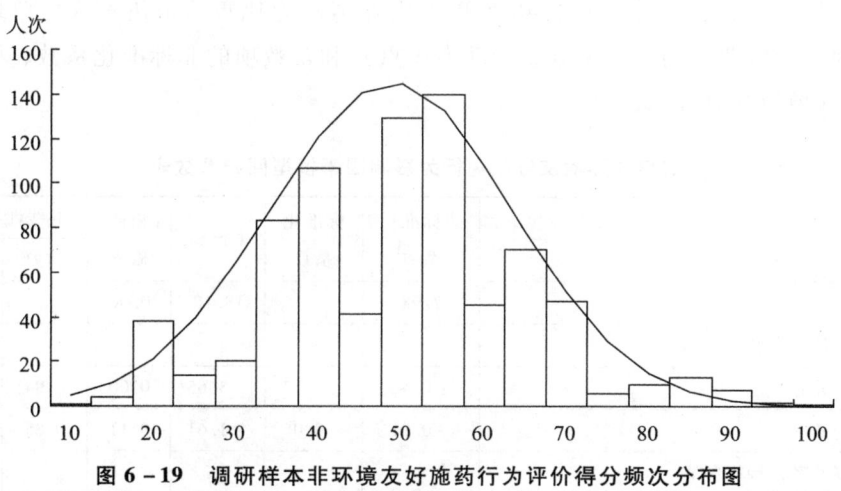

图 6-19 调研样本非环境友好施药行为评价得分频次分布图

6.7.3 非环境友好经济社会影响模型构建与因素选择

以评价出来的非环境友好施药行为分值为被解释变量,以农户年龄、性别、受教育程度、农户施药效率、培训经历、社会身份、家庭资源禀赋、农作物商品化率、家庭收入结构、与当地农技人员接触频率等 21 个社会经济因素为解释变量,定量分析中微观社会经济因素对农户非环境友好施药行为的影响方向、程度和机理。模型如下:

$$\text{unfriendly} = c + \sum a_i x_i \tag{6-9}$$

其中 unfriendly 表示农户的非环境友好施药行为,x_i 表示第 i 种影响因素,c 和 a_i 为待估计参数。

6.7.4 非环境友好施药行为影响因素定量模型分析

6.7.4.1 模型估计

将上述21个变量带入Spss软件采用逐步回归法（Stepwise）进行线性回归分析，进入变量的显著性设为0.05，剔除变量的显著性设为0.1，得到农户非环境友好施药行为影响因素模型。最后进入模型的有8个变量：效率、山东、江苏、身体较好、农业劳动力中40岁以上农业劳动力比重、退伍军人、单块土地最大面积、农业劳动力占家庭总劳动力比重。表6-41是变量（效率、山东、江苏、身体较好、农业劳动力中40岁以上农业劳动力比重、退伍军人、单块土地最大面积、农业劳动力占家庭总劳动力比重）和常数项的非标准化系数、标准化系数、t值及显著性。

表6-41　农户非环境友好施药行为影响因素模型回归系数表

	非标准化系数	标准化系数	T检验	相伴概率	共线性统计量	
					容差	VIF
常数项	7.98		18.18	0.00		
1. 个人特征变量						
身体较好	-0.42	-0.12	-3.65	0.00	0.94	1.06
施药效率	-0.01	-0.06	-1.61	0.11	0.85	1.17
2. 家庭及经营特征变量						
农业劳动力中40岁以上劳动力比重	-0.32	-0.06	-1.92	0.06	0.95	1.06
家中有退伍军人	-0.41	-0.07	-2.01	0.04	0.99	1.01
单块土地最大面积	-0.01	-0.07	-2.05	0.04	0.99	1.01
农业劳动力占家庭总劳动力比重	0.38	0.06	1.85	0.07	0.88	1.13
3. 环境特征变量						
江苏	2.28	0.70	10.16	0.00	0.22	4.48
山东	2.47	0.76	10.93	0.00	0.22	4.56

复相关系数0.44，$R^2=0.19$，调整后$R^2=0.18$，F值=22.57，概率=0.00。

从表6-41显著性概率栏的数值可以看出，上面8个变量的其回归系数是显著的。由于方差膨胀因子均小于10，因此变量之间不存在多重共线性。

由表6-41中第四列的标准化系数可以看出：对农户施药效率影响的主要因

素对被解释变量的贡献大小存在差异。

6.7.4.2 结果讨论

根据农户非环境友好施药行为影响因素模型的估计结果，我们认为：

①个人特征变量中，身体较好和施药效率较高对非环境友好施药行为影响方向为负，也就是身体较好和施药效率较高的农户相对身体一般或较差和施药效率低的农户，其非环境友好行为越少，会更加注重环境问题。也许是身体较差的农户更愿意简单行事，比如对剩余农药和空药瓶的处理，身体较差的农户可能随手扔掉，而身体较好的农户会愿意花更多时间来正确处理这些事情而减少环境污染；施药效率高的农户则可能会主观上节约农药导致客观上保护环境，尽量减少农药在地表及地下水、土壤、空气、非靶标生物上的飘逸。

②家庭特征变量中，农业劳动力中40岁以上劳动力比重、家中有退伍军人、单块土地最大面积对非环境友好施药行为影响方向为负，而农业劳动力占家庭总劳动力比重的影响方向相反。可能是因为家庭农业劳动力中40岁以上劳动力比重越高，其农业生产的目的越倾向于自给自足，因此对农药环境污染更加关注；家中有退伍军人的农户，由于退伍军人所受到的教育影响了其对公共事务的关心程度，会更加在意环境问题；单块土地最大面积越大的农户，土地越成整，农药飘逸到其他农户地里的机会相对减少，同时这样的农户会由于经营规模更大，对农药的使用量较大，更能体会到农药对水、空气、土壤等环境可能带来的影响，因此会避免造成大面积环境问题；农业劳动力占家庭总劳动力比重越大的农户，在样本整体平均经营规模较小的情况下，很可能就是那些参与市场能力较低、老弱病残或其他能力限制而不能获得非农业就业机会的农户，可能这样的农户更加关注生存问题，而不是环境问题。

③山东、江苏的农户相对湖北的农户非环境友好施药行为更加显著，具体原因需要进一步分析。

6.7.5 小 结

根据本部分的分析，可以得出以下结论：

①农药对环境的影响主要在于土壤、空气、地表水、地下水、非靶标生物以及反复使用同种农药所导致的抗药性。因此，可以选择农户由于农药的错误使用和保管可能导致对土壤、空气、地表水、地下水、非靶标生物及抗药性产生影响的那些行为作为评价指标。如"农药飘洒到邻居地里情况"、"塑料农药容器处

理方式"、"玻璃农药容器处理方式"、"多余农药处理方式"、"是否直接在水塘附近、河流里清洗喷雾器"、"自己家吃的粮食、蔬菜或水果和拿出去卖的用一样的农药吗"、"是否发现病虫害抗药性增强"等指标。

②农户对环境问题并不十分关注,特别是对农药容器处理方式上存在严重的随意性,绝大多数人随手扔掉农药容器。另外,有过半的农户直接在水塘附近、河流里清洗喷雾器;有高达79.69%的样本农户认为病虫害的抗药性在不断提高,这除了农户不注重环境问题所导致以外,更主要的原因也在于中国农药科研开发落后,可选农药品种较少。

③个人特征变量中,身体较好和施药效率较高对非环境友好施药行为影响方向为负,也就是身体较好和施药效率较高的农户相对身体一般或较差和施药效率低的农户,其非环境友好行为越少,会更加注重环境问题。因此,应关注农民的健康问题,并通过培训提高农户施药效率,加强环境问题的宣传。

④家庭特征变量中,农业劳动力中40岁以上劳动力比重、家中有退伍军人、单块土地最大面积对非环境友好施药行为影响方向为负,而农业劳动力占家庭总劳动力比重的影响方向相反。

⑤山东、江苏的农户相对湖北的农户非环境友好施药行为更加显著,具体原因需要进一步分析。但这充分说明外部环境对农户环境友好施药行为影响显著,今后应加大环境友好用药宣传力度,并以市场为基础,以利益为纽带,构建剩余农药及容器回收处理机制、农药环境污染监督惩处机制等。

6.8 病虫害规模化防治组织模式分析

通过研究可知,小农模式下的一家一户分散经营是没有前途的,不仅效率低下、防治效果差,而且容易产生安全问题和环境问题,因此解决农药施用的效率、效果、环境等"3E"问题,需要通过统防统治来解决。经过广泛的专家调研和文献调研,掌握到目前我国统防统治的基本模式从组织形式上分有以下几种:社会化服务防治模式、合作社自有土地防治模式、大农场统一防治模式。下面从成立背景、组织框架与运行机制、装备、绩效等方面,对这几种典型统防统治模式展开案例分析。

6.8.1 社会化服务防治模式

6.8.1.1 成立背景

2008年，邗江区植保部门牵头成立了集技术、信息、物资和劳务于一体的综合性植保专业合作社，并在全区13个镇推广植保专业化服务，我们将其称为"邗江模式"。成立合作社的目的主要有以下三点：

(1) 提高防治效果，保障食品安全

原先一家一户分散防治，不少农民缺乏科学用药知识，药剂不对路、防治不适时、方法不正确的现象较为普遍，防治效果难保证，很难达到控制病虫草害的目的，而且由于不知道安全间隔期而随意加大剂量或使用高毒农药，很容易导致农产品农药残留超标。

(2) 降低劳动强度，弥补农业劳动力不足问题

随着农村劳动力的不断转移，农村人口逐渐老龄化和妇女化，而病虫害防治劳动强度大、技术要求高，大部分农户无法承担。

(3) 解决农技人员少而服务对象众多且分散的问题

基层农技推广体系改革和行政区划调整后，镇（街道）、村规模扩大，从事公益性服务的机构和人员却在减少，有限的公益性服务人员要把技术送到千家万户，难度较大、成本较高。

6.8.1.2 组织框架与运行机制

根据笔者的实地调研，"邗江模式"的基本组织框架如下：邗江区植保牵头成立区级植保合作社——扬州市邗江利民植保专业合作社，该合作社挂靠邗江区农委，工作人员主要由邗江区植保站工作人员兼职；同时在全区13个乡镇组织成立镇级植保合作社（如方巷镇的"康稼植保合作社"），镇级植保合作社挂靠镇农业综合服务中心，工作人员主要由镇级农服中心工作人员兼职；在各村成立植保专业服务队，每队10人左右，成员主要来自弥雾机手或种粮大户，目前全区有136个植保专业队。

运行机制如下：区级植保服务合作社（区植保站）在杭集、李典、方巷等乡镇建立病虫测报点，对病虫害发生情况进行预测预报，发布病虫情报，制定防治配方，统一购买农药，并将农药销售给镇级植保服务合作社（镇植保站），经过区植保站统一培训的村级专业植保队到镇植保服务合作社（镇植保站）低于市场价购买农药,并按照规定配方、规定的施药技术、统一的作业费用给农户进行植保服务。

2011年以前,大部分村级专业植保队给农户提供植保服务是按次收费,农药按照从镇植保服务合作社批发价基础上再加上一定的利润卖给农户(仍然略低于市场价),另外每亩收7元左右的防治服务费用,水稻一季防治次数约为7至8次。2011年,邗江区植保合作社开始在各乡镇全面推广全程承包防治模式。在最新的防治合同"邗江区水稻病虫全程承包防治服务协议(二)"中规定"为激励广大农户积极参加植保专业化服务,2011年病虫全程承包防治费确定为130元/亩(根据近三年病虫平均防治费用制定),现区植保服务组织补贴20元/亩,实收110元/亩"。

6.8.1.3 装备

目前,邗江区植保合作社拥有背负式弥雾机2273台,担架式弥雾机163台。背负式弥雾机每小时作业效率在5~10亩之间,每个机手每天作业时间在8个小时左右,除去配制、添加药剂和中途休息时间,每天作业面积约为50亩左右,一般每次植保服务最佳时间范围在3天左右,因此一台机器、一个机手的防治面积在150亩左右。

另外,担架式喷雾弥雾机也开始在邗江区植保合作社得到推广,目前在用的担架式喷雾弥雾机每天作业效率在100~150亩之间,需要配备3个机手,但劳动强度远低于背负式机动弥雾机。

2009~2010年邗江区财政对植保专业服务队或其成员添置、更新弥雾机给予补贴:担架式弥雾机在国家补贴的基础上,区政府再予补贴600元/台;背负式弥雾机补贴120元/台。补贴大大提升了装备数量和水平,为邗江区植保合作社的服务水平、服务范围提供了重要物质保障。

6.8.1.4 绩效

这种政府主导专业化服务的统一防治,有效避免了病虫防治期间家家户户背药箱的情况,既节约了人力,又降低了农药使用量,提高了防治效果,同时降低了施药过程中的安全事故发生概率和环境污染程度,达到了经济、社会和生态效益共赢局面。2010年,邗江病虫全程承包防治5万亩。

2008年,"邗江模式"的统一植保覆盖农户达7.5万户,占全区农户的54.2%;服务面积达18.2万亩,占全区粮食作物播种面积的62.7%。与散户相比,防效平均提高15%,亩均增产稻谷46.5公斤。亩均增收42元,用药成本每亩全年减少14.6元（邗江区植保站提供资料）。在施药过程中，弥雾机手十分注重自身安全防护，绝大多数机手能够按照要求佩戴口罩和防护帽。同时，合作社对空农药塑料容器或塑料袋以5元每公斤的价格回收。由于主办植保合作社的是具有政府公共职能的植保站，因此整个农药购买、储存、使用过程得到有效监管，国家明文禁止的高毒农药不会被使用，有效保护了环境、保障了食品安全。

6.8.1.5 优势与问题

"邗江模式"这种政府主导的植保社会化服务模式，主要优点在于能够顺应市场需要，充分利用政府植保系统的技术优势和政府威信，通过经济纽带将千家万户与专业化植保服务联系起来，从而达到专业化、规模化防治效果。

缺点在于：①政府植保系统即是裁判员又是运动员，在出现植保服务质量方面的纠纷时，很难做到公平、公正，对于其他提供农药销售、植保服务的市场主体也会存在不公平的竞争，长期发展下去可能会影响市场健康发展；②目前的服务内容主要以植保为主，服务内容单一，季节性强，植保知识的专业性、复杂性与植保机手的经营收入不匹配（一个机手植保服务所得年净利润仅约8000元左右），难以吸引年富力强的机手加入植保队，导致机手老龄化程度严重，80%的机手都在40岁以上，其中还有10%在60岁以上，该模式发展的可持续性存在较大疑问。③由于经营主体与植保作业主体不统一，难免存在道德风险问题，如调查中发现有的植保机手用清水冒充农药给农户进行"防治"，而将低价从植保合作社购买的农药省下来以市场价卖给植保合作社服务区外的农户，这就难免将防治效果大打折扣。

6.8.2 合作社自有土地防治模式

6.8.2.1 成立背景

浙江嘉兴市乍浦镇惠农粮油专业合作社成立于2008年3月6日，位于浙江嘉兴市乍浦镇马家荡村，由张永平等6人发起，2008年3月13日工商登记，注册资金20万元。目前该合作社固定资产达300多万，年产粮食1200吨，年销售200万元以上。该合作社成立的主要原因有以下两点。

①解决当地农业劳动力老龄化问题。由于浙江商品经济发达，青壮年劳动力大多转移到其他产业，仍然从事农业生产尤其是纯农田作业生产的劳动力大多在50岁以上，体力上越来越不适应农业生产，生产方式粗放和抛荒现象时有发生。

合作社的成立，可以通过农业机械的使用有效解决当地农业劳动力不足的问题，保障农业生产，提高农产品质量。

②由于政府征用农田和农户宅基地，一部分农户集中搬迁到新区，离耕地较远，而这些征用耕地政府暂时还没使用，合作社可以在这些耕地上开展生产，不仅可以提高粮食产量，保障粮食质量，稳定农业生产，还能有效减少当地有害外来生物如加拿大一枝黄花的进一步蔓延。

6.8.2.2 组织框架与运行机制

目前合作社有股东6人，机手5人，临时生产人员40人左右。

合作社主要开展农田全程委托经营服务，农户以承包土地入社，每年固定享受250公斤/亩干稻谷的分红，不参与合作社的管理，也不承担合作社的生产费用和经营风险，目前有600多个农户将土地交给合作社进行经营。合作社利用自己的农机装备并聘请机手，对流转过来的土地进行经营，实现播种、植保、收获、烘干全程机械化。年底股东投票决定利润处置方式，或作为发展基金累积到下一年，或按照股份进行分红。对于植保作业，合作社主要按照镇植保站提供的防治意见、农药配方和防治技术，自行购买农药并组织人力、装备展开防治。目前，农田全程委托经营服务面积达1322亩，涉及乍浦镇5个行政村。

除了将流转土地规模化经营以外，合作社还给其他散户提供机耕、机插秧、机收、机械植保等各环节的社会化服务。植保环节的服务模式是与农户签订协议，由合作社负责根据植保部门提供的病虫害防治意见，严格遵守农药安全使用规定，适期完成病虫防治作业（杂草防治除外），确保防治效果，并将当季水稻病虫危害损失控制在5%之内；若发生较难防控的流行性、暴发性病虫害，防治效果参照同地周边大面积一般农户自防效果。合作社建立水稻病虫统防统治（代防代治）区农户档案，对每次防治时间、用药数量、防治效果等作如实登记。向农户收取合理的防治费用。若发生较难防控的病虫害，如稻瘟病等流行性病害，双方协商后视情增加防治费用。目前，该合作社植保社会化服务覆盖面积1500亩左右，涉及农户700户左右。同时，这700户农户中不断有人选择将土地流转给合作社。

6.8.2.3 装备

目前，合作社拥有16吨烘干机2台、久保田半喂入联合收割机1台、中型拖拉机3台、插秧机7台、工厂化育秧流水线及配套设备3套、担架式机动喷雾机19台、机动运输车3辆、秧盘9万只、烘干中心190平方米、粮食仓库800平方米、机械及农药化肥仓库590平方米、育秧中心2000平方米。

其中，19台担架式机动喷雾机，射程为15米，作业效率为20亩/小时，每天作业量在150亩左右。

6.8.2.4 绩效

在植保方面，由于规模化集中防治，有效避免了病虫害交叉感染，粮油合作社经营的水稻每季病虫草害防治次数从常规的9次降低到5次，同时由于先进植保机械的应用，人工成本只有散户的1/13，因此病虫害防治成本大大下降，真正实现了粮食生产绿色化，单季晚稻实现高产，其中优质米闽优香粳单产平均达到551公斤，甬优8号单产平均达到590公斤，甬优12号单产达到685公斤。第一批上市的5吨自有品牌"九龙"大米米粒均匀、无糠粉、粒面光滑透明、口感好，深受消费欢迎，为该合作社"九龙"大米打造成省级绿色农产品奠定了扎实的基础。

6.8.2.5 优势与问题

合作社自有土地防治模式的主要优点在于：通过土地流转，将土地集中进行规模化经营，并进行统一机械化耕、种、管、收，能够有效地提高劳动生产率、土地产出率和资源利用率，在我国人地压力还较大的背景下是发展现代农业的一个重要途径。其中，高效植保机械的使用，即提高了防治效果，又起到了节约人工、农药等要素投入，还降低了环境污染。这种模式与植保社会化服务模式的区别在于，植保社会化服务模式还存在委托代理关系，容易发生道德风险问题而影响防治效果，有一定效率损失，而粮油合作社对自有经营权土地进行经营，不存在委托代理关系，效率更高。

合作社自有土地防治模式看不出明显的缺点，如果有，主要是目前合作社规模还不够大，植保人员专业知识还不够，需要加强培训，在植保防治知识、技术上需要政府植保站进行指导。

6.8.3 大农场统一防治模式

红星农场建于1947年2月，属于黑龙江农垦总局系统国营农场。位于北安市境中部，鸡爪河流域，场部距北安市区30公里。农场人口1.3万人，占地面积58.5万亩，耕地面积33.5万亩。属小麦、大豆优势产区，小麦播种面积占60%左右，大豆占30%左右。

6.8.3.1 组织框架与运行机制

目前，农场的职能部门主要有三方面：①生产经营部。主要负责农机调度、有机农业管理、配肥、种子生资供应、农产品销售等工作。②管理服务部。主要负责家庭农场管理、固定资产管理、财务核算、干部管理、人员培训、庄稼医院、政工工作、农机监理、种子管理等工作。③科研信息部。主要负责气象服务、科技管理、土肥测量、农业科技园区管理、农业信息提供等工作。

在这三个大职能部门之下，管理着农场的5个作业区。这5个作业区拥有耕地面积分别为2753公顷、4560公顷、5864公顷、4749公顷、4676公顷，人均耕地面积3公顷左右。农场农民每年与农场签订合同，承租农场土地，但承包土地上种什么、怎么种农民没有决策权，都由农场场部决定。同时，具体的耕地、播种、植保、收获等生产作业，由在农场场部登记注册、具有编制的农机手根据场部的调度进行作业，作业质量需要农民确认后，机手和农场场部结算。农民每年只需要向场部缴纳7000元/公顷的管理费，就可获得全年农场场部提供的统一生产作业，农业生产的最终产品归农户所有，也就是农户承担着自然灾害风险和市场风险。

对于农药的选择、储存、使用和废弃物处理，农场有严格规定。其中：①农药选择：农药必须选用有机食品认证机构规定的有机农药，严禁使用常规农药。农药由农场物资公司统一供应，农药采购应做到检验登记证、生产许可证和质量标准等"三证"齐全，不向无营业执照、无农药生产许可证的企业购买未经登记注册的产品。②农药的储存：在干燥、通风的专用仓库储放，防止农药变质，并有专人管理，以防火、防水、防盗。入库的农药需登记农药的品种、数量、规格，出库需登记领用人、品种、数量和领用日期及使用用途。③剩余农药处理：必须回收集中处理，以防止给人、畜、作物和环境带来危害。④使用后的农药包装袋、塑料瓶，必须回收，并统一深埋处理，以防止造成环境二次污染、结合本地区农业病、虫、草、鼠害发生情况，制定农药轮换使用规划，有计划地轮换使用农药，减缓病、虫、草、鼠的抗药性，提高防治效果。组织力量对基地生产中使用的农药进行检查和抽查。⑤建立农药使用责任制。坚持主渠道用药进药，要求作业区在农药的使用和管理上，统一组织对各作物的喷药和用药，杜绝违禁农药的使用。农业助理要对本单位农药使用情况及时准确登记，做好农药使用档案，如果发现由于上年私自使用禁用农药，对后茬作物造成药害的将追究上年种植户的经济责任，如果该地块已经转租他人，造成药害的上年种植户要补偿承租方同等级地没有受药害的同等产量差，并处每公顷罚款1500~3000元上缴农场。

同时，农场场部定期开展培训活动，提高机手施药技术水平，并定期进行病虫害监测、预测、预报工作。

6.8.3.2 装备

目前，红星农场使用的植保机械为进口大型悬挂式喷杆喷雾机（见图6-20），配套拖拉机动力为120~280马力，喷幅在18~34米，每小时作业效率约为70~80亩。由于采用了机电一体化技术，可控制和调整系统压力、单位面积喷液量及多路喷杆的喷雾作业等，系统可以依据施药对象和环境严格控制施药量和雾粒直径大小。由于采用了低量喷雾技术、静电防漂移技术和精量施药技术（GPS、GIS技术结合），能够确保精准、精量施药。

图6-20 悬挂式喷杆式喷雾机

6.8.3.3 绩效

由于农场的大规模经营，使得先进的植保机械和技术得以使用。目前，红星农场使用的植保机械，作业效率是普通担架式喷雾机的4~5倍，是背负式弥雾机的8~10倍，手动背负式喷雾机的50~65倍。

同时，由于低量喷雾技术、静电防漂移技术和精量施药技术等先进技术的采用，能够减少药液损失60%以上，大大减少农药的用量和由于漂移在环境中的残留。近年来，红星农场发展有机农业，禁止使用传统农药，仅选用有机食品认证机构规定的有机农药和生物农药，对环境影响进一步减少。目前农场1/3的耕地已经建设成有机农业基地。

大规模农场经营，有效提高了劳动生产率、资源利用率，并且起到了提高农产品质量，保护生态环境的效果。

6.8.3.4 优势与问题

虽然红星农场管理模式的植保作业劳动生产率较高、环境保护效果也较好，但是这种管理模式有其特殊的产生背景，在广大的中国其他地区不可复制和推广。不过，这种模式让我们看到了未来的一种前景，那就是大规模农场经营，必然会带来更高效的农业生产，目前我国农药使用的效果问题、效率问题、环境问题这"3E"问题，很大程度上是我国农业生产经营规模过小所导致的。

6.8.4 统防统治模式的归纳

通过以上几种典型模式的案例分析，并结合调研掌握的基本情况，我们可以得出这几种防治模式的基本关系，如图 6-21 所示。

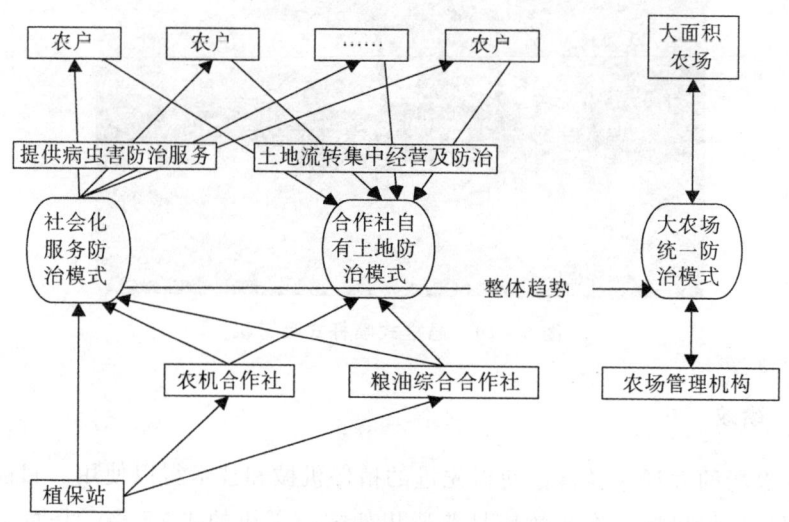

图 6-21 几种主要统防统治模式关系图

可以看出，社会化服务防治模式主要特点是向分散的千家万户提供病虫害防治，与农户的交易成本高，而且由于分散防治每个小田块，容易出现插花田交叉感染。而合作社自有土地防治模式的特征则是土地流转集中经营及病虫害防治，在病虫害防治环节与农户不存在交易成本，统一防治也不会出现交叉感染，因此防治效率、效果更高。大农场本质跟合作社自有土地防治模式相同，只是规模更大，是一个超级合作社。同时，提供社会化服务防治模式的主体可能是各级植保站，也可能是各级植保站加农机合作社，也可能是植保站加粮油综合合作社；提供合作社自有土地防治模式的主体主要是农机合作社、粮油综合合作社；提供大农场统一防治模式的主体则是农场管理机构。总体来说，我们大致可以得出这样的结论：

①统防统治能够有效提高防治效果、效率，并且更能够有效保护生态环境，有利于先进施药技术、施药装备和低毒农药的推广使用。

②在土地经营权较为分散、土地经营权流转难度较大的地区，植保社会化服务是一种较好的统防统治模式。政府植保系统可以是有效的服务提供者，能够较大范围和规模组织统防统治，但存在多种问题，容易模糊政府与市场界限，自我良性发展能力差，只是一种过渡模式；农机专业合作社、粮油综合合作社等主体提供的植保社会化服务更具有生命力，但长期仍然还是会向合作社自有土地防治模式方向发展。

③在土地经营权较为分散、土地经营权容易流转的地区，通过土地经营权流转形成粮油合作社，进行规模经营，其植保作业效率更高、防治效果更好，而且遵循市场规律，可持续性较好，提供的主体可能是农机合作社（农机由于是现代农业所有生产资料中价值最高的要素，因此目前很多土地合作社首先就是以农机为核心进行横向联合，然后才发展到承包土地并进行生产、加工、销售，向纵向一体化方向发展的），也可能是粮油综合合作社。

④大规模农场经营模式，虽然使用技术先进，植保作业效率很高，资源节约、环境友好，但是中短期内只适应我国农垦系统和兵团系统，可作为我们国家农业经营的长期目标。

6.9 构建资源节约、环境友好型农药生产、流通、使用体系

结合前面研究成果和我国农药生产、流通、使用、管理现状，基于农户经济决策理论、可持续发展理论、循环经济理论、道德风险理论等，可构建资源节约、环境友好型农药生产、流通、使用体系，见图 6-22。

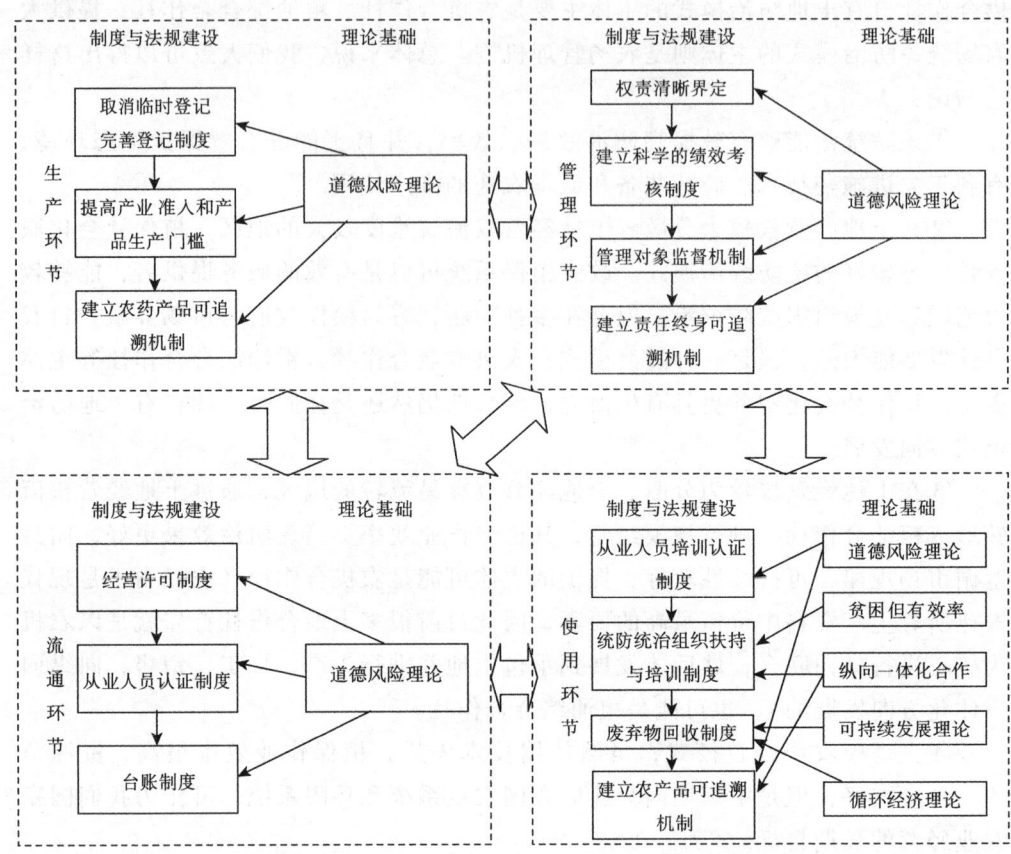

图 6-22 资源节约、环境友好型农药生产、流通、使用体系

由于涉及的生产环节完善登记制度、提高产业准入门槛和产品生产门槛、建立农药产品可追溯机制，管理环节建立科学的绩效考核制度、监督机制以及责任终身可追溯机制，流通环节建立经营许可制度、从业人员认证制度、台账制度，使用环节建立从业人员培训认证制度、统防统治组织扶持与培训制度、废弃物回收制度、农产品可追溯机制等具体建设内容较为庞大，每项制度的建设都是一个系统工程（如提高产业准入门槛，门槛的具体定义或内涵是什么？按什么样的产能界定？或者按照什么样的研发能力界定？），需要专题研究，本书篇幅所限，不可能详细一一提出具体的方案，下面仅对每项制度建立后是如何运行的进行阐述，比如是如何淘汰、打击靠模仿抄袭甚至地下生产的农药企业，如何确保假药、高毒农药不被生产，即使生产了也难以进入流通环节，如何提高农户施药效率，促进资源节约、环境友好型施药微观组织（特别是提供统防统治的微观组织）能够得到扶持和发展。

6.9.1 资源节约、环境友好型农药生产体系

在基于图 6-22 的制度体系上，资源节约、环境友好型农药生产体系的运行机制见图 6-23。下面阐述采取取消临时登记、完善登记制度、提高产业准入和产品生产门槛、建立农药产品可追溯机制等措施后，新体系的运行机制。

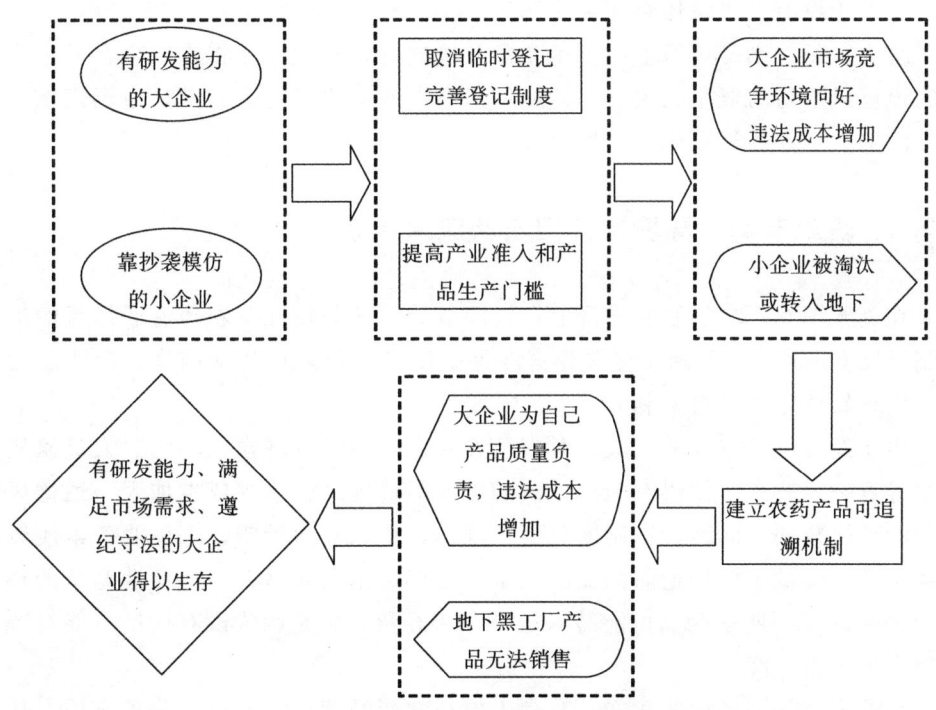

图 6-23 资源节约、环境友好型农药生产体系

由于临时登记的取消，以及产业准入和产品生产准许门槛的提高（比如对生产设备、技术、规模、知识产权、排污等方面的要求提高），生产企业必须获得农药产品正式登记，并投入更多的固定资产、人员、资金等要素，才能建厂、生产、销售农药产品。这样就使那些靠抄袭模仿的小企业不能再通过合法经营来与大企业展开低水平竞争，从而塑造良好的市场环境（当然，那些实力较弱的企业可能转入地下变成黑工厂制假，这需要加大监管力度）。而获准生产的企业由于前期投入成本大大增加，如果违规制假或者产品不能达标而被发现，其损失较原有制度下要大大增加，即使在相同的被发现违规概率下，违规的预期收益也大大下降，因此其发生道德风险的可能性也大大降低。

同时，基于可追溯思想建立起来的农药可追溯机制，在市场上流通的农药产品能够通过标签、条形码、防伪标志、信息系统等手段迅速查出农药产品的生产商，这使得农药生产商必须为自己的农药产品质量和安全性负责，一旦发现问题不但会受到行政处罚，还会影响自己的市场声誉。因此，农药可追溯机制的建立，将有利于降低农药生产商违规行为。同时，由于农药可追溯机制的建立，能够有效防止商标被假冒，大大增加假冒农药被发现的概率，而且使得地下黑工厂的产品由于没有纳入该体系而无法销售。

总之，新的制度体系下，市场竞争环境向好，违规企业将难以生存，生产企业的道德风险行为概率大大下降，最后只有那些有研发能力、满足市场需求、遵纪守法的大企业才得以生存并良性发展。

6.9.2 资源节约、环境友好型农药流通体系

在基于图 6-22 的制度体系上，资源节约、环境友好型农药流通体系的运行机制见图 6-24。下面阐述建立经营许可制度、从业人员认证制度、台账制度等制度后，新体系的运行机制。

由于经营许可制度的实施，对农药经营企业的经营规模、场所、人员素质与数量等有一定要求，使得农药经销商的进入门槛提高，违规成本加大，道德风险行为的动机减弱。同时，该制度驱逐了规模较小、实力较弱、人员业务素质较差的经销商，降低了市场逆向淘汰的概率，使得经销商能够在一个良性竞争的环境中合法经营（一些小药店可能转入地下非法经营，但是因为没有认证可能对顾客的吸引力大大下降）。

从业人员认证制度的建立，有利于提高农药经营从业人员的业务素质，从而能够更好地指导农户选药、购药、施药行为，以提高农户施药效率。同时，从业人员违规行为可能导致资格被吊销，因此其违规动机减弱。此外，由于从业人员的认证制度，一些非法经营的小药店从业人员由于没有接受过专业培训，其服务水平与合法农药经销商差距将进一步拉大，对农户的吸引力将进一步降低，从而使得非法经营的小药店生存更加困难。

而台账制度的建立，有利于随时查看每一批甚至每一瓶农药从哪里来、到哪里去、干什么用，十分有利于高毒农药的监管，大大降低了经销商的道德风险行为概率，同时也有利于将假药排除市场。

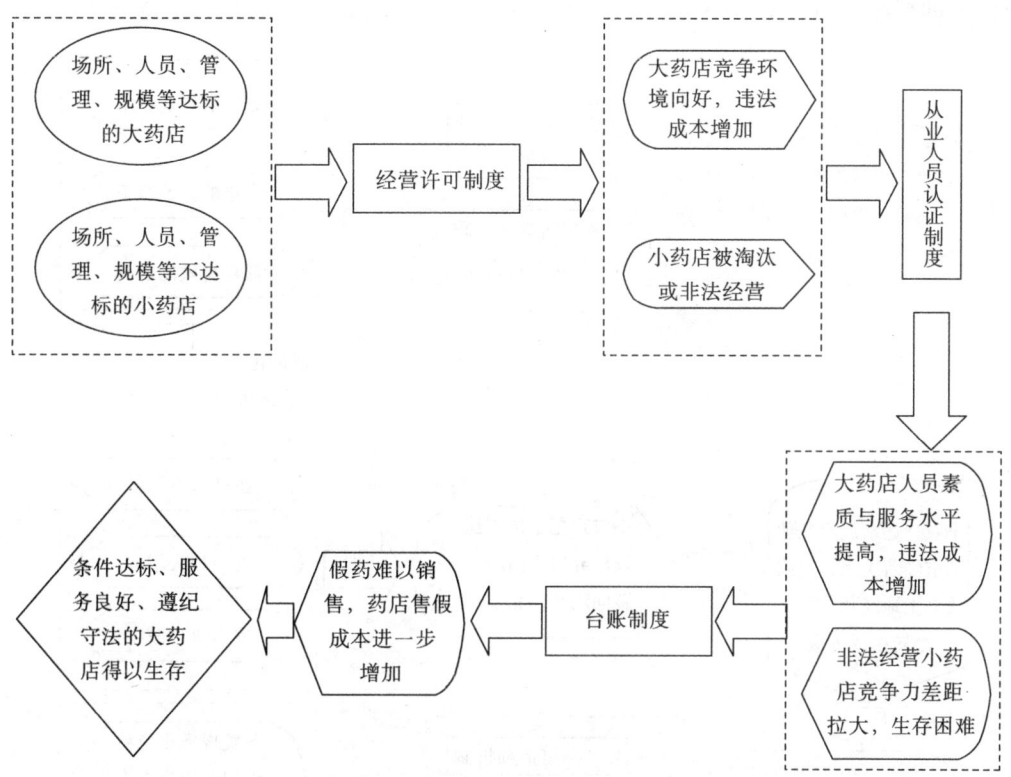

图 6-24 资源节约、环境友好型农药流通体系

6.9.3 资源节约、环境友好型农药使用体系

在基于图 6-22 的制度体系上，资源节约、环境友好型农药使用体系的运行机制见图 6-25。下面阐述建立各类病虫害规模化防治组织扶持与培训制度、从业人员培训认证制度、农产品可追溯制度等制度后，新体系的运行机制。

各类病虫害规模化防治组织（包括社会化病虫害防治服务组织、粮油合作社、农机合作社、大农场管理机构等组织）扶持与培训制度和病虫害防治从业人员培训认证制度的建立，将使得先进的施药技术、先进的施药装备、低毒高效的农药得到使用，从而有效打破一家一户施药的技术前沿面，将我国农药施用的技术前沿面提升到新的水平，进而提高施药效率、效果，这与本研究结果和 Schultz 的"贫困但有效率"和改造传统农业理论是一致的。从业人员培训认证制度的建立，将使持证人更加注重环境问题，由于农药施用许可证的获得需要前期时间、精力的投入，一旦被吊销损失较大，因此在施药过程中发生环境不友好施药行为的概率下降。

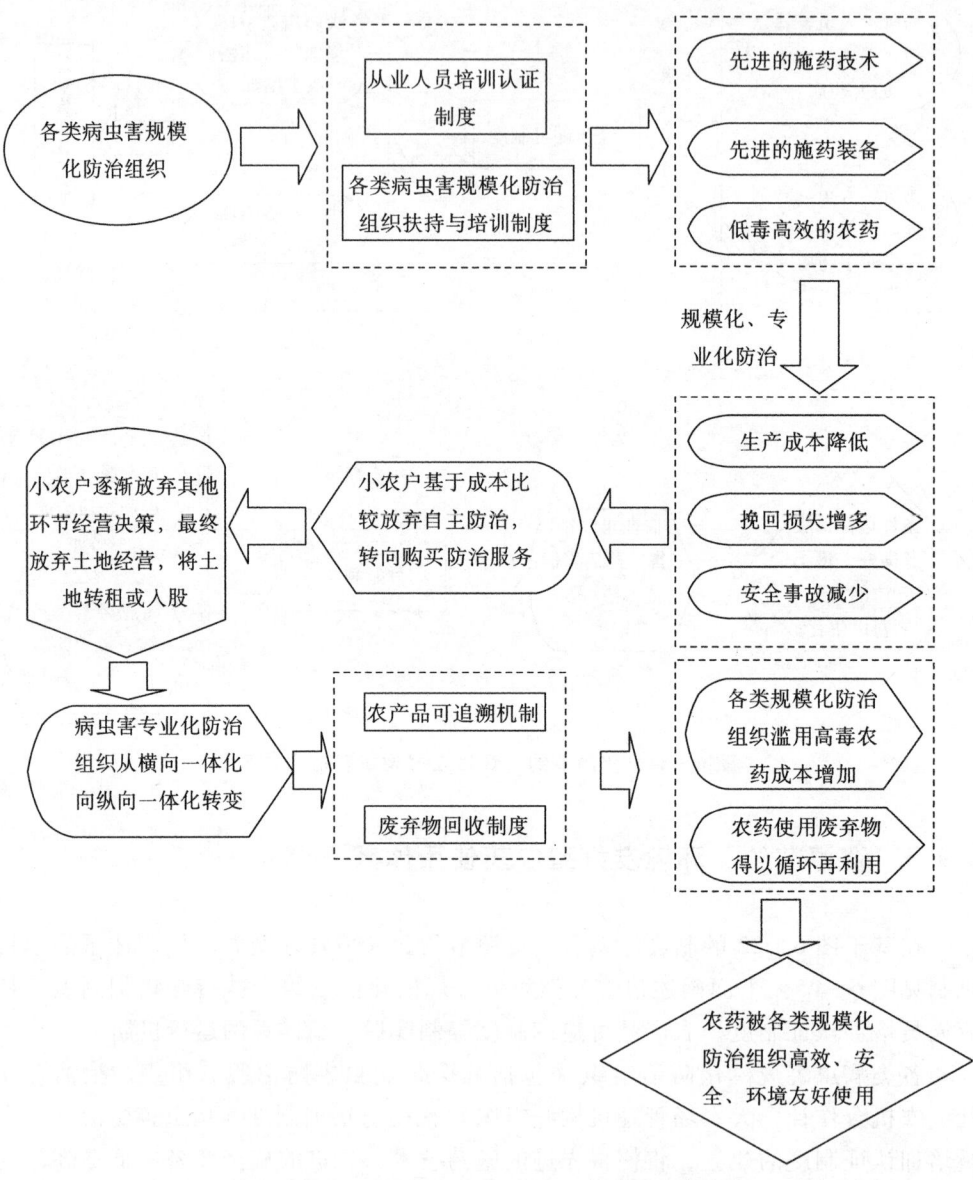

图 6-25 资源节约、环境友好型农药使用体系

通过拥有专业人员、技术、装备的各类病虫害规模化防治组织进行病虫害统防统治，能够大大降低病虫害防治成本、挽回更多的可能损失，并减少由于农药的不恰当使用带来的安全事故，这就会使得低文化、老龄化的小农户通过成本比

较发现购买防治服务更加合算,从而放弃自主防治,转向购买防治服务。

而随着各类病虫害规模化防治组织的发展,很快就会扩展自己的业务范围,产生从横向一体化向纵向一体化发展的需求,而低文化、老龄化的小农户也将逐渐发现其他生产环节专业化服务的好处,进而逐渐放弃其他环节经营决策,并最终放弃土地经营,将土地转租或入股。这样,病虫害专业化防治组织将逐渐实现从横向一体化向纵向一体化的转变,成为综合性生产经营合作社,成为农业生产的经营决策者、经营实施者和粮油批发商,甚至发展出自己的农产品品牌,成为真正意义的追求经济利益最大化的现代农场。随着各类病虫害规模化防治组织的纵向一体化发展,其组织化程度将越来越高,经营规模和范围不断扩大,随着其不断壮大的过程,道德风险行为的成本会越来越高。各类病虫害规模化防治组织作为我国的施药主体,能够同时追求农药的最优利用和环境的保护,以实现农业、生态的可持续发展。

而通过标签、条形码、信息系统等手段建立农产品可追溯体系,在合作社纵向一体化实现后将变得更加现实。农产品可追溯体系的建立将激励合作社或其他农产品生产者更加注重产品的安全性而减少高毒农药使用,同时采用高效、低毒、低量施药等新技术,从而使我国的农业生产走上经济可持续、生态可持续、社会可持续的良性发展道路。

以市场为基础,利益为纽带,政府补贴或处罚为引导,构建剩余农药及容器回收处理即循环利用机制,将有利于资源循环利用,环境可持续发展。

6.9.4 资源节约、环境友好型农药管理体系

在基于图6-22的制度体系上,资源节约、环境友好型农药管理体系的运行机制见图6-26。下面阐述采取权责清晰界定、建立科学的绩效考核制度、建立管理对象监督机制、建立责任终身可追溯机制等措施后,新体系的运行机理。

通过清晰界定权利与责任,就能够避免农药检定系统、工信系统、质检系统等农药主管部门管理者遇到责任时互相推诿,就能够一定程度避免农药主管部门管理者的不作为。

建立科学的绩效考核制度,并将绩效考核与个人升迁、年度物质与精神表彰等挂钩,就能够有效激励农药主管部门管理者以最大化绩效为目标,主动去履行自己岗位所应尽的职责。

建立管理对象监督机制,则可增大设租曝光概率,真正转变管理者工作态度,将管理变成服务,降低管理者主动设租的可能性。

而建立责任终身可追溯机制，则能够使得管理者在行政审批时更加谨慎，面对寻租者具有更强的抵御能力，从而能够降低管理者道德风险行为概率。

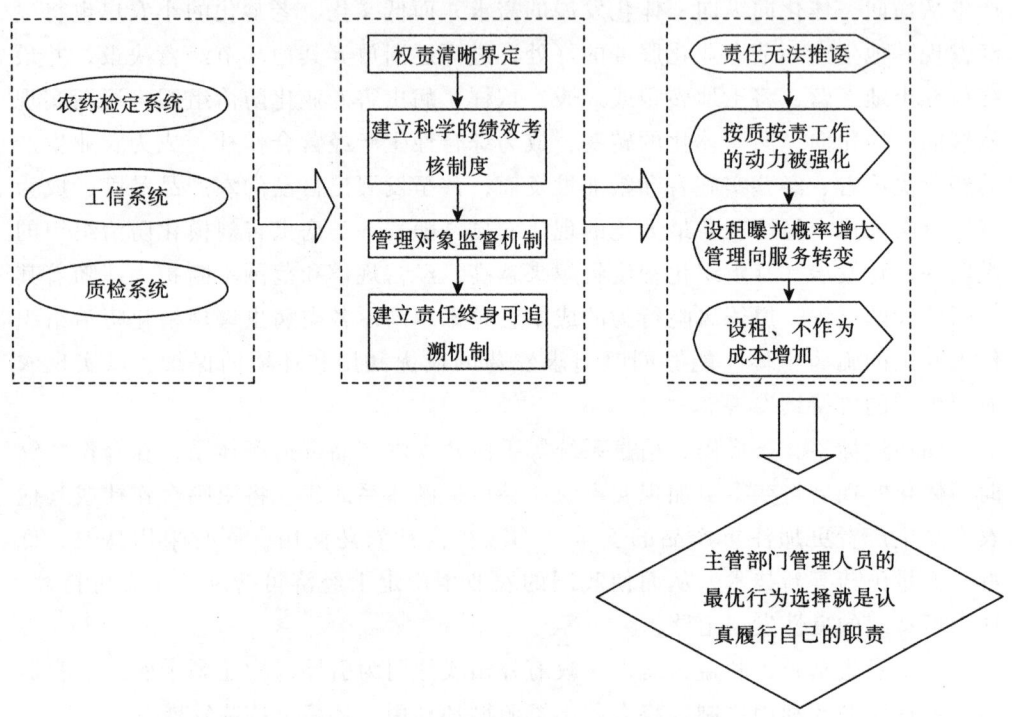

图 6-26 资源节约、环境友好型农药管理体系

总之，新的农药生产、流通、使用体系，是一个以资源节约、环境友好为目标，以制度为保障，以各类病虫害规模化防治组织进行社会化、规模化、专业化病虫害防护为突破口的新型农药生产、流通、使用体系。

7. 基于生猪养殖的环境友好型农业产业体系

伴随着畜禽养殖业的发展,畜禽养殖的规模不断扩大,畜禽养殖的污染问题也愈显突出。因此推动畜禽养殖业的环境治理,建立环境友好型的畜禽养殖产业体系刻不容缓。生猪养殖业是中国最重要的养殖产业之一,随着农村经济的发展,一家一户的小规模养殖逐渐被规模化的养殖场所取代。一方面规模化的生猪养殖场产生的粪便数量庞大,容易产生环境污染;另外一方面,由于规模化生猪养殖场容易产生传染病,在兽药与饲料添加剂的使用方面也存在一系列问题。本章选取生猪养殖作为研究对象,探讨如何推动环境友好型的生猪养殖体系的建设。

7.1 江苏省生猪养殖现状与存在问题分析

7.1.1 江苏省生猪养殖业发展现状

改革开放以来,江苏的经济水平发展迅速,人民的生活水平也逐渐提高,人们对肉、蛋、奶等畜产品的需求量也相应增大,这都促进了江苏省畜牧业的发展。根据历年《江苏省统计年鉴》的数据,2000年江苏省畜牧业总产值为430.53亿元,农林牧渔的总产值为1869.73亿元,畜牧业总产值所占的比重为23.03%。2007年时畜牧业总产值为704.38亿元,与2000年相比增长了63.61%,农林牧渔总产值为3064.72亿元,与2000年相比增长了63.91%,2007年畜牧业总产值占农林牧渔总产值的比例为100.93%,与2000年的比例非常接近。2013年畜牧业总产值为1222.22亿元,与2007年相比增长了73.52%,农林牧渔总产值为6158.03亿元,与2007年相比增长了100.93%,2013年畜牧业总产值占农林牧渔总产值的比例为19.85%。2000年到2005年畜牧业总产值所占的比例一直稳定在23%左右,2006年下降到20.03%,2007年到2012年一直在23%~21%之间波动,2013年下降到19.85%。

2000年到2013年生猪的年存栏数量远远大于牛、羊的出栏数量。2000年到2005年生猪出栏数量一直稳定在2900万头,2006年时出栏量有所下降,但在2008年时又开始有所回升。2009年到2013年生猪的出栏量呈现稳步增长的趋势。而2000年到2005年,牛的年出栏量基本在26万~30万头,羊的出栏量基本在1300万~1500万只,但在2006年、2007年牛、羊的出栏量均出现大幅度下降趋势,与2005年相比大约都下降了50%的幅度。2008年到2013年牛羊的出栏数量呈现出逐步增长的趋势。总体来说,截止到2013年,江苏省生猪出栏量在近年出现稳步增长的现象,但出栏量仍稳定在2600万~3000万头之间,远远大于牛、羊的存栏量。

随着生猪养殖业的发展,其养殖规模也发生着变化,过去多是由农户进行分散经营,饲养规模比较小,但随着人们生活水平的提高,对猪肉类产品的需求量不断增加,散养的生产方式已经不能适应市场的需求,所以生猪养殖业逐渐朝规模化、集约化的方向发展。根据江苏农业网的数据,2006年江苏省生猪养殖规模场(户)有46444个,出栏量为942万头,规模养殖比重为37%。根据《中国畜牧业年鉴》的数据,2006年江苏省生猪出栏在500~2999头的规模养殖场(户)有2062个,生猪出栏在3000~9999头的规模养殖场(户)有134个,生猪出栏在10000~49999头的规模养殖场(户)有51个。

7.1.2 江苏省生猪养殖存在问题

HACCP的第一个原理就是危害分析,应用于食品加工业是找出食品加工过程中可能存在的危害,因为这些危害会破坏最终的产品质量;把HACCP原理应用于生猪养殖污染方面,可以分析在生猪养殖过程中可能造成环境污染的危害,找出存在的问题。

7.1.2.1 猪场选址与规划

一些猪场的选址与规划不合理,大多数猪场都设在城乡结合部,由于选址时没有考虑种植业与养殖业的平衡,猪场周围没有足够的农田消纳粪污,没有严格遵守各级政府关于禁养区的规定,离居民区、水源保护区的距离不符合环保要求,会影响周围的环境。有些猪场所处地势过低,不利于排污;猪舍晒不到阳光,生猪容易得病;有的猪场没有建设废弃物及无害化处理区,排水系统没有实现雨水和污水分流等。

养殖场环境较差,在被调查猪场中发现有51.79%的猪场与住房的距离少于50米,60.71%的被调查猪场建在公路旁边,外来病原容易导致场内猪群感染,造成疫病难以控制;猪场的选址与规划非常不合理,距离居民区比较近,有的猪场与水源的距离非常近,不少猪场没有建设废弃物及无害化处理区。

7.1.2.2 投入品管理

(1) 饮水

生猪饮用水应该达到人类的饮用水标准,由于一些猪场的选址不当,猪场无法接入自来水,于是猪场就自行打井取水,一些猪场的水质没有经过检测,饮水中病原微生物含量超标,不符合要求,容易给猪带来多种疾病。另外一些猪场为了省钱,舍不得安装生猪饮水器,而是采用水槽给生猪饮水,在炎热的夏季,水槽中的水很容易变质和滋生细菌,从而给生猪带来疾病甚至传染病。

(2) 饲料

在一些小型养猪场,由于生猪经营者的素质不高及为了省钱,舍不得买配方饲料,而是自行加工配制饲料,有的从饭店挑垃圾、泔水回来做饲料,还有些往饲料里乱加化肥等添加剂。再者,在配制饲料时,由于配方不合理,盲目追求饲料中营养物质的高含量,使猪不能充分吸收利用饲料中的营养物质,浪费了饲料资源,而且使猪粪尿中氮元素等的排泄量大大增加,给环境造成严重的污染。

(3) 饲料添加剂

在生猪养殖过程中,一些猪场在饲料中添加铜、锌等重金属微量元素添加剂,使猪粪尿中铜、锌的排泄量增多。农业部专门规定了允许使用的饲料添加剂品种和禁止在饲料和动物饮水中使用的药物品种,但一些猪场为了追求经济利益，过量添加重金属微量元素添加剂（如铜、锌）、甚至违规使用不在国家颁布的允许使用饲料添加剂目录中的饲料添加剂，在饲料中添加禁用药物，造成大量药物残留，并污染了猪肉，直至影响消费者身体健康。

7.1.2.3 兽药管理

一些猪场兽药使用不合理，没有严格控制兽药使用量或者使用质量低劣的假药，没有严格执行休药期的规定；对于疾病方面，有的猪场生产环境不好，设施设备配备不合理，饲养密度过大，猪容易生病，只能依赖大量使用兽药进行预防。兽药的过量使用不仅会造成猪肉的药物残留问题，还会使大量兽药随粪便排放到环境中，污染环境，最终会直接严重危害人们的身体健康。另外，农业部规定了食用动物禁止使用的兽药品种，但受经济利益的驱使，少数养猪场仍会偷偷使用禁用药物，例如瘦肉精（克伦特罗、莱克多巴胺），人吃了有大量"瘦肉精"残留的猪肉产品就会出现头晕、肌肉颤抖、心跳过速等现象，对患有心脏病、甲亢、高血压的人群危害尤其大。

调查发现，有65.93%的猪场从来没有受到假药或质量低劣兽药的侵害，但有26.37%的猪场曾经受到假药或质量低劣兽药的侵害。在休药期的了解方面，有46.15%的被调查者表示非常清楚这个规定，并能严格执行此规定，有15.38%的被调查者也表示非常清楚规定，但是有时会迫于市场情况而偶尔不能严格执行，有21.98%的被调查者表示对于这个规定了解一些，有7.7%的被调查者表示听说过这个规定但是并不了解，有3.3%的被调查者表示不知道这个规定。一些猪场滥用抗生素，尤其是在饲料中滥加保健促生长类抗生素，一些猪场没有严格执行休药期的规定。

7.1.2.4 清粪方式及粪尿污水处理

在清理粪尿时，一些猪场采用水冲式和水泡粪清粪工艺，产生大量的污水，污水中含有大量的粪尿，增加了污染物后期处理的难度。一些养猪场的粪便污水处理设施并没有与猪舍同步建设，同步使用，而且粪污产生量大，处理难度大，常常被任意排放到周围环境，造成污染。

7.1.2.5 其他

一些猪场引种时不注重苗猪的质量，引进的苗猪是某些传染病病原携带者或感染者，使疫病传进猪场，导致传染病爆发。

7.1.3 江苏省猪粪尿污染分析

7.1.3.1 各类畜禽粪尿日排泄系数及计算方法

畜禽粪尿产生量的估算一般是通过各类畜禽粪尿日排泄系数来估算的，不同种类的畜禽，其日排泄系数有明显的差异，本书采用国家环保总局公布的数据来估算（见表 7-1）。

表 7-1　　　各类畜禽粪尿的日排泄系数（kg/d）

	牛（头）	猪（头）	羊（只）	家禽（羽）
粪	20	2	2.6	0.125
尿	10	3.3		

计算畜禽粪尿产生量时，本书根据张绪美等（2007）研究的方法，选用的计算方法如下：畜禽粪尿产生量＝畜禽年末存栏量×畜禽粪尿的日排泄系数(kg/d)×365(d)，因为牛和羊的出栏养殖期与其他畜禽相比比较长，一年中牛和羊的出栏量比较少，因此选择牛和羊的年末存栏量来统计粪尿产生量。猪的出栏养殖期大约是 180 天，肉禽和蛋禽的出栏养殖期大约是 55 天、210 天，可以假设一年中猪和家禽的出栏量分别与它们的递补量大致相等，从而可以认为一年中猪和家禽的存栏量是一个相对不变化的固定值。本书采用 2006 年江苏省猪、牛、羊、家禽的养殖量数据来计算畜禽粪尿的产生量，把畜禽的年末存栏量近似看成全年的存栏量，畜禽的年末存栏量数据从江苏农业网获得。

7.1.3.2 江苏省年猪粪尿产生量

2006 年，江苏省生猪年末存栏量为 1826.96 万头，牛年末存栏量为 64.3 万头，羊年末存栏量为 1186.5 万只，家禽年末存栏量为 27146.45 万只，根据江苏省畜禽年末存栏量和畜禽日排泄系数计算出，2006 年江苏省畜禽粪尿的产生量为 6602.884 万吨，其中猪粪尿的产生量为 3534.254 万吨，占粪尿产生总量的 53.53%，牛粪尿的产生量为 704.085 万吨，占粪尿产生总量的 10.66%，羊粪尿产生量为 1125.989 万吨，占粪尿产生量的 17.05%，家禽粪尿产生量为 1238.557 万吨，占粪尿产生量的 18.76%。可见，江苏省猪粪尿的产生量比较大，占全省粪尿产生量的比例较大，超过 50%，所以猪粪尿污染是产生畜禽污染的主要方面，如果能有效控制住生猪养殖给环境带来的污染，将会大大降低江苏省畜禽养殖带来的污染（见表 7-2）。

表 7-2　　　　　　　　　江苏省畜禽粪尿产生量　　　　　　　　单位：万吨

	生猪	牛	羊	家禽
粪尿产生量	3534.254	704.085	1125.989	1238.557
占总量的比例	0.535259	0.106633	0.17053	0.187578

资料来源：根据江苏省畜禽养殖数量以及畜禽粪尿日排泄系数计算而得。

畜禽粪尿中有 TP（总磷）、TN（总氮）、BOD_5（五日生化需氧量）、COD_{cr}（化学耗氧量）、NH_3-N（氨氮）等污染物。大量畜禽粪尿中有大量的污染物，各类畜禽粪尿中污染物平均含量见表 7-3。从表 7-3 中可以看出，猪粪中的污染物含量非常高，其 COD、BOD 的含量是各类畜禽粪尿中污染物含量的最高值，NH_3-N、TP、TN 的含量也很高，NH_3-N、TP 含量是各类畜禽粪尿中污染物含量的第二高值。

表 7-3　　　　　　　畜禽粪尿污染物平均含量（kg/t）

	COD_{CR}	BOD_5	NH_3-N	TP	TN
牛粪	31	24.53	1.71	1.18	4.37
牛尿	6	4	3.47	0.4	8
猪粪	52	57.03	3.08	3.41	5.88
猪尿	9	5	1.43	0.52	3.3
羊粪	4.63	4.1	0.8	2.6	7.5
禽粪	45.7	38.9	2.8	5.8	10.4

数据来源：张绪美等（2007）资料。

表 7-4　　　　　　江苏省畜禽粪尿中污染物产生量　　　　　　单位：万吨

	总量	猪	牛	羊	家禽
COD	166.931	89.157	15.959	5.213	56.602
BOD	152.312	87.063	12.453	4.617	48.18
NH_3-N	13.24	7.255	1.617	0.901	3.468
氮	40.359	15.104	3.929	8.445	12.881
磷	16.451	5.692	0.648	2.928	7.184

资料来源：根据江苏省畜禽粪尿产生量以及畜禽粪尿污染物含量计算而得。

2006 年江苏省畜禽粪尿中 COD、BOD、NH_3-N 的产生总量分别为 166.931 万吨、152.312 吨、13.24 万吨，其中猪粪尿中的各种污染物的产生量均为最高。

猪粪尿中 COD 的产生量为 89.157 万吨，占畜禽粪尿中 COD 总量的比例为 53.41%；猪粪尿中 BOD 的产生量为 152.312 万吨，占畜禽粪尿中 BOD 总量的比例为 57.16%；猪粪尿中 NH_3-N 的产生量为 13.24 万吨，占畜禽粪尿中 NH_3-N 总量的比例为 54.79%。猪粪尿中产生的 COD、BOD、NH_3-N 污染物占总量的比例均超过 50%。由此可见，猪粪尿中产生的 COD、BOD、NH_3-N 污染物是各种畜禽粪尿中污染物的最大来源（见表 7-4）。

2006 年江苏省畜禽粪尿中氮、磷的产生量分别为 40.359 万吨、16.451 万吨，其中猪粪尿中氮产生量最高，为 15.104 万吨，占全部氮的产生量的比例为 37.42%，猪粪尿中磷的产生量也比较高，仅次于禽粪中磷的产生量，为 5.692 万吨，占全部磷的产生量的比例为 34.6%。由此可见，猪粪尿中产生的氮、磷污染物也是畜禽粪尿中产生的氮、磷污染物的主要来源。

由以上计算可以看出，不仅猪粪尿的产生量比较大，占各种畜禽粪尿产生总量的 53.53%，而且猪粪尿中污染物的产生量也很大，其中 COD、BOD、NH_3-N 三种污染物的产生量占各种污染物总量的比例均超过 50%，分别是各种畜禽粪尿中污染物的最大来源，猪粪尿中产生的氮、磷污染物也是畜禽粪尿中产生的氮、磷污染物主要来源。由此可见，各种畜禽粪尿中，猪粪尿给环境带来的污染压力最大，如果能采取各种措施，有效控制住生猪养殖，尤其是生猪规模化养殖带来的污染，就能很大程度上降低畜禽养殖给环境带来的污染。

7.1.4 生猪养殖对环境的污染

如果按一头猪每日的粪尿产生量为约 5.3kg 计算，那么一头猪每年的粪尿产生量约为 1.93t。1 个万头猪场每日的粪尿产生量为 53t，每年的粪尿产生量达到 1.93 万 t。可见，随着猪场规模的扩大，粪尿产生量越来越大，会给环境造成一定的污染威胁。而且畜禽养殖场中的污水排放量也很大，污水中含有大量的污染物，假如使用水冲式清粪方式，一头猪每日的污水产生量为 30kg。随着养殖规模的扩大，污染问题越发突出，在某些地区，生猪养殖业的污染已经严重影响人们的生活。生猪养殖业对环境的污染主要表现在以下几个方面：

7.1.4.1 对土壤的污染

猪粪便及污水如果不进行无害化处理而直接还田，会对土壤造成一定程度的污染。土壤本身虽然拥有自然净化能力，但如果粪污的排放量超出了土壤的承受消纳范围，土壤中各种养分含量偏高，就会堵塞住土壤孔隙，从而使土壤透水性和透气性降低，出现板结现象，严重影响土壤的质量，从而影响农作物的生长，使农作物倒伏、徒长、晚熟或不熟，减少农作物产量，甚至会使农作物幼苗大面积的死亡。

另外，在生猪养殖过程中大量的微量元素被添加到饲料当中，猪饲料中通常含有较高剂量的铜、锌等金属元素的微量元素添加剂，这些微量元素能够起到促进畜禽的生长发育、提高饲料的吸收利用率等作用，但这些微量元素在饲料中的含量较高且消化吸收率非常低，经消化吸收后，仍有一部分微量元素随排泄物排出体外。猪粪污长期直接还田会使这些微量元素在土壤中的含量大大增加，不利于农作物的生长发育，甚至通过农作物而影响人的身体健康。除此之外，兽药大都也是随猪粪尿排出进入土壤后会有害于农作物的生长。

7.1.4.2 对水体的污染

生猪对饲料中的氮、磷吸收利用率很低，由于猪的体内缺乏有效利用磷的植酸酶，对饲料中的蛋白质的利用率有限，所以饲料中大部分的氮和磷由粪尿排出体外。大量的猪粪便处理不当，经过雨水的冲刷会污染地表水，使地表水溶解氧含量降低，氨、氮含量提高。此外，大量的氮、磷在土壤中累积，也会经过土壤渗入地下污染地下水，使地下水溶解氧含量降低，水质下降。

猪粪污水任意排进水体后，将持续消耗水体中的氧气，最终出现水体富营养化，使得藻类等疯长，威胁鱼类等的生存，影响水产业的发展，破坏两岸的生态环境；如果使用被猪粪污染的水灌溉会使农作物倒伏、徒长、晚熟或不熟，减少农作物产量，甚至出现农作物大面积死亡的现象。除此之外兽药随猪粪尿排出进入水体后会使水质下降，影响水中生物的正常生长。

7.1.4.3 对大气的污染

猪粪便产生大量的有害恶臭气体和携带病原微生物的粉尘。恶臭气体的主要成分为硫化物、氨等有害成分，会使周围的空气质量下降。如果猪粪便不能被及时清除并且处理，还会生成甲基硫醇、甲胺等有害恶臭气体，使空气的污浊度上升，空气质量下降，不仅影响人的健康，还会影响生猪的生长；严重时还会引发相关呼吸系统疾病。有关调查表明，一个年出栏10万头的养猪场，一天产生的氨、硫化氢的量分别为：381.6kg、348kg，此外产生的菌体为360亿个、粉尘为621.6kg，周围4.4~6.0km的区域都会受到污染。

7.1.4.4 其他污染

猪粪便中有大量的寄生虫卵和病原微生物。有关报道表明：10%~40%的动物粪便中含有破伤风梭菌，沙门氏菌属、埃希氏菌属以及各种曲霉属的致病菌型在所有畜禽粪便中几乎全能检测出来。通过畜禽传染给人的人畜共患传染病大约有90多种，其中通过猪传染给人的传染病就有25种，猪粪便是这些传染病的主要传播载体，土壤、水体以及空气是传染病的传播途径，如果不及时处理猪粪便还会出现病原微生物和寄生虫的大量繁殖现象，造成人、猪传染病的蔓延，不利于猪的正常生长，不利于人们的身体健康。此外，对死猪处理不当也会造成环境污染，一些猪场的死猪没有经过无害化处理，而是被任意丢在河里，腐烂后严重影响了水质，散发出恶臭，严重污染了环境，甚至容易造成疾病的传播（张海龙，2004；朱冬亚等，2004；田允波，2006；徐伟朴等，2004）。

7.1.5 生猪养殖污染的原因分析

7.1.5.1 农牧脱节，粪肥得不到有效利用

在20世纪80年代之前，我国的畜禽养殖发展还停在很低的水平，那时畜禽养殖不是农村的主业，养殖模式主要是农户家庭养殖，养殖规模非常小，一个家庭一般养几头，最多也才十多头，所以畜禽粪尿的产生量也比较少，大都被当成农家肥施用到自家农田，种植业几乎能完全消纳产生的畜禽污染物，所以对环境几乎没有污染或是污染非常小。改革开放以来，尤其是国家为了满足人民日益增长的畜产品需求，提高人民的生活质量，提出了"菜篮子"工程，使畜禽养殖业得到长足稳定的发展，但随着畜禽养殖业的迅速发展，尤其是朝规模化、集约化的方向发展，使得畜禽养殖业对环境的威胁越来越大。因为为了方便向城市及时运送肉、蛋等畜禽产品，降低运输成本，大多数养殖场都建在交通方便的城市近郊地带，而且随着城市进程化的发展，出现了养殖场离农村越来越远，离城市越来越近，甚至有成为城区的一部分的趋势。据调查大约有80%以上的集约化养殖场并没有进行种养平衡的规划，周围没有足够数量的农田来消化其在养殖过程中产生的废弃物（苏杨，2006），这样，养殖业与种植业离得也越来越远，养殖场产生的大量畜禽粪尿不能像以前及时地返还到农田当中，大量的污染物得不到及时有效处理给环境造成巨大的威胁。

再者，由于化肥工业的发展，化肥具有储存方便、使用方便、肥力效果好等一系列优势，已经得到了广大农民的认可，在农业中得到普遍使用。而畜禽粪尿还田的过程比较麻烦，粪尿体积大、储存不方便，返还农田费时费力，劳动成本高，加上现在农村大部分青壮年劳动力都外出打工，从事种植业的中老年劳动力

较多，就更不愿意去费力使用农家肥肥田了。由于化肥逐渐取代了以往畜禽粪尿作为主肥的地位，大量的畜禽粪尿成了废弃物，得不到及时合理的利用，给环境造成严重的污染。

7.1.5.2 生猪养殖污染的环境监督管理薄弱

(1) 缺乏畜禽养殖污染治理的专门法规

为了保护环境，防治污染，从20世纪80年代起，我国先后颁布了《水污染防治法》、《环境保护法》、《中华人民共和国固体废弃物污染环境防治法》、《大气污染防治法》，为治理畜禽粪便污染提供了一定的法律依据，但这些法律都不是专门针对畜禽养殖污染防治的。2001年5月，国家环境保护总局发布了《畜禽养殖污染防治管理办法》；2001年12月，国家环境保护总局又先后发布了《畜禽养殖业污染防治技术规范》和《畜禽养殖业污染物排放标准》，为畜禽污染的治理提供了更详细的法律依据和标准。但迄今为止，我国仍然没有一部专门针对畜禽养殖污染治理的法律。

此外，环保局颁布的这些部门规章虽然规定了畜禽养殖污染防治的管理办法、畜禽养殖污染物的排放标准和畜禽养殖污染防治的技术规范，但在污染防治技术规范如何有效执行、污水排放标准不达标如何进行处罚、如何获得足够的污染防治资金、专门技术人才的培养、相关人员的义务和权力等方面，相关规定不够具体、明确。所以，在实际的生猪养殖污染防治中，可操作性不强。

(2) 缺乏有效的畜禽养殖污染防治的环境政策

畜禽养殖业是农业的重要组成部分，农业部门会制定相应的政策促进畜禽养殖业的发展，但农业部门注重的是养殖业经济效益的提高，注重畜牧业总产值的提高，以及畜牧业发展对农业经济发展是否起到促进作用，而且环境保护不是农业部门的主要管理内容，所以其对于畜牧业的发展可能带来的污染问题重视程度不够，农业部门制定的促进畜牧业发展的政策往往对养殖污染的问题重视不够。一般来说，环境保护是环保部门的核心职能，环保部门制定的政策会涉及畜禽养殖污染防治的问题，但由于存在一些限制，环保部门一直以来的污染防治重心在城市和工业污染上，对畜禽养殖污染没有足够的重视。从20世纪80年代起，我国先后颁布了《水污染防治法》、《环境保护法》、《中华人民共和国固体废弃物污染环境防治法》、《大气污染防治法》，却一直没有一部畜禽养殖污染防治的专门法。由于缺乏畜禽养殖污染防治的相关环境政策，农业部门和环保部门在执行各自的政策时也缺乏对畜禽养殖污染的相关管理手段和措施，所以生猪养殖污染的环境管理方面非常薄弱。

7.1.5.3 缺乏相关利益联结机制

在农业生产中，如花卉、蔬菜种植中，猪粪是很好的有机肥，但农民往往不愿花钱购买猪粪，也不愿承担运输成本，同时养猪场即使愿意免费提供猪粪，也不愿承担运输成本，这样，猪粪没被有效利用在种植业上，而是被养猪场随意排放，造成环境污染。由于缺乏相关利益联结机制，导致这些有用的资源变成了污染源，放错了地方的资源，变成了污染。

7.1.5.4 生猪养殖者的进入门槛过低

我国对生猪养殖者并没有准入制度，不像当兽医那样要拥有兽医资格证，养猪者不需要经过培训、无需获得相关的资格证书就可以从事养猪行业。养猪看似简单，实际上这是一项技术性、专业性很强的工作。由于不同的养猪者具有不同的文化水平、不同的学习能力、不同的执行能力、不同的环保意识等，使得不同的养猪者在实际操作过程中的养殖效果不同。例如，有的养猪者不能合理地配制饲料，造成饲料的浪费以及环境的污染；一些猪场为了追求经济利益，促进生猪生长而过量使用各种药物添加剂，造成环境中大量药物残留，污染了环境，直至影响人的身体健康。产生这些问题的一个重要原因在于生猪养殖者的素质过低及缺少必要的培训。

7.2 养猪场环境管理的调研分析

7.2.1 数据来源以及调查问卷的设计

在综合相关研究的基础上，结合本研究的目标和内容，经过预调查的实施以及不断的修改，本研究相关人员于 2009 年 7 月至 8 月在江苏省南通、徐州、无锡进行调查，本研究最终确定的调查问卷主要包含了四个部分的内容。第一部分是养殖场经营业主的基本情况，包括经营业主的年龄、文化程度以及所学专业。第二部分是养殖场的基本情况，包括养殖规模、养殖历史、养殖场所处地理位置情况、专业技术人员的数量等。第三部分是粪污处理情况，包括养殖业主对养猪给环境带来的污染的认识程度、养殖场对粪便及污水的处理方式、清粪方式、营养调控措施的采用情况、对沼气技术的了解程度、政府的补贴情况、对采用沼气技术后环境变化的预期以及生产有机肥、使用发酵床养猪技术的情况。第四部分是投入品管理的现状，包括养殖过程中饲料及饲料添加剂的使用情况、兽药的使用情况等。本次调查共发放问卷160份，收回有效问卷91份。在有效样本中，有33家养猪场采用了沼气技术，有3家采用了发酵床养猪技术，剩下的55家没有采用上述两种技术的任一种。沼气技术是养猪场治理环境污染的现有的主要技术，因为发酵床养猪法是一种新型的污染物零排放养猪法，养殖过程中不用清粪，比较特殊，近几年才刚刚兴起，采用此技术的养猪场比较少。

7.2.2 养猪场的环境管理情况分析

7.2.2.1 猪场选址与规划

在此次调查中，关于这方面的数据比较难以获得，但在调查中，可以发现，一些养猪场距离居民区比较近，有的猪场旁边就有水源，与水源的距离非常小，一些猪场的选址非常不合理，会造成环境的污染。但在另外一次对某地30名乡镇干部的调查中，我们获得了一些政府对猪场监管方面的观点。

在问及"你辖区内是否有养猪发展规划"时，有20人作答，11人表示辖区内没有养猪发展规划，其中1人提及：主要是养殖户的自愿养殖。9人表示有发展规划，其中5人分别提及：①有规划，但具体操作时具有随机性。②市里有发展规划，但在具体实践中，受市场波动的影响非常大。③有规划，但具体内容及规划的实施情况不清楚。④县级有发展规划，但局限于扶持现有的大型养殖场。⑤有规划，主要是采取多种措施大力发展养猪业，达到农民增收的目的。

在问及"你辖区内是否有总体发展规模限制和单体发展规模限制"时，有9人作出回答：8人回答没有限制，1人回答有一定限制，但没有提供具体的信息。可见，政府没有严格限制养猪的发展规模，这可能会出现猪场的规模过大而污染环境的现象。

在问及"是否有适养区、限养区和禁养区的界定"时，有12人作出回答：其中9人认为没有明确的、严格的关于适养区、限养区和禁养区的界定，并提及只要不占用基本农田，不影响居民生活，就可以进行规模养殖，达到一定规模的猪场不得在村内建设。3人提到有划分适养区、限养区和禁养区：①在城区和重点水源地禁养，基本上没有其他限制和实质性管理措施。②禁养区：占用耕地以及离公共场所近的区域;限养区:离村庄较近的区域;适养区:离村庄远的丘陵地、不占用耕地。③禁养区:城区;限养区:四环(东西南北)路两侧2.5公里内;适养区:远离人群聚集地、粮食主产区的区域、下风区、远离易污染水源的区域。

在问及"在进行规划时有无按照种植业和养殖业养分平衡的要求进行规模限定和布点规划"时,7人作出回答,均为没有按照种植业和养殖业养分平衡的要求进行规模限定和布点规划。那么,就可能出现由于种植业与养殖业分离,产生的猪粪污没有足够的消纳场所,而造成环境的污染。

在问及"你辖区新建猪场是否需要审批"时,回答基本是一般的小猪场不需要审批,大型的养猪场是需要审批的。猪场审批的重点一般在土地问题上,首先要有畜牧局的规划同意批复,报县土管局进行用地报审,在环保部门进行环保评价后,由县发改局审批立项。具体选址要求是不占用基本农田用于养殖,不影响群众的生活且符合环保要求。其中,有一人提到,关于审批,选址要避开基本农田范围,同时要在土管部门、畜牧部门办理相关手续,对其他问题基本不怎么管。另外还有一人提到,审批一般报土地管理部门备案,其他如选址、规模等一般由畜牧管理部门参与论证,但地方招商引资的压力使审批流于形式。可见,一些不符合相关环保要求的猪场可能会通过审批,而造成环境的污染。

总之,有关政府部门对养猪业的发展比较重视,但对养猪业发展给环境带来的污染问题重视程度还不够,即使重视了,相关限制性、指导性的措施实施的力度也不够。对猪场的审批不严格,适养区、限养区和禁养区的界定不够明确,没有按种植业与养殖业平衡的原理来规划等会导致具体猪场的选址及建设不符合环保要求,成为造成环境污染的潜在危害。

7.2.2.2 投入品管理

(1) 饲料及饲料添加剂管理

由于本小节涉及的问题没有调查采用发酵床养猪法的3家猪场,所以本小节的样本为剩下的88家猪场。在被调查的样本中,有27家养殖场采用了营养调控措施以提高生猪对营养物质的消化利用率,以减少粪尿中氮、磷的排泄量,降低生猪养殖对环境的污染,所占比例为30.68%。其中,有15家养猪场采用了合理使用添加剂的措施,有16家养猪场采用了改进喂养方式的措施,有8家采用了配制平衡日粮的措施,有2家采用了改进饲料加工工艺的措施。可以看出,已经有一部分猪场开始注意在生猪养殖过程中就控制污染的产生,通过规范饲料及饲料添加剂的使用等措施来减少污染物的产生(见表7-5)。

表 7－5　　　　　　　被调查样本对营养调控措施的了解情况

项目	没听说过		听说过，但不了解		有点了解		比较了解	
	数量(人)	百分比(%)	数量(人)	百分比(%)	数量(人)	百分比(%)	数量(人)	百分比(%)
了解程度	20	22.73	34	38.64	33	37.5	1	1.14

数据来源：笔者根据实际调查数据整理而得。

在营养调控措施的了解程度方面，没有听说过营养调控措施的有 20 人，占被调查样本总数的 22.73%；听说过但不了解营养调控措施的有 34 人，占总数的 38.64%；这两种情况占 61.37%。有点了解营养调控措施的有 33 人，占总数的 37.5%；比较了解的有 1 人，占总数的 1.14%。从表 7－5 中可以看出，大部分人对营养调控措施不了解，甚至有相当一部分人没有听说过营养调控措施，只有少部分人有点了解，对营养调控措施比较了解的人非常少。可见，人们对生猪养殖的环境污染治理主要是停留在对产生的猪粪尿及污水进行合理处理，以达到防治污染的目的，而从源头上来控制生猪养殖带来的环境污染方面，比如采取相关的营养调控措施等还没有引起足够的重视，人们对这一措施的了解也非常不够，更不用说去实际操作了。

(2) 饮用水管理

在调查的 91 家猪场中，有 18 个猪场使用自来水作为猪的饮用水，占被调查样本总数的 19.78%，有 62 家猪场使用地下水作为猪的饮用水，占样本总数的 68.13%，另外 11 家猪场没有作答。在使用地下水的 62 家猪场中，有 24 家猪场的地下水进行了检测，而剩下的 38 家猪场并没有进行地下水的检测。可见，使用地下水作为猪饮用水的猪场中，有 61.29% 的猪场没有进行地下水的检测。

7.2.2.3　兽药管理

近几年中，在调查的 91 家猪场中，有 29 个猪场曾经被有关部门抽检过兽药使用情况，并且兽药使用情况良好，抽检合格，占被调查样本总数的 31.87%；有 61 个猪场并没有被抽检过，占样本总数的 67.03%；剩下的一个猪场没有作答。可以看出，虽然被抽检的猪场兽药使用情况合格，但仍有很大一部分的猪场没有被抽检，它们的兽药使用情况可能会出现不合格的现象，存在超量使用兽药、使用劣质兽药的可能，使得大量兽药及其代谢物随粪尿排出，有污染环境的威胁。

在是否受到假冒伪劣兽药侵害方面，有 60 个猪场从来没有受到假药或质量低劣兽药的侵害，占被调查样本总数的 65.93%，但有 24 个猪场曾经受到假药或质量低劣兽药的侵害，占样本总数的26.37%，剩下的7个猪场没有作答。可以看出，有相当一部分猪场受到过质量不合格兽药的侵害，可能的原因是没有从正规厂商购买兽药，厂商可能没有兽药经营许可证、产品批准文号等证明性文件，如果在药物关键控制点采取必要的预防控制措施，如要求厂商提供相关证明性文件，就会尽量避免受到不合格兽药的侵害。

在休药期的了解方面，有42家猪场（样本）表示非常清楚这个规定，并能严格执行此规定，占被调查样本总数的46.15%；有14个样本也表示非常清楚规定，但是有时会迫于市场情况而偶尔不能严格执行，占样本总数的15.38%；有20个样本表示对于这个规定了解一些，占样本总数的21.98%；有7个样本表示听说过这个规定但是并不了解，占样本总数的7.7%；有3个样本表示不知道这个规定，占样本总数的3.3%；还有5个样本的数据缺失。可以看出，至少有29.68%的猪场不是很清楚这个规定，并不能严格执行休药期规定，这样就会带来猪肉的兽药残留问题，影响猪肉产品安全。这也从侧面反映出，一些猪场的兽药使用不规范，可能存在兽药滥用、过量使用的现象，造成环境中兽药残留的现象，污染环境。

7.2.2.4 清粪方式

由于采用发酵床养猪法可以不用清理猪粪尿，所以本小节的样本是剩下的88家猪场。在清粪方式的选择方面，选择干清粪方式的养殖场有70个，占被调查样本总数的79.55%；采用水冲式清粪方式的养殖场有17个，占总数的15.91%；采用水泡粪方式的养殖场有1个，占总数的1.14%。可以看出大部分养殖场采用的是干清粪方式，采用这种方式可以保持固态粪的肥效，也可以节约用水，降低污水中污染物的含量，减少污水的处理难度，是一种环保的清粪工艺（见表7-6）。

表7-6　　　　　　　　　　清粪方式采用情况

项目	干清粪		水冲式		水泡粪	
	数量（个）	百分比（%）	数量（个）	百分比（%）	数量（个）	百分比（%）
清粪方式	70	79.55	17	15.91	1	1.14

数据来源：笔者根据实际调查数据整理而得。

7.2.2.5 粪尿污水处理

在污染物的处理方面，有33个养猪场选择采用了沼气技术，占被调查样本总数的37.5%，未采用沼气技术处理粪污的养猪场有55个，占总数的62.5%。采用沼气技术的33个猪场中，有15个是把猪粪和污水都当成生产沼气的原料，另外18个把产生的猪粪和污水分开处理，利用产生的污水来生产沼气，把猪干粪销售给其他农户或制作有机肥。未采用沼气技术的55个猪场中，猪粪通常是销售给其他农户或是制作有机肥，但有2个猪场把猪粪制成饲料用来喂鱼，有3个猪场直接把猪粪便排放到周围环境中；对污水的处理一般是经沉淀后排放到周围环境中，但有2个猪场将污水直接排放到鱼塘当中，有14个猪场直接把污水排放到周围环境中。可见，未采用沼气技术的猪场污水的处理方式比较简单，排放到周围环境后，对环境会造成一定的污染。在与被调查对象的交流中，笔者了解到由于有机肥的使用受到农时的限制，有时猪粪的销售情况并不好，处理困难也比较大。在调查的样本中有15个猪场自己制作有机肥，其中有7个猪场使用相关的发酵设备，其余8个猪场都采用的是自然堆肥法生产有机肥，据了解，农户基本上也是把买来的猪粪进行自然堆肥处理，然后返还农田。

总体来说，调查的猪场采用的固态粪的处理方法主要是自然堆肥处理和沼气技术处理，液态污水的处理方法主要是沉淀后排放和沼气技术处理。沼气技术是养猪场采用的主要粪污处理技术。

7.2.2.6 小结

在调查中可以发现：一些猪场的选址与规划不合理；一些猪场的兽药使用不规范，可能存在兽药滥用、过量使用的现象；使用地下水作为猪饮用水的猪场中，有61.29%的猪场没有进行地下水的检测；采用营养调控措施的猪场占的比例较低，为30.68%，大部分人对营养调控措施不了解，甚至相当一部分人没有听说过营养调控措施，人们对从污染的源头，即生猪的养殖上去降低污染的认识还不够，重视程度不高；选择干清粪方式的养猪场占的比例较高，达到了79.55%，这对减少养猪对环境的污染有重要作用；在粪污处理方面，有37.5%的养猪场采用了沼气技术处理生猪养殖的污染物，这是防治生猪养殖污染的主要技术。

7.3 养猪场采用沼气技术的实证分析

本部分的实证研究选择的样本为未采用发酵床养猪技术的88家养猪场，在这88个样本中，采用沼气技术的养猪场有33家，占样本量的37.5%，没有采用沼气技术的有55家，占62.5%。在调查的样本中可以看出，沼气技术是养猪场治理环境污染采用的主要的处理技术，在合理处理猪粪污降低环境污染方面起着重要作用，研究影响养猪场采用沼气技术的行为，分析影响其选用沼气技术的因素，对防治生猪养殖带来的环境污染有重要作用。

7.3.1 研究假设

养殖场为了减少环境污染，选择合适的粪便污水处理方式，可以看成是技术选择行为。根据西方经济学的理性的经济行为，人在经济生活中总是受个人利益的驱使，在作出一项决策时总是对各种选择进行权衡比较，找出一个方案，能够使他耗费给定的劳动或金钱，带来最大限度的利益，理性的经济行为也称为：产生最优化的行为。养猪场选择采用沼气技术来处理粪便污水，既想达到治理污染的目的，也想获得额外的收益，即想同时获得环境效益和经济效益。根据已有的技术选择行为的研究结果，结合养猪场选用沼气技术的实际情况，本书将养猪场选择采用沼气技术的影响因素分为六类：养殖场经营业主的文化程度变量、养殖规模变量、经营业主对生猪养殖带来的污染的认识程度变量、经营业主对沼气技术的了解程度变量、政府政策变量、污染治理效果的预期变量。

(1) 养殖场经营业主的文化程度变量（X_1）

一般来说，针对养殖带来的环境污染，经营业主会寻找解决的方法，经营业主的文化程度越高，其学习新事物的愿望就越强，接受新事物的可能性就越大。经营业主对沼气技术的了解愿望越强，认识程度越高，接受它的可能性就越大。所以假定经营业主的文化程度越高，养殖场采用沼气技术的可能性越大。

(2) 养殖场的养殖规模变量（X_2）

养猪场的养殖规模用2008年的出栏量来表示。一般认为，养殖场的规模越大，产生的污染物越多，如果一直对污染物只进行简单处理或是直接排到周围环境中去，那么养殖场周围的环境会越来越差，对环境造成的威胁也越大，既会对周围居民的正常生活造成威胁，也不利于本养殖场的发展，而且政府的有关部门也会加大对养殖场环境的监管。例如令其污水排放达标，尽量减少养殖场对环境的污染，如《畜禽养殖业污染物排放标准》就是针对集约化畜禽养殖场和养殖区污染物的排放管理，标准中养猪场的适用规模为年存栏量500头以上。此外，虽然规模大的养殖场产生的污染物多，但这些污染物又是大量潜在的资源，如果采用相关的污染处理技术，把大量的污染物进行无害化、资源化处理，就可以成为大量可利用的资源，既能有效降低养殖场带来的环境污染，还能为养殖场带来可观的收益。最后，采用相关的污染处理技术有时需要投入的成本较高规模大的养殖场获得的利润相对较高，有较强的经济实力，相对来说，采用沼气综合利用技术有经济上的优势。所以养殖场的规模越大，其采用沼气技术的可能性越大。

（3）经营业主对养殖带来的污染的认识程度变量（X_3）

经营业主对养殖带来的污染有一定的认知程度，如果经营业主认识不到养殖带来的粪污污染的严重性，甚至觉得养殖不会造成任何污染，那养殖场采用沼气技术治理污染的可能性会比较小；如果经营业主认识到养殖带来的污染的危害性，影响了人们的健康生活，那养殖场采用沼气技术的可能性会比较大。所以假定经营业主对养殖带来的污染的认知程度越高，养殖场越倾向于采用沼气技术。

（4）经营业主对沼气技术的了解程度变量（X_4）

一般来说，经营业主对沼气技术的了解程度越高，了解了这种技术会带来怎样的效果，甚至对采用这种技术出现问题后怎样处理等，就会越容易采用这种技术；相反，如果经营业主对这种技术不了解，甚至根本没有听说过，养殖场是不会冒着风险采用这种技术的。所以假设经营业主对沼气技术的了解程度与采用技术的可能性正相关。

（5）政府政策变量（X_5）

政府政策支持包括对采用技术给予补贴和提供技术支持，采用沼气技术的成本可能会比较高，如果政府给予相应补贴就会降低养殖场采用沼气技术的成本，使养殖场更愿意采用沼气技术。例如，一个年存栏量为3000头的养猪场建设沼气综合利用工程大约需要投资100万元，除此之外一年需要大约5万元的设备运行费用（苏杨，2006）。如此高的成本，如果政府不提供相应的补贴，养殖场采用沼气技术的可能性会比较低。此外，如果政府提供技术支持，比如安排专门的技术人员进行沼气池的建设以及后续的维护，并对相关人员进行有关操作方面的指导，养殖场也会倾向于采用沼气技术。因此，假设政府提供政策支持且支持的程度很高，养殖场越倾向于采用沼气技术。

（6）污染治理效果的预期变量（X_6）

采用相关技术治理环境污染是一项投资行为，投资行为有一定的风险，经营业主对采用沼气技术产生的效果预期会影响此项技术的采用，经营业主会考虑：采用之后污染治理的效果如何？所以假设预期采用沼气技术的污染治理效果越好，养殖场越倾向于采用技术。

7.3.2 模型的选择及变量的说明

生猪养殖场采用沼气技术是一个二元选择问题,模型的被解释变量不是一个连续变量,是一个离散变量,所以本书采用二元选择模型中的 Probit 模型进行分析,模型被解释变量 y 为"生猪养殖场是否采用技术",若生猪养殖场采用沼气技术,则 y 值为 1(当 $y^* > 0$),若生猪养殖场不采用沼气技术,则 y 值为 0(当 $y^* < 0$),模型的基本思想如下:

考虑形如:$y^* = \beta_0 + x\beta + e \begin{cases} y=1, y^* > 0 \\ y=0, y^* \leq 0 \end{cases}$ (7-1)

假定 e 服从标准正态分布,那么对于任意实数 z 都存在:

$G(-z) + G(z) = 1$ (7-2)

由此可以得出:

$P(y=1|x) = P(y^* > 0|x) = P[e > -(\beta_0 + x\beta)|x]$
$= 1 - G[-(\beta_0 + x\beta)] = G(\beta_0 + x\beta)$ (7-3)

即为:

$P(y=1|x) = G(\beta_0 + x\beta) = G(\beta_0 + \beta_1 x_1 + \beta_2 x_2 + \cdots + \beta_k x_k)$ (7-4)

其中 G 为一个取值范围严格介于 0~1 之间的函数,即对所有实数 z,存在 $G(z) \in (0,1)$。

Probit 模型中,$G(z)$ 的累积分布函数形式为

$G(z) = \Phi(z) = \dfrac{1}{\sqrt{2\pi}} \int_{-\infty}^{e} e^{-s^2/2} ds$ (7-5)

对于该回归方程采用 MLE 进行估计。

可以定义:

$f(y|x_i;\beta) = [G(x_i\beta)]^y [1 - G(x_i\beta)]^{1-y}, y = 0,1$ (7-6)

那么由此可得第 i 次观测的对数似然函数为:

$l_i(\beta) = y_i \log[G(x_i\beta)] + (1 - y_i)\log[1 - G(x_i\beta)]$ (7-7)

因此对所有观测求和即得到样本容量为 n 的对数似然函数:

$L(\beta) = \sum_{i=1}^{n} \{y_i \log[G(x_i\beta)] + (1 - y_i)\log[1 - G(x_i\beta)]\}$ (7-8)

在 G 确定后,通过对上述方程最大化的一阶条件求解出模型参数的估计量。本书中模型变量的解释说明见表 7-7。

表 7-7　　　　　　　　　　　　模型变量说明

模型变量	变量定义
解释变量	
经营业主的文化程度（X_1）	小学及以下=1；初中=2；高中及以上=3
养殖规模（X_2）	2008 年养殖规模
对污染的认知程度（X_3）	无污染=1；有污染，但不严重=2；污染严重=3
对沼气技术的了解程度（X_4）	没听说过=1；听说过，但不了解=2；有点了解=3；比较了解=4
政府补贴（X_5）	未得补贴=0；获得补贴=1
对污染治理效果的预期（X_6）	无变化=1；稍稍改善=2；大大改善=3
被解释变量	
是否采用沼气技术 Y	未采=0；采用=1

7.3.3　样本的描述性统计

本部分通过对养殖场经营业主的文化程度、养殖规模、经营业主对生猪养殖带来的污染的认识程度、经营业主对沼气技术的了解程度、政府补贴、污染治理效果的预期情况进行描述性统计，初步研究选取的各个变量与养猪场采用沼气技术行为的相关关系。

7.3.3.1　经营业主的文化程度

在文化程度方面，小学及以下文化程度的有 14 人，占被调查样本总数的 15.91%；初中文化程度的有 43 人，占总数的 48.86%；高中文化程度的有 22 人，占总数的 25%；大专、本科及以上文化程度的有 9 人，占总数的 10.23%。在调查的样本中，初中文化程度的人数最多，几乎占到全部样本量的一半，大专及以上学历的人数最少。

一般来说，经营业主的文化水平越高，其学习新事物的愿望就越强，接受新事物的可能性就越大。经营业主对沼气技术的了解愿望越强，认识程度越高，接受它的可能性就越大。从表 7-8 中可以看出，小学及以下学历的 14 个样本中，只有 1 个采用沼气技术。初中学历的样本共有 43 个，其中采用沼气技术的有 15 个，占例为 34.88%；高中及以上学历的样本共有 31 个，其中采用沼气技术的有

17个，所占比例为54.84%。可见高中及以上学历的样本中采用沼气技术的比例大大高于初中学历的样本中采用沼气技术的比例。所以推测经营业主的文化程度与采用沼气技术的行为存在相关关系，经营业主的文化水平越高，其采用沼气技术的可能性越大。

表 7-8　　　　　　　　　　　被调查样本的文化程度分布

	采用		未采用	
	数量（人）	百分比（%）	数量（人）	百分比（%）
小学及以下	1	7.14	13	92.86
初中	15	34.88	28	65.12
高中及以上	17	54.84	14	45.16

数据来源：笔者根据实际调查数据整理而得。

7.3.3.2　养殖规模

从被调查样本的养殖规模情况来看，2008年被调查样本的年出栏量最低为95头，最高为2.5万头，年出栏量多在1000头以下。出栏规模在95~199头之间的养猪场有15家，占被调查样本总数的17.05%；出栏规模在200~399头之间的有29家，占总数的32.95%；出栏规模在400~999头的有22家，占总数的25%；出栏规模在1000~4999头的有11家，占总数的12.5%；出栏规模在5000头以上的有11家，占总数的12.5%。

一般认为，养殖场的规模越大，产生的污染物越多，对环境造成的威胁也比较大，此外，虽然规模大的养殖场产生的污染物多，但这些污染物又是大量潜在的资源，如果采用沼气技术把大量的污染物进行资源化处理，就可以成为大量可利用的资源，既能有效降低养殖场带来的环境污染，还能为养殖场带来额外的收益。再者，规模大的养殖场获得的利润相对较高，对于采用沼气技术有经济上的优势。所以一般来说，养殖场的规模越大，其采用沼气技术的可能性越大。如表7-9所示，养殖规模在200头以下的养殖场有15个，其中采用沼气技术的有3个，占的比例为20%；养殖规模在200~399头的养殖场有29个，其中采用沼气技术的有6个，所占比例为20.69%；养殖规模在400~999头的养殖场有22个，其中采用沼气技术的有9个，所占比例为40.91%；养殖规模在1000头以上的养殖场有22个，其采用沼气技术的有15个，所占比例为68.18%。可见，随着养殖规模的扩大，养殖场采用沼气技术的比例也逐渐升高。所以随着养殖规模的扩大，养殖场越倾向于选择沼气技术（见表7-9）。

表 7 - 9　　　　　　　　　被调查样本的养殖规模分布

养殖规模	采用		未采用	
	数量（个）	百分比（%）	数量（个）	百分比（%）
95 ~ 199 头	3	20	12	80
200 ~ 399 头	6	20.69	23	79.31
400 ~ 999 头	9	40.91	13	59.09
1000 头以上	15	68.18	7	31.82

数据来源：笔者根据实际调查数据整理而得。

7.3.3.3　对污染的认知程度

养殖场经营业主对生猪养殖给环境带来的污染的认知程度方面，认为生猪养殖不会给环境带来任何污染的有 21 人，占被调查样本总数的 23.86%；认为养猪会带来污染，但污染不严重的有 43 人，占总数的 48.86%；认为养猪会给环境带来严重污染的有 24 人，占总数的 27.27%。总体来看，被调查样本对生猪养殖给环境带来的污染认识不深，还有相当一部分人认为养猪不会给环境带来任何污染，即使认为会给环境带来污染，也有很大比例的人认为污染不严重，认为养猪给环境带来严重污染的人数所占的比例比较小。

在认为无污染的样本中（见表 7 - 10），有 3 个采用沼气技术的，占的比例为 14.29%；在认为养猪的污染不严重的样本中，采用沼气技术的有 11 个，所占的比例为 25.58%；在认为污染严重的样本中，采用沼气技术的有 19 个，所占的比例为 79.17%。可以看出，认为污染严重的样本中采用沼气技术的比例大大高于认为污染不严重的样本中采用沼气技术的比例，说明认为养猪给环境带来的污染越严重，越倾向于采用沼气技术。这可能是因为如果经营业主认为养猪不会带来严重的环境污染，甚至不会带来任何环境污染，他会认为没有必要采用相关技术去治理环境污染，但如果经营业主意识到养猪给周围环境造成了严重的污染，他就会积极地采取相应的措施对猪粪污进行无害化、资源化的处理，最大程度地降低环境污染，就越倾向于采用沼气技术。

表 7 - 10　　　　　　　　　被调查样本的污染认知分布

	采用		未采用	
	数量（个）	百分比（%）	数量（个）	百分比（%）
无污染	3	14.29	18	85.71
有污染，不严重	11	25.58	32	74.42
污染严重	19	79.17	5	20.83

数据来源：笔者根据实际调查数据整理而得。

7.3.3.4 对沼气的了解程度

在对沼气技术的了解程度方面,被调查样本中没有听说过沼气技术的有 1 人,占被调查样本总数的 1.14%;听说过但不了解沼气技术的有 28 人,占总数的 31.82%;有点了解沼气技术的有 27 人,占总数的 30.68%;比较了解的有 32 人,占总数的 36.36%。可以看出,大部分经营业主都对沼气技术有不同程度的了解,由于沼气技术是一种防治畜禽养殖污染的重要技术,政府有关部门也加大了对其的宣传和推广力度。

没有听说过和听说过但不了解沼气技术的样本都没有采用沼气技术,在有点了解沼气技术的样本中,采用沼气技术的有 9 个,所占比例为 33.33%,在比较了解沼气技术的样本中,采用沼气技术的有 24 个,所占比例为 75%(见表 7-11)。可以看出,比较了解沼气技术的样本中采用沼气技术的比例要远远高于有点了解沼气技术的样本中采用沼气技术的比例,说明经营业主对沼气技术的了解程度越深,其采用沼气技术的可能性就越大。这可能是因为经营业主对沼气技术的了解程度越深,了解到采用沼气技术后,既能防治环境污染还能获得副产品,带来额外的收益,就会越容易采用这种技术,相反,如果经营业主对沼气技术非常不了解,甚至根本没有听说过,那么养殖场是不会采用这种技术的。

表 7-11　　　　　　　　被调查样本对沼气技术的了解分布

	采用		未采用	
	数量(人)	百分比(%)	数量(人)	百分比(%)
没听说过	0	0	1	100
听说过但不了解	0	0	28	100
有点了解	9	33.33	18	66.67
比较了解	24	75	8	25

数据来源:笔者根据实际调查数据整理而得。

7.3.3.5 政府补贴

在政府补贴方面,被调查样本中得到沼气池建设的政府补贴的养殖场有 26 个,占被调查样本总数的 29.55%;没有得到政府补贴的养殖场有 62 个,占总数的 70.45%。近年来,政府采取了一系列措施促进沼气技术的推广工作,其中重要的一项就是对建设沼气池实施补贴政策,以降低采用沼气技术的成本,鼓励养殖场等采用沼气技术,以起到有效减少畜禽养殖带来的环境污染的作用。但由于政府的财政能力有限，建设沼气池能获得政府补贴的只是一部分养猪场，甚至是很少的一部分。

在得到政府补贴的样本中（见表7-12），有25个采用了沼气技术，所占比例为96.15%，没有得到政府补贴的样本中，有8个采用了沼气技术，所占比例为12.9%。可见得到政府补贴的样本中采用沼气技术的比例非常高，几乎所有得到政府补贴的样本都采用了沼气技术，政府补贴政策对沼气技术的推广有着非常重要的促进作用。而没有得到政府补贴的样本中采用沼气技术的比例比较低，可见养殖场在没有政府补贴的情况下主动采用沼气技术的积极性是很低的，这可能是因为采用沼气技术需要一定的投资资金，在没有政府补贴的情况下，对于一些养殖场尤其是资金短缺的养殖场来说，有一定的经济负担，再加上不能保证此项投资一定能产生可观的收益，所以往往放弃了采用沼气技术。此外，一些人会认为养猪不会给环境带来严重的污染，没有必要去采用沼气技术。

表7-12　　　　　　　　　被调查样本获得政府补贴分布

	采用		未采用	
	数量（个）	百分比（%）	数量（个）	百分比（%）
得到补贴	25	96.15	1	3.85
未得到补贴	8	12.9	54	87.1

数据来源：笔者根据实际调查数据整理而得。

7.3.3.6　对治理效果的预期

采用沼气技术治理污染的效果预期方面，除了1人认为采用沼气技术后周围环境无任何改善外，其他所有的被调查样本都认为采用沼气技术能治理环境污染，认为周围环境会稍微改善的有21人，占总数的23.86%；认为治理污染的效果较好，周围环境会大大改善的有66人，占总数的75%。可以看出，人们对沼气技术治理污染的效果还是充满信心的，几乎全部的被调查样本都认为采用沼气后，环境会有所改善，而且大部分人都会认为环境会大大改善，可见采用沼气技术治理畜禽养殖污染的效果得到了大部分人的认可。

在认为环境会稍稍改善的样本中，有4个采用了沼气技术，所占比例为19.05%，在认为环境会大大改善的样本中，有28个采用了沼气技术，所占比例为42.42%。可以看出认为环境会大大改善的样本中采用沼气技术的比例要高于认为环境会稍稍改变的样本中采用沼气技术的比例，说明对沼气技术治理污染的效果预期越高，越倾向于采用沼气技术（见表7-13）。

表 7-13　　　　　被调查样本对污染治理效果预期分布

	采用		未采用	
	数量（人）	百分比（%）	数量（人）	百分比（%）
无改善	1	100	0	0
稍稍改善	4	19.05	17	80.95
大大改善	28	42.42	38	57.58

数据来源：笔者根据实际调查数据整理而得。

7.3.4　计量结果及分析

本研究运用 Eviews 统计软件对调查的样本进行 Probit 回归处理，分析结果如表 7-14 所示。

表 7-14　　　　　　　模型估计结果

变量	系数	标准差	Z 统计值	Prob.
常数项 C	-6.956665	2.361862	-2.945415	0.0032
文化程度（X_1）	-0.175189	0.377892	-0.463596	0.6429
养殖规模（X_2）	0.000575	0.000215	2.679916 ***	0.0074
对污染的认识程度（X_3）	0.857065	0.486146	1.762978 *	0.0779
对沼气技术的了解程度（X_4）	1.146952	0.408901	2.804962 ***	0.0050
政府补贴（X_5）	1.607907	0.630476	2.550309 **	0.0108
对污染治理效果的预期（X_6）	0.148546	0.598882	0.248038	0.8041
LR statistic (6 df)	83.67364 ***		McFadden R-squared	0.718629
Probability (LR stat)	6.66E-16			

注：*、**、*** 分别表示在 10%、5%、1% 的水平上通过检验。

通过回归结果可以看出：经营业主的文化程度变量系数没有通过显著性检验，说明经营业主的文化程度对养殖场选用沼气技术的影响作用不大，这与之前的假设不一致，可能是因为被调查的经营业主的文化程度主要集中在初中水平，文化程度对其影响不大。

养殖规模变量的系数为正，且在 1% 的水平上通过显著性检验，说明养殖规模对养猪场采用沼气技术有明显的正向影响作用，这和最初的假设一致，养殖规模越大，养猪场越倾向于采用沼气技术。因为养殖场的规模越大，其产生的污染物越多，对周围环境的威胁越大，处理压力越大就越倾向于采用沼气技术来治理污染，此外，大量的污染物经过沼气技术处理后不仅可获得沼气，还可获得沼渣、沼液，从而获得收益，这又提高了养猪场采用沼气技术的积极性。

对污染的认知程度对养猪场采用沼气技术的影响系数为正，而且在10%的水平上通过显著性检验，这也和最初的假设一致，说明经营业主认为养猪给周围环境带来的污染越严重，养猪场采用沼气技术来改善环境的可能性就越大。因为如果经营业主认为养猪不会带来严重的环境污染，甚至没有任何污染，他会认为没有必要采取相应的措施来降低环境的污染，相反，如果经营业主意识到养猪给周围环境造成了严重的污染，不利于人们的健康生活，他就会积极地采取相应措施对猪粪污进行无害化、资源化的处理，最大程度地降低环境污染，就越倾向于选用沼气技术。

对沼气技术了解程度的系数在1%的水平上通过显著性检验，并且影响系数为正，这也和最初的假设一致，说明沼气技术的了解程度对养猪场采用沼气技术有重要的正向影响作用。经营业主对沼气技术的了解程度越深，养猪场就越倾向于采用沼气技术。因为经营业主对沼气技术的了解程度越高，了解了这种技术会带来怎样的环境效益和经济效益，甚至知道沼气池的日常使用和维护知识，知道采用这种技术出现问题后该怎样处理等，就会越容易采用这种技术；相反，如果经营业主对沼气技术不了解，甚至根本没有听说过，那么养殖场是不会冒着风险采用这种技术的。

政府补贴的系数在5%的水平下通过显著性检验，并且影响系数为正，这和最初的假设一致，说明政府补贴对养猪场选用沼气技术有重要的正向作用。政府如果提供相关补贴支持养猪场采用沼气技术治理环境污染，那么养猪场采用沼气技术的可能性就越大。因为采用沼气技术需要额外的投资，这在一定程度上加重了养殖场的经济负担，尤其是缺乏闲置资金的养猪场，如果没有政府的补贴，其采用沼气技术的积极性会大大降低，但如果政府提供一定的补贴就会降低养猪场采用沼气技术的成本，大大激发养猪场采用沼气技术的积极性。

污染治理效果的预期对养猪场采用沼气技术有正向的影响，但其系数并没有通过显著性检验。污染治理效果的预期对养猪场采用沼气技术的影响作用不明显，这主要是因为大部分经营业主都会预计采用沼气技术后，周围的环境会得到不同程度的改善，甚至是大大改善。但养猪场追求的并不仅仅是环境效益，更重要的是经济效益，采用沼气技术的收益也存在不确定性，沼液、沼渣如何销售出去也是一个值得考虑的问题。另外，即使认为采用沼气技术后会大大改善环境，会得到一定的收益，但由于没有足够的资金所以也不倾向于投资沼气技术。

7.3.5 小 结

本部分通过对养殖场经营业主的文化程度、养殖规模、经营业主对生猪养殖带来的污染的认识程度、经营业主对沼气技术的了解程度、政府补贴、污染治理效果的预期情况进行描述性统计,初步研究选取了各个变量与养猪场采用沼气技术行为的相关关系,并且从经济计量学的角度运用二元选择 Probit 模型继续对各种因素对采用沼气技术的影响进行分析,得出以下结论:

养殖规模变量的系数为正,且在 1% 的水平上通过显著性检验,说明养殖规模对养猪场采用沼气技术有明显的正向影响作用,养殖规模越大,养猪场越倾向于采用沼气技术。对污染的认知程度对养猪场采用沼气技术的影响系数为正,而且在 10% 的水平上通过显著性检验,说明经营业主认为养猪给周围环境带来的污染越严重,养猪场采用沼气技术来改善环境的可能性就越大。对沼气技术了解程度的系数在 1% 的水平上通过显著性检验,并且影响系数为正,说明沼气技术的了解程度对养猪场采用沼气技术有重要的正向影响作用。经营业主对沼气技术的了解程度越深,养猪场就越倾向于采用沼气技术。政府补贴的系数在 5% 的水平下通过显著性检验,并且影响系数为正,说明政府补贴对养猪场选用沼气技术有重要的正向作用。政府如果提供相关补贴支持养猪场采用沼气技术治理环境污染,那么养猪场采用沼气技术的可能性就越大。经营业主的文化程度变量系数和污染治理效果的预期变量系数都没有通过显著性检验,说明经营业主的文化程度和污染治理效果的预期都对养殖场选用沼气技术的影响作用不大。

7.4 基于 HACCP 理念的生猪养殖危害分析与关键点控制

7.4.1 生猪养殖过程中的危害分析

生猪养殖带来的环境污染的治理是一个过程的控制,要根据循环经济的三个原则,采取多种措施,实行多个环节的综合治理,才能有效地改善生猪养殖带来的环境污染问题。不能仅停留在对养猪场已经产生的粪尿排泄物的处理,而且还要在养殖过程中采取一些措施尽量减少污染物的产生,从源头控制污染。此外,有关研究表明,尽管把养殖后产生的污水进行技术处理,水中仍然存在大量的药物,因为至今为止大多数抗生素都不能通过这些处理技术而有效除掉。再者,硒、砷、铜、锌等饲料添加剂通过粪尿排出,即使这些粪尿排泄物经过相关技术处理,这些微量元素也不能消除而是继续在生态环境中富集、循环,继续污染环境,危害人类健康。所以要降低兽药以及饲料添加剂的不当使用而造成的污染,就要在养殖过程中进行控制。

本书通过应用 HACCP 原理分析出在生猪养殖过程中造成环境污染的原因,找出各种可能的危害,并确定造成最终环境污染的重要环节,采取相应的控制措施,以达到最大程度地降低生猪养殖带来的环境污染问题。

首先,猪场的选址与规划不合理,会给环境带来更大的污染威胁,如选址不考虑种植业与养殖业的平衡,猪场周围没有足够的农田消纳粪污,会造成环境污染;选址没有严格遵守各级政府关于禁养区的规定,离居民区、水源保护区的距离不符合环保要求,猪场所处地势过低等。排水系统没有实现雨水和污水分流,就会增加猪场污水的产生量,加重处理负担,猪场没有建设废弃物及无害化处理区,会对环境造成严重的污染。

其次,在生猪养殖过程中,猪场引进的苗猪质量不高,带有传染病会使疫病传进猪场;猪饮水水质没有经过检测,不符合要求,饮水中病原微生物含量超标、有毒物质含量超标等会不利于猪的健康成长,会引起多种疾病;使用质量低劣的饲料,如使用铜、锌等重金属微量元素含量高的饲料就会使猪粪尿中铜、锌的排泄量增多,使用硫元素含量高的饲料就会增多猪粪尿中硫的排泄量以及散发的硫化氢气体,加重对环境的污染。有关研究表明,育成猪只能吸收利用饲料中30%的蛋白质(陶新等,2007),而饲料中剩下的蛋白质往往都被排出体外浪费掉,所以如果饲料配方不合理,盲目追求日粮中的高蛋白含量,猪不但不能充分吸收利用饲料中的营养物质,浪费了饲料资源,而且猪粪尿中氮元素的排泄量会大大增加,给环境造成更严重的负担。如果兽药的使用不合理,没有严格执行休药期的规定,会造成猪肉产品的药物残留,危害人类健康;没有严格控制兽药使用量或者使用质量低劣的假药,兽药超标使用,大量的兽药以及其代谢产物会随粪尿进入环境,对环境造成污染。

最后,对于产生的猪粪尿,如果采用不合理的清粪方式,如水冲式和水泡粪清粪工艺,就会产生大量的污水,污水中含有大量的粪尿,给环境造成更大的威胁,增加了污染物后期处理的难度。此外,如果不能采取相关技术对产生的粪污进行及时有效地处理,甚至把粪污直接排放到环境中,就会造成环境的严重污染。

7.4.2 关键控制点及控制措施

通过运用HACCP原理对生猪养殖过程中可能造成环境污染的危害进行分析,可以确定养殖过程中能够控制环境污染的五个关键控制点为猪场选址与规划、投入品管理、兽药管理、清粪工艺、粪尿污水处理,提出相应的控制措施,如表7-15所示。

表 7-15　　　　　　　　危害分析及控制措施

关键控制点	潜在危害	危害来源	控制措施
猪场选址与规划	粪尿污染	选址与规划不合理	合理选址与规划
投入品管理	粪尿中氮、重金属元素等含量增多、引发疾病	饲料质量低劣、添加剂使用不合理、饮用水水质不达标	采取一系列营养调控措施、确保猪饮用水的水质
兽药管理	粪尿中兽药量增多	兽药质量低劣、过量使用兽药	规范使用兽药
清粪工艺	污水量增多	清粪工艺不环保	采用干清粪方式
粪尿污水处理	粪尿污染	粪污未经处理或处理不当	采用各种粪污处理技术

7.4.2.1 猪场选址与规划

猪场的选址要充分考虑到种植业与养殖业的平衡,猪场周围应有足够的农田消纳猪粪污,原则上猪场粪便按一年一亩粮食土地消纳存栏一头猪的粪便、一年一亩蔬菜或经果林土地消纳存栏两头猪的粪便进行猪场的选址布局。还要符合适养区、限养区和禁养区的要求,禁养区包括城镇建成区、城镇居民区、文教科研区、医疗区、水源保护区、风景旅游区、自然保护区、工业集中区以及国家或地方法律、法规规定需特殊保护的其他区域。距铁路、县级以上公路、居民区、学校、医院等公共场所以及其他畜禽养殖场500米以上;距屠宰厂、畜产品加工厂、垃圾及污水处理场所、水源保护区、风景旅游区1500米以上。地势应该相对平坦,坡度不宜过大,场地要干燥、通风向阳,不适合建在低凹、风口处,要处于村民居住区常年主导风向的下风向。

猪场建设之前要进行科学的规划，重视猪的生态环境，猪场建设时应该建有管理区、生产区、废弃物及无害化处理区三部分。管理区和生产区应该处于上风向以及地势较高处，废弃物处理区应该处于下风向以及地势较低处。废弃物处理区包括病死猪无害化处理间和粪污无害化处理设施（包括干粪发酵池、沼气池、沉淀池等），而且养猪场的污染防治设施必须与主体工程同时设计、同时施工、同时使用。此外，猪场应该建有实现雨污分离的排水系统，减少污水的产生量；养猪场的道路应该分为净道、污道，而且两者互不交叉，净道供相关人员进出、饲料及其他产品运输使用，污道供粪便、病猪等废弃物运输使用。

7.4.2.2 投入品管理

（1）饮用水管理

条件允许的话，应该选择水质较好的自来水作为生猪的饮用水，如果条件达不到，只能使用地下深井水时，就得根据水质情况进行水的沉淀、消毒等，水质达到生猪饮用水要求，经检测合格后才能使用，应该安装自动饮水器，以提供清洁卫生的饮用水，同时还能减少饮用水的浪费。

（2）饲料及饲料添加剂管理

循环经济的第一个原则是减量化原则（Reduce）。该原则针对的是输入端，要求用较少的资源投入来达到既定的生产目的或消费目的，即在经济活动的源头就注重节约资源和减少污染。生猪养殖经济活动的源头就是生猪的饲养，因此要注重从生猪的饲养上节约资源和减少污染，猪场需要通过采取有效的营养调控措施，最大限度地提高猪对营养物质的消化利用率以减少粪尿的排泄量。

①选择无污染、高品质的饲料。首先要保证购买的饲料是正规厂商生产，厂商必须具有产品批准文号、饲料添加剂生产许可证、产品检验合格证等，并能提供不含违禁药物承诺书。其次要对饲料成分进行检测，坚决不选用铜、锌、铅等重金属微量元素以及一些有害物质含量超标的饲料，否则猪粪尿中铜、锌、铅的排泄量增多，会给环境带来污染；也不能选择一些质量低的蛋白质饲料，由于其消化吸收率不高，使用这种饲料往往会大大增加猪粪尿中氮的排泄量；选择饲料时也要注意不能使用硫元素含量高的饲料，否则猪粪尿中硫的排泄量以及散发的硫化氢气体都会增多，加重对环境的污染。

②选择合理的饲料配方。要根据猪一天的生长所需要的营养要求，去配制一定营养水平的日粮，使之与猪的营养需求一致，不能盲目追求日粮中的高蛋白含量，否则猪不但不能充分吸收利用饲料中的营养物质，浪费了饲料资源，而且猪粪尿中氮元素的排泄量会大大增加，给环境造成更严重的负担。所以猪场应该合

理配制饲料，这样不仅能使猪最大限度地利用各种营养物质，还可以使猪粪尿中氮、磷、铜等的排泄量明显减少，既减少了饲料资源的浪费又减轻了猪粪尿对环境的污染压力。

此外，猪场可以适当减少猪日粮中的蛋白质含量水平，相应的在日粮中添加一些可消化氨基酸，如赖氨酸和苏氨酸等，这样不仅不会影响猪的生长发育，还可以大大减少猪粪尿中氮的排出量。例如在配制猪日粮时加入适量的合成赖氨酸，猪粪尿中氮的排出量就可以降低四分之一。在配制猪日粮时加入合成赖氨酸、氨氨酸、苏氨酸等氨基酸，用这些氨基酸来补充蛋白质含量水平的不足，实现营养物质的均衡，那么猪粪尿中氮的排出量就可减少一半以上（陶新等，2007）。

③合理使用添加剂。在养殖过程中，养猪场使用的饲料添加剂品种要符合国家的规定，而且要严格控制饲料中添加剂的剂量，如铜、锌等金属元素添加剂不能过量使用；药物添加剂的使用要严格按照有关规定及标准，不能使用国家法律法规禁止使用的药物添加剂，国家规定的禁止在饲料和动物饮水中使用的药物品种；此外，可以在饲料中添加新型环保添加剂：益生素类、酸化剂类、中草药添加剂类、酶制剂类等，这些添加剂不仅有药物残留较低的优点，而且可以提高饲料中营养物质的利用率，减少它们在粪尿中的排泄量，从而减少对环境的污染。

例如，由于植物性饲料中含有大量的抗营养因子，这些抗营养因子阻碍了营养物质的消化和吸收，而只要降低饲料中抗营养因子的含量就能有助于营养物质的消化和吸收，从而提高饲料的利用率，减少污染物的排出。通常把酶制剂加在饲料当中，不仅可以补充动物的内源酶，还可以促进分泌更多的内源酶，内源酶可以消除抗营养因子，降低饲料中抗营养因子的含量，从而提高饲料的消化吸收率，减少猪粪尿中氮、磷等污染物的排泄量。例如，如果把1000酶单位的植酸酶加入1000克饲料中，那么原来不能被消化利用的磷元素中，就有三分之一的量可以重新被消化吸收（侯百枝，2007），磷元素的消化利用率明显提高，猪粪尿中磷元素的排泄量明显减少，从而减轻对环境造成的污染。

④改进饲料加工工艺。在对饲料进行加工时，要使用适当的加工方式，对饲料进行膨化、颗粒化等处理，有利于猪对饲料的消化吸收，提高饲料的利用率，从而减少猪粪尿中污染物的含量，降低对环境的污染。因为饲料的加工工艺与饲料的利用率密切相关，饲料中含有抗营养因子，这些抗营养因子阻碍着饲料中营养物质的吸收利用，而合适的饲料加工工艺可以消除抗营养因子，降低饲料中抗营养因子的含量水平，从而促进饲料的消化利用率。

⑤改进喂养方式。在实际养殖过程中，可以采用分阶段饲喂法满足生猪不同

生长阶段对营养的需求,尽量避免营养物质的浪费以及不足,最大限度地提高饲料的利用率,减少污染物的排放量,从而减少对环境的污染。由于动物的生长潜力存在差异,在不同的生长阶段动物对营养物质的需求也是不相同的,一般来说,饲喂阶段和不同营养水平的日粮种类分得越多越细,对降低猪粪尿中氮元素的排泄效果就越明显。有关研究表明,在猪的肥育后期,从原来的采用一阶段饲喂法改成采用二阶段饲喂法,猪粪尿中氮元素的排泄量就能减少8.5%(侯百枝,2007)。如果生猪的生长阶段从原来的两阶段变为四阶段,也就是由采用二阶段饲喂法变成四阶段饲喂法,那么猪粪尿中氮元素的排泄量就能减少8%(陶新等,2007)。

7.4.2.3 兽药管理

首先要坚决制止使用违禁药物,要选用正规厂家生产的安全兽药,厂商应该具有产品批准文号和兽药生产许可证,并能提供不含违禁药物承诺书。其次要严格按照说明科学使用兽药,尤其是要严格控制用药量、用药对象,严格遵守休药期规定。此外,猪场要实行用药登记管理制度,建立用药档案备查,记录包括兽药的来源、名称、使用对象、时间和用量等有关情况。

7.4.2.4 清粪工艺

清理猪粪尿时要采用干清粪工艺,不能采用水冲式和水泡粪清粪工艺。选择合适的清粪工艺能有效减少粪污对环境的污染,并能有效减少粪便中养分流失,保证肥料的价值。而干清粪工艺是粪尿一产生便分开处理,干粪被收集、清扫,尿和污水从下水道流出,采用干清粪工艺,干粪直接被收集,养分得到有效的保存,可制作出肥料价值高的有机肥;污水的产生量相对较小,且污水的污染物含量相对较低,处理起来相对比较容易。

7.4.2.5 粪尿污水处理

再循环原则是循环经济的其中一个原则。该原则针对的是输出端,要求出来的废弃物通过回收利用重新变成资源,实现废弃物的资源化,使其再一次进入经济活动的输入端,以减少废弃物的最终处理量,在环境方面最终实现污染的低排放甚至零排放。所以养猪场处理猪粪尿污水时,要采用各种技术,使废弃物重新变成可以利用的资源,猪粪可以经过相应的技术处理成为肥料、饲料,可以经过沼气技术的处理生成沼气、沼液和沼渣,养殖场产生的污水可以经过沼气技术等方法处理达标后排放。

7. 基于生猪养殖的环境友好型农业产业体系

(1) 肥料化

猪粪中含有大量的有机物，还含有氮、磷、钾等多种无机盐，是农业可持续发展中的宝贵资源。把猪粪进行无害化处理，使其转变成优质的肥料，用来提高土壤的肥力，还能有效减少环境的污染。猪粪肥料化处理技术有直接还田法、烘干法、堆肥法三种。但堆肥法是这其中效果最好的方法，是现在比较可行的、被各个国家普遍采用的、适合我国国情的一种方法。堆肥法是将粪便与辅料（麦糠、稻糠、粉碎的秸秆等）混合后，堆积在一场地，利用粪便中微生物的发酵作用，达到一定温度将大部分有害的病原菌和虫卵杀死，将有机物转化成为腐殖质，将其转变为优质的肥料。

所以应该在猪场推广堆肥技术，尤其是现代堆肥技术。此外，我国近几年兴起一种新型养猪技术——发酵床养猪法，被认为是一种无污染的养殖技术，使用此技术使猪在有机垫料上生长，产生的粪尿无需清理，而且垫料使用3年左右就可以用做生产有机肥，实现废物的再循环利用。

①自然堆肥法。传统的堆肥技术，即是自然堆肥法，不进行碳氮比的调整，不进行合适水分的控制，不进行微生物发酵菌剂的接种等，而且需要的场地面积大，发酵所需的时间长，影响了堆料的腐熟程度，形成的肥料肥力低。

②现代堆肥技术。现代堆肥技术是利用混合机将粪便和添加的物质按一定比例进行混合，使用机械进行物料的翻倒，可明显提高腐熟发酵的效果，缩短发酵所需的时间，这是现代堆肥技术和传统堆肥技术的重要不同之处。现代堆肥技术努力创造微生物发酵所需要的最佳条件：最佳的碳氮比、适当的水分和酸碱度、足量的氧气，并进行微生物发酵菌剂的接种以提高腐熟的效果，形成的肥料有利于作物的生长，如图7-1所示。

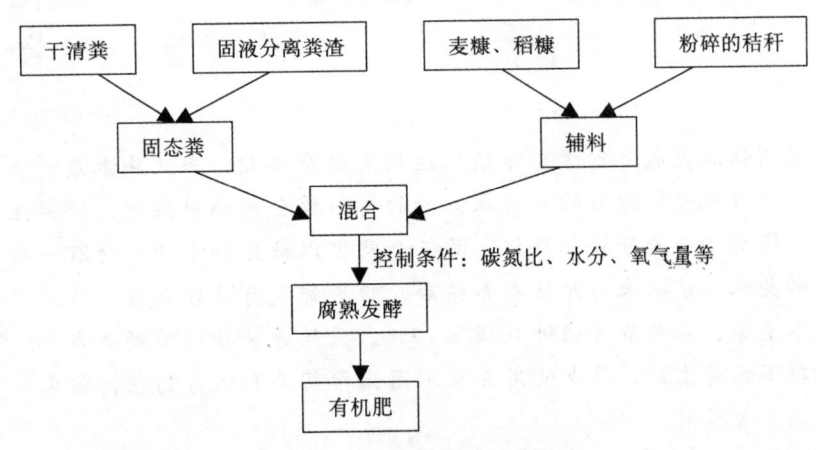

图7-1 猪粪的肥料化技术

③发酵床养猪法。发酵床养猪法的核心是发酵床技术,发酵床有两种,分为地下式和地上式。在地下水位比较低的地方,一般采用地下式发酵床——向地面以下挖 0.9~1 米后,填满有机垫料制成发酵床;在地下水位高的地方,一般采用地上式发酵床。垫料的原料可以选择锯末、稻壳、谷壳、米糠、玉米秸秆、花生壳等,有的会加上人工培育的土壤微生物。猪在这种有机垫料上生长,产生的粪尿是垫料中微生物菌群的营养物来源,在湿度等环境因子适宜的前提下有益微生物菌群不断的繁殖,这时粪便会被微生物降解。微生物持续发酵能使垫料保持较高的温度,抑制了细菌、病毒的繁殖,有利于猪的健康生长,饲料转化率也相应改善,可以减少兽药、疫苗的使用量,但维持较强的抵抗力,使生猪体内没有药物及有毒有害物质残留,提高了猪肉的安全性。此外,一般垫料使用 3 年之后就可以用作生产有机肥,实现废物的再循环利用。发酵床养猪示意图如图 7-2 所示。

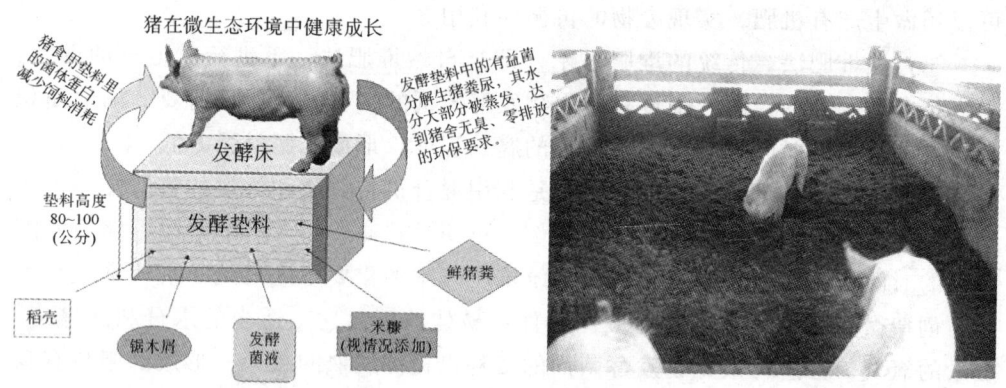

图 7-2 发酵床养猪

案例 7-1

江苏省镇江天成畜禽生态养殖场运用发酵床养猪,采用由木屑、土、盐和土著菌等有机垫料组成的发酵床,猪的排泄物会被垫料掩埋,经微生物菌发酵后,得到充分的分解和转化,两三天就可以被分解干净,没有一般养殖场常有的臭味。该场采用此技术养猪后,四年都没有清理猪圈,节约了劳动力、用水量等,且可节省饲料 10%~15%,平均每头猪可节约成本 90 多元。而且猪群不容易生病,很少使用甚至不用化学药品和消毒药物,猪肉中氨基酸含量高、质量好。

案例 7-2

江苏峻德生态农业科技有限公司采用现代农业微生物和生物床养殖技术，通过种养结合大棚，实施低碳健康养殖新模式，使用全粮食结合益生菌发酵饲料，利用益生菌结合中草药进行猪群保健，保障猪肉无抗生素、重金属残留，猪群精神状态完全不同于目前的集约化饲养场环境，在生物床上表现得健康、活泼。粪尿成为微生物源源不断的营养食物，被不断分解，猪与锯末垫料、微生物、猪粪尿等形成一个"生态链"，就像一个工厂的"车间"，不停地流水作业，各种有机物通过微生物这个"中枢"循环转化，无废料无残留、无粪便垃圾产生，使苍蝇蚊虫失去了生存的基础，猪舍卫生干净，实现粪污、二氧化碳零排放。空气清新，无异臭味。同时种养结合大棚内蔬菜能充分吸收猪生长过程排放的二氧化碳和氨气，实现有效的种养循环，达到无排放、无臭气、无污染，对环境、生态无任何影响，是保护环境、实施低碳畜牧业的有益尝试。

案例 7-3

江苏省阜宁嘉博生态科技发展有限公司则将猪养在高架床上，让粪尿通过漏缝漏进发酵床体，这样有利于通过机械翻动实现粪尿与垫料的搅拌和发酵，且在提高猪饲养密度的前提下猪生存环境得到有效控制，同时又避免了猪与发酵床体表面的直接接触，寄生虫病等得到了更好的控制。

(2) 饲料化

猪场可通过采用干燥法、发酵法等处理方式把新鲜猪粪变成干猪粪，干猪粪中各种营养成分钙、磷、粗蛋白、粗纤维的含量分别为 2.72%、2.3%、23.5%、14.8%，经过科学处理的干猪粪可作为鱼饲料应用到淡水鱼养殖业（王永强等，2005）。

干燥处理经常使用的方法通常有两种：自然干燥和器械干燥。自然干燥是将畜禽粪便（或者混入一定量的米糠）放置在水泥地面或者塑料布上，在自然条件下使其干燥。但是这种方法处理的效率不高，因为容易受季节和天气情况的限制。器械干燥则是使用干燥机来烘干畜禽粪便，但是这种方法使畜禽粪便损失了大量的养分并且机器的运行成本比较高。发酵处理的方法主要有自然发酵、堆积发酵以及瓦缸发酵等。养殖场可根据自己的规模大小以及粪便产生量的大小，采用合适的处理方法。

(3) 能源化

猪场推广沼气技术,可将沼气、沼液、沼渣综合应用于居民生活、种植业、养殖业,形成一个良性的物质循环过程,形成种植业—养殖业—沼气三者相结合的物质循环系统。

将产生的猪粪、污水与其他添加的物质混合,利用生物工程技术,在一定条件下对其进行厌氧发酵,在厌氧发酵过程中可以杀死病原微生物和寄生虫卵,实现猪粪、污水的无害化、资源化,最后产生沼气、沼液和沼渣。沼气是一种清洁能源,可以作为一种燃料用来烧水、做饭等,在蔬菜大棚中燃烧沼气而产生二氧化碳,实行气体施肥,可以使蔬菜明显增产。此外,沼气也可以用来发电,用于养殖场自身照明和生产用电等。沼液和沼渣既可以用作肥料也可用作饲料,沼肥可以返还农田以提高土壤的肥力,可以明显减少农作物病虫害的发生,还有使农作物增产的效果。沼液经过科学处理可以用来养鱼等;沼渣也可以用来养鱼。此外,沼渣还可以用来培育蘑菇等菌类,如图 7-3 所示。

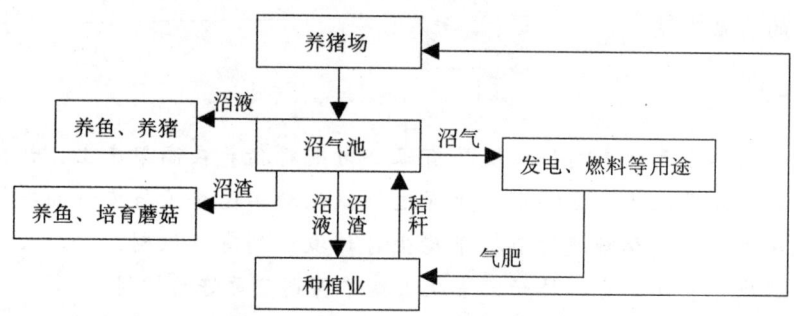

图 7-3 猪粪、污水的能源化技术

案例 7-4

现在一些养猪场以沼气技术为核心,发展了解决环境污染问题的环境友好型的模式。江苏省宜兴市兴望农牧有限公司位于宜兴市西渚镇白塔村,横山水库下游,太湖水系上游。公司创建于 2002 年,是集加工、养殖、种植为一体的规模化农业龙头企业,公司占地 670 亩,其中猪场 90 亩、苗木 250 亩、林果 130 亩、水稻 150 亩、鱼塘 50 亩,猪场年出栏商品猪大约为 11000 头。公司自 2002 年开始筹建猪场,首先把环境问题摆在规划建设中的重点来抓,高起点规划,高标准设计,打造绿色、生态、环保的花园式猪场。每条道路及每栋猪舍间都种植了花卉苗木，猪场绿化覆盖率达到了60%，不仅美化和改善了猪场的环境，而且也可以减少猪场臭味、粉尘、噪声对环境的污染。猪场的粪便处理开始只是采用简单的三级化粪处理，但随着养殖规模的不断扩大和国家对太湖流域污染治理工作要求的提高，按原有方法对污染的治理要达到治理排放要求还远远不够，为了减少养殖场对环境产生的污染，改善农村环境，改善太湖水质，公司在2005年12月申请了国家农业部大型沼电示范工程，共投资278万元，并在2006年5月建成投入使用，猪场粪便经过厌氧发酵制成沼气，沼气用于发电和猪生产、生活用燃料，产生的沼液、沼渣作为有机肥用于公司的苗木、林果、水稻种植基地，大力发展无公害农产品，真正做到了变废为宝，坚持走循环农业发展之路。

2008年公司在原有的环境治理基础上，对猪场内雨污分离系统进行改造，新建雨水、污水沟720米；猪舍内干粪全部由人工清扫出售，猪尿及冲洗水由污水沟汇总到沼气投料池，建设固液分离系统，排污沟基本上做到有盖板，避免有雨水流入，减少污染物总量。沼气发电工程所产生的沼液、沼渣通过1600米排灌沟渠用于公司的循环产业园，发展无公害种植540亩，既节省了农药、化肥又达到了治理污染的目的。

通过以沼气技术为核心，公司实现了猪场环境综合治理的模式，实现种养结合，改善了猪场的养殖环境，减少了太湖地区的水污染问题，实现了畜牧生产的良性循环。

（4）污水处理

养猪场的污水要处理达标后才能排放，养殖场的污水一般经两级处理就可达到排放或利用的要求，若对养殖场污水的排放要求比较高，可进行三级处理，如图7-4所示。污水处理的两级处理包括一级处理和二级处理，一级处理常采用沉淀池、固液分离机等设备将污水中的悬浮物和可沉降颗粒分离出去，在沉淀池沉降和固液分离之后，近一半的COD可以被除去，再进入厌氧池进行厌氧处理，杀灭一部分病原微生物。二级处理经常是使用生物滤池、生物转盘、活性污泥等方法，利用好氧生物进一步分解污水中的胶体和溶解的有机物，并继续杀灭病原微生物，最后也可进入水生植物塘进行过滤吸附，水生植物能有效地对污水进行深度处理，如果水面面积达到足够大，BOD水平可达到≤50mg/L的效果（邬文莉，2007；王永强等，2005）。

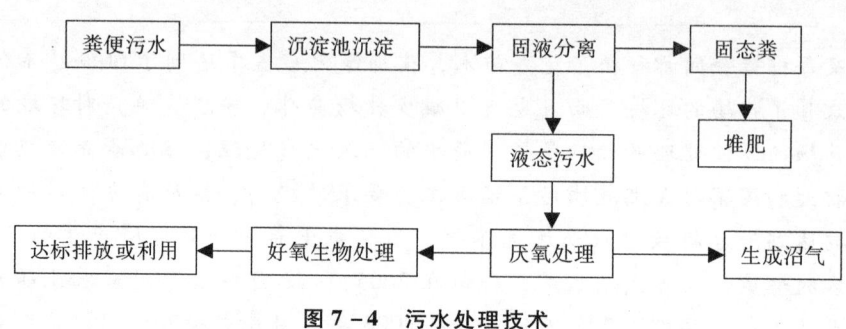

图 7-4　污水处理技术

7.5 构建环境友好型生猪养殖产业体系

环境友好型的生猪养殖产业体系由生猪养殖经营者的教育培训体系、投入品管理体系、疾病控制与预防体系、污染物控制体系、猪场 HACCP 管理体系五部分构成。前面四个体系是猪场 HACCP 体系的基础，猪场 HACCP 体系是其他四个体系的延伸。对于大型猪场，应该引导其采用猪场的 HACCP 管理体系。而对于目前还不具有条件采用 HACCP 管理体系的猪场来说，应该主要建立和完善生猪养殖经营者的教育培训体系、投入品管理体系、疾病控制与预防体系、污染物控制体系。

7.5.1　生猪养殖经营者的教育培训体系

生猪养殖中，只有规范了养猪者的生产操作能力，才能真正实现饲料及饲料添加剂的规范合理使用、兽药的规范合理使用，这不能仅仅依靠政府部门加大对猪场投入品管理的检查力度，更需要政府宣传投入品规范管理的理念，需要政府相关部门、猪场管理者、生产者、兽医等的共同努力，政府提供各种相关培训，养猪者要积极参加培训，以提高相关人员规范管理投入品的自觉性和操作能力。

针对养猪者进入门槛低的情况，政府应该面向从事养猪生产的人员进行生猪养殖绿色证书的资格认证，首先要由农业部制定相应的规范，确定养猪者需要参加的培训课程，培训内容要涉及养猪技术的各个方面，包括繁殖育种、饲料营养控制、疫病防治、环境控制、饲养管理以及猪场设计、猪场管理等，并由农业部指定专业的学校或培训机构开设培训课程，养殖者参加相关培训课程，成绩合格后才能获得养猪生产资格。这样就提高了生猪养殖者的进入门槛，提高了养猪者的养猪生产操作能力，使养猪生产操作更加规范合理。

7.5.2 投入品管理体系

在饮用水管理方面，养猪场应该选择水质较好的自来水作为生猪的饮用水，如果条件不允许，只能使用地下深井水时，饮用水应该经过检测合格后才能使用，同时还应该安装自动饮水器。

在饲料及饲料添加剂管理方面，首先要合理配制饲料：选择无污染、高品质的饲料原料、选择合理的饲料配方、合理使用饲料添加剂，还要改进饲料加工工艺和喂养方式。通过采取一系列的营养调控措施从饲养方面来治理生猪养殖带来的环境污染，此外，猪场要实行饲料及饲料添加剂使用登记管理制度，建立饲料及饲料添加剂档案备查，记录包括饲料及饲料添加剂的来源、名称、使用对象、时间和用量等有关情况。

7.5.3 疾病控制与预防体系

大型的猪场应该有专职兽医，猪场兽医应具备兽医执业资格或相应专业技能。中小型的猪场应当与当地的畜牧兽医站签订协议，通过畜牧兽医站等社会化服务体系来解决中小型的猪场的疾病预防与控制的难题，由专业人员对猪场的疫病防治工作进行定期巡查、指导，全部交给畜牧兽医站负责，通过契约猪场可得到畜牧兽医站专业人员的服务。这样一方面生猪养殖者无需考虑猪场疾病预防与控制的问题，可减少后顾之忧；另一方面畜牧兽医站专业人员的预防与控制可以有效地控制传染病，有针对性地治疗疾病，减少了滥用抗生素及兽药残留的风险。

对于猪的疾病控制和预防，要采取"预防为主，防治结合"的原则，苗猪要从正规的厂家购买，厂家应该具有营业执照、动物检疫证、卫生许可证等，引进的苗猪还要经过本场的兽医检查确定健康合格后才能正式使用；要以保健为主，增强猪的免疫力，尽量给猪提供良好的营养以及良好卫生的生长环境，饲养密度要适宜，不应过大，要做好猪疫病的主动免疫工作，定期预防接种。

猪场使用兽药时，不能使用违禁药物，要严格按照要求科学使用兽药，严格遵守休药期规定，要实行用药登记管理制度。

7.5.4 污染物控制体系

猪场清理猪粪尿时要采用干清粪工艺，然后可以采用饲料化技术把猪粪转变为鱼饲料应用到淡水鱼养殖业，可以采用堆肥技术把猪粪转变为肥料，可以采用沼气技术处理猪粪，生成沼气、沼液和沼渣，养殖场产生的污水可以经过沼气技术等方法处理达标后排放。此外，还可以在养猪场中推广发酵床养猪法。

7.5.5 猪场 HACCP 管理体系

对于大型猪场，应该在建立生猪养殖经营者的教育培训体系、投入品管理体系、疾病控制与预防体系、污染物控制体系的基础上，引导其采用猪场的 HACCP 管理体系。因为该体系的建立与实施，可以使养猪场发现其生产环节中存在的问题和漏洞，并使养猪场的生产操作更规范，生产管理体系更加规范。

河北裕丰实业股份有限公司京安分公司是从事生猪养殖的上市公司，是农业产业化国家重点龙头企业，国家生猪活体储备基地，国家农业标准化生产示范基地，年出栏商品猪 10 万头，种猪 5 万头。近年来公司依靠科学技术，注重产品质量，关注食品安全，在公司内部逐步建立了相应的质量管理体系。随着人们对食品安全关注程度的提高，公司提出了在公司内部实施 HACCP 体系的思路，2006 年公司开始建立实施 HACCP 体系，并请培训老师对公司的员工进行了相关培训。通过该体系的建立与实施，公司发现了生产环节中存在的问题和漏洞，使公司的生产操作更规范，公司生产管理体系更加规范，内部质量控制加强，权责更加清晰，目标更加明确，并促进了员工对提高公司产品安全管理的全面参与。

在生猪养殖过程中运用 HACCP 体系就是总结养殖过程中可能出现的所有食品安全危害，并采取一系列的控制措施。根据应用 HACCP 体系的七个原理可以建立七个步骤。

第一个原理是危害分析，是找出生猪养殖过程中可能存在的危害，这些危害会破坏最终的产品质量，然后分析各个危害的破坏程度，最终确定各项措施以最大程度减少或消除危害。

危害主要有工业污染对养殖环境的危害、养殖用水水质不达标的危害、劣质饲料以及饲料添加剂使用不当的危害、兽药使用不合理的危害、动物疫病的危害等。相应的控制措施主要有养殖场的选址要科学合理，要避开污染区域；养殖用水一定要检测达标；选择饲料要慎重，要向正规厂家购买，饲料的配方以及饲料添加剂的使用要科学合理；严格按照各项规定科学合理的使用兽药；努力健全疫病防治体系等。

第二个原理是确定关键控制点，是针对所找出的破坏程度大的危害，确立一个以上的关键养殖步骤，并在此步骤中运用相应的措施以实现最大程度地减少或消除危害。养殖过程中的关键控制点一般可归纳为六个，分别是引种、饲料、药物、疫苗、饲养管理以及销售装车。由于饲料、兽药、饲养管理这三个关键控制点的特殊性，本书将重点讨论三个关键控制点的情况。因为对这三个控制点有效监控的话，既可以有效控制兽药等有害物质在猪肉产品中的残留，又可以把兽药和一些饲料添加剂对环境的危害尽量降到最低。

在饲料关键控制点需要采取的预防危害的控制措施是：首先要保证购买的饲料是正规厂商生产，厂商必须具有产品批准文号、饲料添加剂生产许可证、产品检验合格证等，并能提供不含违禁药物承诺书。其次要对饲料成分进行检测，保证饲料的营养均衡，坚决不选用重金属以及一些有害物质含量超标的饲料。最后在饲料的储存过程中要保证饲料不被污染。

在药物关键控制点需要采取的预防控制措施是：首先要坚决反对使用违禁药物，要选用正规厂家生产的安全兽药。其次要严格按照说明科学使用兽药，尤其是要严格控制用药量、用药对象，严格遵守休药期规定。

在饲养管理关键控制点需要采取的预防措施是：一是要创造一个良好的养殖环境。二是要使用优质的饲料喂养。三是要科学合理的使用兽药，要明确用药方法，按规定控制用药量，严格遵守休药期规定，坚决反对使用违禁药物。

第三个原理是确定关键限值，是为了最大限度地减少或消除危害，而在关键控制点设置的控制危害的一个界限。

饲料关键控制点的关键限值为厂商必须具有产品批准文号、饲料添加剂生产许可证、产品检验合格证等，并能提供不含违禁药物承诺书。药物关键控制点的关键限值为厂商能提供营业执照、兽药经营许可证、产品批准文号等证明。饲养管理关键控制点的关键限值为兽药不过量使用等。

第四个原理是建立监控程序，是指对各个关键控制点进行观测，并把获得的观测数据与关键限值进行比较分析，及时监控各个关键控制点。

饲料和药物关键控制点的监控程序都是相关工作人员对饲料、药物进行相关证件的检查及质量的抽样检测。饲养管理关键控制点的监控程序是相关工作人员对生猪进行质量抽查。

第五个原理是纠偏行动，是指如果监控所获得的数据偏离了关键限值，就得找出原因，需要采取必要的措施来纠正偏离。

饲料和药物关键控制点的纠偏行动都是如果厂商不能提供产品的各项证明，或是产品经检验出现不合格的现象，就需要放弃采购这种产品。饲养管理关键控制点的纠偏行动就是把正处在休药期的待出栏生猪推迟出栏等。

第六个原理是验证程序，是为了证明在实施 HACCP 的养殖过程中，采取的各项措施能有效地控制可能出现的危害，把危害尽可能降到最低。如定期进行药物残留检测可以验证 HACCP 的实施效果。主管人员可以对各项记录进行复查，保证各项控制措施的正常执行。

第七个原理是记录保存程序，是指贯穿在 HACCP 养殖过程中的各项记录。与这三个关键控制点的记录包括产品的各项证明以及不含违禁药物的承诺书的提供记录、产品的检验记录、饲料和兽药的使用记录、环境消毒的过程记录、各项纠偏记录等。

但是，HACCP 体系应用在生猪养殖过程中并不是说能够完全保证猪肉的安全，而是说在养殖过程中就注重采取一系列措施来最大限度地保证产品的安全，不是仅仅依靠产品的最终质量检验来保证产品的安全。所以如果一旦出现产品质量问题，为了能更好地追溯，最大限度地减少危害，就需要引入可追溯体系，把 HACCP 体系与可追溯体系结合起来，能够保证产品的安全问题，减少质量安全事件带来的损失。

8. 研究结论与政策建议

8.1 主要研究结论

8.1.1 提高化肥使用效率的资源节约型农业产业体系的研究结论

本部分主要以江苏省为例，在农业面源污染给江苏省可持续发展带来负面影响的背景下，利用"压力—状态—响应"分析框架，分别从宏观层面和微观层面对江苏省农业面源污染及其治理予以经济学分析。考虑到总氮和总磷是水体富营养化的主要限制因子，本研究农业面源污染指标主要限定总氮和总磷两个指标。在宏观层面，利用单元调查法对江苏省农业面源污染总氮和总磷排放量进行估算；在引入环境生态因素条件后，验证江苏省农业面源污染的环境库兹涅茨曲线存在性及类型，并从理论和事实两方面分析了治理对环境库兹涅茨曲线的解释作用；实证分析已有农业面源污染治理政策因素对污染的治理效果。在微观层面，以农田化肥污染及对应的治理政策——配方肥技术推广政策为例，分析农业面源污染治理政策下农户响应行为。最后，以无锡市为例对农业面源污染及治理实践进行典型案例分析。

(1) 在确定江苏省农业面源污染主要来源途径的基础上,对江苏省农业面源污染排放总量进行估算和分析

①结合江苏省情况,确定农田化肥、农田农药、畜禽养殖、水产养殖、农田固体废弃物以及农村生活污染是农业面源污染产生的最主要污染途径。

②选择单元调查法对农业面源污染物总负荷进行估算,估算结果表明 2012 年江苏省农业面源污染总氮排放量为 45.32 万吨,总磷排放量为 5.83 万吨;1978 年江苏省农业面源污染总氮排放量为 22.75 万吨,总磷排放量为 3.18 万吨。改革开放以来,江苏省农业面源污染总氮、总磷排放量基本呈现稳步上升趋势,在 1997 年和 2007 年分别有两次下降。

③长期来看,江苏省各污染单元氮排放量占总氮排放量百分比由大到小分别是农田化肥、畜禽养殖、农村生活、农田固体废弃物以及水产养殖,数值分别达到 44.18%、33.38%、11.19%、9.09% 以及 2.71%;江苏省各污染单元磷排放量占总磷排放量百分比由大到小分别是畜禽养殖、农田化肥、农村生活、水产养殖以及农田固体废弃物,数值分别达到 54.29%、20.89%、19.06%、5.11% 以及 0.66%。畜禽养殖来源和农田化肥来源是农业面源污染排放的主要来源。

④从动态的污染变化率分解分析来看:1978 年到 2012 年间,农田化肥单元、禽畜养殖单元分别是驱动江苏省农业面源污染氮排放变化和磷排放变化的最活跃的因素。

(2) 本研究对江苏省农业面源污染量和经济增长是否符合环境库兹涅茨曲线(EKC)假说进行验证

从理论和实证两方面分析了治理对 EKC 的解释作用;并在 EKC 模型基础上加入环境约束条件后,对江苏省 EKC 曲线拐点级别和治理必要性进行重新判断与定位。

①在江苏省农业面源污染氮、磷排放量估算的基础上,对江苏省农业面源污染与经济增长的关系进行库兹涅茨曲线验证结果显示,江苏省农业面源污染排放与经济增长存在"倒 U 型"关系,这说明江苏省农业面源污染与江苏省经济增长与农业面源污染增长已有分离趋势,前者没有完全跟随后者的增长而增长,有逐渐下降趋势。

②在原先的环境库兹涅茨曲线中加入环境承受阈值线和安全警戒线以后,判断江苏省农业面源环境库兹涅茨曲线的污染水平不是理想中的 A 级水平,其拐点至少位于环境安全警戒线以上。再加上环境安全警戒线有继续下降的趋势,因此,有必要加强和加快对江苏省农业面源污染的治理工作。

③分别从理论和事实两个方面,分析治理对 EKC"倒 U 型"存在的解释作

用。事实方面,以农田化肥污染为例,分析得到其对应的治理政策——2005 年起开始全面实施的配方肥技术推广政策可能是农田化肥污染与经济增长"倒 U 型"关系存在的重要原因。

(3) 通过构建江苏省农业面源污染的经济影响因素模型实证分析了江苏省污染治理效果,并以无锡为典型案例分析了江苏省农业面源污染治理实践

①根据《总体方案》以及江苏省农业面源污染治理实践,按时间先后顺序将农业面源污染治理政策梳理成两个:一个是江苏省 2005 年开始全面实施的、旨在减少化肥施用量的配方肥技术推广政策;另一个是 2007 年太湖无锡段太湖蓝藻事件爆发后,江苏省政府启动的农业面源污染全面治理政策(简称全面治污政策)。其次,通过简单定量分析得到两个政策均有较明显的减污成效。

②构建江苏省农业面源污染经济影响因素模型,实证分析了治理因素对农业面源污染的影响,结果表明:2005 年起全面实施的配方肥技术推广政策对江苏省农业面源污染氮排放总量有负向影响,对磷排放没有显著影响。2007 年起实施的全面治理农业面源污染政策对农业面源污染氮、磷排放均有显著的负向效果。其他控制变量:农业经济规模对农业面源污染排放呈正向影响;养殖业在农业结构中比重上升对江苏省农业面源污染磷排放呈显著正影响,对氮排放影响不显著,说明养殖业比重增加会显著带来磷排放的增长;随着种植业结构粮经比下降,江苏省农业面源污染量有显著增加;农业技术进步对江苏省农业面源污染氮排放有显著的负向影响,对磷排放负向影响不显著;农村人口对江苏省农业面源污染氮、磷排放有显著的正向影响。

(4) 运用"压力—状态—响应"政策分析框架对无锡市农业面源污染治理实践进行分析

结果表明:

①农业中农田化肥、畜禽养殖、水产养殖、固体废弃物以及农村生活等给无锡市及周边流域生态环境带来压力,并直接造成周边流域环境质量的下降;政府部门已着手运用大量的强制型(如规划与标准的制定)、经济激励型(如绿肥补贴与有机肥补贴)、自愿计划型(如配方肥技术推广)等政策治理工具对农业面源污染进行响应与治理。

②在利用单元调查法估算得出无锡市农业面源污染量的基础上,进一步得到 2007 年、2008 年和 2009 年无锡市农业面源污染总氮分别较前一年减少 252.72 吨、570.41 吨和 294.64 吨,总磷分别较前一年减少 2.15 吨、45.84 吨和 19.76 吨,说明无锡市农业面源污染治理工作已初见成效。

③同时,无锡市农业面源污染治理本身并不是一个简单地牺牲农业的过程,

而是农业升级改造的过程，从量变到质变的过程。具体表现在三方面：第一，农业污染源减少；第二，农业规模和农业生产率稳步上升；第三，高效农业和生态农业得到长足发展。

（5）配方肥技术推广政策是治理化肥面源污染的典型源头政策

通过构建农户氮肥施用行为模型，以江苏省稻农为例实证分析了影响农户氮肥施用量的因素，以及分析农户的配方肥技术采用行为是否有减污效应。结果表明：治理政策特征对农户施肥量有显著的负影响，参加过化肥知识培训的农户施氮量明显少于不参加化肥知识培训的农户施肥量；用配方肥技术的农户施氮量显著少于不采用配方肥技术的农户，配方肥技术采用对农户施氮量存在明显负向影响。

（6）通过构建农户配方肥技术采用行为模型

首先运用 Probit 模型实证分析了影响农户是否选择配方肥技术的因素；其次运用 Tobit 模型实证分析了影响配方肥施用比例（采用强度）的因素。研究结果表明，在技术采用节本增效前提下，对于户主基本特征和家庭生产经营特征而言，农户科学施肥能力特征、市场环境特征以及治理政策环境特征对农户的配方施肥技术选择与技术采用强度有更显著的影响，具体而言：科学施肥能力越强农户更倾向于采用配方肥技术和更高的技术采用强度。市场环境特征中配方肥价格对农户的技术选择和技术采用强度均有显著的负影响。农户所在村化肥经销店的个数对农户的技术选择和采用强度均存在显著负向影响，主要原因就在于大多数村级化肥店不是农技推广部门指定的配方肥销售点，店内只有部分或完全没有配方肥出售，化肥店出于自身利益考虑会增加"促销"力度游说农户购买本店的非配方肥，对配方施肥技术采用行为产生负面影响，表现出配方肥销售的市场失灵。治理政策环境特征中是示范户、拿到配方卡、参加培训的次数越多以及所在乡培训总人数越多的农户越倾向选择配方施肥技术。就技术采用强度而言，拿到配方卡和参加培训的次数越多的农户，其配方肥施用比例越高。

8.1.2 提高机械使用效率的劳动资源节约型农业产业体系的研究结论

（1）中国农业机械化面临良好的发展机遇，但同时也存在一些现实问题

机遇主要表现为：①农机扶持力度不断加大；②农业劳动力成本快速上升，农村劳动力转移加速，农业机械化刚性需求增加；③高标准农田建设得到重视，农业机械化发展条件逐渐成熟。

问题主要表现在：①主要粮食作物机械化水平上升空间有限，蔬菜、林果机械化技术瓶颈较大；②经济作物、蔬菜、林果等机械化技术供给不足，关键环节机械化水平较低的主要原因是相关机械化技术供给严重不足，关键环节机械化技术与装备缺乏或不成熟；③能源价格波动影响农户从事农机作业的积极性；生产规模偏小制约装备结构优化。

（2）花生种植户机械化收获技术采纳的影响因素的分析结果表明

劳均花生种植面积、示范户、补贴因素、花生用地属于平原地形等因素对农户农机化技术的采纳整体上具有正向效应；而家庭主要农业决策者为女性、当地机械服务收费标准越高等因素对农户花生机械化收获技术的采纳具有负向影响。

8.1.3 环境友好型农药生产、流通、使用体系的研究结论

①从宏观上看，我国农作物病虫害发生面积和发生强度都呈持续上升的趋势，同时病虫害防治强度也不断上升，这表明，我国的农作物病虫害不仅危害作物面积逐年增加，而且由于气候、新虫害、抗药性等多种原因，防治的难度也逐年加大。在以化学防治为主的技术模式下，我国病虫害防治组织模式以一家一户为主、防治手段主要依靠人力手动背负式喷雾器，这种技术状态严重影响农药施用效率、病虫害防治效果并造成施药者安全问题和环境问题。随着病虫害的发生面积快速上升，化学防治压力不断加大，我国近年来农药使用总量直线上升，为应对病虫害发生趋势的变化和建设现代农业的需要，亟需发展新的病虫害防治组织模式，未来农业生产机械化综合合作社可能成为专业化防治主体。

②从农药法律、规章制度和管理来看，目前我国农药相关法律、规章制度和政策与其他法律法规存在抵触，管理制度不健全，需要进一步完善。特别是《危险化学品安全管理条例》中规定了生产经营台账制度、危险化学品经营销售实行许可制度，但是《农药管理条例》中没有相关规定。目前我国农药登记管理不规范，导致农药登记证滥发；农药企业许可、农药产品生产批准许可、农药产品生产许可等门槛较低，导致企业规模小、产品科技含量低、竞争力弱；农药经营流通中实施身份限制制度阻碍了农药产品流通业的健康发展，同时台账制度、经营许可制度等不健全；农药使用管理中，法律法规薄弱，高毒农药购买许可、使用许可制度等不健全。

③每个农户施药效率存在差异，因此有效施药量并非实际施药总量，通过分析农户对害虫靶标特性、作物靶标特性、气候条件、植保机械的技术状态与施药效果关系的分析，可以初步评价农户的施药效率，评价结果表明样本农户施药效率总体较低，平均只有61.01，仅基本懂得一些施药常识，这说明如果农户存在

过量施药行为，那么很大程度上是由于他们所掌握的相关知识欠缺、所采用的技术装备落后导致，并非故意为之。应加大宣传培训力度，改变其生产技术效率才能改变过量施药的状态。

④以往研究认为农户存在过量施药行为，存在农药边际净收益小于0的情况，是不理性的，然而这些研究没有考虑到每个农户生产前沿面的不同，考虑到每个农户施药效率差异的情况下，就会发现农户是理性的，其生产状态处于他所处的技术水平下的生产前沿面，大部分农户农药边际产品净收益接近于0，农药要素投入在他所处的技术水平下是接近最优的，他们在各种条件限制下依然追求利润最大化。

⑤可以将农户施药行为分为低效率施药行为、过量施药行为、不安全施药行为、非环境友好性行为等四类，不同行为的影响因素及影响方向和影响大小是不一样的，甚至不同作物间也存在显著差异。

对于农户低效率施药行为：

第一，按照对农户施药效率贡献程度排序，重要程度依次是家庭及经营特征、环境特征、个人特征。

第二，个人特征、家庭及经营特征变量、环境特征变量都会对粮油作物、经济作物和果园的单位面积施药量有影响，虽然方向和大小并不完全相同，但归纳起来，可以认为：掌握更多的施药知识（比如退伍军人可能就比其他人掌握得更多）、农产品的商品化率提高、植保服务社会化（让专业）、土地规模经营、使用大棚生产、批发销售、加强相关知识培训等措施，都将有助于降低单位面积农药施用量。

对于农户过量施药行为：

第一，环境特征变量中，江苏省相对湖北省和山东省，在小麦、水稻、油菜的种植上显著存在过量施药的情况，这主要是由于江苏省的农作物病虫害发生强度要远高于湖北省和山东省，影响了农药的使用效果，进而要避免单位农产品的损失需要施用更多的农药；对于宣传变量，接受农药施用宣传指导次数较多的农户，反而在小麦、水稻、黄瓜种植上存在显著过量施药的行为，这可能主要是由于宣传内容不仅与适量施药无关，反而包含鼓励过度施药的内容，因此宣传内容应科学化、专业化。

第二，种植黄瓜等蔬菜的农户更多考虑的是个人利益最大化，在现有市场监管机制下，农户更多考虑产品的外观和产量，而不是产品的安全问题。为了改变这一现状，政府应从农药供给和需求两方面入手，继续限制、禁止高毒农药的生产和施用，加强批发市场的农药残留检测。市场监管机制的变化将影响农户的利益函数，进而影响其行为。

对于农户不安全施药行为：

第一，农药的贮存、农药容器管理、个人防护、施药过程中的施药方式等是农药安全使用的几个重要内容，因此可以采用"能否辨认高毒高残留农药"、"是否使用有机磷高毒农药"、"是否使用过手套、口罩、面罩、眼罩、防护服等措施"、"施药时风向选择"、"施药时行走方式"、"植保机械是否存在'跑、冒、滴、漏'现象"、"农药是否存放在厨房或者粮食储存地"等几项指标评价农户不安全施药行为。

第二，通过对调研样本的不安全施药行为进行评判，发现样本农户不安全施药行为得分总体较低，平均只有39.76分，表明样本农户整体来看还是较为注重自身安全。在各项指标中，"是否使用过手套、口罩、面罩、眼罩、防护服等措施"得分率最高（76.35%），因为有63.56%的调研样本从未使用任何防护措施，20.52%的样本仅用其中一种；对高毒农药的认知得分率也较高（64.09%），半数以上的农户对这一问题的回答是"不是很清楚"或"不知道"或"不在意"；接着是施药时行走方式的得分率较高，有50.56%的样本采用了错误行走方式；其他指标得分率均在50%以下。

第三，个人特征变量中，受教育程度和施药效率都对不安全施药行为呈负向影响，也即是受教育程度越高和施药效率越高的农户，越会注重自身安全问题，而那些受教育程度低和施药效率低的农户，对施药涉及的自身安全问题重视不够，或者根本没有意识到应该去防范农药对自身的威胁。

第四，家庭及经营特征变量中，农业劳动力中男劳动力比重和主要农产品商品化率两个变量对不安全施药行为呈负向影响，但主要收入是否来源于农业对农户不安全施药行为呈正向影响。男劳动力比重越高的农户，在施药过程中会更加注意安全问题并加以防范，可能主要是因为男性由于在农村家庭中占主导地位，具有天生的社交优势并能优先接触到相关安全方面的知识宣传，因此更加注重安全；而主要农产品商品化率越高的农户跟市场接触得更紧密，会积极关注农药等各种生产资料相关信息，自然会有更多机会接触农药安全方面的知识，因此会更加注重安全问题；而主要收入来自于农业的那些农户，在调研样本大多处于小规模经营状态下，很可能就是那些参与市场能力较低，受身体、年龄的影响或其他能力限制而不能获得非农业就业机会的农户，因此他们在施药安全问题上并不重视，也可能他们根本没有意识到这个问题。

第五，环境特征变量中，湖北省的农户在施药过程中，相对江苏省和山东省的农户更加注重自身防护问题；而接受农技推广人员宣传的农户无论接受宣传次数多少，都要比没有接受过农技推广人员宣传的农户更加注重安全问题。因此，加强安全宣传对于农户安全施药具有重要意义。

对于农户非环境友好施药行为：

第一，农药对环境的影响主要在于土壤、空气、地表水、地下水、非靶标生物以及反复使用同种农药所导致的抗药性。因此，可以选择农户由于农药的错误使用和保管可能导致对土壤、空气、地表水、地下水、非靶标生物及抗药性产生影响的那些行为作为评价指标。如"农药飘洒到邻居地里情况"、"塑料农药容器处理方式"、"玻璃农药容器处理方式"、"多余农药处理方式"、"是否直接在水塘附近、河流里清洗喷雾器"、"自己家吃的粮食、蔬菜或水果和拿出去卖的用一样的农药吗"、"是否发现病虫害抗药性增强"等指标。

第二，农户对环境问题并不十分关注，特别是对农药容器处理方式上存在严重的随意性，绝大多数人随手扔掉农药容器。另外，有过半的农户直接在水塘附近、河流里清洗喷雾器；有高达79.69%的样本农户认为病虫害的抗药性在不断提高，这除了农户不注重环境问题导致以外，更主要的原因也在于我国农药科研开发落后，可选农药品种较少。

第三，个人特征变量中，身体较好和施药效率较高对非环境友好施药行为影响方向为负，也即是身体较好和施药效率较高的农户相对身体一般或较差和施药效率低的农户，其非环境友好行为越少，会更加注重环境问题。因此，应关注农民的健康问题，并通过培训提高农户施药效率，加强环境问题的宣传。

第四，家庭特征变量中，农业劳动力中40岁以上劳动力比重、家中有退伍军人、单块土地最大面积对非环境友好施药行为影响方向为负，而农业劳动力占家庭总劳动力比重的影响方向相反。

第五，山东省、江苏省的农户相对湖北省的农户非环境友好施药行为更加显著，具体原因需要进一步分析。但这充分说明外部环境对农户环境友好施药行为影响显著。

⑥要打破农户的低效率、不安全、非环境友好施药的技术状态，需要改变农户低文化、老龄化的状态，并引进先进的施药技术、施药装备和低毒农药，以及强化施药技术培训，而病虫害统防统治正好能够解决这些问题，统防统治的组织核心成员文化素质较高，病虫害防治技术掌握程度较高，年富力强，使用高效的施药装备，训练有素，能有效提高防治效果、效率，并且更能够有效保护生态环境，并且有利于先进施药技术、施药装备和低毒农药的推广使用。目前病虫害统防统治防治模式主要有社会化服务防治模式、合作社自有土地防治模式、大农场统一防治模式这三种典型模式，其中农业生产机械化综合合作社是今后专业化防

治组织发展的主要方向。其中：

第一，在土地经营权较为分散、土地经营权流转难度较大的地区，植保社会化服务是一种较好的统防统治模式。政府植保系统可以是有效的服务提供者，能够较大范围和规模组织统防统治，但存在多种问题，容易模糊政府与市场界限，自我良性发展能力差，只是一种过渡模式；农机专业合作社、粮油综合合作社等主体提供的植保社会化服务更具有生命力，但长期仍然还是会向合作社自有土地防治模式方向发展。

第二，在土地经营权较为分散、土地经营权容易流转的地区，通过土地经营权流转形成粮油合作社，进行规模经营，其植保作业效率更高、防治效果更好，而且遵循市场规律，可持续性较好，提供的主体可能是农机合作社（农机由于是现代农业所有生产资料中价值最高的要素，因此目前很多土地合作社首先就是以农机为核心进行横向联合，然后才发展到承包土地并进行生产、加工、销售，向纵向一体化方向发展的），也可能是粮油综合合作社。

第三，大规模农场经营模式，虽然使用技术先进，植保作业效率很高，资源节约、环境友好，但是中短期内只适应我国农垦系统和兵团系统，可作为我们国家农业经营的长期目标。

⑦完善我国农药管理制度，规范农药管理是构建我国资源节约型、环境友好型农药生产、流通、使用体系的关键。

8.1.4 环境友好型生猪养殖产业体系的研究结论

本部分基于HACCP原理分析了生猪养殖过程中造成环境污染的危害，发现在猪场选址与规划、投入品管理、兽药管理、清粪工艺、粪尿污水处理方面存在问题。根据2006年江苏主要畜禽养殖的数据计算可以看出，各种畜禽粪尿中，猪粪尿给环境带来的污染压力最大，猪粪尿污染是产生畜禽污染的主要原因，造成生猪养殖污染的原因有：农牧脱节、生猪养殖污染的环境监督管理薄弱、缺乏相关的利益联结机制、生猪养殖者的进入门槛低。

通过实地调查可以发现：一些猪场的选址与规划不合理；在被调查猪场中发现有51.79%的猪场与住房的距离少于50米，60.71%的被调查猪场建在公路旁边，外来病原容易导致场内猪群感染，造成疫病难以控制；猪场的选址与规划非常不合理，距离居民区比较近，有的猪场与水源的距离非常近，不少猪场没有建设废弃物及无害化处理区。

一些猪场为了追求经济利益，过量添加重金属微量元素添加剂（如铜、锌）；兽药使用不规范。调查发现，有65.93%的猪场从来没有受到假药或质量低劣兽药的侵害，但有26.37%的猪场曾经受到假药或质量低劣兽药的侵害。在休药期的了解方面，有46.15%的被调查者表示非常清楚这个规定，并能严格执行此规定，有15.38%的被调查者也表示非常清楚规定，但是有时会迫于市场情况而偶尔不能严格执行，有21.98%的被调查者表示对于这个规定了解一些，有7.7%的被调查者表示听说过这个规定但是并不了解，有3.3%的被调查者表示不知道这个规定。一些猪场滥用抗生素，尤其是在饲料中滥加保健促生长类抗生素，一些猪场没有严格执行休药期的规定。

使用地下水作为猪饮用水的猪场中，有61.29%的猪场没有进行地下水的检测。采用营养调控措施的猪场占的比例较低，为30.68%。大部分人对营养调控措施不了解，甚至相当一部分人没有听说过营养调控措施，人们对从生猪的养殖过程中去降低污染的认识还不够；选择干清粪方式的养猪场占的比例较高，达到了79.55%；在粪污处理方面，有37.5%的养猪场采用了沼气技术处理生猪养殖的污染物，这是防治生猪养殖污染的主要技术。

养殖规模、对污染的认识程度、对沼气技术了解程度、政府补贴因素对养猪场采用沼气技术有明显的正向影响作用，说明养殖规模越大，养猪场越倾向于采用沼气技术；经营业主认为养猪给周围环境带来的污染越严重，养猪场采用沼气技术来改善环境的可能性就越大；经营业主对沼气技术的了解程度越深，养猪场就越倾向于采用沼气技术；政府如果提供相关补贴支持养猪场采用沼气技术治理环境污染，那么养猪场采用沼气技术的可能性就越大。

通过运用HACCP原理，本书确定了养殖过程中能够控制环境污染的五个关键控制点为猪场选址与规划、投入品管理、兽药管理、清粪工艺、粪尿污水处理，并提出了要对猪场进行合理选址与规划、采用营养调控措施和保证饮用水水质、规范使用兽药、采用干清粪工艺、采用各种粪尿污水处理技术的控制措施，并在此基础上，构建了环境友好型的生猪养殖产业体系，由生猪养殖经营者的教育培训体系、投入品管理体系、疾病控制与预防体系、污染物控制体系、猪场HACCP管理体系五部分构成。

8.2 促进资源节约型和环境友好型农业产业体系的政策建议

8.2.1 提高化肥使用效率的资源节约型农业产业体系的对策建议

(1) 重视农业面源污染治理工作,加大农业面源污染治理力度

第一,在推动江苏省农业经济发展同时,切实引入生态环境限制条件,促进江苏省农业经济发展和环境质量协调发展。研究结果表明,江苏省农业面源污染与经济增长虽然呈"倒U型"关系,但是其拐点已超出了环境安全警戒值;同时,截止到2008年,江苏省农业面源污染治理"才刚开始启动"且"严重滞后"①,因此有必要在思想上进一步重视农业面源污染治理工作。

第二,加强污染来源识别和分类治理。研究结果表明,农田化肥和畜禽养殖分别是总氮和总磷排放的最主要贡献来源,畜禽养殖是近期以来农业面源污染总氮和总磷排放变化的主要驱动单元。因此,农业面源污染治理应以畜禽养殖和农田化肥为主要污染治理对象,同时需及早控制水产养殖污染,以免其污染进一步加剧。

第三,由应急治理向长久治理转变。江苏省相当部分污染治理政策(包括农业面源污染治理政策在内)均是一些应急治理政策,如对太湖沿岸土地利用方式、畜禽养殖等采取强制命令形式进行限制,在短时期确实起到了减污作用。但从长期来讲,应当出台一些既考虑民生又能调节农户行为的治理政策以实现对农业面源污染的长效治理。

第四,在江苏省范围内全面实施农业面源污染治理工作。目前大部分农业面源污染治理政策主要集中在苏南地区(如无锡等地),研究结果表明,以化肥为例,苏北诸市化肥施用强度并不亚于苏南地区化肥施用强度,说明江苏省除苏南以外,其他地区农业面源污染形势也不容乐观②。因此,应当在江苏省范围内全

---

① 引自《太湖流域水环境综合治理总体方案》。
② 只是没有以极端事件形式表现出来而已。

面推行农业面源污染治理工作。

第五，做好农业规划工作。各级政府应确立农业经济和环境协调发展原则，根据当地农业发展特点以及与河流湖泊的距离远近，规划好农业结构；优先发展生态农业、提高农业生产率，保证农业污染源削减后能够继续推进农业稳步发展。

（2）进一步加大测土配方施肥技术推广力度

宏观和微观两个层面的研究结果表明，测土配方施肥技术的减氮效果明显，因此，应当加大测土配方施肥技术推广力度。同时为提高农户配方施肥技术采用率，建议如下：

第一，将测土配方施肥技术推广工作做细做精。为提高农户采用率，需要保证测土工作常态化（如每年测土）以提高测土精度，用更因地制宜的小配方代替笼而统之的大配方；在经费有限的前提下，建议适度缩小配方肥推广面积，力争做细做精。对江苏省内种植地块按种植作物主要类别进行分区分块，对各区域内主要作物优先推行配方施肥技术，达到以点带面，逐步推进的效果。

第二，适当利用配方肥价格杠杆作用。研究结果表明，配方肥价格对技术采用行为有显著负影响，因此，建议适度降低配方价格和提高普通肥价格。

第三，深入开展教育培训工作。研究结果表明，教育培训对技术选择和配方肥施用比例均有显著正向影响，通过培训、教育提高农户科学认识和使用配方肥的能力，并结合舆论力量、农户从众行为等因素一起推动更多农户采用配方施肥技术。

第四，提高配方卡入户比例。配方卡本身是针对农户情况所制订"一对一"配方肥施用指南，是农户配方施肥的直接依据。研究表明，农户领到配方卡对技术采用行为有积极影响，因此，有必要做好配方卡入户工作。同时，在进一步提高入户比例基础上，要做好跟踪服务、指导工作，及时解决农户疑问，提高技术采用率和采用强度。

第五，加强对示范户指导，深度挖掘示范户的示范力量。研究结果表明，农户一旦成为"示范户"，其选择配方施肥技术倾向提高，但对配方肥施用比例没有显著影响，这说明目前农技部门对部分示范户的指导很大程度上仅止于该示范户已采用技术，有必要对示范户深入指导以提高其配方肥施用比例，进一步挖掘示范户的榜样力量。

第六，完善基层（村级）配方肥销售渠道。研究结果表明村级化肥店个数对农户技术采用行为有消极影响，主要原因在于目前负责配方肥销售的主体是大中型肥料产销企业，它们的基层（尤其是村级）销售渠道还不太健全，而其他普通村级化肥店没有或少有配方肥销售。因此为确保基层农民能及时买到放心配方肥，可引导大中型企业进一步运用连锁、超市、配送等现代物流手段完善村级供肥服务网络。

(3) 切实开展农业面源污染的全面治理政策

第一，加强全面治理。由于调整农业（农林牧副渔）结构和种植业结构、提高农业技术进步，加大治理投入，特别是研发一些有针对性的减污技术，能够对农业面源污染达到缓解效果，因此，在推动江苏省农业经济可持续发展时，应充分利用上述影响因素，对农业面源污染进行全面治理。

第二，加强源头治理。针对农户源头的农业面源污染治理工具主要有三种，分别是命令控制型工具、经济激励工具以及自愿计划型工具三种基本形式，测土配方施肥技术推广政策属于第三种政策。江苏省目前治理政策主要以强制性的命令控制型工具为主，经济激励工具和自愿计划型工具较少。命令控制型政策特别适用于污染治理工作的初期，可以集中一切政府力量做到"快刀斩乱麻"。在治理中后期，建议在了解农户行为机制基础上，进一步开发出能够有效激励农户自觉采用环境友好型生产、生活行为的税、费（包括补贴）以及技术推广政策，提高经济激励型政策和自愿计划型政策比例。继续推行绿肥补贴和有机肥补贴政策。

(4) 开展全民范围的环境教育宣传工作

除了上述利用各种政策进行农业面源污染治理以外，还需要多途径广泛宣传"可持续发展"理念，以及"环境保护，人人有责"理念，使农户对农业面源污染发生根源、种类、后果、减污渠道有所了解，推动农户自觉采用环境友好型生产与生活行为。

8.2.2 提高农机使用效率的劳动力资源节约型农业产业体系的对策建议

①从对花生机械化收获的制约因素进行分析得知，为了普及农业机械的应用，应从以下几个方面加以落实：第一，农业生产应朝着标准化的方向发展，包括统一用种、合理布局，提高农机农艺的相互适应性；第二，鼓励开展多种形式的土地流转，同时在条件合适的地区开展土地规划整理工作，将细碎和分散的土地逐步平整和集中起来，有利于机械化作业；第三，对农机社会化服务组织以及农户农机具购置进行重点政策扶持有利于农机的普及应用。

②在农机研发环节需要从以下三个方面着手：一是加大资源节约型环境友好型装备和工艺方面的研发投入。二是创新研发体系建设，开创农机研发新模式。

三是加强研发团队建设。首先是着力培育农机研发急需的高端人才和专家团队。

③在农机制造环节,一是要转变农机制造业发展方式,促进农机制造业转型升级,由"量的提高"向"质的提高"转变。二是培育本土具有较强国际竞争力的大型企业集团。三是尊重农机发展客观规律,转变服务理念。四是借鉴国外农机发展制造先进经验,缩小与国外发达国家之间的差距。

④在农机推广方面,首先要构建层次分明、分工明确的农机推广主体,充分发挥各主体的推广职能。其次要转变农机推广模式,提高农机科技成果转化效率。最后还要加强农机推广人员培训,转变服务意识。

⑤在农机社会化服务方面,应加大对农机专业合作社的扶持力度,消除农机专业合作社在资金、信息、人才等要素的获取、优化配置方面的障碍。在持续加大农机合作社的财政扶持力度之外,还应当塑造良好的金融环境和金融扶持政策,尽快建设成针对农机合作社的农机化信息服务系统。

8.2.3 促进环境友好型农药生产、流通、使用体系的对策建议

(1) 健全完善的农药管理制度与体制,加强市场监管力度

第一,完善登记制度,规范农药登记管理。主要做好以下四方面:①利用信息化手段建立责任可追溯制度,对于任一个农药品种的登记,可追溯到每一个执法环节的具体执法人员,每个执法人员要为自己的执法行为终身负责。②将农药检定系统纳入公务员系统,对行政收费和人员经费、公用经费的支出采取"收支两条线"的管理办法,避免农药检定系统工作人员将盈利作为工作目标。③取消临时登记制度。未获得正式登记的农药产品均不得参与销售。④加强监管,严惩违法、违规、不作为行为。

第二,提高农药生产门槛,加大打击非法生产力度,完善农药生产许可制度。应从以下几方面入手:①利用信息化手段建立责任可追溯制度,对于任一个农药品种的生产许可证发放,可追溯到每一个执法环节的具体执法人员,每个执法人员要为自己的执法行为终身负责。②提高农药生产许可门槛。将生产规模、注册资金等内容写入《农药产品生产许可证实施细则》,限制无自主研发能力、无自主知识产权的小企业进入农药产业。③鼓励农药生产企业开展高效、低毒农药研发,加大对拥有自主知识产权的农药产品的税收、财政等方面政策扶持力度。④严厉禁止"套牌"生产,加大对参与"套牌"行为的双方企业惩处力度。⑤加大制假企业的惩罚力度,追究制假主要责任人的刑事责任。⑥加强部门协调,将执法内容标准化、规范化、科学化,避免部门利益损害执法效果。

第三,放开农药经营主体限制,建立农药经营许可制度。应尽快放开对农药经营主体的限制,建立适合我国国情的农药经营许可制度,销售农药的投资主体投资单位需要按照相关场所、人员配备要求取得相应的销售资格,从业销售人员在接受一定的培训后需要取得从业资质证书。同时,通过经营台账、技术指导、违规处罚等措施加强对农药经营主体的供销行为管理、监督。最后,应大力鼓励农药连锁经营。

第四,建立高毒农药使用许可管理制度,加强废弃物管理。对专业化病虫害防治从业人员进行专业培训并认证;同时,规定高毒农药购买许可制度、使用许可制度,高毒农药购买时需持高毒农药使用许可证,并要求对高毒农药销售去向、用途进行记录;此外应加强农药废弃物管理,推行清洁生产。以市场为基础,利益为纽带,政府补贴或处罚为引导,构建剩余农药及容器回收处理机制、农药环境污染监督惩处机制等。

(2) 强化公共服务能力,营造良好外部环境

第一,强化公共服务能力,特别是加强专业知识的宣传培训、出厂和在用机具的抽样检测鉴定、先进施药机具与技术的推广,以不断影响农户家庭经营的规模化、专业化经营,和农户对施药效率、效果方面的知识掌握程度,并进而影响施药者这一微观主体的施药行为,改变农户的低效率农药施用状态,提高微观和宏观的农药施用效率。

第二,宣传培训内容应标准化、科学化,内容应包含如何提高施药效率和效果、保护自身安全、保护环境等多方面,宣传培训过程中,应充分考虑农户的微观特征以及农户年龄结构的变化动态。其中,农药安全使用方面,政府应宣传科学的农药贮存、农药容器管理、个人防护、施药过程中的施药方式,特别是要着重宣传自我防护措施和施药行走方式等对农户健康的重要性。

第三,加大农药、施药技术、植保机械等方面的科研投入力度,特别是对高效低毒农药、生物农药的投入力度,以及高效低量施药机械技术的投入力度,另外,也应加强高效物理病虫害防治的技术研发投入力度。

(3) 加快病虫害统防统治服务体系建设

只有通过病虫害统防统治,将科学的选药与用药方式、先进的施药技术、先进的施药机具、正确的防护措施进行集成才能将微观组织施药技术前沿面提升到一个较高的水平,才能打破低水平的技术状态,较大程度纠正经营规模小、文化程度低、老龄化等特征的小农户在较低技术前沿面时所导致的低效率、过量、不安全、非环境友好施药状态。

因此,政府应努力营造良好的外部环境,通过资金、技术、政策等各方面的扶持，大力培育各类病虫害统防统治服务组织，努力提升病虫害统防统治服务组织的装备水平、技术水平；通过植保专业化防治施药人员认证制度提高施药技术人员的专业知识水平和环境友好施药认识水平。通过这些措施，提高病虫害统防统治服务组织农药施用的生产前沿面，进而达到提高施药效果与效率、促进人畜安全与环境友好，以解决农药施用的"3E"问题。

各类病虫害统防统治服务组织中，特别应加大以土地、农机等要素为核心联合要素的合作社的发展力度，促进这些组织从横向联合向纵向一体化联合发展。该类组织将是未来我国农业生产的主体。

8.2.4 促进环境友好型生猪养殖产业体系的对策建议

（1）制定管理畜禽养殖污染的专门法规，加强对养猪场的环境监管

到目前为止，我国还没有一部完善的法律是专门针对畜禽养殖污染的，此外，《畜禽养殖污染防治管理办法》和《畜禽养殖污染排放标准》适用的养猪场仅是常年存栏量为500头以上的养殖场，低于该规模的养猪场不适用以上的管理办法和标准，但常年存栏量在500头以下的养猪场对环境造成的污染是不可以忽略的。所以建议有关部门对已有的防治畜禽养殖污染的法规进行细化研究，增强其可操作性，制定出防治畜禽养殖污染的专门性管理法规。各地也应该结合本地的实际情况，制定相应的实施细则，增强法规的可操作性。

同时要加强对养猪场的监管，对于新建、改建和扩建的生猪养殖场，必须按有关环境保护法律、法规的规定，进行环境影响评价，养殖场的污染防治设施必须与主体工程同时设计、同时施工、同时使用，根据各项要求严格办理有关审批手续。对已经出台的法律法规要坚决执行，依照法律规定严格防治生猪养殖污染。

（2）制订养殖业布局规划，控制畜禽养殖污染

环境保护部发布的《畜禽养殖业污染防治技术政策》通知要求，各地贯彻执行当地人民政府颁布的畜禽养殖区划，严格遵守"禁养区"和"限养区"的规定。

尽管在太湖流域和江苏省丹阳市已设定畜禽禁养区，江苏在省级层面上还没有制订畜禽养殖区划。建议在全省范围内制定畜禽养殖区划，平衡布点，做到种养平衡。可以借鉴广州市等地的经验，划分养殖区域类型，具体分为宜养区、限养区、禁养区三种类型。

禁养区包括生活引用水源保护区、基本农田保护区、长江、淮河及太湖等主要支流陆域 100 米以内的范围；大中型水库以及经批准的后备饮用水源等。

限养区包括国道、省道两侧及城市环城路外侧 500 米以内的范围；集镇规划区及人口居住比较集中的区域；长江、淮河及太湖等主要支流 100 米以外 500 米以内的范围；小型水库及山塘。

宜养区指除禁养区、限养区外的其他区域，可划定为宜养区范围。在宜养区也需要根据种养平衡的原则，控制畜禽养殖规模数量，在达到一定养殖规模数量后，政府有关主管部门将不再批准新建畜禽养殖场。

（3）建立与完善药品和添加剂的管理制度

①在大型猪场建立与完善药品和添加剂使用档案管理制度和日志制度。

目前农业主管部门在规模化养猪场及种猪场验收时明确规定必须设置专职兽医，建立药品和添加剂使用档案管理制度。但很多大型猪场并没有认真执行，也没有机构进行必要的后续检查。建议在大型猪场建立与完善药品和添加剂使用档案管理、药品和饲料添加剂的入库登记制度。专职兽医必须对使用的药品及饲料添加剂填写日志，记录长期保存。

有关部门不定期对猪场抽检，对仓库的药品、添加剂、入库登记数据、兽医填写的日志进行核对，一旦发现猪场使用违禁药品及添加剂问题，责任人必须免职，且终身不得进入该行业就业。

②在中小猪场推行社会化服务，通过外包来解决中小型猪场的疾病预防与控制难题。

调研发现，由于收费标准较高，养殖户为了降低成本，不愿意花钱请畜牧兽医站来防病治病，而是自己买药，不仅会延误病情，而且会造成药物滥用。同时一些畜牧兽医站没有足够的工作量导致其难以为继。建议运用政策措施促进中小型猪场与当地的畜牧兽医站签订协议，通过畜牧兽医站等社会化服务组织来帮助中小型猪场预防与控制疾病。可以对畜牧兽医站加大补贴力度，以降低养猪场获得畜牧兽医站疾病防治服务的支付成本（猪场支付一部分、政府补贴一部分），使畜牧兽医站最大限度地发挥其社会化服务作用，做好辖区内猪场疫病防治的培训、指导、服务工作，让养猪场用得起，让畜牧兽医站有积极性，并减少滥用抗生素及兽药残留的风险。

（4）积极开展 HACCP 认证试点，加强过程管理以促进养殖企业主动控制药物残留

目前农业主管部门正在推行的农产品质量溯源管理体系，属于事后管理。即使查出问题时，产品已流入市场，并产生危害。危害分析和关键控制点体系（HACCP）是预防性的食品安全控制体系，它强调对所有潜在危害进行分析，找出关键控制点，在关键点上采取预防措施，防止危害发生。1997年台湾地区暴发口蹄疫后，台湾养猪研究所开始在猪场推行HACCP认证，在引种、繁育、待栏、出栏、运输、饲料及饲料添加剂的采购及使用、兽药的采购及使用等环节确定关键点，明确控制措施，设定关键限值，使台湾地区的口蹄疫得到了有效的控制，取得了良好的效果。建议农业主管部门在生猪繁育、养殖、加工一体化企业进行HACCP认证试点，并运用政策和专项资金来推动，如，给予HACCP认证试点企业、试点项目适当补贴，在试点取得成功经验后再逐步在行业内推广。

建议在生猪繁育、养殖、加工一体化企业进行HACCP认证试点，政府有关部门可以通过政策和资金来推动，例如，可以给予HACCP认证试点企业适当补贴，或让企业申报HACCP认证的试点项目来获得经费。在试点取得成功经验后再逐步在行业内推广养殖业的HACCP认证。

（5）提高生猪养殖者的进入门槛，规范养猪生产操作

生猪养殖者没有准入制度会带来一些后果，如：①养殖经营者无知无畏，敢于无视行业内的技术规范；②素质太低导致新技术无法推广；③管理水平落后，导致决策失误。生猪养殖是一项技术性、专业性很强的工作。

欧盟已对生猪养殖者建立了准入制度。由于我国对生猪养殖者并没有准入制度，养猪者不需要经过培训、无需获得相关的资格证书就可以从事养猪行业。建议对于超过一定规模的猪场，政府应该面向其从事养猪生产的人员（包括经营者）进行生猪养殖绿色证书的资格认证。进入门槛分为技术门槛与管理门槛两类。由农业主管部门制定相应的规范，培训课程，编制统一教材。技术方面的培训内容包括：繁殖育种、饲料营养控制、疫病防治、环境控制等；管理方面的培训内容包括：相关法律规范、猪场选址、猪场设计、猪场管理、种养平衡、环境保护等。生猪养殖者参加相关培训课程，成绩合格后才能获得养猪生产经营的资格，减少外行进入生猪养殖业所造成的风险。

（6）建立相关利益联结机制

猪场可以参加生猪养殖的专业经济合作组织（如专业合作社、专业协会），由专业经济合作组织建立统一的管理机制，对各个猪场进行统一管理，如统一提供养殖品种，统一确定饲养的标准，统一提供疫病防治，统一提供各种养殖技术的指导与服务，统一进行污染物的处理利用，统一进行产品的销售等，这样既可以使生猪养殖的生产操作更加规范，达到统一的标准化生产，又可以使产生的猪粪等污染物统一进行处理，无需各个猪场担心污染物的问题，如专业经济合作组织可以与蔬菜种植基地等签订协议，为蔬菜种植基地等提供猪粪，由专业经济组织统一进行猪粪的收集、运送工作，无需各个猪场分别寻找猪粪的出路，这样就解决了猪粪的出路问题。

（7）农产品质量溯源管理体系属于事后追究型，需要和前期的管理措施相配合

目前农业主管部门正在推行农产品质量溯源管理体系，在出现问题以后可以从各个环节上查找责任人进行惩罚。然而目前的检查方式不是每个产品都检查，而是抽查，这就存在管理漏洞。生产者会产生侥幸心理来蒙混过关，即使查出问题时，产品已流入市场，并产生危害。"瘦肉精"猪肉、"三聚氰胺"牛奶事件就说明了事后处理的被动。所以质量溯源管理体系属于事后亡羊补牢型的措施，需要和前期的质量安全管理措施（如 HACCP 等）相配合才能充分发挥作用。

（8）加大政府对养猪场采用沼气技术的补贴力度

虽然生猪养殖会给环境带来一定的污染，但由于治理污染要有一定的投资，养殖场尤其是缺乏资金的养殖场在没有得到政府补贴的情况下，其采用沼气技术的主动性很低。由于养殖业的利润空间低，由养殖者全部承担治污的成本会给养殖者带来一定压力，而且治污成功后带来的环境效益是整个社会的。所以政府应该制定相关优惠政策，加大资金的投入，加大对沼气技术的补贴范围和补贴额度，使更多的养猪场得到沼气池建设的补贴，并且获得更高的补贴额，承担部分的治污成本，减轻养殖场采用沼气技术的经济负担，支持养殖者采取相关技术，进行养殖污染的治理。

（9）加大研究力度，研制低成本高效率的污染防治技术

由于养殖场不愿承担治理污染的成本，其采用沼气技术的主动性很低，所以有效降低污染的治理成本会大大激发养殖场采用相关技术治理污染的热情，要降低生猪养殖污染的治理成本，除了加大政府对采用相关技术的补贴力度外，最有效的方法就是研制出低成本高效率的污染防治技术，这需要加大研究力度，完善现有的污染治理技术，研制出更高效的技术，降低污染治理的成本，以较低的投入换来更高的环境效益。此外，也要加大绿色环保饲料的研发，鼓励养殖场使用绿色环保饲料，以提高营养物质的利用率，减少污染物的排放，从养殖的源头控制污染。

附 录

附录1　测土配方施肥项目农户访谈问卷

调查地点：_____省（区）_____县（市）_____
乡（镇）_____村户主姓名：_____固定电话：_____
手机：_____农户编号：_____访谈员：_____
访谈日期：_____访谈员电话：_____

1. 家庭人口情况

与户主关系编码：1=户主；2=户主配偶；3=父；4=母；11=长子；12=长媳；13=次子；14=次媳；21=长女；22=次女；23=三女…99=其他

姓名	与户主关系	性别 1=男 2=女	年龄 （周岁）	受教育 年限 （年）	是否 村干部* 1=是 2=否	2008年工作情况 （按50%以上 时间计） 1=务农； 2=务工； 3=经商； 4=其他	人口数	实际经 营耕地 合计 （亩）

注：以1亩=667m²计算

2. 2008/2009 年你家买了多少肥料

肥料品种代码：1 = 尿素；2 = 碳铵；3 = 二铵；4 = 氯化钾；5 = 硫酸钾；6 = 复合肥（包括作物专用肥）；7 = 配方肥（特指测土配方施肥）；8 = 过磷酸钙/钙镁磷肥；9 = 叶面肥；10 = 有机肥；11 = 其他（＿＿＿）；注：复合肥和配方肥可能购买多种，请按顺序标注数字

购买肥料（代码）									
购买量（斤）									
购买价格（元/斤）									
购买金额（元）									
购买时间（月）									

3. 2008/2009 年你家作物生产概况

作物名称	地块数	播种面积（亩）	总产量（斤）	出售数量（斤）

注：水稻请区分早稻、晚稻和单季稻，小麦区分冬小麦和春小麦，玉米区分春玉米和夏玉米。

4. 2008/2009 年作物生产情况（最主要的两种作物，分别选择最大的一块地调查，优先选择轮作作物）：

4.1 地块特征：

项目	作物 1 ＿＿＿＿	作物 2 ＿＿＿＿
地块方位（在本村的哪个方向）		
地块面积（亩）		
地貌特征（1 = 洼地；2 = 坡地；3 = 平地）		
灌溉特征（1 = 水田；2 = 水浇地；3 = 靠天地）		

续表

项目	作物1 _____	作物2 _____
土壤肥力特征（1=好地；2=中等；3=差）		
前茬作物		
前茬作物秸秆是否直接还田[1]（1=是；2=否）		
秸秆还田形式 （1=粉碎翻压；2=粉碎覆盖；3=其他（_____）		
是否套种[2]：（1=是；2=否）		
是否间作：（1=是；2=否）		
如果是，间作作物		

注：1. 直接还田不包括过腹还田；
　　2. 小麦收之前把玉米点种在地里也算套种。

4.2　2008/2009年主要耕作措施与产量：

项目	作物1 _____	作物2 _____
耕地：播种前是否耕地（1=是；2=否）		
耕地方式：1畜力；2机械旋耕；3机械深耕		
播种：种植品种名称		
品种类型：1=常规种；2=杂交种		
单位播种量（斤/亩）		
是否地膜覆盖（1=是；2=否）		
种植方式（1=直播；2=移栽；3=再生稻）		
种植或移栽时间（月，日）		
栽种方式（1=机械；2=畜力；3=人工）		
是否受到自然灾害（1=是；2=否）		
如果是，是什么灾害 （1=干旱；2=涝灾；3=冻害；4=冰雹灾； 5=其他___）		
灌溉次数		
防治病虫害次数		
施用除草剂次数		
中耕次数（锄地、培土、人工除草等）		
收获时间（月，日）		
收获方式（1=机械；2=人工）		
总产量（斤）		
单产（斤/亩）		

4.3 2008/2009年施肥技术情况：作物1：

肥料品种代码：1 = 尿素；2 = 碳铵；3 = 二铵；4 = 氯化钾；5 = 硫酸钾；6 = 复合肥（包括作物专用肥）；7 = 配方肥（特指测土配方施肥）；8 = 过磷酸钙（钙镁磷肥）；9 = 叶面肥；10 = 其他（请注明_____）

	项目	施肥品种			有机肥（斤/亩）
		第一种	第二种	第三种	
第一次基肥时间：__月__日	肥料名称/种类				
	养分含量(%)	N:__ P$_2$O$_5$:__ K$_2$O:__;	N:__ P$_2$O$_5$:__ K$_2$O:__;	N:__ P$_2$O$_5$:__ K$_2$O:__;	
	施肥量(斤/亩)				
	施肥方法	A□B□	A□B□	A□B□	A□B□
第二次基肥时间：__月__日	肥料名称/种类				
	养分含量(%)	N:__ P$_2$O$_5$:__ K$_2$O:__;	N:__ P$_2$O$_5$:__ K$_2$O:__;	N:__ P$_2$O$_5$:__ K$_2$O:__;	
	施肥量(斤/亩)				
	施肥方法	A□B□	A□B□	A□B□	A□B□
种肥时间：__月__日	肥料名称/种类				
	养分含量(%)	N:__ P$_2$O$_5$:__ K$_2$O:__;	N:__ P$_2$O$_5$:__ K$_2$O:__;	N:__ P$_2$O$_5$:__ K$_2$O:__;	
	施肥量(斤/亩)				
	施肥方法	A□B□	A□B□	A□B□	A□B□
第1次追肥：__月__日	肥料名称/种类				
	养分含量(%)	N:__ P$_2$O$_5$:__ K$_2$O:__;	N:__ P$_2$O$_5$:__ K$_2$O:__;	N:__ P$_2$O$_5$:__ K$_2$O:__;	
	施肥量(斤/亩)				
	施肥方法	A□B□C□D□E□F□G□H□	A□B□C□D□E□F□G□H□	A□B□C□D□E□F□G□H□	A□B□
第2次追肥：__月__日	肥料名称/种类				
	养分含量(%)	N:__ P$_2$O$_5$:__ K$_2$O:__;	N:__ P$_2$O$_5$:__ K$_2$O:__;	N:__ P$_2$O$_5$:__ K$_2$O:__;	
	施肥量(斤/亩)				
	施肥方法	A□B□C□D□E□F□G□H□	A□B□C□D□E□F□G□H□	A□B□C□D□E□F□G□H□	A□B□
第3次追肥：__月__日	肥料名称/种类				
	养分含量(%)	N:__ P$_2$O$_5$:__ K$_2$O:__;	N:__ P$_2$O$_5$:__ K$_2$O:__;	N:__ P$_2$O$_5$:__ K$_2$O:__;	
	施肥量(斤/亩)				
	施肥方法	A□B□C□D□E□F□G□H□	A□B□C□D□E□F□G□H□	A□B□C□D□E□F□G□H□	A□B□

基肥施用方法：A 撒施；B 条施（其中选一个）
种肥施用方法：A 肥种混播；B 肥种分播（其中选一个）
追肥施用方法：A 撒施；B 沟施；C 穴施（选一个）；D 灌水前施；E 灌水后施；F 降雨后施用；G 随水冲施；H 降雨前施用（选一个）

注：基肥为播种前施肥；种肥为随播种时施用；水田中：灌水前施即落干时施肥、灌水后施即水面撒施。

(1) 2008/2009 年该地块是否采用了测土配方施肥技术（_____）
1 = 是；2 = 不是
(2) 采用测土配方施肥技术的方式（_____）
1 = 直接采用配方肥；2 = 按配方卡（明白纸）自己配肥；3 = 由肥料经销商按配方卡（明白纸）配肥；4 = 由农技人员按配方卡（明白纸）配肥；5 = 农技人员推荐指导；6 = 作为示范/试验户；7 = 参照其他示范户或试验户；8 = 其他

4.4 2008/2009 年施肥技术情况：作物 2：

肥料品种代码：1 = 尿素；2 = 碳铵；3 = 二铵；4 = 氯化钾；5 = 硫酸钾；6 = 复合肥（包括作物专用肥）；7 = 配方肥（特指测土配方施肥）；8 = 过磷酸钙（钙镁磷肥）；9 = 叶面肥；10 = 其他（请注明_____）

项目		施肥品种			有机肥（方/亩）
		第一种	第二种	第三种	
第一次基肥时间：__月__旬	肥料名称/种类				
	养分含量(%)	N:__ P₂O₅:__ K₂O:__;	N:__ P₂O₅:__ K₂O:__;	N:__ P₂O₅:__ K₂O:__;	
	施肥量(斤/亩)				
	施肥方法	A□B□	A□B□	A□B□	A□B□
第二次基肥时间：__月__旬	肥料名称/种类				
	养分含量(%)	N:__ P₂O₅:__ K₂O:__;	N:__ P₂O₅:__ K₂O:__;	N:__ P₂O₅:__ K₂O:__;	
	施肥量(斤/亩)				
	施肥方法	A□B□	A□B□	A□B□	A□B□
种肥时间：__月__旬	肥料名称/种类				
	养分含量(%)	N:__ P₂O₅:__ K₂O:__;	N:__ P₂O₅:__ K₂O:__;	N:__ P₂O₅:__ K₂O:__;	
	施肥量(斤/亩)				
	施肥方法	A□B□	A□B□	A□B□	A□B□
第1次追肥：__月__旬	肥料名称/种类				
	养分含量(%)	N:__ P₂O₅:__ K₂O:__;	N:__ P₂O₅:__ K₂O:__;	N:__ P₂O₅:__ K₂O:__;	
	施肥量(斤/亩)				
	施肥方法	A□B□C□D□E□F□G□H□	A□B□C□D□E□F□G□H□	A□B□C□D□E□F□G□H□	A□B□
第2次追肥：__月__旬	肥料名称/种类				
	养分含量(%)	N:__ P₂O₅:__ K₂O:__;	N:__ P₂O₅:__ K₂O:__;	N:__ P₂O₅:__ K₂O:__;	
	施肥量(斤/亩)				
	施肥方法	A□B□C□D□E□F□G□H□	A□B□C□D□E□F□G□H□	A□B□C□D□E□F□G□H□	A□B□

续表

项目		施肥品种			有机肥
		第一种	第二种	第三种	(方/亩)
第3次追肥 __月__旬	肥料名称/种类				
	养分含量(%)	N:__ P₂O₅:__ K₂O:__;	N:__ P₂O₅:__ K₂O:__;	N:__ P₂O₅:__ K₂O:__;	
	施肥量(斤/亩)				
	施肥方法	A□B□C□D□E□F□G□H□	A□B□C□D□E□F□G□H□	A□B□C□D□E□F□G□H□	A□B□

基肥施用方法：A 撒施；B 条施（其中选一个）；
种肥施用方法：A 肥种混播；B 肥种分播（其中选一个）
追肥施用方法：A 撒施；B 沟施；C 穴施（选一个）；D 灌水前施；E 灌水后施；F 降雨后施用；G 随水冲施；H 降雨前施用（选一个）
注：基肥为播种前施肥；种肥为随播种时施用；水田中：灌水前施即落干时施肥、灌水后施即水面撒施。

（1）2008/2009 年该地块是否采用了测土配方施肥技术（_____）
1 = 是；2 = 不是
（2）采用测土配方施肥技术的方式（_____）
1 = 直接采用配方肥；2 = 按配方卡（明白纸）自己配肥；3 = 由肥料经销商按配方卡（明白纸）配肥；4 = 由农技人员按配方卡（明白纸）配肥；5 = 农技人员推荐指导；6 = 作为示范/试验户；7 = 参照其他示范户或试验户；8 = 其他

5. 被访者对测土配方施肥技术的认知和采用情况：

（1）您是否知道测土配方施肥（_____）：
1 = 知道；2 = 不知道
（2）您是什么时候听说的测土配方施肥（_____年）
（3）您通过哪种途径了解测土配方施肥（_____）
1 = 配方卡（明白纸）；2 = 农技人员入户指导；3 = 广播电视报纸书籍；4 = 亲戚邻居；5 = 村干部；6 = 其他测土配方施肥示范户或试验户；7 = 肥料经销商；8 = 农技部门组织的培训班；9 = 其他_____
（4）您是否拿到测土配方施肥的配方卡（明白纸）（_____）
1 = 是；2 = 不是
（5）如果是，您是否能够看懂配方卡（明白纸）吗（____）
1 = 能；2 = 不能
（6）如果得到了配方卡（明白纸），您是否按配方卡施肥（____）

1 = 是；2 = 不是

（7）您是否还拿到其他宣传材料（扑克、年画等）（_____）

1 = 是；2 = 不是

（8）是否在你家取过土（_____）

1 = 是,；2 = 不是

（9）如果取过土，您是否知道测土化验的结果（_____）

1 = 是；2 = 不是

（10）您家是不是测土配方施肥技术示范/试验户（_____）

1 = 是；2 = 不是

（11）如果不是，您是否知道测土配方施肥示范/试验户（田）（_____）

1 = 知道；2 = 不知道

（12）如果知道，示范/试验户（田）在哪（_____）

1 = 本村；2 = 本乡外村；3 = 外乡；4 = 其他（请注明_____）

（13）您家是否有人参加过测土配方施肥技术培训（_____）

1 = 是；2 = 不是

（14）如果参加过，参加测土配方施肥技术培训次数（_____）

（15）您参加测土配方施肥技术培训的讲课老师来自哪里？

1 = 县；2 = 乡；3 = 村；4 = 化肥企业；5 = 协会；6 = 大学或研究所；7 = 其他_____

（16）您家是否采用过测土配方施肥技术（_____）

1 = 是；2 = 不是

（17）如果采用了，哪些作物采用过_____、_____、_____、_____。

（18）你家是_____年开始采用测土配方施肥技术的。

（19）请问近3年你是否当面接受过农技人员的施肥技术指导？（_____）

1 = 接受过；2 = 未接受过；

（20）您觉得哪种测土配方施肥技术推广方式最好？（限选一项）（_____）

1 = 直接采用配方肥；2 = 按配方卡（明白纸）自己配肥；3 = 由肥料经销商按配方卡（明白纸）配肥；4 = 由农技人员按配方卡（明白纸）配肥；5 = 农技人员推荐指导；6 = 作为示范/试验户；6 = 参照其他示范户或试验户；8 = 其他

6. 农户施肥技术认知和施肥变化情况

（1）您知道符号 N、P_2O_5、K_2O 的含义吗？（_____）

1 = 知道；2 = 不知道

（2）您知道肥料包装袋上 15 – 15 – 15 的含义吗？（注：该选项由调查员根据判断选择）

1 = 知道；2 = 不知道

（3）您认为"施肥越多、产量越高"的说法是否正确？（_____）

1 = 是；2 = 不是

（4）近几年你家哪些肥料的施用量增加较多？（最多 2 项）（_____）

1 = 尿素；2 = 碳铵；3 = 二铵；4 = 氯化钾；5 = 硫酸钾；6 = 复合肥（包括作物专用肥）；7 = 配方肥（特指测土配方施肥）；8 = 过磷酸钙（钙镁磷肥）；9 = 叶面肥；10 = 有机肥；11 = 其他（请注明_____）

（5）近几年你家哪些肥料的施用量减少较多？（最多 2 项）（_____）

1 = 尿素；2 = 碳铵；3 = 二铵；4 = 氯化钾；5 = 硫酸钾；6 = 复合肥（包括作物专用肥）；7 = 配方肥（特指测土配方施肥）；8 = 过磷酸钙（钙镁磷肥）；9 = 叶面肥；10 = 有机肥；11 = 其他（请注明_____）。

注：上述问卷为江苏省土肥站 2009 年 8 月调研所用问卷。

附录2 农户化肥使用行为调查问卷

调查地点：_____市_____县（区）
_____乡镇_____村

1. 你家2009是否用了配方肥（特指测土配方肥，农技部门施肥建议卡推荐的配方肥或按方现配的掺混肥，一般在农技部门指定销售点有售）_____

    A. 是 B. 否

2. 配方肥主要用于哪些农作物，请填写：_____。

3. 据您所知，您所认识家庭中大概有_____%的比例在用（测土）配方肥。

4. 您家土地质量（地力水平）_____。

    A. 好 B. 较好 C. 一般 D. 较差 E. 太差

5. 您是否能看懂化肥袋说明书，看得懂吗_____。

    A. 是 B. 否

6. 您家2010年种植情况：

6.1 每亩成本收益情况：

作物	种植面积（亩）	平均亩产（斤）	销售比例（%）	平均出售单价（元/斤）	每亩投入成本（单位：元/亩）						受灾减产比例表备注
					化肥费	农药费	种子费	机械费	灌溉等水电费	雇工费	其他费	
水稻											
小麦											

备注：受灾减产比例，是指因自然灾害导致产量减少占正常年份产量的比例（单位:%）。

水稻生产中：

您自家有____人参加，平均每人工作____天；另雇佣____工人，各工作____天。

小麦生产中：

您自家有____人参加，平均每人工作____天；另雇佣____工人，各工作____天。

6.2 每亩化肥使用情况，填用量由多到少的前四种化肥（包括有机肥）

肥料品种代码：1＝碳铵；2＝二铵；3＝复合肥（包括作物专用肥）；4＝配方肥（特指测土配方肥）；5＝过磷酸钙（钙镁磷肥）；6＝氯化钾；7＝硫酸钾；8＝商品有机肥。

填写目的：所有信息用于计算出化肥 N、P、K 使用量。养分含量请参考化肥包装袋。

	项目	每亩施肥品种及数量（养分含量可参考化肥包装袋）			
		第一种	第二种	第三种	第四种
水稻	品种代码	尿素			
	养分含量(%)	N <u>46</u>	N __ P_2O_5 __ K_2O __	N __ P_2O_5 __ K_2O __	N __ P_2O_5 __ K_2O __
	施肥量(斤/亩)				
	购买价格(元/斤)				
		第一种	第二种	第三种	第四种
小麦	品种代码	尿素			
	养分含量(%)	N <u>46</u>	N __ P_2O_5 __ K_2O __	N __ P_2O_5 __ K_2O __	N __ P_2O_5 __ K_2O __
	施肥量(斤/亩)				
	购买价格(元/斤)				

7. 其他信息 1（使用配方肥，填 7.1、7.2、7.4；不使用配方肥，填 7.1、7.2、7.3）：

7.1 请问您家 2010 年接受农技推广部门施肥技能培训或现场指导的次数是 _____ 次。

7.2 您所知的、距离您家最近的配方肥销售店与您家之间距离是 _____ 里（不知道写 0）。

7.3 如果您没有使用配方肥，最主要的原因是：_____。

7.4 如果您使用配方肥，您认为使用后比使用前：水稻亩产平均增加 _____ 斤，每亩成本增加 _____ 元；小麦亩产大概增加 _____ 斤，每亩成本增加 _____ 元（若减少，则填负数）。

8. 其他信息 2：

8.1 户主性别 _____

A. 男　B. 女

8.2 户主年龄 _____ 周岁

8.3 户主教育程度 _____ 年（受教育年数）

8.4 是否是村干部_____
A. 是   B. 否
8.5 2009年工作情况（按50%以上时间计）_____
A. 务农   B. 务工   C. 经商   D. 其他
8.6 家庭人口_____人
8.7 家庭年总收入大概_____万元，其中种田收入比例_____%
8.8 您姓名_____
8.9 联系电话_____（保密，仅用于信息核对）。

注：上述问卷为2010年寒假调研中所用问卷。

附录3 农户农药使用行为调查问卷

尊敬的农民朋友：

您好！

我们是南京农业大学的研究人员。首先非常感谢您抽出宝贵时间填写本问卷。本问卷主要调查农户使用农药的相关情况，调查目的是为了摸清目前我国农户使用农药的现状、问题，以便于为国家提出制定相关政策的建议，使农户更加安全、高效地使用农药。如果您在填写问卷的过程中存在任何疑问，请及时咨询我们的调查员。最后，再次感谢您的帮助。祝您全家幸福健康！

注：本问卷只能访问家庭中从事农业生产的人，如果没有聘请他人打农药，访问对象必须是家庭中主要负责打农药的人，否则问卷无效。

南京农业大学
2009 年 7 月

调查时间：_____ 调查员姓名：_____ 问卷编号：_____
调查地点：_____省_____市_____县（区）_____镇_____乡_____村
户主姓名：_____ 农户家庭电话：_____

1. 访问对象基本情况：

性别（1＝男，0＝女）	年龄（岁）	学历（1. 小学及以下；2. 初中；3. 高中；4. 大专及以上）	身体状况（1. 较差；2. 一般；3. 很好）

2. 家庭基本情况：

家里是否有党员（1＝是，0＝否）	是否有退伍军人（1＝是，0＝否）	是否有村干部（1＝是，0＝否）	家庭总人口数（人）	劳动力人数（人）	其中：专门从事农业生产人数

续表

农业劳动力中男劳动力人数	农业劳动力中40岁以上人数	其中：小学以下（人）	初中（人）	高中（人）	大专以上（人）

注：教育程度的调查是针对家庭劳动力中农业劳动力的调查。

3. 您家2009年实际的种植面积（　　　）亩（包括租入地、代种地，如果自己的土地已租出，则不包括在内），您家土地（包括田）地块数（　　　）块，最大那块土地多少亩（　　　）亩，最小那块土地多少亩（　　　）。

4. 2008年您家主要收入来源为？（单选）（　　　）

　A. 农业经营收入_____元　　B. 非农业经营收入_____元

　C. 工资收入_____元　　D. 其他收入_____元

5. 您家的农药喷雾器属于下列哪一种？（多选）（　　　）

　A. 背负式手动喷雾器，药箱容量为_____升（L）

　B. 机动喷雾器，药箱容量为_____升（L）

　C. 烟雾机，药箱容量为_____升（L）

　D. 其他_____

6. 今年您家里的农作物使用过下列哪些农药？（多选）（　　　）

　A. 甲胺磷　　　　B. 甲基对硫磷　　　C. 磷胺

　D. 对硫磷　　　　E. 久效磷　　　　　F. 生物农药

　G. 涕灭威　　　　H. 克百威　　　　　I. 水胺硫磷

7. 您能辨别出水稻、油菜和黄瓜等作物的每一种病虫害吗？（单选）（　　　）

　A. 我能够完全准确辨别　　　　　　B. 我能够辨别大部分病虫害

　C. 我能辨别一小半病虫害　　　　　D. 我只能辨别一两种病虫害

　E. 我完全不认识

8. 如果发生了病虫害，您是如何选择农药的？（多选）（　　　）

　A. 根据病情和以往经验选择农药

　B. 向农药销售人员描述病情，根据农药销售人员的推荐选择农药

　C. 向乡镇技术人员描述病情，根据技术人员的指导选择农药

　D. 别人说什么农药有效果就买来试一下，主要看别人用什么药

　E. 买农药的时候看看说明书，如果能够治相应的病虫害就买那种药

　F. 其他_____

9. 在施药过程中，您家喷雾器的药箱、唧筒连杆处、胶管、喷头和开关等部位是否存在药液"跑冒滴漏"的现象？（单选）（   ）

    A. 存在，而且很严重　　　　　　　　B. 存在，但不是很严重

    C. 完全没这个问题

10. 对不同作物，不同的生长时期，您家在喷洒农药时有没有更换不一样的喷雾器或者喷头？（单选）（   ）

    A. 有　　　　　　　　B. 没有

11. 您有没有在有大风的天气或者雨后不久打过农药？（单选）（   ）

    A. 有　　　　　　　　B. 没有

12. 您有没有在有正午高温烈日的情况下打过农药？（单选）（   ）

    A. 有　　　　　　　　B. 没有

13. 您觉得是不是农药用得越多，效果越好，用农药把作物浇透了效果最好？（单选）（   ）

    A. 是的，农药用得越多效果当然越好，只是要花钱

    B. 不是，农药用多了是浪费，都洒到地里了

14. 您家2008年种植的主要农作物从种到收的主要投入与产出情况：

作物	种植面积	总产量（市斤）	销售量（市斤）	总销售收入（元）	消耗几个人工（天*人）	用了多少钱的化肥（元）	耕地环节有多少工作量是机械完成的（%）	播种环节有多少工作量是机械完成的（%）	收获环节有多少工作量是机械完成的（%）	是否使用大棚生产该作物（如果是请在所选答案上打"√"）	零售还是批发（在所选答案上打"√"）	是否出口（如果是请在格内打"√"）
小麦	__亩__分	___斤	___斤	___元								
稻谷	__亩__分	___斤	___斤	___元							零售 □ 批发 □ 都有 □	
油菜	__亩__分	___斤	___斤	___元							零售 □ 批发 □ 都有 □	
黄瓜	__亩__分	___斤	___斤	___元							零售 □ 批发 □ 都有 □	
苹果	__亩__分	___斤	___斤	___元								
柑橘	__亩__分	___斤	___斤	___元							零售 □ 批发 □ 都有 □	

15. 您有没有和企业签订农产品收购协议？（单选）（　　）
    A. 有，大部分产品是通过协议收购的
    B. 有，但只有少部分是通过协议收购的
    C. 没有
16. 如果和企业签订农产品收购协议了，该企业是否会检测农药残留？（　　）
    A. 检测　　　　　B. 不检测
17. 您家2009年种植的主要农作物农药使用情况：

作物	使用主要农药名称	农药规格：克/瓶（盒）	农药价格：元/瓶（盒）	农药用量：瓶（盒）	每亩打几桶（药箱）的药水	如果不打药，产量会损失多少（%）	是自己家打的药？还是请专业的植保队打药？
水稻	①						□自己家打的药
	②						□请专业人员打的药，收费____元/亩
	③						
	④						
油菜	①						□自己家打的药
	②						□请专业人员打的药，收费____元/亩
	③						
	④						
黄瓜	①						□自己家打的药
	②						□请专业人员打的药，收费____元/亩
	③						
	④						
苹果	①						□自己家打的药
	②						□请专业人员打的药，收费____元/亩
	③						
	④						
柑橘	①						□自己家打的药
	②						□请专业人员打的药，收费____元/亩
	③						
	④						

附　　录

18. 如果您家附近有专业的植保队或专业打药的人，您对他们有何看法？（多选）（　　　）

　　A. 收费太贵了　　　　　　　　　　B. 打药不认真，偷工减料
　　C. 打药时以次充好，打假药　　　　D. 收费合理，价格公道
　　E. 打药效果比自己打好，效率也高　F. 其他_____

19. 您所在乡镇有没有技术人员通过各种形式来指导您如何使用农药？比如通过发放农药使用技术指导宣传单、培训、现场示范等形式（单选）（　　　）

　　A. 有，次数还比较多　　B. 有，但很少　　C. 完全没有

20. 您知道哪些农药是高毒高残留农药吗？（单选）（　　　）

　　A. 知道　　　B. 知道一两种　　C. 不是很清楚
　　D. 不知道　　E. 没在意
　　如果知道，请列出名称：_____

21. 您家里的农药是否存放在厨房或者储藏粮食的地方？（单选）（　　　）

　　A. 没有，离得很远　　B. 没有，但是也离得比较近　　C. 是的

22. 如果农药的包装容器是塑料的，农药用完后，您通常是如何处置包装的？（单选）（　　　）

　　A. 随手扔掉　　　　　　　　　　B. 当柴烧煮饭
　　C. 和其他垃圾一起露天焚烧掉　　D. 洗干净后用来装水喝
　　E. 其他_____

23. 如果农药的包装容器是玻璃的，农药用完后，您通常是如何处置包装的？（单选）（　　　）

　　A. 随手扔掉　　　　　B. 扔到河里
　　C. 堆在家里不用　　　D. 洗干净后用来装水喝
　　E. 其他_____

24. 您在打农药时是否使用过手套、口罩、面罩、眼罩、防护服等措施？（单选）（　　　）

　　A. 每次打药都要使用以上措施 3 种以上
　　B. 每次打药都要使用以上措施中的 2 种
　　C. 每次打药都要使用以上措施中的 1 种
　　D. 从来没有使用过

25. 如果您在打农药的时候从来没有使用过手套、口罩、面罩、眼罩、防护服等防护措施，原因是什么？（多选）（　　　）

　　A. 麻烦　　　　　　B. 咱们农民身体没那么娇贵，没必要那个花钱

C. 穿着这些东西太热了　　D. 从来没用过这些东西，不习惯

E. 穿这些东西太滑稽了　　F. 想不起来要戴这些防护措施

G. 其他_____

26. 您在给作物打药的时候，您是倒退着打药呢还是前进着打药？（单选）（　　）

　　A. 倒退　　　　　　　　B. 前进

27. 您在给作物打药的时候，如果有风，您是顺风打药呢还是逆风打药？（单选）（　　）

　　A. 顺风　　　　　　　　B. 逆风

28. 您有没有发现这几年同样的病虫害，需要的农药越来越多？（单选）（　　）

　　A. 发现了　　　　　　　B. 没感觉

29. 您在给作物打药的过程中，有没有发生过农药飘到邻居的作物上的情况？（单选）（　　）

　　A. 经常发生　　　　B. 偶尔　　　　C. 从来没有过

30. 如果农药用不完，您是否直接把农药倒在田里、地里或者附近河流中？（单选）（　　）

　　A. 我经常把剩余的农药倒在田（地）里作物上

　　B. 我经常把剩余的农药倒在河里

　　C. 从来没有把剩余的农药随便倒过

31. 您是否直接在水塘附近、河流里清洗喷雾器？（单选）（　　）

　　A. 通常是这样　　　　B. 偶尔才这样　　　　C. 从来没有

32. 您自己家吃的粮食、蔬菜或水果和拿出去卖的用一样的农药吗？（单选）（　　）

　　A. 不一样，自己家吃的不打农药，拿出去卖的才打农药

　　B. 不一样，自己家吃的打的其他低毒农药，拿出去卖的打高毒农药

　　C. 不一样，自己家吃的打的农药少一些

　　D. 一样的

　　如果不一样，主要原因是？_____

_____

_____

34. 您觉得目前您在病虫害防治方面遇到的最大困难是什么_____

附录4　生猪养殖行为调查问卷

调查地：_____省_____市_____县（区）_____乡（镇）

您好！我们是南京农业大学经济管理学院的硕士研究生，来贵单位进行养猪情况调查，本次调查所得数据完全用于学术研究，非常感谢您的支持！

一、总经理的基本情况

1. 贵单位总经理的年龄：
A. 30周岁以下　B. 31~50周岁　C. 51周岁以上
2. 贵单位总经理的文化程度：
A. 小学及以下　B. 初中　C. 高中　D 中专　E. 大专及本科　F. 硕士及以上
如果选D、E、F类，则：a. 畜牧兽医类专业　b. 管理类专业　c. 其他类专业

二、受访单位情况

1. 贵单位类型：
A. 种猪育种企业　B. 种猪扩繁企业　C. 商品猪生产企业　D. 其他
2. 贵单位人员使用情况：
A. 5人及以内　B. 6~10人　C. 11~20人　D. 21人及以上
3. 贵单位专业技术人员数：
A. 没有　B. 1~2个　C. 3~5个　D. 6个及以上
4. 贵单位养殖规模：（1）2008年年初存栏_____头，（2）其中存栏母猪_____头，（3）全年出栏_____头，（4）目前存栏_____头。
5. 贵单位养殖历史：始于_____年
6. 贵单位距离交通主干道____米，离学校____米，离居民区____米，离其他养殖场____米，离屠宰场____米，离水源____米

贵单位占地面积_____亩，建筑面积_____平方米

贵单位所处地势：A. 较高 B. 低洼 C. 山坡地（朝向_____）

7. 贵单位是否因新建或改建猪场获得了政府的补贴？

A. 是 B. 否

如果选 A，则贵单位固定资本投资为_____万元，其中政府补贴为_____万元

三、粪污处理情况

1. 您认为猪粪污会给环境带来哪种程度的污染？

A. 无污染   B. 有污染，但不严重   C. 污染严重

2. 您认为在畜禽养殖污染的治理中，政府应该采取哪些措施？（可多选）

A. 加强立法   B. 罚款   C. 增加污染治理补贴

D. 承担全部治理成本   E. 其他_____

若采用"自然养猪法"（"发酵床养猪法"），则直接跳至 21 题。

3. 清粪方式：

A. 干清粪 B. 水冲 C. 水泡粪 D. 其他_____

4. 贵单位的猪粪便处理方式是：

A. 直接排放到周围环境中   B. 自己制作有机肥   C. 销售给有机肥厂

D. 销售给其他农户   E. 生产沼气   F. 其他_____

5. 贵单位的污水处理方式是：

A. 直接排放到周围环境中   B. 建立分级沉淀池后排放周围环境

C. 生产沼气后直接排放   D. 生产沼气后经过分级生物氧化排放

E. 其他_____

6. 贵单位是否采取了营养调控措施，以提高营养物质的利用率，减少粪尿中氮、磷的排泄量？

A. 是 B. 否

如果选 A，则贵单位采取了哪些营养调控措施以提高营养物质的利用率，减少粪尿中氮、磷的排泄量？（可多选）

A. 合理使用饲料添加剂 B. 改进喂养方式 C. 配制平衡日粮

D. 改进饲料加工工艺 F. 其他_____

7. 您对可减少粪尿中氮、磷的排泄量的营养调控措施的了解程度是：

A. 没听说过   B. 听说过，但不了解   C. 有点了解   D. 比较了解

8. 您是通过什么方式知道采取营养调控措施可减少粪尿中氮、磷的排泄量？

（可多选）

　　A. 政府的宣传、推广　　B. 其他养猪场的经验

　　C. 电视、网络、报纸等的宣传　　D. 其他_____

9. 您对沼气技术的了解程度是：

　　A. 没听说过　　B. 听说过，但不了解　　C. 有点了解　　D. 比较了解

10. 您是通过什么方式知道的沼气技术？（可多选）

　　A. 政府的宣传、推广　　B. 其他养猪场的经验

　　C. 电视、网络、报纸等的宣传　　D. 其他_____

11. 贵单位是否得到了沼气池建设的政府补贴？

　　A. 是　　　　B. 否

　　如果选择 A，请问贵单位建设沼气池共投资_____万元，其中政府补贴_____万元。

12. 有关沼气池的建设及使用，政府提供哪些技术支持？（可多选）

　　A. 建设沼气池的技术　　B. 沼气池后续使用、维护技术　　C. 没有技术支持

13. 您认为采用沼气技术后，对周围环境有何影响？

　　A. 无任何影响　　B. 环境稍微改善　　C. 环境大大改善

14. 您如何看待采用沼气技术的成本？

　　A. 较低　　　　B. 一般　　　　C. 较高

若贵单位自己生产有机肥，则请回答 15～20 题。

15. 您对利用猪粪生产有机肥的技术的了解程度是：

　　A. 没听说过　　B. 听说过，但不了解　　C. 有点了解　　D. 比较了解

16. 若贵单位自己生产有机肥，那么具体采用的是哪种技术？

　　A. 自然堆肥　　B. 利用发酵池、发酵罐等设备堆肥

　　C. 引入全套的有机肥生产设备　　D. 其他_____

17. 您是通过什么方式知道的有机肥生产技术？（可多选）

　　A. 政府的宣传、推广　　B. 其他养猪场的经验

　　C. 电视、网络、报纸等的宣传　　D. 其他_____

18. 贵单位有机肥的销售情况如何？

　　A. 较差　　　　B. 一般　　　　C. 较好

19. 您认为采用有机肥生产技术的成本有多高？

　　A. 较低　　　　B. 一般　　　　C. 较高

20. 政府对有机肥的生产及推广是否有补贴？

　　A. 是　　　　B. 否

若贵单位采用"自然养猪法"("发酵床养猪法"),则请回答 21~27 题。

21. 您对"自然养猪法"("发酵床养猪法")的了解程度?

A. 没听说过　B. 听说过,但不了解　C. 有点了解　D. 比较了解

22. 您是通过什么方式知道的"自然养猪法"?(可多选)

A. 政府的宣传、推广　B. 其他养猪场的经验

C. 电视、网络、报纸等的宣传　D. 其他_____

23. 关于"自然养猪法",政府是否有专门技术人员进行指导或举行技术培训活动?

A. 是　　B. 否

24. 关于采用"自然养猪法"养猪,政府是否提供相应补贴?

A. 是　　B. 否

25. 作为一种新的养猪技术,您认为采用"自然养猪法"的风险有多大?

A. 没风险　　B. 有风险,但不大　　C. 有较大风险

26. 您认为采用"自然养猪法"的成本有多高?

A. 较低　　　B. 一般　　　C. 较高

27. 请您评价这种技术

A. 较好　　　B. 一般　　　C. 较差

四、投入品管理情况

1. 近几年有关部门是否到贵单位抽检过兽药,结果如何?

A. 抽检过,合格　B. 抽检过,不合格　C. 没有抽检过

2. 贵单位购买兽药时,怎样辨别假冒伪劣兽药?(可多选)

A. 检查外包装、产品说明书等

B. 通过电话、网络等向厂家核实相关兽药信息

C. 核对官方发布的兽药质量信息(抽检结果、兽药 GMP 证书、产品文号等)

D. 凭个人经验

3. 贵单位是否受到过假冒伪劣兽药的侵害?

A. 有　　B. 没有

4. 您知道哪些与兽药使用有关的法规?(可多选)

A.《兽药管理条例》　B.《农产品质量安全法》　C.《动物防疫法》

D.《畜牧法》　E. 不知道

5. 您如何获得兽药安全使用的知识?(可多选)

A. 养殖经验　B. 兽医指导　C. 专业书刊报的介绍
D. 兽药生产经营单位的宣传　E. 农技推广人员　F. 电视等媒体
G. 网络　H. 其他_____

6. 您是否了解兽药使用有休药期规定？
A. 非常清楚同时严格实施
B. 非常清楚，但有时迫于市场情况偶尔不能严格实施
C. 了解一些　　D. 听说过，但不了解　　E. 不知道

7. 贵单位使用兽药是否有用药记录：
A. 记录非常详细　B. 简单记录　C. 凭养殖经验，没有记录

8. 您是否了解国家对动物性产品要进行兽药残留检测？
A. 非常了解　B. 了解一些　C. 听说过，但不了解　D. 不知道

9. 贵单位在使用兽药中，需要哪些方面帮助？（可多选）
A. 用药知识培训　　　B. 兽药产品和功能的介绍
C. 动物疾病预防知识　D. 识别真假兽药的方法　E. 其他_____。

10. 贵单位遇到过的生猪疾病以及治疗使用的药物。

疾病名称	治疗使用的药物	使用剂量（ml, g）	药物来源	使用效果

11. 贵单位在生猪出栏_____天之前开始停止使用任何兽药。

12. 贵单位所使用的饲料与饲料添加剂主要通过什么途径得到？（可以同时选择）
A. 商品饲料　　B. 购买预混料自制全价饲料　　C. 全部自己配制

13. 如果是购买商品饲料，你更关注与其相关的哪些信息
A. 商品名称　　B. 成分说明　　C. 生产商
D. 生产日期　　E. 其他_____

14. 如果是商品饲料,请填写以下信息:

饲料及饲料添加剂	来源(商标、供应商)	使用范围

15. 如果使用自制饲料,请填写以下信息:

原料名称	来源	自制饲料使用范围

16. 简述贵单位自制饲料的过程。_____
_____

17. 贵单位使用的饲料、饲料添加剂是否有记录:

A. 记录很详细　　B. 简单记录　　C. 凭养殖经验,没有记录

18. 贵单位人员进出的消毒措施有哪些?(可多选)

A. 紫外线消毒　　　B. 消毒池　　　C. 喷雾消毒

D. 洗澡消毒　　　E. 更换工作服　　　F. 臭氧消毒

选择哪些消毒液?_____

19. 贵单位给猪注射哪些疫苗?_____

20. 猪的饮水水源是:

A. 自来水　　B. 地下水(是否经过检测? 1. 是　2. 否)　　C. 其他用水

21. 贵单位是否通过以下某项认证?

A. ISO9000系列　　　B. ISO14000系列　　　C. ISO18000系列

D. HACCP认证　　　E. 无任何认证　　　F. 其他认证_____。

22. 贵单位是否使用畜产品溯源系统？

A. 是　　B. 否

如果选 A，请问使用的是哪家公司开发的系统？＿＿＿＿＿＿＿＿＿＿，投入成本为＿＿＿元。

使用畜产品溯源系统过程中是否存在问题？

A. 是　　B. 否

如果选 A，请问存在什么问题＿＿＿＿＿＿＿＿＿＿＿＿＿＿＿＿＿＿＿

附录5 国家社科基金重点项目结项证书

参考文献

[1] Adams, W. M. The Future of Sustainability: Re-thinking Environment and Development in the Twenty-first Century [C]. Report of the IUCN Renowned Thinkers Meeting, 2006, 29~31.

[2] Alexander Chayanov:《农民经济组织》,萧正洪翻译,中央编译出版社1996年版。

[3] Alexandratos. World agriculture: Towards 2010 [C]. An FAO Study, FAO. Rome, 1995.

[4] Arellanes P, Lee D R. The Determinants of Adoption of Sustainable Agriculture Technologies: Evidence from the Hillsides of Honduras. Proceedings of the 25th International Conference of Agricultural Economists (IAAE), 2003: 693~699.

[5] Arrow K, Bolin B. Economic Growth, Carrying Capacity and the Environment. Science, 1995: 268~520.

[6] Avery D. T. Saving the Plant with pesticides, biotechnology and European farm reform. The 1997 Brighton Crop Production Conf, Weeds, 1, 3~18.

[7] Ayres R. Comments on Georgescu-Roegen, Ecological Economics, 1997 (22): 285~288.

[8] Azhar, R. A. Education and Technical Efficiency during the green revolution in Pakistan [J]. Economic Development and Cultural Change, 1991, 3: 651~665.

[9] Babcock, Bruce A., Erik Lichtenberg and David Zilberman, The Impacts of Damage Control on the Quantity and Quality of Output: Estimating Pest Control Effectiveness [J], American Journal of Agricultural Economics, 1992, 74, 163~172.

[10] Barnum H. N., Squire L.. A Model of an Agricultural Household: Theory and Evidence [R]. 1979, World Bank Occasional Paper No. 27, Washington DC:

World Bank.

[11] Birgit F, Michael G. Determinants of CO_2 Emissions in a Small Open Economy, Ecological Economics, 2003, 45 (1): 133~148.

[12] Boisen S., Fernandez J. A., Madsen A. Studies on ideal protein requirement of pigs from 20 to 95kg live weight [C]. Proc. 6th Int. Symp. Protein Metab. Nutr., Hearning, Den-mark., 1999.

[13] Bovenberg A, Smulders S. Environmental Quality and Pollution-Augmenting Technological Change in a Two-sector Endogenous Growth Model. Journal of Public Economics, 1995 (57): 369~391.

[14] Bruyn S M. Explaining the Environmental Kuznets Curve: Structural Change and International Agreements in Reducing Sulphur Emissions. Environment and Development Economics, 1997, 2 (4): 485~503.

[15] Cabe R, Herriges J A. The Regulation of Non-point Source Pollution under Imperfect and Asymmetric Information. Journal of Environmental Economics and Management, 1992 (22): 134~146.

[16] Carl Pray, Danmeng Ma, Jikun Huang et al. Impact of Bt Cotton in China [J]. World Development, 2001, 29 (5): 813~825.

[17] Cole H S, Freeman C, et al. Thinking about the Future: a Critique of the Limits to Growth. Chato & Windus for Sussex University Press, London, 1973.

[18] Cole M A. Trade, the Pollution Haven Hypothesis and the Environmental Kuznets Curve: Examining the Linkages. Ecological Economics, 2004, 48 (1): 71~81.

[19] Dale S. Rothman Environmental Kuznets Curves-Real Progress or Passing Buck?—A Case for Consumption Based Approaches. Ecological Economics, 1998, 25 (2): 177~194.

[20] Daly H E. Steady-State Economics: the Economics of Biophysical Equilibrium and Moral Growth. San Francisco: Freeman, 1977.

[21] Dasgupta P, Heal G. Economic Theory and Exhaustible Resources, Cambridge. Cambridge University Press, 1979.

[22] Dasgupta P, Heal G. The Optimal Depletion of Exhaustible Resource, in Review of Economic Study, Symp. Economics of Exhaustible Resource, 1974: 3~28.

[23] Davies J, Mazurek J. Pollution Control in the United States. Washington, D. C.: Resources of the Future. 1998.

［24］Dinda S. Environmental Kuznets Curve Hypothesis: A Survey. Ecological Economics, 2004, 49 (4): 431~455.

［25］Donella H. Meadows, Dennis L. Meadows, Jorgen Randers et. The Limits to Growth [M]. New York: Universe Books, 1972.

［26］Fatma T, Osman Z. The Role of International Ttrade on Environ - Mental Efficiency: a DEA Approach. Economic Modelling, 2001, 18 (1): 1~17.

［27］Freeman M. Water Pollution Policy. In Policies for Environmental Protection. Edited by Portney, P. Washington, D. C. : Resoucees for the Future, 1990.

［28］Friedrich, T. Agricultural Pesticide Application [C]. FAO Agricultural Engineering Branch AGSE, FAO. Rome, 1996.

［29］Friedrich, T. Agricultural Sprayer Standards and Prospects for Development of Standards for other Farm Machinery [C]. Agricultural Engineering International: the CIGR Journal of Scientific Research and Development. Vol. III, 2001.

［30］Geetha V, Kuruvilla V, Varughese K. Response of Vegetable Cowpea to Nitrogen and Potassium under Varying Methods of Irrigation. Journal of Tropical Agriculture, 2001, 39 (2): 111~113.

［31］Georgescu R N. The Entropy Law and the Economic Process. Cambridge: Havard University Press, 1971.

［32］Gert van der Meijden. Pesticide application techniques in west - Africa [C]. Agricultural Engineering Branch, Agricultural Support Systems Division, FAO, Rome, 1998.

［33］Gradus R, Smulders S. The Trade - off between Environmental Care and Long - Term Growth - Pollution in Three Prototype Growth Models. Journal of Economics, 1993, 58: 25~51.

［34］Griffin R C. , Bromley D W. Agricultural Runoff as a Nonpoint Externality: A Theoretical Development [J]. American Journal of Agricultural Economics, 1983, 70: 37~49.

［35］Grossman G, Krueger A. Economic Growth and the Environment, Quarterly Journal of Economics, 1995, 110 (2): 353~377.

［36］Grossman G. , Krueger A. Environmental Impacts of a North American Free Trade Agreement. In National Bureau of Economic Research Working Paper 3914, NBER, Cambridge MA. 1991.

［37］Guidelines on good practice for ground application of pesticides. FAO, Rome

(Italy) . Agricultural Support Systems Div. , 2001, 43 p. 1 website (Ch. ed.) .

[38] Gutezeit B. Yield and Quality of Carrots as Affected by Soil Moisture and N‐Fertilization. Joural of Horticultural Scicece and Biotechnology, 2007, 76 (6): 732~738.

[39] Hamilton C, Turton H. Determinants of Emissions Growth in OECD Countries. Energy Policy, 2002, 30: 63~71.

[40] Hasna, A. M. Dimensions of sustainability [J] . Journal of Engineering for Sustainable Development: Energy, Environment, and Health, 2007, 2 (1): 47~57.

[41] HEADLEY, J. C. (1968): Estimating the productivity of agricultural pesticides. American Journal of Agricultural Economics 50: 13~23.

[42] Hilton F G, Levinson A M. Factoring the Environmental Kuznets Curve: Evidence from Automotive Lead Emissions. Journal of Environmental Economics and Management, 1998, 35: 126~141.

[43] Himel CM. The optimum size for insecticide spray droplets [J] . Journal of Economic Entomology, 1969, 62 (4): 919~925.

[44] Huang, Jikun, Ruifa Hu, Carl Pray, Fangbin Qiao and Scott Rozelle, Biotechnology as an Alternative to Chemical Pesticides: A Case Study of Bt Cotton in China, 2002.

[45] Hueting R. News Carcity and Economic Growth: More Welfare through Less Production. Amsterdam: North Holland, 1980.

[46] Ibitayo O. O. Egyptian Farmers' Attitudes and Behaviors Regarding Agricultural Pesticides: Implications for Pesticide Risk Communication [J] . Risk Analysis, 2006, 26 (4): 989~995.

[47] Janzen H, Beauchemin K, Bruinsma Y, et al. The Fate of Nitrogen in Agro Ecosystems: An Illustration Using Canadian Estimates. Nutrient Cycling in Agroecosystems, 2003, 67: 85~102.

[48] Joachim H, Spangenberg, et. al. Sustainable Growth Criteria: Minimum Benchmarks and Scenarios for Employment and the Environment. Ecological Economics, 2002, 42: 429~443.

[49] Jordi R, Emilio P, et. al. Economic Growth and Atmospheric Pollution in Spain: Discussing the Environmental Kuznets Curve Hypothesis. Ecological Economics, 2001, 39 (1): 85~99.

[50] Karisson, S. Agricultural pesticides in developing countries: A multilevel

governance [J]. Environment, 2004, 45 (4): 23~42.

[51] Kathleen S, Thomas J. Voluntary Environmental Agreements: Good or Bad News for Environmental Protection. Journal of Environmental Economics and Management, 1998, 36 (2): 109~130.

[52] Kenneth E. Boulding. The Economics of The Coming Speceship Earth, in Henry Jarrett (ed.) Environmental Quality in a Growing Economy, Baltimore MD: Resources for the Future, Johns Hopkins University Press, 1966.

[53] Koh, D., Jeyaratnam, J. Pesticides hazards in developing countries [J]. Science of the Total Environment, 1996, 188: 78~85.

[54] Kuroda Y., Yotopoulos P. A Microeconomic Analysis of Production Behavior of the Farm Household in Japan: A Profit Function Approach [J], The Economic Review (Japan), 1978, 29: 115~129.

[55] Kwon T H. Decomposition of Factors Determining the Trend of CO_2 Emissions From Car Travel in Great Britain (1970~2000). Ecological Economics, 2005, 53 (2): 261~275.

[56] Lecomber R. Economic Growth Versus the Environment. Macmillan, London, 1975.

[57] Lena B V. Nutrient Preserving in Riverine Transitional Strip. Journal of Human Environment, 1994, 3 (6): 342~347.

[58] Lichtenberg, E. and D. ZILERMAN: The econometrics of damange control: why specification matters. American Journal of Agricultural Economics, 1986, 68: 261~273.

[59] Lipton, M. The Theory of the Optimizing Peasant [J]. Journal of Development Studies, 1968, 4: 327~351.

[60] List G. The Environmental Kuznets Curve: Does One Size Fit All? Ecological Economics, 1999, 31: 409~423.

[61] Lyubov Kurkalova, Catherine Kling, Jinhua Zhao. Green Subsidies in Agriculture: Estimating the Adoption Costs of Conservation Tillage from Observed Behavior [J]. Canadian Journal of Agricultural Economics, 2006, 54 (2): 247~267.

[62] Ma. Angeles O Catelo, Moise A. Dorado, Elpidio Agbisit. Backyard and commercial piggeries in the Philippines: environmental consequences and pollution control option. EEPSEA Research Reports, 2001.

[63] Madhu Khanna. Sequential Adoption of Site - specfic Technologies and Its

Implication for Nitrogen Productivity: A Double Selectivity Model [J]. American Journal of Agricultural Economics, 2001, 83 (1): 35~51.

[64] Malik A, Letson D, Curtehfield S R.. Point/Nonpoint Source Trading of Pollution Abatement: Choosing the Right Trading Ratio. American Journal of Agricultural Economics, 1993, 75 (11): 959~967.

[65] Mas – Colell A., Whinston M., Green J. Microeconomic Theory [M]. Oxford: Oxford University Press, 1995.

[66] Mellor, J. W. The Use and Productivity of Farm Family Labor in Early Stages of Agricultural development [J]. Journal of Farm Economics, 1963, 45 (3): 515~535.

[67] Mishan E J. The Costs of Economic Growth, London: Staples Press, 1967.

[68] Moreno G, Sunding D. Simultaneous Estimation of Technology Adoption and Land Allocation, paper prepared for presentation at the American Agricultural Economics Association Annual Meeting, 2003.

[69] Muradian R, Martinez – Alier J. Trade and the Environment: from a "Southern" Perspective. Ecological Economics, 2001, 36 (2): 281~297.

[70] Myrdal G., Against the Stream: Critical Essays on Economics. London: Macmillan, 1974.

[71] Nakajima, Chihiro. Subsistence and Commercial Family Farms: Some Theoretical Models of Subjecture Equilibrium [Z]. Subsistence Agriculture and Economic Development, Edited by C. F. Wharton, Jr., Chicago: Aldine, 1969.

[72] Nauyen Quoe Chinh. Dairy cattle development: environmental consequences and pollution control option in Hanoi province, north Vietnam. EEPSEA Research Reports, 2005.

[73] Newton, J. H, List, George M. Codling moth and mite control in 1948 [J]. Journal of Economic Entomology, 1949, 42 (2): 346~348.

[74] Nordhaus W D. World Dynamics: Measurement without Data. Economic Journal, 1973, 83: 56~83.

[75] Norse D. Non – Point Pollution from Crop Production: Global, Regional and National Issues. Pedosphere, 2005, 15 (4): 499~508.

[76] Opschoor J B, Pearce D W. Persistent Pollutants: Economics and Policy. Kluwer Academic Perss: Dordrecht, 1991: 225.

[77] Opschoor J B. Economic Incentives and Environmental Policies. Kluwer Academic Publishers, Dordrecht, 1994.

[78] Opschoor J B. Ecospace and the Fall and Rise of throughout Intensity. Ecological Economics, 1995, 15: 137~140.

[79] Opschoor J B. Sustainabled Envelopment, the Economic Process and Economic Analysis. In J. B Opschoor (ed), 'Environment, economy and sustainable development'. Groningen: Noordhoof, 1992: 25~53.

[80] Panayotou T. Empirical Tests and Policy Analysis of Environmental Degradation at Different Stages of Economic Development. In Technology and Employment Program, International Labor Office, Geneva, 1993.

[81] Payne J, Fernandez – Cornejo J, et al. Factors Affecting the Likelihood of Corn Rootworm at Seed Adoption, paper prepared for presentation at Western Agricultural Economics Association Annual Meeting, 2003.

[82] Pearce D W, Barbier A, et al. Sustainable Development: Economics and the Environment in the Third World. Aldershot: EdwardElgar, 1990.

[83] Peggy Lehr. Biopesticides: The Global Market [R]. US: BCC Research, 2010, 2.

[84] Perkins, John H. Insects, Experts, and the Insecticide Crisis: The Quest for New Pest Management Strategies [M]. New York: Plenum Press, 1982.

[85] Randall A, Taylor M A. Incentive – Based Solutions to Agricultural Environmental Problems: Recent Developments in Theory and Practice. Journal of Agricultural and Applied Economies, 2000, 32 (2): 221~234.

[86] Rapport D J, Friend A M. "Towards a Comprehensive Framework for Environmental Statistics: A Stress Response Approach," Statistics Canada Catalogue 11 ~ 510, Minister of Supply and Services Canada, Ottawa, 1979.

[87] Ribaudo M O, Honan R D, et al. Economics of Water Quality Protection From Non – Point Sources: Theory and Practice. Resource Economies Division, Economic Research Service, U. S. Department of Agriculture. Agricultural Economic Report No. 782. 1999.

[88] Roberts J T, Grimes P E. Carbon Intensity and Economic Development 1962~1991: a Brief Exploration of the Environmental Kuznets Curve [J]. World Development, 25 (2), 1997: 189~1991.

[89] Rola, A. C., Pingali P. L., Pesticides, rice productivity and farmer's

health [M], Manila/Philippines: IRRI, 1993.

[90] Romer P. Increasing Returns and Long – Run Growth. Journal of Political Economy, 1986, 94: 1002 ~ 1037.

[91] Rousseau S. Effluent Trading to Improve Water Quality: What do we Know Today? Working Paper series No. 2001 ~ 26, Katholieke University Leuven. Published in: Tijdschrift voor Economie en Management, 2005, 2: 229 ~ 260.

[92] Saha A., Love A. H., Schwart R.. Adoption of Emerging Technologies under Output Uncertainty [J]. American Journal of Agricultural Economics. 1994, 76: 836 ~ 846.

[93] Salameh, P. R., Baldi, I., Brochard, P. et al. Pesticides in Lebanon: A knowledge, attitude and practice survey [J]. Environmental Research, 2004, 94 (1): 1 ~ 6.

[94] Scott J C. The Moral Economy of the Peasant Rebellion and Subsistecnce in Southeast Asia. Yale University Press, 1976.

[95] Segerson K, Wu J. Voluntary Approaches to Nonpoint Pollution Control: Inducing First – best Outcomes through the Use of Threats Athleen. Department of Economics Working Paper Series 2003 ~ 03, University of Connecticut, 2003, 1.

[96] Segerson K. Uncertainty and Incentives for Nonpoint Pollution Control [J]. Journal of Environmental Economics and Management, 1988, 15: 88 ~ 98.

[97] Seledn T, Song D. Neoclassical Growth, the J curve forAbatement and the Inverted U Curve for Pollution. Journal of Environmental Economics and Management. 1995, 29: 162 ~ 168.

[98] Sen A. k Peasants and Dualism with or without Surplus Labor [J]. Journal of Political Economy, 1966, 74: 425 ~ 450.

[99] Shafik N et al. Economic Growth and Environmental Quality: Time – Series and Cross – Country Evidence. Paper for World band policy research, World Bank, 1992 (904).

[100] Shafik N. Economic Development and Environmental Quality: an Econometric Enalysis. Oxford Economic Papers, 1994, (46): 757 ~ 773.

[101] Shortle J S, Abler D G, Horan R D. Research Issues in Nonpoint Pollution Control. Environmental and Resource Economies, 1998 (11): 571 ~ 585.

[102] Shortle J S., Dunn J W. The Relative Efficiency of Agricultural Source Water Pollution Control Policies [J]. American Journal of Agricultural Economics,

1986, 68: 668~677.

[103] Siebert H. Nature as a Lift Support System: Renewable Resource and Environmental Disruption. Journal of Economics, 1982, 42: 133~142.

[104] Simon H A. An Empirically Based Micronornics. Cambridge University Press, Cambridge, 1997.

[105] Simon H A. On Simulating Simon: His Monomania, and its Sources in Bounded Rationality Stdies in the History and Philosophy of Science, 2001, 32 (3): 501~505.

[106] Simon J L. The Economics of Population Growth. Princeton University Press, Princeton, New Jersey, 1977.

[107] Simon J L. The Ultimate Resource. Princeton University Press, Princeton, New Jersey, 1981.

[108] Singh, I., Squire, L., Strauss, J. Agricultural Household Models: Extensions, Application and Policy [M]. The Johns Hopkins University Press, 1986.

[109] Stiglitz J. Growth with Exhaustible Natural Resources: Efficient and Optimal Growth Paths. Review of Economic Studies, 1974, 41: 123~137.

[110] Stokey N. Arethere Limits to Growth? International Economic Review, 1998, 39: 1~31.

[111] Tabor, W.、薛京伦: "环境毒理学",《癌变·畸变·突变》, 1992, 4 (4): 52~54, 10.

[112] Taylor M A, Rnadall A. Sohngen, B. Point - Nonpoint Source Pollution Trading Using Collective Performance Incentives. Selected Paper Presentation in Annual Meeting of the American Agricultural Economies Association, Chicago, 2001, 8: 5~8.

[113] Theodore W. Schultz. Transforming Traditional Agriculture [M]. New Haven: Yale University Press, 1964.

[114] Torras M, Boyce J K. Income, Inequality, and Pollution: a Reassessment of the Environmental Kuznets Curve. Ecological Economics, 1998, (25): 147~160.

[115] United Nations. Report of the World Commission on Environment and Development [R]. General Assembly Resolution 42/187, 1987.

[116] US Environmental Protection Agency. Non - Point Source Pollution from Agriculture. http://www.epa.gov/region8/water/nps/npsurb.html, 2003.

[117] Viguier L. Emissions of SO_2, NOx, and CO_2 in transition economies: Emission inventories and Divisia index analysis [J]. Energy Journal, 1999, 20 (2):

59~87.

[118] Wilkinson CF. Insecticide Biochemistry and Physiology [M]. New York: Plenum Press, 1976.

[119] William Dale Berry, Stanley Feldman. Multiple Regression in Practice [M]. Newsbury Park: Sage Publications, 1985.

[120] Xepapadeas A. Environmental Policy Design and Dynamic Nonpoint Source Pollution. Journal of Environmental Economics and Management, 1992 (23): 22~39.

[121] Xepapadeas A. Environmental Policy under Imperfect Information: Incentives and Moral Hazard. Journal of Environmental Economics and Management, 1991 (20): 113~126.

[122] Yan FG, Liang GJ. The influential factors of aerosol insecticide efficacy. Aero. Com. 2001; 3: 9~14.

[123] Yassin, M. M., Abu Mourad, T. A., Safi, J. M. Knowledge, attitude, practice, and toxicity symptoms associated with pesticide use among farm workers in Gaza Strip [J]. Occupational Environmental Journal, 2002, 59: 387~394.

[124] Zhang, H., Lu, Y. End-users' knowledge, attitude, and behavior towards safe use of pesticides: a case study in the Guanting Reservoir area, China [J]. Environ Geochem Health, 2007, 29: 513~520.

[125] Zilberman, David. "Pesticide Economics," invited paper presented at the 32nd Annual Conference of Australian Agricultural Economics Society, Melbourne, Australia, February 3, 1988.

[126] 白献晓、马强："畜禽养殖场环境污染的现状与治理技术"，《兽医导刊》2007年第8期。

[127] 曹国、龚军、梁永松、丁飞、耿培："贵州农业面源污染防治及可持续发展对策"，《农业环境科学学报》2007年第26期，第469~472页。

[128] 陈华文、刘康兵："经济增长与环境质量：关于环境库兹涅茨曲线的经验分析"，《复旦学报（社会科学版）》2004年第2期，第87~94页。

[129] 陈吉宁："建设环境友好型社会是实现小康社会的必然选择"，《绿叶》2005年第11期。

[130] 陈磊山、姜冬梅、陆根法："农村面源污染与建设环境管理体系问题研究——以太湖地区为例"，《安徽农业科学》2007年第35期。

[131] 陈利顶、傅伯杰："农田生态系统管理与非点源污染控制"，《环境科

学》2000年第21期，第98~100页。

[132] 陈敏鹏、陈吉宁、赖斯芸："中国农业和农村污染的清单分析与空间特征识别"，《中国环境科学》2006年第26期，第751~755页。

[133] 陈秋颖、金彩霞、吕山花、樊颖伦："兽药残留及其对生态环境影响的研究进展"，《安徽农业科学》2008年第36期。

[134] 陈诗波、王超："农业循环经济评价指标体系的构建与现状分析"，《循环农业与新农村建设》2006年。

[135] 陈曙旸、王鸿飞、尹荑："我国农药中毒的流行特点和农药中毒报告的现状"，《中华劳动卫生职业病杂志》2005年第23期，第336~339页。

[136] 陈午和："农户模型的发展与应用：文献综述"，《农业技术经济》2004年第3期，第2~10页。

[137] 陈玉成、杨志敏、陈庆华等："基于'压力—响应—态势'的重庆市农业面源污染的源解析"，《中国农业科学》2008年第41期。

[138] 陈宗胜："倒U曲线的'阶梯形'变异"，《经济研究》1994年第5期，第55~59页。

[139] 陈祖海等："基于环境与经济协调发展的环境容量分析"，《中南民族大学学报（自然科学版）》2006年第6期，第103~106页。

[140] 程磊磊、尹昌斌、米健："无锡市工业SO_2污染变化的空间特征及影响因素的分解分析"，《中国人口·资源与环境》2008年第18期，第128~132页。

[141] 迟福林等："赋予农民长期而有保障的土地使用权"，《人民日报》1995年1月5日，第9版。

[142] 崔兆杰、张凯：《循环经济理论与方法》，科学出版社2008年版。

[143] 董克虞："畜禽粪尿对环境的污染及资源化途径"，《农业环境保护》1998年第17期，第281~283页。

[144] 范达、韩喜平："'农户经营'内涵的探析"，《当代经济研究》2003年第9期，第37~41页。

[145] 范金、胡汉辉："环境Kuznets曲线研究及应用"，《数学的实践与认识》2002年第32期，第944~951页。

[146] 方松海、孔智祥："农户禀赋对保护地生产技术采纳的影响分析——以陕西、四川和宁夏为例"，《农业技术经济》2005年第3期，第35~42页。

[147] 冯之俊：《循环经济导论》，人民出版社2004年版。

[148] 傅涛、倪九派："雨强对三峡库区黄色石灰土养分排放的影响"，《水土保持学报》2002年第16期，第33~35页。

[149] 傅泽田、祁力钧、王秀：《农药喷施技术的优化》，中国农业科学技术出版社2002年版。

[150] 傅仲、汪明："HACCP体系在饲料企业中的应用研究"，《黑龙江畜牧兽医》2006年第1期。

[151] 甘露、马君、李世柱："规模化畜禽养殖业环境污染问题与防治对策"，《农机化研究》2006年第6期，第22~24页。

[152] 高定、陈同斌、刘斌、郑袁明、郑国砥、李艳霞："我国畜禽养殖业粪便污染风险与控制策略"，《地理研究》2006年第3期。

[153] 高岚、田明华、吴成亮：《环境经济学》，中国林业出版社2007年版。

[154] 高启杰："农业技术推广中的农民行为研究"，《农业科技管理》2000年第1期，第28~30页。

[155] 顾培、沈仁芳："长江三角洲地区面源污染及调控对策"，《农业环境科学学报》2005年第24期。

[156] 顾中言："影响杀虫剂药效的因素"，见屠豫钦、李秉礼：《农药应用工艺学导论》，化学工业出版社2006年版。

[157] 关君蔚主编：《水土保持原理》，中国林业出版社1996年版。

[158] 郭新彪："环境毒理学研究的新动向"，《毒理学杂志》2007年第21期。

[159] 国家环境保护总局：《全国规模化畜禽养殖业污染情况调查及防治对策》，中国环境科学出版社2002年版。

[160] 国家环境保护总局自然生态保护局：《全国规模化畜禽养殖业污染情况调查及防治对策》，中国环境科学出版社2002年版。

[161] 海伟力："猪粪堆肥"，《猪业科学》2007年第9期，第29~31页。

[162] 韩洪云、杨增旭："农户农业面源污染治理政策接受意愿的实证分析——以陕西眉县为例"，《中国农村经济》2010年第1期，第45~51页。

[163] 何浩然、张林秀、李强："农民施肥行为及农业面源污染研究"，《农业技术经济》2006年第6期，第2~10页。

[164] 何树红、闫希辉、张好治："新农村建设中循环经济模式初探"，《经济问题探索》2007年第7期。

[165] 何一农、胡适耕："环境污染、内生人口增长与经济增长模型"，《华中科技大学学报（自然科学版）》2004年第9期，第114~116页。

[166] 侯百枝："养殖场环境污染现状以及治理研究进展"，《中国牛业科学》2007年第33期，第48~50页。

［167］侯影："兽药和饲料添加剂的污染、危害及控制"，《吉林畜牧兽医》2006年第3期，第26~28页。

［168］胡鞍钢："人口增长、经济增长、技术变化与环境变迁——中国现代环境变迁（1952—1990）"，《环境科学进展》1993年第5期，第1~17页。

［169］黄春玲、李延森、周波、王林云、强发旗、黄瑞华："中小规模猪场建设存在的问题及对策思考——以江苏省调研结果为基础"，《江苏农业科学》2009年第5期。

［170］黄季焜："中国的农药、水稻生产和人身健康"，2001年向EEPSEA/IDRC递交的项目报告。

［171］黄季焜："农业技术的采用和扩散"，见朱希刚、黄季焜：《农业技术进步测定的理论方法》，中国农业科技出版社1994年版。

［172］黄瑞华：《猪的集约化养殖》，安徽科学技术出版社2003年版。

［173］黄世文：《水稻主要病虫害防控关键技术解析》，金盾出版社2010年版。

［174］黄宗智：《华北的小农经济与社会变迁》，中华书局2000年版。

［175］黄宗智：《长江三角洲小农家庭与乡村发展》，中华书局1992年版。

［176］吉荣龙、崔必波："常用植保机械棉田喷洒分布量研究"，《中国农机化》1998年第3期，第35~36页。

［177］贾云："自然养猪法渐兴"，《中国猪业》2008年第7期，第12~16页。

［178］姜利红、潘迎捷、谢晶、晏绍庆、秦玉清："基于HACCP的猪肉安全生产可追溯系统溯源信息的确定"，《中国食品学报》2009年第9期，第87~91页。

［179］姜利红、晏绍庆、谢晶、秦玉清："猪肉安全生产全程可追溯系统设计"，《食品工业科技》2008年第6期，第265~267页。

［180］姜文来："农村环境治理刻不容缓"［EB/OL］. http://www.snzg.net/article/2008/1026/article_12090.html，三农中国网站，2008-10-26。

［181］蒋萍、余厚强："EKC拐点类型、形成过程及影响因素"，《财经问题研究》2010年第6期，第3~9页。

［182］经济合作与发展组织：《环境管理中的经济手段》，中国环境科学出版社1996年版。

［183］孔繁涛："畜牧业循环经济是新农村建设的理性选择"，《生态经济（学术版）》2008年第1期。

[184] 赖斯芸、杜鹏飞、陈吉宁:"基于单元分析的非点源污染调查评估方法",《清华大学学报(自然科学版)》2004年第44期,第1184~1187页。

[185] 赖斯芸:"非点源污染调查评估方法及其应用研究",清华硕士学位论文2003年。

[186] 兰德尔:《资源经济学》,商务印书馆1989年版,第155~156页。

[187] 李凤升、赵俊平、彭民:"基于循环经济理论的农业可持续发展研究",《商场现代化》2008年第2期。

[188] 李贵宝、周怀东、王东胜:"我国农村水环境及其恶化成因",《中国水利》2003年第4期,第57~60页。

[189] 李海鹏:"中国农业面源污染的经济分析与政策研究",华中农业大学博士论文2007年。

[190] 李贤辉:"农村畜禽养殖污染及治理措施",《中国畜牧杂志》2003年第5期,第58~59页。

[191] 李秀峰、韩召军、陈长琨等:"二化螟对杀虫单等4种杀虫剂的抗药性",《南京农业大学学报》2001年第24期。

[192] 李亚夫:"世界各国如何对待畜禽养殖污染",《畜牧兽医科技》2003年第19期。

[193] 李远、王晓霞:"我国农业面源污染的环境管理:背景与演变",《环境保护》2005年第4期。

[194] 李兆前、齐建国:"循环经济理论与实践",《数量经济技术经济研究》2004年第9期,第145~154页。

[195] 厉佛龙:"'统防统治'保障农产品安全的必要性与措施——以浙江省磐安县为例",《农技服务》2008年第25期,第116~117页。

[196] 梁诚:"我国农药工业生产现状及发展趋势",《河南化工》2001年第10期。

[197] 梁红霞、马友华、王强等:"安徽土壤肥料信息系统中施肥决策的研究",《土壤通报》2005年第36期,第54~57页。

[198] 梁流涛:"农村生态环境时空特征及其演变规律研究",南京农业大学2009年。

[199] 梁木寿:"HACCP在畜禽养殖业中的应用",《畜牧与兽医》2004年第36期,第17~18页。

[200] 廖新俤、蒋骥、吴银宝、肖德武:"猪场使用药物饲料添加剂对环境的影响",《家畜生态》2001年第22期,第13~15页。

[201] 刘成林:"现代农业产业体系特征及构建途径",《农业现代化研究》2007年第7期,第472~475页。

[202] 刘东栋、吴文良、彭光华:"华北高产区公众对农业面源污染的环保意识及支付意愿调查",《农村生态环境》2004年第20期。

[203] 刘光辉、张士云、陈莉:"浅谈基于化肥价格上涨情况下农民收入的增加",《科技情报开发与经济》2005年第17期,第106~107页。

[204] 刘伦经:"研制环保型饲料的途径",《粮食科技与经济》2003年第3期,第47~48页。

[205] 刘培芳等:"长江三角洲城郊畜禽粪便的污染负荷及其防治对策",《长江流域资源与环境》2002年第11期。

[206] 刘欣伟:"尽快解决湖泊水库富营养化问题",《光明日报》1997年4月28日。

[207] 罗春华:"畜禽养殖污染成因分析及治理对策",《农村经济》2006年第12期,第99~102页。

[208] 吕玲丽:"农民采用新技术的行为分析",《经济问题》2000年第11期,第27~29页。

[209] 吕耀:"农业生态系统中氮素造成的非点源污染",《农业环境保护》1998年第1期,第35~39页。

[210] 马骥、蔡晓羽:"农户降低氮肥施用量的意愿及其影响因素分析——以华北平原为例",《中国农村经济》2007年第9期,第9~16页。

[211] 马骥、张卫峰:"哪些因素影响农户的施肥决策?",《农资导报》2007年5月29日。

[212] 马康贫、刘华周:"江苏省淮北地区农户的技术选择与扩散",《农业技术经济》1998年第4期,第19~22页。

[213] 马树才、李国柱:"中国经济增长与环境污染关系的Kuznets曲线",《统计研究》2006年第8期,第37~40页。

[214] 马晓河:"解决'三农'问题的战略思路与政策措施",《农业经济问题》2003年第2期,第8~12页。

[215] 马驿、陈杖榴:"兽药对生态环境影响的研究进展",《中国兽医科技》2005年第35期。

[216] 毛鹏军:《植保园林机械有问必答》,电子工业出版社2008年版。

[217] 梅付春、周新红、李淑梅、陈建军:"河南省畜禽养殖污染防治的经济政策选择",《河南农业科学》2007年第11期。

[218] 蒙秀锋、饶静、叶敬忠:"农户选择农作物新品种的决策因素研究",《农业技术经济》2005年第1期,第20~26页。

[219] 牛智有、齐德生、张妮娅:"畜禽健康养殖过程中HACCP体系的建立",《畜牧与饲料科学》2008年第29期,第31~35页。

[220] 牛智有、齐德生:"应用HACCP体系控制畜禽养殖过程中的安全危害",《现代畜牧兽医》2009年第2期,第26~30页。

[221] 潘黔生、方之平:"HACCP食品安全预防体系及其在水产养殖中的应用",《淡水渔业》2003年第33期,第7~11页。

[222] 彭里、王定勇:"重庆市畜禽粪便年排放量的估算研究",《农业工程学报》2004年第1期,第288~291页。

[223] 彭立颖、童行伟、沈永林:"上海市经济增长与环境污染的关系研究",《中国人口·资源与环境》2008年第18期,第186~194页。

[224] 彭水军、赖明勇、包群:《环境、贸易与经济增长——理论、模型与实证》,上海三联书店2006年版。

[225] 彭新宇:"畜禽养殖污染防治的沼气技术采纳行为及绿色补贴政策研究:以养猪专业户为例",中国农业科学院博士论文2007年。

[226] 齐振彪、周慧、齐济:"资源节约型和环境友好型农业生产体系的基本内涵与特征研究",《农业现代化研究》2012年第5期,第322~326页。

[227] 恰亚诺夫:《农民经济组织》,中央编译出版社1996年版。

[228] 钱秀红、徐建民、施加春、刘杏梅:"杭嘉湖水网平原农业非点源污染的综合调查与评价",《浙江大学学报(农业与生命科学版)》2002年第28期,第147~150页。

[229] 郄文莉:"畜禽生产中的环境污染与保护研究",《安徽农业科学》2007年第35期,第10457~10460页。

[230] 秦佩瑛、秦介元:"太湖流域水环境污染及对策建议",《水资源保护》1998年第3期,第6~10页。

[231] 萨缪尔森、诺德豪斯:《经济学》,华夏出版社1999年版,第263~264页。

[232] 沈根祥等:"上海市郊农田畜禽粪便负荷量及其警报与分级",《上海农业学报》1994年第10期(增刊),第6~11页。

[233] 沈晋良等:《棉铃虫抗药性及其治理》,中国农业出版社1995年版。

[234] 史清华:《农户经济增长与发展研究》,中国农业出版社1999年版。

[235] 宋军、胡瑞法、黄季焜等:"农民的农业技术行为分析",《农业技术经济》1998年第6期,第36~44页。

[236] 苏杨:"我国集约化畜禽养殖场污染问题研究",《中国生态农业学报》2006年第4期。

[237] 苏岳静、胡瑞法、黄季焜等:"农民抗虫棉技术选择行为及其影响因素分析",《棉花学报》2004年第16期,第259~264页。

[238] 速水佑次郎著、李周译:《发展经济学——从贫困到富裕》,社会科学文献出版社2003年版,第216~218页。

[239] 孙艳萍、穆兰:"借鉴国外管理模式建立农药经营许可制度",《世界农业》2010年第375期,第47~50页。

[240] 谭炳乾、林申:"HACCP原理在规模化猪场药物残留控制中的应用",《畜禽业》2006年第5期,第28~29页。

[241] 唐建荣:《生态经济学》,化学工业出版社2005年版。

[242] 陶新、徐子伟、王峰:"发展养猪业循环经济实现养猪零污染",《家畜生态学报》2007年第11期。

[243] 田允波:"规模化养猪生产的环境污染及防治",《中国畜牧兽医》2006年第33期,第3~6页。

[244] 童若春:"关于建立农药经营许可制度 规范农药市场秩序的建议"[OL].2010-3-5. http://www.mjscsw.gov.cn/LocalCommunion/Detail.aspx?NewsID=1346。

[245] 屠豫钦、李秉礼:《农药应用工艺学导论》,化学工业出版社2006年版,第26~46页。

[246] 屠豫钦、林志明、张金玉等:"水稻田农药使用技术研究——雾滴在稻叶上的沉积特性——叶尖优势",《植物保护学报》1984年第11期,第189~196页。

[247] 屠豫钦:"农药和化学防治的'三E'问题——效力、效率和环境",《农药译丛》1998年第20期,第1~5页。

[248] 王德建、林静慧、孙瑞娟、夏立忠、连纲:"太湖地区稻麦高产的氮肥适宜用量及其对地下水的影响",《土壤学报》2003年第40期,第426~432页。

[249] 王方浩等:"中国畜禽粪便产生量估算及环境效应",《中国环境科学》2006年第26期,第614~617页。

[250] 王芳、雷海章:"关于沼气式循环型农业模式探讨",《安徽农业科学》2006年第8期。

[251] 王钢:"应用HACCP原理建立动物生产过程中的药物残留控制体

系", 《中国动物检疫》2008年第25期, 第21~23页。

[252] 王海建: "资源环境约束之下的一类内生经济增长模型", 《预测》1999年第4期, 第36~38页。

[253] 王鸿涌: 《太湖无锡地区水资源保护和水污染防治》, 中国水利水电出版社2009年版。

[254] 王金荣、马瑞玲、孙淑贤等: "关于测土配方施肥长效机制的探索与研究", 《中国农学通报》2009年第25期, 第219~220页。

[255] 王凯军: 《畜禽养殖污染防治技术与政策》, 化肥工业出版社2004年版。

[256] 王坷、朱荫湄: "土坡耕作与农业面源污染", 《耕作与栽培》1996年第2期, 第15~17页。

[257] 王林学、李玲、李建平: "测土配方施肥技术在水稻上的应用与效果初探", 《中国农学通报》2009年第25期, 第155~158页。

[258] 王少平: "GIS支持下的上海畜禽业污染研究", 《农业环境保护》2001年第20期, 第214~216页。

[259] 王思珍、曹颖霞: "饲料添加剂对动物和人体健康及环境的影响", 《家畜生态学报》2009年第30期, 第95~98页。

[260] 王以燕、张桂婷: "中国的农药登记管理制度", 《世界农药》2010年第32期, 第13~17、35页。

[261] 王永强、吕晓辉、刘贯勇: "规模化养猪场环境污染的综合防治", 《黑龙江畜牧兽医》2005年第1期。

[262] 王运浩: "农药管理仍需加大力度", 《农药市场信息》2006年第2期, 第1页。

[263] 韦红波、李锐: "我国植被水土保持功能研究进展", 《植物生态学报》2002年第22期, 第489~496页。

[264] 翁贞林: "农户理论与应用研究进展与述评", 《农业经济问题》2008年第8期, 第93~100页。

[265] 吴方卫: "农业技术进步的概念、度量及其存在的问题", 《农业技术经济》1996年第2期, 第31~35页。

[266] 伍德里奇: 《计量经济学导论现代观点》, 中国人民大学出版社2005年版, 第512~522页。

[267] 西奥多·舒尔茨: 《改造传统农业》, 商务印书馆1999年版。

[268] 夏波、武伟、刘洪斌: "基于ArcGIS Engine构建测土配方施肥信息系

统",《西南师范大学学报(自然科学版)》2007年第32期,第59~64页。

[269] 谢红彬、虞孝感、张运林:"太湖流域水环境演变与人类活动耦合关系",《长江流域资源与环境》2001年第10期,第394~400页。

[270] 邢大伟:"重视农民技术需求加强农业科技推广",《江西农业大学学报》2001年第5期,第207~209页。

[271] 邢光熹、施书莲、杜丽娟等:"苏州地区水体氮污染状况",《土壤学报》2001年第38期,第540~546页。

[272] 熊敏:"浅析HACCP系统在餐饮业的应用",《食品科学》2003年第24期,第80~84页。

[273] 徐谦等:"北京市规模化畜禽养殖场污染调查与防治对策研究",《农业生态环境》2002年第18期,第24~28页。

[274] 徐伟朴等:"规模化畜禽养殖对环境的污染及防治策略",《环境科学》2004年第25期,第105~108页。

[275] 徐勇、邓大才:"社会化小农:解释当今农户的一种视角",《学术月刊》2006年第7期,第5~12页。

[276] 许刚、朱振国、黄健光等:"无锡市社会经济发展对水环境的影响",《湖泊科学》2002年第14期,第166~172页。

[277] 薛峰、薛念涛:"环境毒理学与环境监测",《环境监测管理与技术》2000年第12期,第17~19页。

[278] 闫丽珍、石敏俊、王磊:"太湖流域农业面源污染及控制研究进展",《中国人口·资源与环境》2010年第20期,第99~107页。

[279] 杨亮:"猪肉质量安全可追溯系统养殖环节的设计与实现",《农业网络信息》2007年第12期,第42~44页。

[280] 姚建仁、郑永权:"中国农作物病虫害发生演替趋势与未来的农药工业",《世界农药》2001年第23期,第1~5页。

[281] 叶依广、李广存:"引导与优化农户经济行为促进可持续农业发展",《经济问题》1997年第2期,第26~29页。

[282] 殷浩文:"生态毒理学的宏观与微观进展:从并行发展到相互融合",《环境与职业医学》2003年第20期,第317~321页。

[283] 尹成杰:"农业产业经营与农业结构调整",《中国农村经济》2001年第5期,第4~8页。

[284] 尹逊敦、刘欣:"循环型农业发展模式及对策探讨",《安徽农业科学》2005年第33期,第1957~1958页。

[285] 游德才:"国内外对经济环境协调发展研究进展:文献综述",《上海经济研究》2008年第6期,第3~14页。

[286] 虞轶俊、施德、石春华等:"浙江省农民农药使用行为调查分析与对策思考",《中国植保导刊》2007年第27期,第8~10页。

[287] 喻永红、张巨勇:"农户采用水稻IPM技术的意愿及其影响因素——基于湖北省的调查数据",《中国农村经济》2009年第11期,第77~86页。

[288] 张宝文:"积极发展生态农业业 努力防治面源污染——在农业部纪念'6·5'世界环境日座谈会上的讲话",《农业科技导报》2001年第3期,第3~6页。

[289] 张成玉、肖海峰:"我国测土配方施肥技术增收节支效果研究",《农业技术经济》2009年第2期,第44~51页。

[290] 张大弟、张晓红、章家骐、沈根祥:"上海市郊非点源污染综合调查评价",《上海农业学报》1997年第13期,第31~36页。

[291] 张海龙:"养猪对环境的污染及防治对策",《安徽农业科学》2004年第32期,第762~763页。

[292] 张红凤、周峰、杨慧、郭庆:"环境保护与经济发展双赢的规制绩效实证分析",《经济研究》2009年第3期,第15~16页。

[293] 张红宇:"农业结构调整与国民经济发展",《管理世界》2000年第5期,第153~162页。

[294] 张宏艳:"发达地区农村面源污染的经济学研究",复旦大学2004年。

[295] 张晖、胡浩:"农业面源污染的环境库兹涅茨曲线验证——基于江苏省时序数据的分析",《中国农村经济》2009年第4期。

[296] 张静:《可持续发展经济理论与实践》,经济科学出版社2007年版。

[297] 张坤民:《可持续发展》,人民出版社1994年版。

[298] 张利国:"垂直协作方式对水稻种植农户化肥施用行为影响分析",《农业经济问题》2008年第3期,第50~54页。

[299] 张林秀、徐晓明:"农户生产在不同政策环境下行为研究——农户系统模型的应用",《农业技术经济》1996年第4期,第27~32页。

[300] 张林秀:"农户经济学基本理论概述",《农业技术经济》1996年第3期,第24~30页。

[301] 张维理、冀宏杰、Kolbe、徐爱国:"中国农业面源污染形势估计及控制对策Ⅱ·欧美国家农业面源污染状况及控制",《中国农业科学》2004年第37

期，第 1018～1025 页。

[302] 张维理、冀宏杰、Kolbe、徐爱国："中国农业面源污染形势估计及控制对策Ⅲ·欧美国家农业面源污染状况及控制"，《中国农业科学》2004 年第 37 期，第 1026～1033 页。

[303] 张维理、武淑霞、冀宏杰、Kolbe H、徐爱国："中国农业面源污染形势估计及控制对策Ⅰ·21 世纪初期中国农业面源污染的形势估计"，《中国农业科学》2004 年第 37 期，第 1008～1017 页。

[304] 张蔚文："农业非点源污染控制与管理政策研究：以平湖市为例的政策模拟与设计"，浙江大学 2006 年。

[305] 张响英、唐现文、方希修："饲料添加剂与环境保护"，《黑龙江畜牧兽医》2004 年第 6 期，第 79～80 页。

[306] 张绪美、董元华、王辉、沈旦等："江苏省畜禽粪便污染现状及其风险评价"，《中国土壤与肥料》2007 年第 4 期，第 12～15 页。

[307] 张绪美等："江苏省畜禽粪便污染现状及其风险评价"，《中国土壤与肥料》2007 年第 4 期，第 12～15 页。

[308] 张学刚、王玉婧："环境库兹涅茨曲线——内生机制抑或规制结果？"，《财经论坛》2010 年第 4 期，第 7～12 页。

[309] 张宗炳：《杀虫药剂分子毒理学》，中国农业出版社 1987 年版。

[310] 章力建、朱立志："我国'农业立体污染'防治对策研究"，《农业经济问题》2005 年第 2 期，第 4～7 页。

[311] 章明奎：《农业系统中氮磷的最佳管理实践》，中国农业出版社 2005 年版。

[312] 赵安芳、刘瑞芳、温琰茂："不同类型水产养殖对水环境影响的差异及清洁生产探讨"，《环境污染与防治》2003 年第 12 期。

[313] 赵丽芬、江勇：《可持续发展战略学》，高等教育出版社 2001 年版。

[314] 赵青、胡玉敏："饲料添加剂残留的生态危害与对策"，《家畜生态》2004 年第 25 期，第 207～210 页。

[315] 赵文君、文启湘："环境库兹涅茨曲线及其在我国的修正"，《经济学家》2004 年第 5 期，第 69～75 页。

[316] 赵玉华："试析 HACCP 体系在证券公司的风险管理中的应用"，《福建金融管理干部学院学报》2004 年第 1 期，第 25～28 页。

[317] 郑风田：《制度变迁与中国农民经济行为》，中国农业出版社 2000 年版。

[318] 郑一、王学军："非点源污染研究的进展与展望",《水科学进展》2002年第1期,第105~110页。

[319] 支海宇："排污权交易应用于农业面源污染研究",《生态经济》2007年第4期,第137~139页。

[320] 钟甫宁、朱晶："结构调整在我国农业增长中的作用",《中国农村经济》2000年第7期,第4~7页。

[321] 钟茂初："环境库兹涅茨曲线的虚幻性及其对可持续发展的现实影响",《中国人口·资源与环境》2005年第15期,第1~6页。

[322] 周静、杨桂山、戴胡爽："经济发展与环境退化的动态演进——环境库兹涅茨曲线研究进展",《长江流域资源与环境》2007年第16期,第414~419页。

[323] 周启星、王美娥："土壤生态毒理学研究进展与展望",《生态毒理学报》2006年第1期,第1~11页。

[324] 周元军："规模化猪场粪尿的综合利用与环境保护问题",《家畜生态》2003年第24期,第71~73页。

[325] 周震峰、王军、周燕："关于发展循环型农业的思考",《农业现代化研究》2004年第25期。

[326] 朱冬亚等："规模化畜禽业污染对环境的影响及防治措施",《家畜生态》2004年第11期,第193~195页。

[327] 朱立安、王继增、胡耀国、程炯、魏秀、张会化："畜禽养殖非点源污染及其生态控制",《水土保持通报》2005年第2期,第40~43页。

[328] 朱希刚："我国'九五'时期农业科技进步贡献率的测算",《农业经济问题》2002年第5期,第12~13页。

[329] 朱兆良、David Norse、孙波:《中国农业面源污染控制对策》,中国环境科学出版社2006年版。